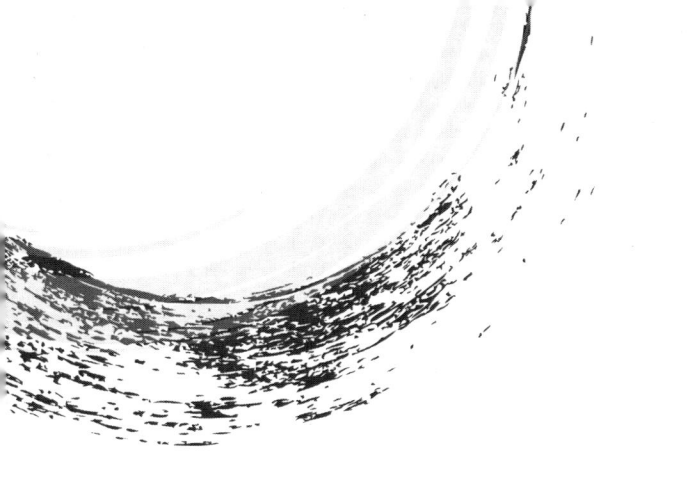

1949年後
中國統計制度變遷

郭建軍 編著

財經錢線

序言

為了全面、系統地梳理新中國統計制度變遷的全貌及其進程，總結和探索新中國政府統計工作和學術研究發展歷程，展望新時代中國政府統計的發展和改革宏圖，我們編著了《新中國統計制度變遷》一書。

新中國成立 70 年來，中國政府統計工作取得了巨大成就。這些成績的取得，除了得益於國家政治體制改革與完善、經濟不斷發展、現代統計方法和工具日新月異等因素外，政府統計體制和統計制度改革起到了關鍵的作用。本書對新中國成立 70 年的政府統計制度改革進行全面、系統的回顧和總結，分析不同階段、不同社會經濟形勢下，政府統計制度的演進歷程、主要特徵及取得的主要成就，總結新中國統計制度發展變遷的歷程和階段性特徵，深刻揭示統計制度與社會經濟發展的緊密聯繫，總結經驗，發現規律，以史為鑒，指導未來。

新中國統計制度建立到現在已歷經 70 年，這 70 年大概可以分為三大階段：一是 1949—1977 年建立新中國統計工作制度和探索新中國統計工作方法的階段，即改革開放前的統計制度建立與發展階段；二是 1978—2012 年建立和完善適應市場經濟的統計制度階段，即改革開放後政府統計制度的確立和完善階段；三是 2013 年至今，黨的十八大以來，適應新經濟新時代的要求，

政府統計的創新與發展階段。梳理歷史可以發現，統計制度的變遷是一個不斷適應社會經濟發展需要的自我創新及調整的過程。其過程雖跌宕起伏、充滿坎坷，但通過不斷的調整與轉型終將適應社會經濟發展並促進社會進步，這也是新中國統計制度變遷與轉型的最終目標。

本書的編寫得到了中國國家統計局、為書稿的編寫提供了大量寶貴的文史資料，使我們能夠縱覽新中國風雲變幻的奮鬥歷程，穿過歲月的長河，看到一代代統計人投身新中國統計建設，波瀾壯闊的奮鬥史。同時，本書的寫作和出版，得到出版社的支持和鼓勵，也得到許憲春教授、龐皓教授、邱東教授、羅良清教授、向蓉美教授等專家的指導和幫助，特致謝意！本書由黎春副教授編寫上篇、馬丹教授編寫中篇、張紅歷教授編寫下篇，郭建軍教授和馬丹教授審閱全書，董春教授參與討論並提出建議。此外，還要感謝鬱霞博士、張靜怡博士以及馬偉杰、肖婷婷、鄧惠文、曹菲、鄭宇航、熊寧、韋世娜等同學參加資料的收集和整理工作。

當然，由於水準和能力有限，以及史料收集的局限性，對於本書的錯誤和遺漏，竭誠希望讀者朋友和有關專家提出寶貴意見，以便進一步補充完善。

編著者

目錄

上篇　1949—1977 年新中國統計制度的建立

第一章　統計機構的建立與發展 …… 3
　　第一節　政府統計機構的萌芽（1949—1953 年）…… 4
　　第二節　改革開放前的政府統計機構發展（1954—1977 年）…… 12
　　第三節　小結 …… 16

第二章　統計調查制度的建立與發展 …… 18
　　第一節　統計調查制度的初步建立 …… 19
　　第二節　統計調查制度的曲折發展 …… 22
　　第三節　統計調查方法 …… 26
　　第四節　小結 …… 31

第三章　國民經濟綜合平衡統計的建立與發展 …… 33
　　第一節　國民經濟綜合平衡統計的初步開展 …… 34
　　第二節　國民經濟綜合平衡統計的曲折發展 …… 38
　　第三節　小結 …… 43

第四章　主要專業統計制度的建立與發展 …… 45
　　第一節　工業統計制度的建立與發展 …… 46
　　第二節　農業統計制度的建立與發展 …… 51

第三節	基本建設統計制度的建立與發展	58
第四節	商業統計制度的建立與發展	63
第五節	交通郵電統計制度的建立與發展	70
第六節	小結	74

中篇　1978—2012年新中國統計制度的改革與發展

第五章　統計機構的發展　79
第一節	國家統計機構的恢復與改革	80
第二節	調查隊的組建	81
第三節	小結	84

第六章　國民經濟核算體系　85
第一節	國民經濟核算體系的探索和過渡（1978—1992年）	86
第二節	國民經濟核算體系的確立和發展（1992—2002年）	105
第三節	國民經濟核算體系的改革和完善（2002—2012年）	140
第四節	小結	155

第七章　統計調查制度的發展　157
第一節	週期性普查制度	158
第二節	常規性統計制度	168
第三節	專項調查制度	176
第四節	統計報表制度	180
第五節	統計標準體系	187
第六節	小結	192

第八章　專業統計制度的發展 194
第一節　農業統計制度 195
第二節　工業統計制度 202
第三節　基本建設統計制度 208
第四節　運輸郵電統計制度 212
第五節　商業統計制度 216
第六節　金融統計制度 218
第七節　旅遊統計制度 223
第八節　小結 226

第九章　統計法規的發展 229
第一節　統計法的基本特點與作用 230
第二節　統計法律制度基本框架 232
第三節　統計法律體系的主要內容 232
第四節　統計法的制定與修改 234
第五節　統計行政法規與規章制度 238
第六節　小結 239

下篇　新時代統計制度的發展與展望

第十章　統計制度改革的新舉措 243
第一節　「四大工程」的開展與實施 244
第二節　週期性普查制度的發展 247
第三節　城鄉住戶調查一體化 253
第四節　就業統計的發展 258
第五節　小結 261

第十一章　《中國國民經濟核算體系（2016）》的發布與實施 262
第一節　修訂背景 263

第二節　《中國國民經濟核算體系（2016）》的修訂內容⋯⋯⋯⋯⋯ 264

　　第三節　《中國國民經濟核算體系（2016）》實施的意義⋯⋯⋯⋯⋯ 268

　　第四節　《中國國民經濟核算體系（2016）》的實施情況⋯⋯⋯⋯⋯ 270

　　第五節　小結 ⋯⋯⋯⋯⋯⋯⋯⋯⋯⋯⋯⋯⋯⋯⋯⋯⋯⋯⋯⋯⋯⋯⋯ 271

第十二章　統計數據的收集與發布 ⋯⋯⋯⋯⋯⋯⋯⋯⋯⋯⋯⋯⋯⋯⋯ 273

　　第一節　數據公布通用系統（GDDS） ⋯⋯⋯⋯⋯⋯⋯⋯⋯⋯⋯⋯ 274

　　第二節　數據公布特殊標準（SDDS） ⋯⋯⋯⋯⋯⋯⋯⋯⋯⋯⋯⋯ 277

　　第三節　「五證合一、一照一碼」登記制度改革 ⋯⋯⋯⋯⋯⋯⋯⋯ 283

　　第四節　小結 ⋯⋯⋯⋯⋯⋯⋯⋯⋯⋯⋯⋯⋯⋯⋯⋯⋯⋯⋯⋯⋯⋯⋯ 286

第十三章　統計法規 ⋯⋯⋯⋯⋯⋯⋯⋯⋯⋯⋯⋯⋯⋯⋯⋯⋯⋯⋯⋯⋯ 287

　　第一節　統計監督機構的設立 ⋯⋯⋯⋯⋯⋯⋯⋯⋯⋯⋯⋯⋯⋯⋯⋯ 288

　　第二節　統計法規的健全 ⋯⋯⋯⋯⋯⋯⋯⋯⋯⋯⋯⋯⋯⋯⋯⋯⋯⋯ 289

　　第三節　小結 ⋯⋯⋯⋯⋯⋯⋯⋯⋯⋯⋯⋯⋯⋯⋯⋯⋯⋯⋯⋯⋯⋯⋯ 292

第十四章　專業統計制度 ⋯⋯⋯⋯⋯⋯⋯⋯⋯⋯⋯⋯⋯⋯⋯⋯⋯⋯⋯ 293

　　第一節　主要專業統計制度的發展創新 ⋯⋯⋯⋯⋯⋯⋯⋯⋯⋯⋯⋯ 294

　　第二節　統計方法的變化 ⋯⋯⋯⋯⋯⋯⋯⋯⋯⋯⋯⋯⋯⋯⋯⋯⋯⋯ 303

　　第三節　統計標準的變化 ⋯⋯⋯⋯⋯⋯⋯⋯⋯⋯⋯⋯⋯⋯⋯⋯⋯⋯ 311

　　第四節　小結 ⋯⋯⋯⋯⋯⋯⋯⋯⋯⋯⋯⋯⋯⋯⋯⋯⋯⋯⋯⋯⋯⋯⋯ 318

第十五章　展望 ⋯⋯⋯⋯⋯⋯⋯⋯⋯⋯⋯⋯⋯⋯⋯⋯⋯⋯⋯⋯⋯⋯⋯⋯ 320

　　第一節　「三新」統計未來的發展與挑戰 ⋯⋯⋯⋯⋯⋯⋯⋯⋯⋯⋯ 321

　　第二節　統計技術改革 ⋯⋯⋯⋯⋯⋯⋯⋯⋯⋯⋯⋯⋯⋯⋯⋯⋯⋯⋯ 325

　　第三節　提升統計服務能力 ⋯⋯⋯⋯⋯⋯⋯⋯⋯⋯⋯⋯⋯⋯⋯⋯⋯ 331

　　第四節　小結 ⋯⋯⋯⋯⋯⋯⋯⋯⋯⋯⋯⋯⋯⋯⋯⋯⋯⋯⋯⋯⋯⋯⋯ 335

參考文獻 ⋯⋯⋯⋯⋯⋯⋯⋯⋯⋯⋯⋯⋯⋯⋯⋯⋯⋯⋯⋯⋯⋯⋯⋯⋯⋯⋯ 337

上篇
1949—1977年新中國統計制度的建立

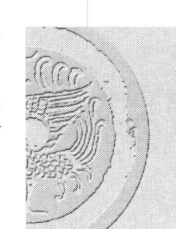

第一章
統計機構的建立與發展

第一節　政府統計機構的萌芽（1949—1953年）

一、新中國統計機構的雛形

新中國成立後，為了恢復被戰爭破壞的經濟，政府開始著手對國民經濟的恢復工作。這一時期在歷史上被稱為國民經濟恢復時期，其時間跨度一般被認為是從1949年到1952年年底。新中國成立初期，全國集中統一的政府統計部門尚未成立。統計工作更多的是以各部門或各地區各自開展的形式開展。其中，比較典型的有中央財經委計劃局的統計處、文化教育委員會下設的統計局和東北人民政府統計局。

為了開展經濟恢復工作，1949年7月21日國家政府政務院設立了中央財經委員會（以下簡稱中財委），以開展經濟恢復的相關工作。中財委下設的6局1處中的計劃局又下設8處：重工處、輕工處、農業處、物資處、交通處、財經處、綜合處、統計處。其中，統計處第一任處長為狄超白，最開始全處工作人員僅有20來人，主要開展關於經濟方面的一些粗略的統計工作，而後改名為統計總處，這是其後國家統計局成立的基礎。

1950年年初，政務院文化教育委員會設立了統計處，負責整理收集文教、衛生統計資料，指導協調有關各部的統計部門制定了文教衛生統計的報表制度，搜集了新中國成立以後有關文化、出版、教育、衛生事業的統計資料並對其整合。而後，文化教育委員會所屬文化部、出版總署、教育部以及衛生部也都相繼成立了統計部門。

總的來說，新中國成立後，根據恢復國民經濟以及推動社會主義建設發展的需要，中央以及各個地區的很多部門，就像財經委或者文化教育委員會一樣陸續設立了相關的統計機構，開展了與自己部門切身相關的大量的統計調查工作。但由於缺乏統一的領導，不同地區、不同部門的統計機構大多獨自開展統計工作，統計的內容也由各部門自行確定，因此存在統計內容重複

且統計內容、時間、指標、內涵互不銜接的情況，缺乏必要的協調性與統一領導。

1950年4月10日東北人民政府提出《關於加強統計工作的決定》（以下簡稱《決定》），該《決定》指出：

（1）成立東北人民政府統計局，並任命王思華為東北人民政府統計局局長（王思華是中國統計工作的探索者，為中國統計工作的開展做出了巨大的貢獻，其後擔任過國家統計局局長）。

（2）統計局直屬東北人民政府，同時受東北人民政府和人民經濟計劃委員會雙重領導。統計局局長應為計劃委員會常委之一。

（3）各省市政府應立即組織成立統計局，業務上受東北人民政府統計局的指導。

（4）各部局、各機關的統計部門（處、室或科），除受各該部局各機關首長的領導外，同時業務上受東北人民政府統計局的指導。

（5）統計局必須按照人民經濟計劃委員會所同意的表格及調查項目進行統計工作，並在規定時間提供各種統計資料。各部局各機關企業必須在規定時間向統計局提供各種統計資料。

（6）責成統計局協同各部局在3個月內對各部局現行的各種統計報告表格加以審查，並向東北人民政府提出關於健全東北調查統計報告制度的方案。

（7）東北人民政府統計局必須根據東北人民政府的指示，指導東北境內的調查統計工作。各省市、各部局、各機關、各企業必須遵守東北人民政府統計局關於調查統計報告工作方面的規定。

（8）責成統計局檢查與糾正亂發調查表格的現象。

《決定》不僅對東北的統計工作開展具有十分重大的意義，同時也對中國以後的統計機構組織形式產生了較為深遠的影響。從東北自身的角度來說，它促使東北的統計工作由分散走向統一，為東北的經濟發展提供了良好的工作支持。從國家的角度來說，其為中國建立「統一領導」的統計工作管理制度提供了經驗。

總的來說，在國家統計局成立之前，出於恢復國民經濟以及推動社會主

義發展的需要，中央以及各個地區的很多部門，像財經委或者文化教育委員會一樣陸續設立了相關的統計機構，開展了與自己部門切身相關的大量統計調查工作。但由於不同地區、不同部門的統計機構大多獨自開展統計工作，存在著統計內容重複，統計時間、指標、內涵互不銜接的情況，缺乏必要的協調性與統一領導。東北統計局的成立，對東北各省市的統計工作進行了統一的部署與指導，其開展統計工作的先進經驗為其他地區開展統計工作以及建立統計機構提供了範本。

二、國家統計局的建立

隨著國民經濟恢復工作的開展，中國經濟逐漸走出了困境，國民經濟恢復任務即將完成，社會主義改造以及社會主義工業化被提上了議程，這時急需全面真實反應中國真實國情國力的統計資料。但由於各個地區、各個部門的統計工作分散且混亂，顯然無法滿足社會主義改造與工業化的需要。因此統計工作開展水準低的情況亟待解決，同時中國的統計機構的組織形式也必須加以明確。

中財委在 1951 年 7 月 16 日到 20 日期間召開了全國財經統計會議（後來被稱作「第一屆全國統計工作會議」）。時任中財委副主任的李富春在會議中指出，必須根據經濟情況和各個地區自身的不同情況，有重點地建立統計機構，防止形式主義和平均主義。同時，因為中國是社會主義國家，應該建立用馬列主義武裝的社會主義統計工作方法，社會主義國家的統計工作開展在結合本身的國情外很大程度上也要借鑑當時的社會主義國家先驅蘇聯的做法。所以會上也達成了中國統計工作的開展應該向蘇聯學習，並與中國的國情相結合的共識。會議中，蘇聯專家葉諾夫對統計機構的組織形式提出了建議，指出應從企業到部門、從地方到中央建立統計機構，且上級統計機構對下級統計機構行使部分領導職能（不僅是指示以及幫助，還要檢查監督）。同時，為了推廣東北統計工作的先進經驗，時任東北統計局局長王思華提出了建立國家統計局統一領導全國各地區以及各個部門統計工作的建議。最後，會議

通過了《關於建立財經系統各級統計機構的決定》。國家統計局和「統一領導」這兩個概念在此會議中被首次提及。

1952年下半年，國民經濟恢復工作基本完成，國民經濟情況有所好轉。中共中央在這一年提出了過渡時期總路線。該路線明確了社會主義工業化與社會主義改造是下一階段中國經濟發展的兩大任務。實現這兩大任務離不開能夠及時準確地反應中國真實國情的統計資料，而原先的各地區各部門獨自設立統計機構的組織體制並不能滿足在下一個時期主要任務開展的要求[①]。社會主義改造以及社會主義工業化離不開統一管理、統一監督的統計機構管理制度以及在統一領導下成立的統計機構的支持。

1952年8月，結合時代背景以及中國當時的具體國情，中央人民政府第十七次全體會議一致通過了《關於調整中央人民政府機構的決議》和《關於調整地方人民政府機構的決議》，這兩項決議提出要以原來的中央人民政府委員會下的統計總處（即原財經委計劃局的統計總處）為基礎，成立中央人民政府國家統計局（1954年11月8日更名為「中華人民共和國國家統計局」，並成為國務院設立的20個直屬機構之一）。薛暮橋任第一屆國家統計局局長。以上決議提出之後，經過兩個月的籌備，到1952年10月，國家統計局正式開始辦公，這也宣告中國統計工作的開展從此有了統一的領導機構。為了迎接社會主義工業化以及社會主義改造，國家統計局主要開展了兩項工作，分別是：

（1）進行了工業總產值和勞動就業兩項調查以及核對抗日戰爭前工農業比重的資料。全國工農業總產值調查以及勞動就業調查是認識當時中國國情的最為重要的兩項工作。這兩項統計調查所取得的資料，成為總結國民經濟恢復以及開展社會主義改造和制訂第一個五年計劃的重要依據。該項工作於1954年12月完成。

（2）召開了第二屆全國統計工作會議，商討國家統計局成立之後，在「一化三改」的時代大背景下，統計工作應該如何開展。1952年12月，國家

---

① 岳巍. 當代中國的統計事業 [M]. 北京：中國科學出版社，1989：38.

統計局在北京召開了第二屆全國統計工作會議，時任局長薛暮橋做了《配合大規模經濟建設，建立科學的統計制度》的總結報告。同時，會議上時任中央人民政府副主席朱德提出：既然計劃工作是全國統一的，那麼統計工作也必須全國統一，統計的管理體制也應該是全國統一領導的。這就表明了當時中國的經濟發展需要能夠「統一領導」的統計管理制度的支持。最後會上達成了開展統計工作，必須結合中國的具體情況，同時也要學習蘇聯的先進統計工作經驗，在中央領導下建立一套系統的統計制度以及科學地建立相應的社會機構的共識。這也說明各個地方建立統一的統計機構迫在眉睫。

三、中央以及地方統計機構的充實

（一）充實統計機構的決定

為了解決當時中國統計工作混亂分散的問題，國家統計局開始在中央以及全國各地充實相關的統計機構。1952年12月，第二屆全國統計工作會議在北京召開，時任中央人民政府副主席朱德和時任國家統計局局長薛暮橋同時強調了建立「統一領導」的統計機構管理制度的重要意義，同月《人民日報》發表社論《建立全國統一的統計工作》，也傳達了類似的觀點。

「統一領導」的統計管理體制離不開足夠的統計機構的支持，顯然當時的統計機構狀況無法滿足「統一領導」統計管理制度的需要。在第二屆國家統計會議召開一個月後，政務院便提出《關於充實統計機構加強統計工作的決定》（以下簡稱《決定》）。該《決定》指出了中國統計機構當時的狀態：儘管國家統計局已經建立，大區、各省、各市人民政府以及其他部門也已開始了一些初步的統計工作，但是統計機構仍然不完善；統計機構組織形式雖然有了雛形，但是還未正式建立；統計調查缺乏科學集中的指導，仍然沒有完全從混亂的狀況中走出來，而該《決定》的提出也正是為了解決這些問題。該《決定》關於中國統計機構設置以及統計管理體制的主要內容如下[①]：

[①] 國家統計局. 統計工作重要文件匯編：第一輯 [M]. 北京：統計出版社，1955：41.

（1）國家統計局為全國統計工作的領導機關，所有財政、經濟、文化、教育、衛生及社會情況等基本統計工作均由國家統計局負責領導。

（2）各級政府部門必須迅速建立並充實統計機構，配備必要數量的統計幹部，加強統計工作，並按照國家統計局的統一規定開展統計工作。

（3）迅速配備必要的幹部充實統計機構，同時制訂培養專業統計幹部的計劃，抓緊執行；保證統計工作人員的專業化和政治上的純潔性。

該《決定》再次表明了國家統計局在統計工作中的地位，即在業務上對其他統計部門進行統一領導。同時各個地方政府也要開始著手建立自身的統計機構，並且配備必要的人才。綜上，該《決定》的目的是建立中國「統一領導」的統計管理體制。

（二）中央部門統計機構的充實

為了配合《關於充實統計機構加強統計工作的決定》的實施，1953年1月12日，也就是在《決定》發布的4天後，國家統計局發布了《關於中央各部、行、署的統計機構問題的意見》（以下簡稱《意見》），該《意見》的主要內容有：

（1）中央各部、署、行，除鐵道部設統計局、若干統計工作特別少的部門可設統計科外，各工業、農業、貿易、交通等財經部門可視工作需要設綜合統計處，或在計劃局（司）設一副職專管統計工作（其下按工作需要分設若干統計科）。

（2）文委及政府各部門也很有必要設立統計機構，可視工作需要設立統計處或科。

《意見》要求中央各個有統計需要的部門均設立相關的統計機構，同時也為中央各個部門設立相應的統計機構提供了相應的指南。在《意見》的指導下，1953年4月23日，中財委發布了《關於充實中央財經各部統計機構的通知》，要求中央財經各個部門必須於該年的第二季度內抽調一部分人才來充實各級統計機構，並加強對統計工作的指導。燃料工業部、郵電部等其他重要的中央部門緊跟著中財委的步伐也陸續充實了自身的統計機構。1953年之後，中央各個部門的統計機構基本上都得到了較好的充實，逐漸在中央各部門確

立起了「統一領導」的統計機構組織形式，為中國工業統計的進一步開展奠定了良好的基礎。

(三) 地方統計機構的陸續成立

在政務院於 1953 年 1 月 8 日發布《關於充實統計機構加強統計工作的決定》(以下簡稱《決定》) 之後，不僅僅是中央的各個部門開始陸續充實自身的統計機構，全國各地地方政府也陸續成立統計機構。值得注意的是，如前文所說，在《決定》發布之前，東北人民政府作為中國統計事業統一開展的先鋒，於 1950 年 4 月就已經成立了隸屬於東北人民政府的統計局。同樣的，1952 年 12 月，內蒙古自治區也建立了地方統計局。但是，除個別的省份，中國地方政府大面積成立隸屬於自身的地方統計局還是在《決定》發布之後開始的。

從 1953 年 1 月 30 日北京市政府積極回應政務院發布的《決定》成立北京市統計局，到 1953 年 7 月甘肅省統計局成立，這一段時間內，中國大部分大區以及省、市都成立了統計局（這其中包括西南統計局、東北統計局等大區統計局）。在這個時期，國家統計局制定了《1953 年全國統計工作綱要》，對省、市統計局的主要任務作了相應的規定，要求各個大區、省、市統計局將省、市人民政府各部門的調查統計資料全面匯總，並協助建立以及完善開展統計工作。而後，1953 年 4 月，為了督促還沒有成立統計局的省市，國家統計局發布了《請各省市迅速建立統計局》電，促使各地區統計局的加快成立。1953 年大部分的地方省市都擁有了自身的統計局，表 1.1 是主要地方統計局成立的時間表。

表 1.1　中國各地方統計局設立時間表

地方	成立時間
東北人民政府統計局	1950 年 4 月 10 日
內蒙古自治區統計局	1952 年 12 月
北京市人民政府統計局	1953 年 1 月 30 日
西北行政委員會統計局	1953 年 1 月
河北省人民政府統計局	1953 年 1 月

表1.1(續)

地方	成立時間
湖北省人民政府統計局	1953年1月
華北行政委員會統計局	1953年2月1日
廣東省人民政府統計局	1953年2月1日
雲南省統計局	1953年2月9日
浙江省統計局	1953年3月4日
天津市人民政府統計局	1953年3月5日
山西省人民政府統計局	1953年3月12日
西南行政委員會統計局	1953年3月13日
山東省統計局	1953年3月14日
河南省統計局	1953年3月15日
華東行政委員會統計局	1953年3月
上海市人民政府統計局	1953年4月1日
陝西省人民政府統計局	1953年4月1日
貴州省人民政府統計局	1953年4月24日
黑龍江省人民政府統計局	1953年4月
江西省人民政府統計局	1953年4月
中南行政委員會統計局	1953年5月1日
四川省統計局	1953年5月25日
吉林省人民政府統計局	1953年5月
湖南省人民政府統計局	1953年5月
新疆省人民政府將統計處改為統計局	1953年5月
安徽省人民政府統計局	1953年6月9日
福建省統計局	1953年6月
廣西省人民政府統計局	1953年6月
寧夏省人民政府設立統計處	1953年6月
甘肅省統計局	1953年7月
青海省統計局	1955年

註：當時新疆、廣西、寧夏等自治區仍稱為省，西藏自治區於1965年才宣告成立。

綜上所述，經過中央政府及各部門和各個地方政府幾年的努力，在 1953 年中國已經建立起基本覆蓋全國的統計機構，「統一領導」的統計機構管理制度已經初步形成。「統一領導」的統計管理制度為中國這個時期的統計事業的開展提供了較為良好的制度支持，也為中國的社會主義建設提供了較為優質的統計資料，在中國統計工作歷史上具有十分重要的意義。

第二節　改革開放前的政府統計機構發展（1954—1977 年）

一、第一個五年計劃時期的發展

1954—1957 年，新中國的統計組織機構有了一些調整變化，其中最顯著的變化是大區統計機構的撤銷。大區是中國特殊時期的行政規劃制度，新時期的到來意味著這一行政規劃制度應該退出歷史的舞臺。1954 年 6 月中央人民政府發布了《關於撤銷大區一級行政機構和合併若干省市建制的決定》（以下簡稱《決定》）。相應地，國家統計局也發布了《關於大區統計局撤銷後有關工作交接問題的指示》（以下簡稱《指示》），《指示》內容包括對大區統計局工作任務以及其制定與審批報表等職權的處理，其中明確了大區統計局的檔案資料不應該輕易銷毀，而應該交予其他相關統計機構予以慎重處理。

各個大區的統計局根據《決定》的相關要求，並在國家統計局《指示》的精神指導下較好地完成了相關工作的交接。雖然各個大區統計局存在的時間很短，但是在這極短的時間內開展了大量的統計工作，出色地完成了自己的使命，其中尤以東北統計局對新中國統計事業的貢獻最為顯著，東北統計局為中國統計事業的發展提供了良好的範本，是引領新中國統計事業發展的優秀先鋒。

隨著統計機構的逐步發展與完善，國務院明確了國家統計局的 9 項主要

任務：①組織領導各級人民委員會和指導各級業務部門的統計機構，進行國民經濟、文化教育、社會人口等調查統計工作；②組織統一的國民經濟核算制度，領導全國核算工作；③制訂全國統一的統計工作計劃，制定調查統計方法和制度，審批各省（市）、自治區統計局和國務院各部門所制定的統計報表和調查方案，檢查和清除一切未經批准、過時的和不必要的統計報表；④檢查國家計劃執行情況，研究國民經濟的發展趨勢和比例關係；⑤統一掌管各項統計數字，按期向國務院、國家計劃委員會和有關機關提供經過周密檢查和科學整理的各項統計資料；⑥定期發表國民經濟計劃執行情況的公報；⑦搜集、整理世界各國經濟統計資料；⑧總結交流統計工作經驗，編輯出版統計刊物和統計教材，翻譯外國特別是蘇聯各人民民主國家的統計書籍和有關統計工作的專題論文；⑨領導所屬統計學校，指導全國統計幹部的培養訓練工作①。這是國務院首次批准國家統計局的機構設置、人員編製和職責任務。

在這個時期中國「統一領導」的統計管理體制繼續穩步發展與完善。

二、「大躍進」時期的挫折

隨著「三大改造」以及第一個五年計劃的結束，中國步入了「大躍進」時期。在這期間，中國的統計事業經歷了「整風運動」的大潮，同時也受到了極大的衝擊，「統一管理」的統計管理體制也開始動搖，並出現了統計數字浮誇的普遍現象。

1958年3月28日，國家統計局黨組向中央書記處報送了《關於統計工作中反教條主義的報告》（以下簡稱《報告》）。《報告》在組織領導方面提出：不能機械地學習蘇聯，過分強調集中統一不符合中國的具體國情。這也初步動搖了中國原來的「統一領導」的統計管理體制。而後在同年的8月7日，國家統計局發出《關於廢止部分規定的通知》（以下簡稱《通知》）。《通知》

---

① 摘自：中華人民共和國統計大事記（1949—1991）[M]. 北京：中國統計出版社，1992：28.

也指出：有些規定過分地強調集中統一，忽視了因地制宜的靈活性。這兩個文件表明了在「大躍進」的時代背景下，原先的「統一領導」的統計管理體制被動搖，同時「因地因時制宜」以及「權力下放」的統計管理思想開始蔓延。這也造成了當權力下放後，一些地方政府為了自身的業績虛報統計數字或者對統計資料弄虛作假，導致了在統計數字上浮誇的問題，使得中國的統計事業受到了極大的損害。

三、調整時期的調整

隨著「大躍進」的結束，中國進入國民經濟調整時期。1962年年初，周恩來做出指示「中國這麼大，情況複雜，要真正搞好統計工作是不容易的，要盡量總結經驗，盡快制定自己的章法」。同年4月4日，國務院發出《關於加強統計工作的決定》（在歷史上稱為「四四決定」）。該決定的具體內容中關於統計機構管理體制的部分內容如下：

（1）加強統計工作的集中統一領導。在業務工作方面，各級統計部門受國家統計局垂直領導。在黨的工作和行政工作方面，統計部門接受當地黨和政府領導。在編製、經費等方面，各級統計部門原則上應當由國家統計系統統一管理，分級負責。既實行「一垂三統」的統計機構管理體制。

（2）完善各級統計組織和基層統計工作。為便於業務上的垂直領導，各級統計部門應當單獨設置。人民公社應設立負責統計工作的崗位。各級業務部門及基層企業也應當設統計機構，若無法設立統計機構的，也應該設立專職的統計人員，擔負統計工作。

「四四決定」明確指出，統計的各個部門應當單獨設置統計機構，同時各級業務部門以及基層企業也應該設立和自身相關的統計機構，從而保證統計資料的完整獨立，更全面真實地反應中國國情，消除「大躍進」的影響。

1963年3月，為了回應「四四決定」，周恩來親自主持國務院全體會議並協商通過了《統計工作試行條例》（以下簡稱《條例》）。《條例》關於統計組織機構方面，指出：

（1）全國應當建立一套強有力的統計管理體制。

（2）各地統計機關在業務工作方面，受國家統計局垂直領導；在黨的工作和行政方面，受當地黨委和人民委員會領導；在編製、幹部、經費方面，由國家統計系統統一管理，分級負責。

（3）各級企事業單位在統計制度和統計任務方面，受同級和當地統計機關領導。

區別於「大躍進」時逐漸「下放權力」的統計管理體制，中國應該建立更加強有力的統計管理體制。

在國務院陸續發布「四四決定」和《條例》後，國家統計局為貫徹這兩大文件的精神，同時總結汲取在「大躍進」中的經驗教訓，同年6月24日定稿並印發了《十三年來中國統計工作經驗總結》。該總結的基本思想是提出要建立一個強有力的、集中統一的統計系統。

至此，在調整時期中國政府開始著手建立「一垂三統」的統計管理體制，但是這個更加強有力的統計管理體制還沒有完全建立，就因為「文化大革命」的爆發而夭折了。

四、「文化大革命」時期的撤銷與重建

1966年4月3日，國家統計局在「文化大革命」爆發的背景下，在香山飯店召開了全國統計工作會議即「香山會議」。在會上，時任國家統計局局長的王思華受到了嚴重錯誤的批判。

以「香山會議」作為開端，1966—1969年，國家統計局幹部陸續遭到下放，從中央到地方的大多數統計機構被撤銷，地方統計局中僅有北京統計局得到了保留，全國性的綜合統計基本處於中斷狀態。直到1970年，周恩來總理作出了「統計工作不能取消」的指示，才促使部分的統計制度得以恢復，統計工作的開展才有了一點好轉。同年，為了精簡國務院機構，國家統計局被撤銷，並入國家計劃革命委員會為國家計委統計組。

為回應周恩來總理的「統計工作還要繼續搞」的指示，1971年3月16

日,國家計委發出了《關於加強統計工作的指示》。而後在同年8月20日國家計委在北京召開了全國統計工作會議,會中肯定了新中國成立後十餘年的統計工作,該會議的召開也促使了統計制度的進一步恢復。

1972年,以內蒙古自治區統計局恢復為標誌,少數地方政府開始重建屬於自身的統計機構。隨著全國各地的統計工作重建工作的陸續展開,1974年9月29日國家計委統計組經國務院批准改名為國家計委統計局,陳先兼任國家計委統計局局長。而後,地方計委也相繼設立地方計委統計局,地方統計局開始大面積重建。

1977年3月,「文化大革命」結束6個月後,國家計委在北京召開了全國統計工作座談會,會中批判了「四人幫」對統計工作的干擾破壞,要求建立健全各級統計機構,培養一支專業的統計隊伍。1977年11月,全國統計部門的負責人在北京召開了統計部門負責人會議。會上,國務院副總理餘秋里的講話中提及國務院同意將計委統計局改為國家統計局,並且提出國家統計局對各省統計局是業務指導關係,不能搞「一垂三統」,也不能搞雙重領導,但國家統計局發下的文件,省裡要貫徹執行。

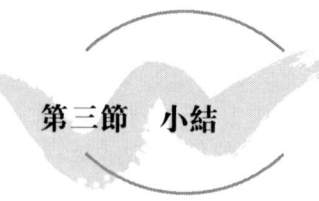

第三節 小結

新中國成立之初,一方面,全國統計工作的開展缺乏統一的領導,統計工作的組織協調較為混亂。這一時期,主要由中財委下設的統計處開展關於中國經濟的一些粗略的統計工作,後改名為統計總處,這是國家統計局的前身。另一方面,東北人民政府成立的東北統計局,統一領導東北區的統計工作的開展,為中國其後統計機構管理制度的發展提供了經驗。

從1952年開始,以國家統計局成立為契機,在《關於充實統計機構加強統計工作的決定》的指導下,中國開始逐漸建立起了「統一領導」的統計機

構組織體制。「統一領導」的統計機構管理體制符合中國當時的基本國情，為當時中國開展「一化三改」的工作提供了良好的統計管理制度支持。

「大躍進」後，中國的統計事業受到了極大的衝擊。在「大躍進」動盪後，以周恩來總理提出「中國這麼大，情況複雜，要真正搞好統計工作是不容易的，要盡量總結經驗，盡快制定自己的章法」的指示作為標誌，國務院陸續發布和通過了「四四決定」以及《統計工作試行條例》，而後國家統計局印發了《十三年來中國統計工作經驗總結》。這一系列政策的出抬代表著中國政府開始著手建立更加強有力的「一垂三統」的統計管理體制。

但是，隨著「文化大革命」的爆發，「一垂三統」的統計管理體制還未完全建立就被扼殺在了搖籃之中。以「香山會議」作為標誌，國家統計局的幹部陸續遭到下放，中央到地方的統計局大多被撤銷，統計工作幾乎陷入停滯。

第二章
統計調查制度的建立與發展

第一節　統計調查制度的初步建立

新中國成立之初，國家需要對全國各個行業的基本情況有較細緻和全面的掌握，因此對工農業、基本建設、國營商業等國民經濟的主要組成部分建立了全國統一的統計報表制度。

為了解工礦企業的生產情況，1950年8月25日，中財委頒發了全國公營、公私合營工礦企業統一的定期報表制度。1951年期間，中財委發布了一系列的部門調查工作報告。1月4日中財委發布「國營貿易企業1950年年度計劃執行情況總結報表」，要求各級貿易企業逐級匯編上報。1月25日中財委發出《關於1950年年度工礦企業生產及基本建設年終總結統計報表的通知》，要求編製1950年年度全國公營及公私合營工礦企業生產及基本建設情況年終總結報表。6月，中財委發出《關於加強基本建設定期統計報告工作的指示》，該指示要求將原本屬於工業統計中的基本建設統計單獨列出，並單獨建立基本建設統計報表制度，該制度從次月開始在全國範圍內實施。1951年10月，中財委布置了該年度的農業生產年度總結基本報表。

完成以上一系列的統計工作後，1951年12月，中財委發布了「1951年基本建設年度總結報表」。至此，中國初步建立了國營商業、工礦企業生產和基本建設統計報表制度，統計內容涵蓋了物資供銷、原材料、燃料消耗統計和勞動工資統計，而鐵道、交通、郵電、銀行等方面的統計，由各主管業務部門負責進行[1]。

為反應對個體農業的社會主義改造情況，1953年國家統計局編製了生產互助合作組織發展情況報表。1954年布置了農業生產合作社快報和農業生產合作典型調查。為及時掌握全國農業生產互助合作組織基本情況和農業生產

---

[1] 《當代中國的統計事業》編輯委員會. 當代中國的統計事業 [M]. 北京：當代中國出版社，香港祖國出版社，2009：103.

情況，作為國家對農業實行社會主義改造制定政策和編製計劃的依據，農業部、國家統計局聯合頒發「1955年農業生產互助合作組織定期統計報表」。國家統計局還在農業統計年報中增設了按國營農場、農業生產合作社和個體農戶進行分組觀察的指標，以便反應農業經濟中各種經濟成分所占比重的變化趨勢。

為反應對私營工業和個體手工業的社會主義改造情況，1953年年初，建立了私營大型工業企業定期報表制度。同年年底，中央工商行政管理局、國家統計局聯合發出《建立私營工商業產銷情況報告制度》的通知，建立了私營工商業產銷情況報告制度。1954年，國家統計局與工商行政管理局聯合制發了「私營大型工業企業定期統計報表」，在全國50個重點城市執行。同年4月中央工商行政管理局、國家統計局聯合向各大行政區及各省市布置全國私營工業企業調查工作。調查範圍是1954年4月底全國10人及以上私營工業企業。同年8月根據國家指導手工業生產、編製手工業社會主義改造具體計劃的需要，國家統計局、中華全國供銷合作總社聯合頒發《1954年個體手工業及私營10人以下工業企業調查綜合方案》，並制發了綜合式表。1955年，私營大型工業月、季報表和年報擴大在全國範圍內執行，建立了80個大中城市私營企業主要產品銷量速報。到1957年年底，對私營工業和個體手工業的社會主義改造任務已基本完成，經過改造後的私營工業企業和個體手工業統一執行全國國營、合作社及公私合營的月、季度和年度的工業統計調查報表制度。

為反應對私營商業的社會主義改造情況，1953年4月1日，國家統計局和中央行政管理局聯合頒布《私營商業及飲食業定期統計報表暫行辦法》，要求全國50個重點城市的私營批發商、零售商和進出口商執行。1954年，制發了私營商業統計年報。1955年7月中旬，國家統計局、商業部、中央工商行政管理局等在北京聯合召開全國私營商業及飲食業普查工作會議。同月，國家統計局制定完成《1955年全國私營商業及飲食業普查方案》。同年8月9日，國務院發出《關於進行全國私營商業及飲食業普查工作的指示》，要求

9月起在全國開始實施私營商業及飲食業基本情況的普查工作，並於12月底基本完成。1956年，開展了歷年私營商業的盈餘分配情況調查工作。1957年12月，對私營商業的社會主義改造基本完成，改造後的私營商業開始統一執行國營、公私合營商業或合作商店的統計調查制度。

總體而言，這段時期中國統計調查制度建設的主要成績有：

第一，擴大了國民經濟統計的範圍。統計對象從工業部門主管的工業企業擴大到非工業部門主管的工業企業；基本建設方面，從工業交通各部門擴大到非工業交通部門；從重點建設單位和重點工程項目擴大到一般建設單位和項目；商業方面，除對國營商業、供銷合作社商業進行統計外，還將公私合營商業、飲食業及服務業納入統計範圍。

第二，建立與完善了統計指標體系。在工業方面，建立了產品質量、設備利用和各種技術經濟指標的統計，建立了新產品試製、發明、技術改進及合理化建議的統計指標，建立了主要財務計劃和工業成本計劃指標[①]。在基本建設、商業、勞動工資統計等方面也都建立了各種指標。在此基礎上，各統計指標體系也在逐步改進與完善。

第三，明確了統計局與各企業單位的統計工作關係。1954年7月26日，國家統計局發出《關於各省市（包括省轄市）統計局（處）與國營企業、建設單位統計工作關係的幾項具體規定》。該規定中要求國營單位、建設單位要按時向省及市統計局（處）報送國家統計局指定的各種定期基本統計報表、調查表，以及各種專業統計報表及技術經濟統計報表。這一規定明確了企業單位的統計數據上報義務，協調了統計部門與企業單位之間的工作關係。

第四，完成了第一次全國人口普查。中國在1953年進行了第一次全國人口普查，負責此次普查的機構主要是國家統計局、公安部和內務部。此次普查項目有姓名、性別、年齡、民族、與戶主關係、本戶住地六項。為了確保這次人口普查工作的順利進行，在全國範圍內組建了人口調查登記辦公室，

[①] 《當代中國的統計事業》編輯委員會. 當代中國的統計事業 [M]. 北京：當代中國出版社，香港祖國出版社，2009：104.

並制定了統一的、簡易可行的全國人口調查登記辦法。除少數地區不能採用此方法外，其餘絕大部分地區都嚴格按照這個辦法進行調查。為了提高這次普查的精確性，曾組織了抽樣復查，對已收集的資料進行及時檢查。

第二節　統計調查制度的曲折發展

一、「大躍進」時期的挫折

1958—1960年三年的「大躍進」時期，統計調查制度的發展受到嚴重挫折。

首先，進度統計代替了正常的統計調查制度。當時提出統計工作的任務是「要著重抓中心工作的進度統計」，要求各方面都要抓進度統計。由於過分強調進度統計，荒廢了國民經濟基本統計制度，國家統計部門包辦代替了業務主管部門經常性的業務統計工作，把國民經濟基本統計同業務調度工作混同起來，對國民經濟基本統計制度和業務統計制度的健康發展都造成了不利影響。進度報表的實施無形中增加了許多離奇指標和冗雜的報表，使報表泛濫成災。

其次，數字嚴重失實。「大躍進」時期，統計工作實事求是的作風遭到破壞，先是受浮誇風的影響，虛報生產成績，後來又從局部利益出發瞞報緊缺物資[①]。部分單位為了完成指標而虛報數據，如湖北長風農業生產合作社上報「早稻畝產一萬多斤」，引發各大媒體相繼報導，各地紛紛效仿。

最後，破壞了統計制度的集中統一性。「大躍進」時期提出發動群眾參加

---

① 李薩培. 經受挫折 繼續前進——「大躍進」和調整時期的市統計局 [J]. 北京統計，2002（6）：32-34.

統計工作，並提出了「各地區的統計工作必須八仙過海，各顯神通」的口號，要求各地方在工作中去大膽創造。時隔不久，這個思想發展成為「把國家需要統一規定的制度方法約束在必要的範圍以內，給各地區、各部門以最大的靈活性，讓大家充分發揮自己的積極性和創造性，「八仙過海，各顯神通」。這樣把靈活性同集中統一對立起來，把科學方法、統計理論同實際工作的某些具體需要對立起來，就破壞了統計制度的嚴肅性和集中統一性，使統計調查制度中的統一規定難以貫徹執行①。

二、調整時期的恢復

1961—1965年的國民經濟調整時期，統計工作也採取了一系列調整恢復措施。首先糾正了一些「大躍進」時期的錯誤，1961年8月，國家統計局發出《關於調整工業統計的通知》，提出加強手工業統計、改進輕工業統計、精簡重工業統計、改進主要工業產品質量及技術經濟指標的報送制度等具體要求，並廢止了煤炭生產、基建、運輸、消費的月電快報和工業企業四化（機械化、半機械化、自動化、半自動化）情況季電報。

1962年3月7日頒布了《1962年農村人民公社社員戶收支調查試行方案》，使得在「大躍進」中被中止的農民家計調查得以恢復。國家統計局黨組在1962年3月19日的報告中提出成立全國農產量調查隊，同年9月26日得以批復同意。國家統計局修訂了《農村人民公社分配調查制度》和《重點農村人民公社經濟調查方案》，加強了農村人民公社收益分配調查和社員戶收支調查，與糧食部、全國供銷合作總社聯合制定了農產品成本與勞動生產率調查方案，並組織了1963年重點縣支援農業資金使用情況調查。

由於「大躍進」時期，統計工作被弱化，一些統計資料失真，報送不及時，給國家建設事業造成了損害。1962年4月，國務院發出《關於加強統計

---

① 《當代中國的統計事業》編輯委員會.當代中國的統計事業[M].北京：當代中國出版社，香港祖國出版社，2009：109.

工作的決定》（以下簡稱《決定》），要求建立一個強有力、集中統一的統計系統。1963年3月，國務院發布《統計工作試行條例》（以下簡稱《條例》）。《條例》分總則、統計報表制度和調查研究等7章及附則，共40條。《決定》和《條例》均明確指出並強調統計制度的集中統一性和嚴肅性，修正了「大躍進」時期的一些錯誤做法。

為了接下來制定政策以及長遠規劃的需要，國家決定開展第二次全國人口普查。1964年2月，國務院發布《關於第二次全國人口普查工作的指示》，決定於同年6月底開展這次普查。第二次全國人口普查的調查項目比第一次多了文化程度、本人成份、職業3個項目，其餘6項與第一次相同。

三、「文化大革命」時期的破壞與重建

在國民經濟調整時期逐步恢復的統計調查制度，遭遇「文化大革命」的衝擊，被徹底破壞了。1966年6月18日國家統計局發出《第一批停報和修改簡化現行統計報表的通知》——停報了農業、工業、物資供應、商業等方面的部分報表和指標。農業停報「生豬頭數季報」「農民家庭收支調查半年報」「典型生產隊牲畜情況調查表」；工業停報「重點市技術經濟指標月報」；「基建完成情況主要指標表」中，停報施工的房屋建築面積等9個指標；物資供應的主要物資消費與庫存取消電月報，電季報的物資種類減為8種；商業方面停止執行「社會商品零售額年報」「社會商品購買力總表」「商業飲食業服務業機構往年報表」7種；物價停報「省、自治區、直轄市零售物價指數綜合表年報」「工農業商品綜合比價指數年報表」等8種；40個重點城市的職工生活調查季報表5張，全部停報①。

1967—1969年，全國僅有北京市統計局保留牌子。全國撤並或撤銷了大多數統計機構，解散了大量統計人員，銷毀了大量統計資料，全國性綜合統

---

① 中華人民共和國國家統計局. 中華人民共和國統計大事記 1949—2009 [M]. 北京：中國統計出版社, 2009：112.

計幾乎中斷，統計制度基本上被徹底破壞。但是還是有很多基層單位，根據生產的需要，繼續堅持記錄統計原始資料，這為之後補充和恢復中斷時期的統計資料提供了很大的幫助。

1970年是統計調查制度從被迫中斷走向恢復、重建的一個轉折時期。周恩來總理鑒於統計工作被嚴重破壞，對國家不利的情況，明確指示：「統計工作不能取消，統計機構還要有，基本統計還是要搞的，但不要搞繁瑣哲學。」依照周總理的指示，1970年5月，國家計委發出《關於建立統計報表制度的通知》(以下簡稱《通知》)。要求恢復工業、農業、基本建設等12種定期統計報表，並要求補報1967—1969年的統計資料。同年11月20日，國家計委生產組發出《關於國民經濟基本統計報表制度的補充通知》，對農業、工業、基本建設、勞動工資、物資等專業統計報表制度作了補充。12月4日，發出《關於認真做好國民經濟基本統計年報工作的通知》，同時下達了國民經濟基本統計年報制度，共22張表，其中農業8張、工業交通5張、基本建設3張、物資1張、勞動2張，財經、教務、大三線地區情況各1張。其後，國民經濟各方面的定期統計報表制度依照1970年5月發出的《通知》執行。

1971年8月至9月，國家計委召開了全國統計工作會議。會議強調基層統計工作，要求加強統計報表的管理工作。根據會議確定的精神，同年9月國家計委決定從1971年年報開始，正式恢復國民經濟基本統計報表制度，要求各部門、各地區執行。

1975年，鄧小平主持中央工作，對統計工作進行了整頓。這一年，專業統計大大增加了報表的內容，而且物資、外貿統計也恢復起來了。這一年還布置了農村經濟典型調查，要求調查典型生產大隊收益分配情況，典型生產大隊所在公社的三級經濟情況和典型社員戶家庭副業和收入情況。

「文化大革命」結束後，統計工作進入了較快的恢復階段。這一時期，工業統計工作側重點逐漸發生了變化。改革開放前，為適應計劃經濟體制的管理機制，統計指標側重於生產水準方面，忽視了生產效益方面。1975年國家制定了工業企業八項經濟技術指標完成情況統計表，1977年發出《工業企業八項經濟技術指標統計考核辦法》。這一年，國民經濟的幾個主要的專業統

計，包括工業、基本建設、物資和勞動工資，都恢復了由國家統計局制定全國統一的基層表的做法。工業、基本建設、財貿、物價、勞動工資、物資等各項國民經濟基本統計報表的數量已恢復到 1964 年的水準。

第三節　統計調查方法

新中國的統計調查方法，是 20 世紀 50 年代初從中國實際出發，學習蘇聯經驗，並繼承東北老解放區統計調查工作優良傳統的基礎上建立的，全面統計報表、普查、抽樣調查、重點調查、典型調查等統計調查方法都得到了運用，但是各個時期的重點有所不同。

一、全面定期統計報表

按報告期長短，全面定期統計報表可分為日報、月報、季報和年報等。月報和季報等定期報表，是為了滿足各級領導機關和業務主管部門瞭解情況，指揮生產或調整計劃，採取對策時編製的。這些指標與分組比較簡單，但及時性要求較高。年報是為了全面反應國情國力，如國民經濟綜合平衡分析研究所需要的資料，因此年報所涵蓋的範圍較寬，內容更豐富，指標分組更系統，但時效性相對要弱一些，一般在次年二、三月或更晚的時間才能完成。

國家統計局制發的年度統計報表的主要指標包括如下內容：

（1）國民生產總值、社會總產值和國民收入，生產、消費和累積總額，分部門總額，以及國民收入消費構成、累積構成等。

（2）農業方面，包括農村社會總產值、農業總產值、農業淨產值、農業商品產值、農村固定資產結構、農村勞動力結構、農作物播種面積和產量、畜牧業、漁業、亞熱帶作物和經濟作物產量，以及農業機械擁有量、機耕面

積、化肥使用量等。

（3）工業方面，包括工業總產值和淨產值，主要產品產量，主要技術經濟指標，流動資金，生產成本、利潤等。

（4）固定資產投資和建築業，包括基本建設和技術改造措施的投資額，新增生產能力和效益，建築安裝企業和自營施工單位產值、竣工房屋面積、造價，職工人數和勞動生產率、成本、利潤等。

（5）交通運輸方面，包括交通、運輸線路、郵路、電路、管道里程，車輛、船舶、民航運力、郵電設備擁有量，主要港口吞吐量，非交通系統重點單位自有載貨汽車運力及運量，交通運輸、郵電作業各項主要技術經濟情況等。

（6）商業方面，包括國營商業部門購、銷、存總值和72種主要商品購、銷、存數量，社會商品零售額和40種主要商品零售量，社會農副產品收購額和40種主要農產品收購量，10種主要消費品生產消費的平衡情況、社會商品購買力平衡情況。

（7）物資能源方面，包括物資產品銷售與庫存數量和總值、主要物資消費與庫存數量、供貨合同執行情況以及工業企業能源加工轉換情況等。

（8）對外經濟、旅遊、海關方面，包括全國進出口貨物總值，國際收支平衡，外國和中國港澳地區在華直接投資，國家在外國和中國港澳地區直接投資情況，全國進出口貨物分類總值、旅遊部門經營情況等。

（9）勞動工資方面，包括全部職工人數和工資總額、社會勞動者人數、離退休職工人數、城鄉勞動力資源與分配平衡等[①]。

全面統計報表又可分為基本統計報表和業務補充報表兩種。基本統計報表是指農業、工業、建築業、商業、物資、外貿等物質生產部門的統計報表，主要由國家統計局制發或由國家統計局與有關業務主管部門聯合制發，其餘業務補充報表，主要由有關業務主管部門制發，並向國家統計局報送有關資料。交通運輸方面的全面定期統計報表，一般由國家統計局向鐵道、交通、民

[①] 《當代中國的統計事業》編輯委員會. 當代中國的統計事業 [M]. 北京：當代中國出版社，香港祖國出版社，2009：122.

航、郵電等部門提出要求，由各業務主管部門結合本身需要，統一制發報表。

二、普查

普查是指國家為詳細地瞭解某項重要的國情、國力而組織的大規模的全面調查。1949—1955年，統計部門進行的普查一般以查明基本情況為主，如1953年第一次全國人口普查。從1955年到20世紀70年代末，普查的內容主要以滿足計劃與業務管理某方面的特殊需要為主，如1959年全國商業部門庫存普查。

普查的指標很多，工作量也很大，一般對普查工作的要求很高。普查的組織形式一般有兩種：

一種是對調查單位進行直接登記，這種需要專業的調查機構和大量調查人員。採取這種方式的普查有第一次全國人口普查、第二次全國科技人員普查及1977年全民所有製單位實際用工人數普查等。

另一種是使用調查單位的原始資料，由登記單位填報，並直接上交最高一級機構進行匯總的形式進行普查。這種方式比第一種省時省力，採取這種方式普查的主要是物資庫存普查。

三、抽樣調查

抽樣調查是基於部分推斷總體的思想，按照一定的原則，在總體中選出一部分調查單位進行調查，屬於非全面調查。

抽樣調查方法在第一個五年計劃時期才開始在實踐中運用。1953年5月，陝西省統計局聯合各部門，在六個縣進行了夏田小麥測產工作，已經具備了抽樣調查的思想。

1954年12月至1955年1月國家統計局局長薛暮橋隨同中蘇科學技術合作代表團訪問蘇聯。薛暮橋概略敘述了中國統計工作目前的情況，並提出希望瞭解：①蘇聯過渡時期如何對非社會主義經濟成分進行調查統計；②蘇聯

中央統計局的組織與地方統計機構及業務部門統計機構的關係；③蘇聯精簡統計報表的經驗①。

1955年國家統計局局長薛暮橋訪問蘇聯中央統計局，學習了蘇聯的抽樣調查方法。在1955年2月召開的第四屆全國統計工作會議上，薛暮橋提出了在私營小型工業、個體手工業和農業中運用抽樣方法的思想。至此，抽樣調查方法開始得到了更多地運用。

1955年1月，國家統計局決定在各地進行農民家計調查，這次農民家計調查，成為首次在全國範圍進行的統一的抽樣調查。次年2月，發出《關於開展全國職工家計調查的通知》，要求建立全國範圍內統一的和經常性的職工家計調查工作。1957年，國家統計局對全國重點的省、市機關的企業貨運汽車進行了抽樣調查。

但由於認識上的原因，加上當時「左」的思想影響，農民和城市職工家庭收支調查先後在1958年和1960年停止執行。抽樣調查方法在全國範圍的運用隨之中斷。

1962年國家統計局黨組提出為改進農產量統計調查工作，申請成立全國農產量調查隊，進行農產量實割實測抽樣調查。同年九月，該提議被批復同意。12月，全國農產量調查隊成立，其任務是根據制定的全國統計調查方案，進行農作物產量抽樣調查，以及時向中央和國務院報告全國分省的農產量。1964年，全國統一的城市職工家庭收支抽樣調查方案恢復並布置實施。至此，抽樣調查方法在全國再次得到了運用。

在「文化大革命」時期，抽樣調查被視為「以偏概全」而被否定和批判，農產量抽樣調查、農民和職工家庭收支抽樣調查全部被停止執行，農產量調查隊被撤銷。直到1979年3月召開的全國統計局長會議上，抽樣調查方法再次被肯定，抽樣調查方法才進入了廣泛應用的新時期。

---

① 中華人民共和國國家統計局. 中華人民共和國統計大事記（1949—2009）[M]. 北京：中國統計出版社，2009：34.

四、重點調查

重點調查是挑選一部分調查對象,這部分調查對象的標誌值在所研究的標誌總量中所占比重較大,對這部分調查對象進行非全面調查,用以反應總體情況。

中華人民共和國成立後,國務院各工業、交通主管部門首先建立了重點企業的生產報表,對指導全國國民經濟的恢復與發展起到了重要作用。1953年,國家統計局明確要求,在工業、基本建設、貿易等部門要選擇重點,實行快報,對私營資本主義經濟部分,要與有關部門共同進行統計,對重要的私營工業推行統一的報表,以此掌握了占全國私營大型企業總產值70%的十幾個大城市的私營大型工業的生產情況,並同時在重點城市建立城市建設報表。

隨著私營工商業社會主義改造的完成,各專業的全面統計報表已經基本建立,重點調查應用的範圍相對縮小,布置重點調查的目的更多的是為了收集重點單位比較詳細的資料。1955年,國家統計局的定期報表制度規定,對大型工業實行按月重點綜合,按季全面綜合;國營工業以中央各工業部所屬工業為重點;地方工業以大區、省、市工業廳局所屬工業為重點工業,按月(旬)進行檢查。重點調查方法在各項定期報表中得到了廣泛的應用。

「文化大革命」中期,統計工作於1971年開始重建時,進行重點調查的只有基本建設大中型項目。隨著統計工作的逐步恢復與發展,綜合統計和各項專業統計幾乎都運用了重點調查。

五、典型調查

典型調查是選出具有代表性的一部分總體單位,對該部分單位進行詳盡調查的一種非全面調查方法。典型調查的調查對象少、調查深入、調查用時短,可以及時發現新問題,對調查現象的內部機制和變化過程往往瞭解得比較清晰,而且收集資料比較系統和詳細。

上篇　1949—1977年新中國統計制度的建立

　　典型調查作為統計調查的一種方法，早在第一次全國統計工作會議上就被提了出來，以後的幾屆會議上也屢次被提出。由於那個時期統計工作的重點是建立、健全以全面調查為中心的定期統計報表，以及其他方面的原因，典型調查無論是在統計工作中，還是在統計理論上都沒有引起太大的注意[①]。1958年，國家統計局對運輸合作社收益分配進行了典型調查。

　　1958年以後，全國範圍的農民和城市職工家庭收支抽樣調查先後中斷，一些地區即採用典型調查方法代替抽樣調查，搜集有關居民家庭收支與消費的資料。「文化大革命」後，家庭收支調查恢復的前幾年，也主要採用了典型調查方法。

第四節　小結

　　新中國成立之初，國家需要對全國各個行業的基本情況有較細緻的掌握，因此頒布了一系列的定期報表制度和部門調查制度。1951年年底中財委發布了「1951年基本建設年度總結報表」，標誌著中國初步建立完成了國營商業、工礦企業生產和基本建設統計報表制度，統計內容涵蓋了物資供銷、原材料、燃料消耗統計和勞動工資統計，而鐵道、交通、郵電、銀行等方面的統計，是由各主管業務部門負責進行。

　　為了社會主義建設的需要並能及時準確反應國民經濟的發展情況，這一時期還分別開展和加強了對農業、手工業和資本主義工商業社會主義改造的統計調查工作，並建立了相關的統計調查制度。總體而言，在第一個五年計劃時期，中國統計調查制度得以不斷完善，並取得了一系列成績：擴大了國民經濟統計的範圍，建立與完善了統計指標體系，並完成了第一次全國人口普查。

---

① 董秀翰. 典型調查與統計學 [J]. 商業研究，1980（2）：18-22.

在「大躍進」時期，統計調查制度的建設不可避免地遭遇到一系列挫折。進度統計代替了正常的統計調查制度，數字嚴重失實，破壞了統計制度的集中統一性。國民經濟調整時期，糾正了一些「大躍進」時期的錯誤，廢止了工業生產按旬統計的進度統計制度等。同時，發布了《關於加強統計工作的決定》和《統計工作試行條例》，明確指出了統計制度建設的集中統一性和嚴肅性，統計調查制度建設得到了進一步完善。

「文化大革命」時期，統計調查制度建設再次受到毀滅性的破壞，統計報表工作停報或簡化。1970年是統計調查制度從被迫中斷走向恢復、重建的一個轉折時期，周恩來總理明確指示：「統計工作不能取消，統計機構還要有，基本統計還是要搞的，但不要搞繁瑣哲學。」以此，各項統計報表制度得以確立，並得到了進一步的完善與發展，至此形成了全國定期統計報表、普查、抽樣調查、重點調查和典型調查等多種統計調查制度。

第三章
國民經濟綜合平衡統計的建立與發展

第一節　國民經濟綜合平衡統計的初步開展

一、國民經濟恢復時期

在國民經濟恢復時期，隨著統計組織機構的成立，以及一系列的統計調查的實施與制度完善，中國的國民經濟綜合平衡統計工作逐步展開。

1951年12月，中財委發布了《1951年國民經濟總產值（工農業總產值）估算辦法》。該辦法要求由省、市財委主持工作，於4月底報送大區行政委員會。報送內容包括：工農業總產值，工業、農業在工農業總產值中的比重，五種經濟成分在工農業總產值中的比重，大工業在工農業總產值中的比重，工業總產值的經濟構成，農業總產值的經濟構成。

1952年8月，國家統計局成立後，參考工、農業等專業統計的資料，在各種主要工農產品統計數字的基礎上，估計推算出了抗日戰爭前和20世紀50年代初期的工業、農業總產值數字。此後，又根據各行政區、各地區統計機構記載的資料，對工業、農業總產值數字進行了整理和修訂，報告給中共中央和政務院。至此，國民經濟綜合平衡統計的歷史數據在逐漸恢復、逐步復原。

根據毛主席的指示，中財委於1952年10月28日頒發《工農業生產總值及勞動就業調查方案》，國家統計局組織實施此次調查，於1954年1月完成。此次調查計算了1952年全年的工農業總產值和主要產品產量，前三季度為實際數字，第四季度為預計數字。調查範圍包括各種經濟成分的全部工業和農業生產，調查資料主要用來研究全國工農業生產總規模和國民經濟中的重大比例關係，如現代工業在工農業生產中的比重、工業中各種經濟成分的比重、農業中商品生產與非商品生產的比重等。這可以說是新中國成立後的第一次國民經濟綜合平衡統計工作，這次統計調查數據比較全面地反應了當時以工農業為主的社會生產的水準和規模，反應了工、農業在社會總產值中的比重

和比例關係，反應了工、農業總產值的經濟構成，為此後的工業、農業、建築業、交通運輸業和商業五大物質部門總產值核算，即社會總產值核算，打下了良好基礎。

二、第一個五年計劃時期

在第一個五年計劃期間（1953—1957 年），制訂經濟計劃、執行計劃和檢查計劃都需要掌握統計數據，在這個背景下，國民經濟綜合平衡統計逐步發展。

（一）國民收入的試算

進入第一個五年計劃時期，被長期戰爭嚴重損壞的國民經濟已經基本恢復，國家統計機構基本建立，統計報表制度也初具成效。為瞭解當時國民經濟的重要比例關係，瞭解當時生產力的發展情況，1953 年年底，國家統計局開始試算 1952 年和 1953 年的國民收入。

然而，當時中國的國民經濟綜合平衡統計才剛剛起步，還處於初級階段，統計制度不完善，統計方法仍在艱難摸索，進行國民收入的試算工作面臨了極大的困難——專業統計資料不夠完善，且缺乏收入核算的實際經驗。為此，國家統計局一方面在財政、稅務、工商等部門的配合下，廣泛收集各個相關統計部門的調查資料，試驗了各種可行方法對其業務核算資料進行加工整理和估計推算；另一方面，國家統計局學習借鑑了蘇聯國民收入統計的理論與方法。

早在新中國成立之初，中國就一直向蘇聯學習統計理論、統計工作經驗和統計方法。1950 年年初，蘇聯中央統計局副局長葉諾夫來華，擔任中財委統計顧問，幫助規劃和開展統計工作。1952 年 2 月，克拉特維奇來華訪問。在二位專家的具體指導下，中國按照蘇聯的物質生產體系（Material Product System，MPS[①]）建立了中國的統計核算體系。通過這種方式，國家統計局於

[①] 實際上，新中國成立後，蘇聯專家來華指導時，中國就已經按照 MPS 體系進行國民經濟核算，但 MPS 體系直到 1956 年才被廣泛使用。此外，MPS 體系存在國民收入概念，它與 SNA 體系的區別為：SNA 中的國民收入概念要比 MPS 體系中的國民收入概念廣，因為它不僅包括了物質生產部門，也包括了所有非物質生產部門，如金融保險、住宅、自由職業和公共行政等所謂非物質生產部門。

1954年完成了對1952年和1953年的國民收入試算工作。在此基礎上，國家統計局繼續計算1954—1955年的國民收入。

到1955年時，國家統計局掌握了1952—1954年有關中國國民收入各部門生產額、部門結構比例以及各部門發展速度等綜合指標，於1956年3月向黨中央和國務院提供了MPS框架下的國民收入報告。該報告顯示，1952—1954年，在產業發展和所有制結構方面變動顯著：產業發展中，工業和建築業增長最快，運輸業和商業次之，農業增長最慢，但農業佔比仍是最高，超過50%；在所有制結構中，國有經濟比例顯著增加，合作社和公私合營企業比例有所增加，資本主義經濟所佔比重減小，個體經濟所佔比重也略有減少。

1954年4月，國家統計局首次發出《國民收入計算方法（草案）》，要求從1954年開始試算國民收入以及社會總產值。

地區國民收入的統計工作，以內蒙古和黑龍江兩省（區）最先開展。1954年，內蒙古統計局為了反應全區國民經濟總量變化的規模、結構、比例和速度，根據1954年國家統計局印發的《國民收入計算方法（草案）》，在各專業調查全面展開的基礎上開始試算工農業總產值和國民收入，並相應計算社會總產值。當時試算表共3張，所涉及的指標僅有10多項，計算方法也較單一。為了順應「總路線」「總任務」的需求，內蒙古統計局制發全區工業企業歷年資料調查表，內容包括1949—1951年的工業總產值及主要工業產品產量、工業企業職工人數及工資總數、工業企業固定資產、工業企業動力設備情況。

1956年9月，國務院副總理薄一波出席黨的第八次全國代表大會，根據1952—1954年的國民收入數據，提出了著名的「二三四」比例關係。「二三四」比例的內容是：在經濟建設中，國民收入總累積佔國民收入的比例為20%，財政收入佔國民收入的比例為30%，基本建設投資佔財政支出的比例為40%較為適當。

薄一波的這次發言，首次公布了中國的國民收入數據，提出了一些重要的數量界限，引起黨內外同志特別是經濟界同志的很大興趣。這就為人們認識中國社會主義再生產過程，探索社會主義經濟建設的規律性，以及加強國

民經濟計劃管理提供了重要依據。

在 1957 年第六屆全國統計工作會議上，孫冶方在《考察蘇聯統計工作的報告》中指出，隨著企業管理和計劃管理權的下放，地區的國民經濟平衡工作也將日益重要。1956 年 9 月中共八大以後，各省、自治區、直轄市為了觀察和研究該地區的國民收入及其主要比例關係，也都要求統計機構計算國民收入，據此來分析地區經濟的主要比例關係。1957 年和 1958 年上半年間許多省市開展了綜合平衡統計工作。從國民收入生產、分配、再分配，到國民收入累積和消費都進行了統計。

此次國民收入試算，適時地反應了 1952—1954 年中國國民經濟發展的綜合水準，便於國家掌握國民收入的總規模，以及部門發展的結構、速度和比例關係，是對此前國民經濟恢復時期經濟發展狀況的總結與思考，又為探索社會主義經濟建設規律、加強國民經濟計劃與管理奠定了基礎。

(二) 國民經濟平衡表

為了進一步開展國民經濟綜合平衡統計的工作，1956 年 7 月 10 日，國家統計局副局長孫冶方同志率統計工作考察團一行七人訪問蘇聯，重點考察蘇聯國民經濟綜合平衡統計。蘇聯中央統計局局長斯達洛夫斯基、副局長葉諾夫等會見了考察團。考察團成員同蘇聯中央統計局各司分組談話，並到各業務部的統計機構、各級地方統計機構，以及區輔導處、工廠、商店和集體農莊等基層統計機構考察訪問。

訪問期間，代表團成員與蘇聯中央統計局有關人員就綜合平衡統計的若干方法問題進行了詳細討論。全面系統地瞭解蘇聯國民經濟平衡表體系和各種平衡表的編製方法和準備經驗。

在學習蘇聯經驗的基礎上，結合中國經濟實際，國家統計局於 1956 年年底成立了研究室，負責國民經濟的綜合平衡統計工作，建立「國民經濟平衡表」，加工整理各項相關統計資料。1957 年依次編製了「社會產品生產、累積和消費平衡表」「國民收入分配、再分配平衡表」「國民經濟部門聯繫表」，並試編了「固定資產平衡表」。

第二節　國民經濟綜合平衡統計的曲折發展

在這特殊的時期，中國的綜合平衡統計工作也在曲折中前行。通過召開綜合平衡統計工作會議、不斷加強綜合平衡統計研究工作，在措施方面進行第一個五年計劃的分析與思考，在制度上建立了綜合財政統計，在民生上多次修復社會集團購買力的範圍。

一、「大躍進」時期的挫折與進步

國民經濟在「大躍進」時期，主要比例關係嚴重失調，農業和輕工業大幅度減產，國民收入下降，人民生活遭受了很大的影響。正當全國各類平衡表的編製工作如火如荼地進行時，1958年國家統計局開始的「反教條主義運動」認為編製國民經濟平衡表的工作過於繁復，是「繁瑣哲學」與「形式主義」。因此，國民經濟平衡表的編製工作剛剛開展就遇到了挫折，國家統計局既精簡了報表，又縮小了計算範圍，有的報表編製工作也被叫停，由此國民經濟核算工作遭遇第一次大的挫折。儘管如此，國民經濟綜合平衡統計工作仍然在挫折中取得了持續性進步。

（一）全國綜合平衡統計會議的召開

1957年12月，國家統計局召開全國綜合統計和國民經濟綜合平衡統計工作會議，首次提出開展全國和地區綜合平衡統計、建立綜合財政統計。會議專門邀請蘇聯統計專家系統介紹講解蘇聯編製國民經濟綜合平衡表的理論與實踐經驗。會議正式提出，省和市應首先建立最基本的平衡統計，即社會產品和國民收入生產、消費、累積的平衡計算。會後，國民收入統計正式列入地區統計工作任務。

1959年，國家統計局先後召開東北各省綜合平衡統計座談會和第三次全國綜合平衡統計工作會議，討論了國家統計局擬定的《國民收入生產、分配、

消費和累積的計算方法（初稿）》，組織各省市進行綜合平衡統計工作情況和經驗交流，並集中討論了地區國民收入計算中幾個特殊性問題，主要是地區國民收入和貨幣資金的流出、流入問題，以及實現累積率和可供累積率的計算問題等。

兩次全國綜合平衡統計會議在傳播綜合平衡統計理論、促進各地區結合實際編製國民經濟平衡表等方面發揮了積極作用。幾年時間內，從工農業總產值到國民收入統計，當時國民經濟平衡表大部分內容都建立起來了，不僅在全國範圍推廣，而且在各省市範圍推廣，初步建立了中國國民經濟平衡表體系的雛形。

（二）第一個五年計劃的總結

回顧第一個五年計劃的經驗教訓，為第二個五年計劃的政策制定與項目實施提供了指導。從1957年的上半年開始，國家統計局與國家計委、經委一起，針對第一個五年計劃期間形成的報表進行了全面的計算和反復的驗證。

1958年12月17日，國家統計局黨組向國務院副總理李富春及中央報告了第一個五年計劃期間中國國民收入的生產和分配情況。該報告認為：第一個五年計劃期間，國民收入生產中工業在國民收入所占比重雖有顯著提高，但占第一位的還是農業；由於國民收入水準低，人口增加快，因此對累積和消費基金的增加都有很大的制約，國民收入使用中消費和累積的分配比例基本上是適當的；國家財政收入占國民收入的比重也大體適當，第一個五年的財政收入主要用於累積，即基本建設投資和增加物資儲備等方面。

1959年4月13日，國家統計局公布《關於發展國民經濟的第一個五年計劃執行結果的公報》。該公報闡釋了社會主義改造、基本建設、工業生產、農業生產、運輸郵電、國內外商業和人民物質生活和文化生活等七個方面的內容。

全國各省市也對自身第一個五年計劃的完成情況進行了總結與分析。如1958年，內蒙古統計局以內部文件形式編發了《內蒙古自治區第一個五年計劃執行情況》的綜合統計分析報告。

(三) 綜合財政統計的建立

1960年，國務院發出《關於加強綜合財政計劃工作的決定》，指出綜合財政計劃是指確定某一時期內社會財力分配使用的規模、方向、內容、進度和效果的計劃，是國民經濟計劃的重要組成部分。綜合財政計劃的制訂離不開綜合財政統計，因此，建立綜合財政統計也就迫在眉睫了。

1960年3月7日，國家統計局頒發《1960年綜合財政統計制度試行方案》，要求各省、自治區、直轄市統計局試填第一季度數字並對試行方案提出修改意見。1960年4月，在長沙市召開會議，對試行方案進行了討論。經過修改和補充之後，於5月正式下達，按季報告。1960年5月12日，國家統計局正式頒發《綜合財政統計制度》，同時要求各地於7月底前上報對1959年的預算外資金收支情況的一次性調查。

1960年7月6日，國務院轉發國家統計局《關於綜合財政統計工作中的問題的報告》。該報告明確指出，綜合財政統計是反應國家整個財政資金活動情況的資料，是編製國家綜合財政計劃的重要依據，應當在短期內做出成績來。

二、調整時期的發展

在三年「大躍進」運動後，國民經濟重要比例關係嚴重失調，工業農業較大幅度減產，國民收入下降。因此，調整時期的主要任務是恢復被「大躍進」破壞的經濟，恢復國家經濟建設，這個時期儘管統計表式有所簡化，但綜合平衡研究工作卻有較大的進展。

(一) 綜合平衡研究工作的加強

1961年10月14日，國家統計局發出《關於加強綜合平衡研究工作的意見》。該意見指出，為適應各部門貫徹執行「調整、鞏固、充實、提高」的方針，和國家計劃管理強調做好全面安排、綜合平衡工作的要求，統計部門不僅要做好各項專業的調查統計工作，及時反應國民經濟各部門的發展情況，而且必須加強綜合平衡研究工作，對國民經濟各部門之間和一個部門內部的各個環節，進行聯繫觀察，綜合分析。

同時，該意見也指出綜合平衡工作的要點在於：①要編製「國民經濟平衡表」；②要深入實際、深入群眾進行調查與研究；③要根據研究問題的需要，收集有關調查統計資料，同時加工整理進行綜合平衡研究；④要把全國的綜合平衡研究工作和地區的綜合平衡研究工作結合起來。該意見還附有《當前綜合平衡研究的主要題目指南》。

為貫徹落實加強綜合平衡統計研究工作的方針，在收集相關調查統計資料的基礎上，1963年國家統計局發表《財政收入和農業生產的關係》，研究農業生產下降而財政收入增加的狀況。

(二) 社會集團購買力統計範圍的修訂

1962年6月13日，國務院批轉國家計委、財政部、商業部、國家統計局《關於修改社會集團購買力包括範圍的報告》和《關於社會集團購買力包括範圍的暫行規定》。其批示中指出：①社會集團購買力的範圍如何劃分，是一個複雜的問題，不可一次就劃得清楚，需要在實際執行中不斷地研究改進；②要求各地區、各部門繼續加強管理，嚴格控制，努力完成今年壓縮集團購買力的任務，絕對不能鬆勁；③批評個別地區，對壓縮集團購買力工作抓得不緊，壓縮指標直到現在還沒有落實到基層單位，個別地區擅自改變社會集團購買力的範圍，或者不嚴格執行憑購物證供應商品的辦法。

國家計委、財政部、商業部、國家統計局四部門在隨後的報告中提出，社會集團購買力，是社會集團用於在市場上購買非生產性商品的資金。至於社會集團購買生產經營所必需的商品的資金，購買國家直接調撥的商品的資金，以及支付勞務和服務的費用（如電話費、旅差費等），都不算作社會集團購買力。按照這個劃分原則，原來算作社會集團購買力的修理、服務行業購買生產經營用品和商業、服務等部門印刷各種票證用紙的開支，改為不算集團購買力。至於醫院購買藥品、企業單位購買勞動保護用品，仍然算作集團購買力，但在管理上不作硬性的壓縮規定。

該批示發布後，各省市立刻行動，迅速轉發批文，將控制壓縮社會集團購買力的要求布置下去。至此，全國各省、各地區陷入壓縮社會集團購買力、研究和縮減社會集團購買力範圍的大潮中。

三、「文化大革命」時期的停頓與恢復

在 1966—1976 年「文化大革命」時期，中國統計事業又遭受了第二次大挫折——統計機構被撤銷、統計工作人員被下放，許多統計資料被銷毀，國民經濟統計工作完全陷入停頓狀態。從 1970 年起統計工作開始逐步恢復，先後編印了《國民經濟統計提要》《1970 年國民經濟統計資料》等重要文件，更新了社會集團購買力統計的統計範圍。

（一）《國民經濟統計提要》的編印

從 1970 年開始，國家計劃革命委員會（簡稱國家計委）部署了 1967—1969 年因「文化大革命」而中斷的統計數據的採集、整理、補齊工作，標誌著 1966—1969 年中斷了四年的統計工作開始恢復。

1970 年 7 月中旬，國家計委統計組開始進行《國民經濟統計提要》的編製。各省根據編製的要求補報了 1967—1969 年的統計資料，所缺的資料採用部門數字，少數資料由統計組進行估算。

1970 年 8 月中旬，國家計委生產組印發了《國民經濟統計提要 1949—1969（未定稿）》，供黨政領導使用。到 1971 年年底，1967—1969 年缺失了 4 年的主要統計數據基本補齊。但因工作難度大，有些分年、分組數據仍空缺。國家計委根據採集整理並補齊的 3 年基本統計數據，正式編印了《國民經濟統計提要（1949—1969）》，國務院總理周恩來高度認可該提要，並指示立即發中央委員。

《國民經濟統計提要（1949—1969）》的編印首先促使 1967—1969 年三年因「文化大革命」而中斷的統計數據得到採集、整理和補齊，並且將 1949 年新中國成立以來的國民經濟統計工作進行了梳理與整合、回顧與總結。從這個角度來說，該提要的編印具有繼往開來、承上啓下的重要意義。

1972 年 11 月，國家計委編印《1970 年國民經濟統計資料》，並呈報中央、國務院領導，發送國務院各部門、各地區政府。

（二）社會集團購買力統計範圍的再次修訂

1977 年 5 月 13 日，國家計委發出「要求做好社會集團購買力統計」的通

知。該通知印發了國家計委擬訂的售給社會集團公用的各類消費品總額統計表，由商業、外貿、郵電、合作總社和各省計委、統計局布置填報。

1977年12月8日，國家計委、財政部、商業部、供銷合作總社聯合印發《關於社會集團購買力包括範圍的規定》。該規定主要內容如下：①社會集團購買力，是指機關、團體、部隊、學校、企業、事業單位和人民公社（包括大隊、生產隊）用公款在市場上購買供集體消費的非生產性商品的資金；②劃分社會集團購買力的原則是用公款、通過市場、公共使用、非生產用；③社會集團購買力的具體範圍，共有11類商品；④不屬於社會集團購買力範圍的項目，有國家分配的物資、直接用於生產的商品等14類產品（商品）。此次國家社會集團購買力範圍的再次修訂，刪改了1962年《關於社會集團購買力包括範圍的暫行規定》中不合理的部分，使得當下的社會集團購買力範圍更符合時代的變化，更契合當時居民生活的實際情況。

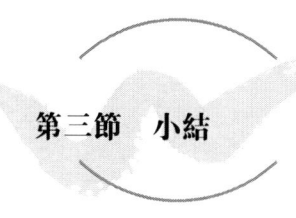

第三節　小結

從新中國成立到改革開放前，中國國民經濟綜合平衡統計工作經歷了1949—1957年的初步建立階段和1958—1977年的曲折發展階段。

1951年，中財委首次發布了中國國民經濟總產值（工農業總產值）估算辦法，並以此為基礎，估計推算出了抗日戰爭前和20世紀50年代初期的工業、農業總產值數字。此後，又根據各行政區、各地區統計機構記載的資料，對工業、農業總產值數字進行了整理和修訂。

在第一個五年計劃時期，國家統計局本著「邊學邊做」的方法，一方面持續地向蘇聯、印度學習綜合平衡統計和抽樣調查方法，另一方面按照蘇聯的物質生產體系建立了中國的統計核算體系，同時也著手進行了社會集團購買力、國民收入的計算。這一時期的國民經濟綜合平衡統計工作不僅在全國

範圍內取得了巨大成就，而且帶動了地方的綜合平衡統計核算工作。此外，還在國民經濟的主要比例關係、國民經濟中平衡表的編製上有所突破，可以說是成績斐然。

但是在隨後的「大躍進」期間，剛剛開展的國民經濟平衡表的編製工作受到了批判，國家統計局既精簡了報表，又縮小了統計範圍，有的報表編製工作也被叫停，因而國民經濟核算工作遭遇了第一次大的挫折。儘管如此，國民經濟綜合平衡統計工作仍然在挫折中取得了持續的進步。首先，召開了1957年全國綜合平衡統計會議，第一次提出開展全國和地區綜合平衡統計、建立綜合財政統計。其次，針對第一個五年計劃進行了總結與反思，召開全國統計工作會議在總結的基礎上布置1958年統計任務，並在各省市範圍內落實下去。最後，建立了綜合財政統計並頒布《綜合財政統計制度》，用10張調查表進行統計與調查。

「大躍進」運動後，國民經濟重要比例關係嚴重失調，工業農業較大幅度減產，國民收入下降。雖然該時期表式有所簡化，但綜合平衡研究工作仍取得了較大的進展。

在「文化大革命」時期，統計機構被撤銷，統計工作人員被下放，許多統計資料被銷毀，國民經濟統計工作停滯不前。自1970年以來，國民經濟統計工作開始恢復，先後編印了《國民經濟統計提要》和《1970年國民經濟統計資料》等重要文件。《國民經濟統計提要》的編印，促使了1967—1969年三年因「文化大革命」而中斷的統計數據得到採集、整理和補齊，並且將1949年新中國成立以來的國民經濟統計工作進行了梳理與整合，回顧與總結。

總而言之，1949—1977年近三十年間，中國國民經濟綜合平衡統計工作從無到有地發展起來了，這一階段是在發展與停頓、進步與挫折中前行，所取得的成就為後續的統計事業發展奠定了基礎。

第四章
主要專業統計制度的建立與發展

第一節 工業統計制度的建立與發展

一、工業統計制度的建立

工業是中國國民經濟發展的主導產業，因此工業統計是中國社會經濟統計的重要組成部分。中國工業統計是建立在工業經濟發展的基礎上，為適應工業經濟發展的需要而產生與發展起來的。中國以農業發展為主，新中國成立初期，中國工業基礎非常薄弱，工業發展較為落後。1949年，全國鄉村人口占總人口的比重為89.4%，國民經濟中90%左右是個體農業和手工業，現代工業經濟占比僅10%左右，其中國營工業產值占全部工業總產值的26.6%[①]。工業中主要以輕工業為主，重工業稀少且門類不全，設備落後。

新中國成立初期，政務院財政經濟委員會內的統計總處，處內下設了工業統計組，在1950年，報告了新中國的第一張工業生產統計報表「工礦企業定期統計報表」，自此新中國工業生產統計工作正式開始。1952年，國家統計局正式成立，為統一領導，集中組織全國性的工業統計工作，下設工業統計司。隨後，各級政府、工業管理部門，以及工礦企業，也相繼建立了相關機構。自此，全國性的工業統計體系開始正式形成並投入運行。工業統計部門的建立與完善，能夠加強工業統計制度及管理工作，為國民經濟的技術改造和科學技術的現代化提供後備力量，為社會良好發展奠定了基礎。

二、工業統計內容的發展

在新中國成立至改革開放前，隨著高度集中的計劃經濟體制的引進和逐

[①] 劉少奇. 在中國共產黨第八次全國代表大會上的政治報告 [M] //劉少奇選集：下卷. 北京：人民出版社，1985：303.

步深入，工業統計工作在不斷探索中取得成效。這一時期，工業統計以生產統計為主，統計指標不斷豐富，統計工作不斷細化，統計制度更加全面。

（一）工業統計的主要指標

在計劃經濟體制下，工業統計主要圍繞工業產品產量、工業生產能力、工業主要技術經濟指標、工業企業資金來源及其占用等內容展開，以此反應企業生產情況和資源的分配、使用情況。

新中國成立後不久，為了及時瞭解國營和公私合營企業的生產經營情況，1950 年 8 月，新中國的第一張工業生產統計報表「工礦企業定期統計報表」編製，創建了工業經濟主要指標統計制度，拉開了新中國工業生產統計工作的序幕。但當時只有「固定資產」「職工人數」及「利潤和稅金」等幾項指標。

在工業統計初創及逐步發展中，國家統計局不斷進行探索，在調查、改進、實施中不斷完善制度，並取得進步。1953 年 12 月，中央工商行政管理局、國家統計局聯合發出《建立私營工商業產銷情況報告制度的通知》，在該制度中提到了工業統計的主要指標有私營工業總產值，主要產品產量，國家及合作社的加工訂貨、統購包銷、收購及企業自銷數量，私營商業銷售額、主要商品銷售數量、重要原材料消耗數量，私營工業的生產設備及其利用狀況，私營工商業的一般情況（如戶數、資本額、利潤等）。

1954 年 12 月，國家統計局制定《國營、地方國營、公私合營及合作社營工業企業變動情況及統計資料處理辦法》，包括《定期統計報表數字的更正和查詢辦法》《定期綜合統計報表的數字對比辦法》《變動情況報告及統計資料處理辦法》等[1]。由於「大躍進」引發的各種問題，導致國民經濟受到了嚴重影響。1960 年，國家統計局在《關於全面考核工業企業經濟工作，改進工業統計報表招標體系的通知》裡指出工業企業經濟工作的成績，要按主要產品的品種、產量、規格完成情況、商品產值及完成訂貨合同的情況、產品質量完成情況、主要技術經濟定額（包括主要設備利用率、原材料的消耗定額、

---

[1] 《當代中國的統計事業》編輯委員會. 當代中國的統計事業 [M]. 北京：當代中國出版社，香港祖國出版社，2009：312-312

工時定額等）完成情況、勞動生產率完成情況、成本降低率，以及不同行業確定不同的考核指標進行全面評定。

「文化大革命」期間，工業統計工作受到嚴重影響。為盡快解決統計工作中出現的問題，1970 年，國家計委分別於 5 月、12 月發出《關於建立統計報表制度的通知》《關於認真做好國民經濟基本統計年報工作的通知》，隨後正式下達《國民經濟基本統計年報制度》。針對不顧產品質量、不講經濟效益的情況，國家計委於 1974 年決定在工業企業和工業管理部門中，設定八項工業經濟指標，根據各指標的完成情況，對工業企業以及工業管理部門進行考核與評定。這八項指標分別是產值、產量、質量、單耗、勞動生產率、可比成本降低率、利潤和流動資金[1]。通過一系列規定的頒布與實施，工業統計報表制度得到逐漸恢復。

為了使全國性的統計工作開展得更加順利，地方性的工業統計也逐步深入開展。1977 年，國家計委制發了《工業企業八項經濟技術指標統計考核辦法》，將產品產量、品種、質量、原材料燃料動力消耗、流動資金、成本、利潤和勞動生產率八項指標作為依據，對地區、行業和企業進行考核。採用多項指標評價法，針對不同地區、不同行業和不同企業進行統計，因此無法進行總體上的對比。

（二）工業產品不變價格的編製

為使工業總產值能夠更真實地反應各時期工業生產總量的變動情況，同時針對不同時期、不同地區之間，工業價值指標具有可比性，國家統計局分別於 1952 年、1957 年、1970 年組織制定了 3 次工業總產值不變價格目錄，以滿足各級政府和企業計算工業發展速度的需要。

中國在制定工業產品不變價格時，通常採取分層、分級管理辦法，分中央、省（市）和縣三級制定。凡在全國範圍內大量生產的產品，其不變價格由國家統計局統一組織制定，在全國範圍內統一使用。對全國統一的不變價

---

[1] 《當代中國的統計事業》編輯委員會. 當代中國的統計事業 [M]. 北京：當代中國出版社，香港祖國出版社，2009：313-313.

格目錄中未包括的地方性工業產品，由各省、直轄市、自治區統計局補充規定，報國家統計局後，在本地使用。工業企業生產的新產品，可根據實際情況分別採用臨時不變價格和正式不變價格，新產品的不變價格用同類產品系數計算，經上報主管機關批准備案後，在本企業使用①。

1952年，國家統計局發布第一次工業產品不變價格，規定由省、市統計局頒發的《不變價格》及《換算系數》，只限於地方國營及地方公私合營大型工業企業使用。隨後頒發《關於確定工業企業的若干具體規定》，進一步明確工業企業的內涵，統一企業的劃分標準，並確定工業企業的基層填報單位。各級統計部門與計劃部門對全國國營、地方國營和公私合營企業單位進行清查。為利於各級綜合機關瞭解工業企業的新建、改建、拆遷和企業名稱、經濟類型、主管系統、規模大小情況，避免統計部門和業務部門由於劃分企業單位不一致所造成的數字混亂現象，國家統計局頒發了《國營、地方國營、公私合營及合作社營工業企業變動情況報告及統計資料處理辦法》，以及數字訂正及查詢辦法、數字對比辦法和統計數字審核辦法等。同時，頒發了《關於會計與統計不一致的若干問題的統一規定》，以及工業生產成本計劃考核的幾項規定，更有利於加強財務成本統計及財務成本計劃執行情況的檢查工作。

1953年，國家統計局對工業統計的要求有所增加，以堅持貫徹國營、地方國營、公私合營和合作社營的大型工業企業月報，推行國營、地方國營、公私合營和合作社營的小型工業企業生產及主要指標季報為主要任務。同時，在主要工業部門中，逐步建立與健全產品質量、設備利用和各種技術經濟統計報表制度以及新產品試製、發明、技術改進及合理化建議的統計，並逐步擴大到非工業部門。

第二個五年計劃中，工業不變價格得到逐步改善。1957年，統計部門基本上全面掌握了工業生產和勞動工資各類統計資料。在全國所有工業企業範圍內，由中央各部和各省、市、區統計局分別負責補充編製其所屬企業產品的不變價格，在本部門、本地區範圍內使用。自全國建立起工業生產電訊快

---

① 周學文. 新中國的工業統計 [J]. 中國統計，2002（11）：17-18.

報月報制度起，國家統計局對從企業到縣、地（市）、省逐級匯總的電訊快報月報的數字進行綜合整理，每月 10 日向國務院提交上月工業總產值及工業生產發展速度，並上報該時期主要產品產量的計劃完成情況及相應資料。1959年，增加了新產品不變價格《補充本》，共 2,000 多種產品。1970 年，不變價格仍以本年的現行出廠價格為基礎進行工業發展速度和水準的計算。

三、工業統計調查方法的發展

為適應中國經濟發展環境，需要結合實際情況建立制度與標準。自 1950年起，中國就開始了一系列工業統計的調查工作，並隨著工業經濟發展情況與當時的時代特徵，先後主要進行了工業普查、重點調查等。

1950 年 3 月，以公營、公私合營及工業生產合作社的工礦企業為主要對象，統計總處在全國範圍內進行了第一次普查工作。此次普查按照企業規模採用甲、乙表式分別統計。甲類表包括企業概況，動力、生產、生產及運輸設備，主要原材料及燃料耗用量，地基、廠房建築物及工場間，礦山開採情況，職工的工作時間及工資，主要產品的生產量、出廠價格和單位產成品以及修建工程 8 個部分，共 15 張表。同時，在全國公營和公私合營工業企業中，建立了年度統計報表制度。1951 年 1 月，開始實行全國公營及公私合營工業企業月報、季報統計報表制度，包括生產、勞動、成本、物資四部分。

在第一個五年計劃時期，由於中國有大中型國營企業約 2,000 個，占國營企業總數的 20%，但其產值占產值總額的 80%。因此統計總處以列入國家計劃的工業生產企業和基本建設企業為調查對象，進行了重點調查。並且，依據占產值 80% 的大中型企業的統計資料，對小企業按歷年比例估算，實行重點調查與估計推算相結合[1]。1954 年 4 月為編製過渡時期國家對資本主義工業進行社會主義改造的具體方案，對職工人數 10 人及以上的私營工業企業

---

[1] 內網統計文史：薛暮橋. 統計工作的創業過程 [M] //薛暮橋文集：第 20 卷. 北京：中國金融出版社，2011：178-181.

進行調查，建立了私營工業定期統計報表制度，對接受國家加工訂貨與包銷的私營工業企業，推行加工訂貨與包銷的統計報表。8月進行個體手工業及私營10人以下工業企業調查，採取整理現存稅務資料、實地調查、典型摸底及推算等調查方法。

在「大躍進」期間，工業統計工作受到了「左」的思想影響，在「四四決定」與各項條例實施後，問題才得以解決。1959—1961年，國家統計局分別制定了工業企業技術革新統計報表制度、工業產值和工業企業機械化程度的統計報表制度、大中型工業企業基本情況統計報表制度。1961—1965年，「大躍進」時期造成的經濟衝擊逐漸得到調整，國家政治、經濟形勢開始好轉，促進了統計工作的恢復和發展。1964年統計工作中引入計算機技術，不但極大地便利了統計工作，而且為後續的統計工作提供了巨大的前進動力。

1966年「文化大革命」開始後，中國統計調查制度體系再次遭到嚴重破壞。工業統計調查工作停滯，直到1970年5月4日，國家計委發出《關於建立統計報表制度的通知》，要求恢復包括工業統計報表在內的12種定期統計報表。同年11月，國家計委生產組發出《關於國民經濟基本統計報表制度的補充通知》，對工業統計等作出補充，此後統計報表制度作為基本統計調查制度才逐步恢復。

第二節 農業統計制度的建立與發展

一、農業統計制度的建立

中國是一個農業大國，農業在中國具有十分重要的地位，是國民經濟的重要組成部分。農業統計，是以農業生產部門的社會經濟活動為研究對象的專門統計，包括對農、林、牧、副、漁各業等生產資料的統計，是對農業生

產經營狀況的具體反應，是國家針對農業、農村發展的政策指導依據。新中國的農業統計是伴隨著新中國成立初期對農村經濟制度的改造與發展的需要逐步建立起來的。新中國成立以後，黨和政府十分關注農業、農村這一重大民生，在廢除了舊中國學習英美所建立的統計制度和方法的基礎上，著重借鑑和參考蘇聯關於農業統計的經驗，逐步探索建立符合中國農業自身發展需要的農業統計制度。特別是在新中國成立以後，由於中國人口眾多，糧食問題等民生問題始終是政府關注的重點，對糧食產量的準確及時統計，對新中國的建設有著重要意義。

1951年1月，中央財政經濟委員會統計總處頒發《1950年農業生產情況年度總結報表》，要求由各行政區財委填報，這標誌著中國農業統計調查工作由此開始[1]。

1952年8月，國家統計局正式成立，同年9月，中央人民政府決定在國家統計局下單設農業統計處，專門負責農業統計制度的建立和收集農業部門資料。各級省、地、縣也相繼成立農業統計部門，至此，農業統計工作從此有了更專業的部門機構和統計人員，中國的農業統計逐漸走向制度化、科學化、專業化的建設發展軌道。各級統計部門在行政上由同級政府統一管理，在業務上受上一級統計部門直接領導，並最終由國家統計局垂直領導，形成了專業的分級領導體系。這種體系在實行高度計劃和集中的經濟體制時期，在一定程度上適應了各級政府宏觀決策對於農業統計的需要，為中國農業發展奠定了堅實的基礎。

二、農業統計內容的發展

農業統計的內容的發展和指標體系的形成，是與特定時期的農村社會經濟活動的開展相適應的，與中共中央對農村工作的要求是密切相關的[2]。中國

---

[1] 農村司. 開拓創新 見證農村經濟社會巨大變遷 [N]. 中國信息報, 2010-10-29.
[2] 《當代中國的統計事業》編輯委員會. 當代中國的統計事業 [M]. 北京：當代中國出版社, 香港祖國出版社, 2009：287.

的農業統計內容幾經變革，由20世紀50年代初期統計內容單一的農業生產統計逐漸發展到農業合作化以後的農業經濟統計。

1950年6月30日，中央人民政府頒布了《中華人民共和國土地改革法》，打破了幾千年來的由地主階級封建剝削的土地所有制，實行農民的土地所有制。在土地改革時期，中國的農業統計是以糧食產量和耕地面積等為主。1951年1月，中財委頒發《1950年農業生產情況年度總結報表》。同年10月，中財委頒發《1951年度全國統一的農業生產年度總結基本報表》，由省、市和農業部門填報。報表共8張，內容有人口、互助組織、耕地面積、糧食作物生產、經濟作物生產、秋播冬耕面積及牲畜數量增減等。1952年，中財委布置了主要農作物簡速年報，對個體農戶、農場的主要農作物的播種面積和產量進行全面總結填報，並採用快郵、航郵或電報的方法報送，並布置組織了農業總產值的調查。

土地改革完成後，從1953年開始，各地開始加緊了對農業的社會主義改造，即農業合作化運動。在此背景下，農業統計從農業互助合作組、初級農業生產合作社到高級農業生產合作社三個階段逐步發展。在1955年，為全面瞭解農業生產合作社生產成果及收益分配的現實狀況，國家統計局頒發了《農業生產合作社收益分配簡易調查方案》。農業合作化的進程在1956年基本實現，農村經濟由分散的個體經營變成了有一定規模的集體經濟，這種規模經濟適應了當時的生產需要。為順應農村經濟組織形態的轉變，國家統計局擴充了農業生產統計的內容，擴展了部分農業經濟統計指標，農業經濟統計體系由此開始形成[①]。

與新中國成立初期的農業生產統計相比，第一個五年計劃期間的農業統計主要有以下變化：

（1）頒布和編印了農業生產合作社收益分配統計方案，調查農業生產合作社實際生產成果及收益分配情況。首先是將原來的收帳分為統帳和零散收

---

① 《當代中國的統計事業》編輯委員會. 當代中國的統計事業［M］. 北京：當代中國出版社，香港祖國出版社，2009：289.

帳兩個指標，統帳對象分為國營農場、農業生產合作社、互助組及個體居民三種經濟類型，零散收帳為統帳以外的一切收入。

（2）建立健全了農民家計調查。國家統計局1954年頒發農民家計調查方案，方案確定採用分階段按比例機械抽樣方法抽選農戶進行調查，調查內容包括農民的財產狀況，農民的實物收入和貨幣收入的一切來源和數量，農民所需的農產品，消費品的構成，再生產所需的生活資料、生產資料等。1956年國家統計局頒發新的農民家計調查方案，仍以機械抽樣原則，建立農民家計經常性調查工作，並按月整理匯總調查的家計資料。農民家計調查項目的豐富大大地推動了農業統計發展。

（3）開展了農業生產合作社經濟情況的典型調查工作。為了瞭解全國農業生產合作社開展情況以及農業生產基本情況，並以此來作為國家對農業實行社會主義改造決定宏觀政策和編訂計劃的依據，農業部、國家統計局聯合頒發「1955年農業生產互助合作組織定期統計報表」，主要內容有生產水準、發展速度以及集體福利事業情況等。

（4）改進了農作物收穫量調查方案。農作物收穫率採用典型實割實測方法、推算定產方法，以及對農作物的收穫季節、次數［分預計一次和實際（入庫）收穫量統計一次］和時間（主要農作物季節夏收、秋收時間分別進行）等進行統計。

（5）增設了年報制度。從1955年開始執行了年報制度，為適應農業社會主義改造出現的新情況，增加了2個表：一是「農業生產互助合作組織基本情況報告表」，為及時瞭解農業生產合作社的規模，統計參與分配的戶數、各類型人數、勞動人數以及耕地面積等指標；二是「農業生產合作社農作物收穫量報告表」，填報農業生產合作社（包括高級社和初級社）經營的各種農作物的播種面積和收穫量。

（6）設立了農業生產三套報表制度和農業生產合作社快報。農業生產三套報表是「農業生產綜合統計報告表」「農村基本統計報告表」和「農業生產合作社統計報告表」。農村生產合作社快報對參與分配的戶數、各類型人數、勞動人數以及耕地面積等內容進行統計，以及時瞭解農業生產合作社的規模。

由於農村統計報表過多過繁，以及統計產品產量上報不及時，同時汲取1958年浮誇虛報統計數字特別是糧食產量數字的教訓，國家統計局1959年提出，農業統計工作應當以農業生產統計為中心，農業生產統計應該以農作物產量調查為主線。為了及時糾正「大躍進」的浮誇風，1960年2月7日中共中央批轉國家計委黨組、農業部黨組和國家統計局黨組《關於農業總產值計算範圍和計算方法問題的報告》。該報告規定了農作物的計算範圍和方法；規定了林業和漁業生產的工農業劃分界限、副業計算的範圍、林業中的人造林木生長量產值的計算方法等；同時，除了統計計算農業總產值外，還規定要具體計算人民公社的總收入，不單要包括人民公社所經營農、林、牧、副、漁業生產中取得的收入，還應包括公社所營運的運輸業、商業、工業、飲食業、服務業等各種生產性和非生產活動的收入。

1962年中共八屆十中全會通過了《農村人民公社工作條例（修正草案）》，正式規定農村人民公社實行「三級所有，隊為基礎」的新體制。新的體制需要新的制度，為了適應農業統計的發展，國家統計局進一步更新了農業經濟統計的內容[①]：

（1）恢復農民家計調查。調查社員戶收入的來源、水準及其發展變化情況，以及主要實物消費量的增長變化情況，摸清社員的具體經濟情況。

（2）增加「農作物受災成災面積統計表」。由於1960年的自然災害，為了調查農作物實際產量，增加按水災、旱災、風雹災、霜凍災、蟲災和其他自然災害分別統計其受災面積和成災面積。

（3）布置農產品成本調查。1961年統計局和糧食部共同發布農產品成本調查，調查表分為甲乙兩種表式：甲種表調查農作物的生產用工和生產費用、人工工價和畜工工價，乙種表調查農村生產成本和勞動生產率。

（4）摸清糧食和主要農產品的生產情況，著力解決農業生產的恢復速度問題以及糧食和棉花等主要經濟作物之間的比例關係，調整和充實農業機械擁有量、機械化程度，統計農用化肥等主要物資分配使用情況和效果。

[①] 陳小龍. 中國農業普查與農村統計的改善[J]. 統計研究, 1999（3）: 28-32.

(5)修訂農業總產值計算方案。規定農業總產值的計算範圍包括農、林、收、副、漁五業。副業中包括採集野生植物、捕獵野生動物和隊辦工業產值。當時隊辦工業主要是以自給性的農副產品的簡單加工為主，自動化程度低，生產規模較小，還沒有從農業中分離出來，生產集群效應不足。

1966 年的「文化大革命」開始，統計工作遭受到空前的破壞，原有的統計體系遭到前所未有的重創，中國的農業統計工作也基本停滯不前，1968 年農調分隊也交由各地方革委會安排工作。1969 年國家統計局幹部大批幹部被下放，農業統計工作幾乎中斷，統計制度遭到嚴重的破壞。1970 年，農業統計工作才逐漸得到恢復。1975 年，農業統計報表制度已基本恢復到「文化大革命」前的報表種類和指標體系。一直到 1978 年，農業統計制度才得以完全恢復。

三、農業統計調查方法的發展

新中國成立初期，由於統計機構不完善，沒有專業的統計隊伍，農村統計調查方法主要是劃類選點。到了個體經濟階段，隨著統計機構的建立和統計工作的逐步開展，主要是採取重點調查和典型調查為主的農業統計方法。但是進入人民公社階段後，以統計報表制度為主，以重點調查、典型調查、抽樣調查為輔的統計方法在實踐中逐步得到應用，中國農業統計的調查方法逐步多樣化[1]。

劃類選點調查方法就是在調查中劃分好類別再選好地點然後在選點中抽樣調查。在新中國成立初期，百廢待興，統計事業處於初步建立時期，劃類選點的方法在基層運用較多。當時，廣大農村基本上還是分散的個體農業，一個家庭一個戶口就是一個生產經營單位。根據這種情況，規定以區、鄉為單位，採取劃類選點調查、全面推算的方法取得資料，並由省、市和農業部

---

[1] 楊娜.中國農業統計體制及運行機制研究 [D]. 北京：中國農業科學院，2012.

門填報①。

1955年以前的個體經濟階段，農業統計大都採用重點調查、典型調查的方法。而抽樣調查的運用則始於1955年的農民家計調查。農民家計調查方法採用分階段按比例機械抽樣方法抽選農戶進行調查，也就是在全國1000多個鄉（村）中，每鄉（村）抽取20戶作為代表進行農民家計調查。此後，統計局根據當時的發展要求更新了重新抽樣的辦法。自此抽樣調查的統計調查方法開始應用於農業統計的實踐中。

對於農作物收穫量的調查，1956年農作物收穫量調查方案包括4張表：農作物收穫率典型實割實測調查登記表、棉花收穫率典型實測棉桃調查登記表、農作物收穫率計算表、農作物收穫量計算表。農作物調查方法採用劃分類型方法、抽選典型方法、進行典型地塊實割實測方法、推算定產方法相結合。在人民公社化後，農村的經濟環境發生了比較大的變化。1959年，國家統計局提出，農作物的調查方法應該因勢利導、根據當地實際情況選用合適的調查方法，因作物制宜。因此，需要大力開展典型調查。

由於「大躍進」的浮誇風，由各級農村人民公社和生產隊上報的統計報表雜亂無章，統計工作無法正常進行。此外，由於20世紀60年代初中國遭遇三年自然災害，給國民經濟活動的開展和人民生活帶來了重大損失。中央領導針對統計工作中存在的瞞報和浮誇現象，為加強統計工作的可靠性、嚴謹性，以及保持統計工作的獨立性，更好地服務中央決策作了若干批示，特別是對農業統計工作有了更明確的要求。在此背景下，國家統計局提出了「多做一些典型調查，少進行一些全面統計，落實典型調查與全面統計相結合的方針，可以做典型調查的一律不要普查，不應該要的一律作廢」的工作思路。

由於1959年、1960年農民家計調查時斷時續，1962年3月7日，國家統計局在全國範圍內恢復農民家計調查，選戶樣本採用用劃類選點和排隊選點

---

① 《當代中國的統計事業》編輯委員會. 當代中國的統計事業 [M]. 北京：當代中國出版社，香港祖國出版社，2009：294-295.

或者兩者結合的方法進行。為了得到更為準確的農產量數據，運用全面統計和抽樣調查相結合的方法，並成立全國農產量調查隊，開展農產量實割實測抽樣調查。1963年的收益分配調查加強了對農村統計報表的統一管理，大力推廣抽樣調查方法，加強農村基層統計建設，迅速建立農產量調查隊，抓好400多個農村經濟調查點。至此，抽樣調查方法在中國農業統計實踐中被更加廣泛地應用。

「文化大革命」期間，農業統計調查工作停滯。直到1977年，國家統計局下發《關於切實做好農產量調查統計工作的通知》，要求直接掌握農產量資料，恢復典型調查或重點調查、抽樣調查等調查方法，才標誌著農業統計調查制度的重新恢復與發展。

第三節 基本建設統計制度的建立與發展

一、基本建設統計制度的建立

「基本建設」的定義最開始源於蘇聯，是指社會主義經濟中基本的、需要耗用大量資金和勞動的固定資產的建設，以此來區別流動資產的投資和形成過程。中華人民共和國成立以後，在借鑑蘇聯經驗的前提下，從20世紀50年代初到80年代初，中國的基本建設是指固定資產擴大再生產的新建、改建、擴建、恢復工程及與之相關的工作。

1951年1月，中財委頒發了《基本建設工作程序暫行辦法》，規定了基本建設工作的內容，並開始組織編製基本建設計劃。同年7月，中財委開始實行全國統一的基本建設定期統計報表制度。這套報表制度涉及水利、農業、交通等建設單位，這是中國正式建立基本建設統計報表制度的起點。

二、基本建設統計制度的發展

（一）土地改革和「三大改造」期間的健康發展

新中國成立初期，經濟亟待復甦，國家加大了經濟建設的力度，在此基礎上基本建設統計工作有了很好的發展契機。最初，政府主要以掌握全國國營和公私合營工廠企業的基本建設情況為主。隨著國家對交通運輸部門及水利農業部門投資的增加，基本建設投資定期統計報表制度的實施範圍擴大為中央各工業部、鐵道、郵電、交通及農業、水利等部和地方工業系統所屬的全部國營、地方國營、公私合營的建設單位。在蘇聯的援助下，針對優先發展重工業的政策，以156個重點項目為中心、由限額以上的694個建設單位組成的工業建設順利開展。因此，全國基本建設統計工作在短短六七年裡從建立到發展，取得重要的進步。

從調查方法上講，基本建設統計主要採用了統計報表制度。1951年7月，中財委開始實行全國統一的基本建設定期統計報表制度，基本建設統計制度由此正式建立。1953年7月20日，全國基本建設統計工作會議召開，會議明確將統計報表分為快報部分、調查部分和定期報表。其中快報部分主要是投資計劃完成數和各重點工程項目完成數；調查部分主要內容是施工準備情況調查及開工情況調查；定期報表部分主要涉及季報、月報和年報，水利、農業部門實行季報，其他部門實行月報，其中年報表包括「年度基建計劃完成情況」「投資計劃完成情況表」「主要工程項目投資計劃完成情況表」等共8個表，填報範圍包括轄區內的國營、地方國營以及公私合營的基建單位。為便於統計建設單位的計劃、設計、施工進度，統計部門根據各部門、各地區經濟發展不平衡的情況，分別制定詳略不同的甲、乙類表式，可因地填報不同的統計報表，具體內容可見表4.1。

表 4.1　1953 年基本建設報表及主要指標

報表	指標			
	甲表		乙表	
「年度基建計劃完成情況表」	總投資額的計劃數和實際完成數	新增固定資產計劃數和實際完成數	總投資額的計劃數和實際完成數	新增固定資產計劃數和實際完成數
「投資計劃完成情況表」	投資總額構成成分、按用途分和按經營方式分列計劃數、實際完成數、完成計劃百分比			
「主要工程項目投資計劃完成情況表」	計劃數、完成數、完成計劃百分比，工程計劃全部價值和計劃完成數			
「開始利用的新增固定資產及能力計劃完成情況」	開始建設和竣工日期、新增生產能力（容量）或效益名稱	全部價值的計劃數、完成數、完成計劃百分比	計劃數	實際完成數
「房屋建築面積竣工情況表」	廠房、倉庫、辦公室、住宅、學校、醫療機構、其他等，房屋結構分鋼鐵結構、鋼筋混凝土結構、磚木結構、其他結構			
「資金收支情況表」	計劃收入總計、實際收入總計以及中央財政、省財政、其他財政等各級的計劃撥款和實際撥款數、累計支出			
「建築安裝工程主要材料收支情況表」	各種材料的年初結存量、本年收入量、本年支出量、年末庫存量			

在基本建設統計的 8 個表中，投資總額統計是基本建設統計的中心問題，它主要研究投資的構成、性質、用途以及投資發展速度等指標，以說明投資額在固定資產擴大再生產過程中所起的作用。

在 1953 年的基礎上，1954 年的基本建設投資統計報表內容又增加了「建設單位一覽表」，設有本年投資計劃、本年實際完成投資額、本年新增固定資產和計劃外基建投資完成額等指標，以及增加分季度的按構成分「投資計劃完成情況表」。在房屋建築面積和竣工面積情況中，住宅增加家屬宿舍和單身宿舍指標，減少了「主要工程項目投資計劃完成情況表」「資金收支情況表」「建安工程主要材料收支情況表」，以及各表中的計劃完成百分比的指標和房

屋建築竣工情況表中的建築結構分類指標①。

1954年國家統計局頒發《基本建設投資完成額計算方法》,用實際完成工程量乘對應的預算單價計算投資額的基本方法在全國試行。隨後,又對建築安裝工程投資完成額計算方法作出了統一規定,完成額均必須按照實際完成的實物數量乘設計預算單價,再加上間接費和利潤求得(自營建設單位不加利潤)。如按設計預算單價計得的完成額與原計劃相比求得的進度百分數,雖有偏低或偏高現象時,亦不進行折算,從此在全國範圍內統一了基本建設投資完成額計算方法。而對於用什麼價格來計算投資額,在1955年的國家統計局投資計算額的討論會上分別提出了用按現行價格、計劃價格和預算價格計算投資額。1956年4月,國務院發出《關於基本建設統計工作問題的指示》,正式批准了國家統計局制定的按預算價格的計算方法。

(二)「大躍進」與「文化大革命」期間的曲折前進

在1958年的「大躍進」中,在「高指標」「瞎指揮」「浮誇風」為特徵的運動中,基本建設統計發展遭遇了瓶頸。首先,統一制定基本建設基層表的做法被廢止,規定投資額計算方法和口徑跟著計劃實施,具體方法因地制宜,計劃自行規定,同時宣布廢止基本建設統計報表審核匯總等三項辦法,使統計制度方法的實施和統計數字的管理陷於混亂。其次,「大躍進」時期,由於「瞎指揮」之風盛行,抓業績等基本建設投資成倍增加,統計範圍擴大到區、鄉、社區等,定期報表增加七日報、旬報,並且特定報表還需要文字說明,統計工作人員的任務大大增加。最後,由於當時統計指標體系為政治運動服務,出現了許多不必要的指標,原有的基礎指標被削弱。因此,當時的統計資料根本不能真實反應實際建設情況,統計數據失實情況嚴重,比如「大躍進」九個月新增煉鐵能力相當於全國原有生產能力的3倍,新增煉鋼能力比第一個五年計劃時期新增加的總和還多2倍。

1961年中共中央提出對國民經濟實行「調整、鞏固、充實、提高」的「八字方針」以後,以上的謬誤和偏差開始漸漸得到糾正。基本建設統計工作

---

① 廣西區地方志編纂委員會.廣西通志・統計志 [M].南寧:廣西人民出版社,1996.

在經過整治以後重新走上正常發展的軌道：恢復執行了集中統一的統計制度，糾正了「瞎指揮」產生的報表多等亂象，整治了「浮誇風」引起的數據失實的問題，恢復了實事求是的統計傳統，並且改進了調查方法和方式，加強了統計整理和分析工作。

1963年國家計委、國家經委、國家統計局聯合發出《關於1963年基本建設投資統計範圍的暫行規定》，基本建設投資統計的範圍有了新的變化，並要求必須積極推行以竣工投產和實物形象進度為主的統計做法，以此來反應各部門、各地區基本建設計劃完成情況。對於帶有基本建設性質的工程，只要按照規定程序，經主管部或省、自治區、直轄市批准的，都應該作為基本建設投資完成額進行統計。但建築安裝工作量和需要安裝設備投資額的計算方法，改為按照工程部位實行分段計算。在計算基本建設投資完成額統計，不包括以4項費用、大修理基金、各項事業費以及用於國家計委、財政部規定使用範圍內的工程。

但在「文化大革命」後，基本建設統計工作再次陷入停頓，直到1970年《關於建立統計報表制度的通知》的發出，基本建設統計才開始慢慢恢復。

1973年8月21日，國家建委對《關於基本建設項目竣工驗收暫行規定》的制發，對批准的設計文件所規定的新建、改建、擴建、遷建項目竣工驗收統計，表明基本建設統計在逐步恢復。1977年8月31日，全國基本建設統計工作會議召開，全面總結了過去基本建設統計的發展歷程，並分析了基本建設統計進展緩慢的情況和經驗，為1978年後基本建設統計的新發展做好了準備。

第四節　商業統計制度的建立與發展

一、商業統計制度的建立

　　新中國成立後，在新民主主義公營商業的基礎上，形成了以公有制為基礎，以人民群眾根本利益為出發點與落腳點，有計劃的社會主義商業。當時中國市場主要存在著國營商業、合作社商業、民族資本主義商業、個體商業及國家資本主義商業五種經濟成分。

　　在各種經濟成分並存的形勢下，為加強對貿易工作的統一領導，1949年11月1日，中央人民政府貿易部設立。1950年3月，相繼公布了《關於統一國家財政經濟工作的決定》和《關於統一全國國營貿易實施辦法的決定》，規定由中央貿易部統一領導指揮各地國營貿易機關的業務範圍，並明確提出統一全國財政收支、統一全國物資調度、統一全國現金管理等要求。隨後，各大行政區也陸續設立了貿易部，為實現各級政府領導商業工作的有序進行，各省、自治區、直轄市設立了商業廳，各專區和縣（市）設立了商業科（局）或工商科（局）等職能部門，形成了高度集中統一的全國性的商業管理機構體系。同年，中華全國合作社聯合總社及各級合作社成立，合作社商業在全國範圍內已形成強大且獨立的系統。

　　在這樣的背景下，1950年3月，中央貿易部在全國範圍內建立了第一個商業統計制度，即《關於國營貿易公司幾種主要統計報表辦法的決定》，要求對糧食、棉紗、棉花、棉布、煤炭、食鹽等關係國民經濟和人民基本生活商品執行統計電訊月報、旬報制度。自此，商業統計工作拉開了序幕。

二、商業統計制度的發展

(一) 國民經濟恢復時期

1950年3月，中央貿易部在全國範圍內建立第一個商業統計制度。同年12月，全國貿易計劃工作會議中制定《貿易部1951年編訂國營貿易計劃暫行辦法》，規定國營貿易計劃暫定為9種，即商品流轉計劃、國營商業網發展計劃、運輸計劃、商品流轉費計劃、勞動工資計劃、生產企業計劃、基本工程建設計劃、財務計劃、進出口貿易計劃。同時，在會議上規定了統計報表的統計報告系統，作出加強全國商業統計工作的決定。按照各業務部門需求，中財委會同貿易部共同制定了《國營貿易企業定期統計報表制度》，報表分為五類：商品流通、商業網、商品流轉、運輸、人事（包括勞動工資）。其中商品流轉報表有電訊月報、電訊日報、表式月報、表式季報或半年報。

1951年10月，中央貿易部在第二屆貿易統計會議上決定對全國大、中城市的私營商業進行重點統計。同時，在中華人民共和國合作社聯合總社成立後，制定了全國合作社統計暫行辦法，並於1951年正式頒發了《全國供銷、消費合作社統計報表制度》，規定商品流轉中基層合作社銷售額和農副產品收購額為電訊月報，其餘指標為表式月報或者季報。

1952年年底，國家統計局制發了包括戶數、從業人員數、職工人數、資本額和銷售額等指標在內的《1952年私營商業統計年報》。1952年，中央人民政府發布《關於調整中央人民政府機構的決議》，先後成立糧食部、商業部、對外貿易部、農業部、林業部、輕工業部、鐵道部、出版總社、中華全國供銷合作總社等部門，國家統計局與這些新成立的部門聯合制定各部門的商業企業統計報表制度，報表的內容也有較大的改變。

隨著高度集中統一的國營商業管理體制下對外貿易和國營商業的全面建立與發展，商業經濟基本形成了比較完整的包括各種門類的國營商業系統，全國的商業統計工作制度初步建立，對指導平抑物價，打擊「投機倒把」活動等方面發揮了積極的作用。

(二) 第一個五年計劃時期

從 1953 年起，中國正式進入第一個五年計劃時期，即社會主義改造和有計劃的社會主義建設時期。在這一時期，中國商業統計制度得到了良好的發展，建立了國營及供銷合作社商業統計制度和私營工商業統計制度。國家對商業體制進行深入改革，並對自營商業和合作社商業的機構和經營範圍採取一系列重大措施進行調整與改組。

1953 年 1 月，國家統計局發布《關於充實統計機構、加強統計工作的決定》。4 月，在召開的第一屆全國商業統計工作會議上，商業部以「切合需要，實際可行，認真貫徹，穩步提高」為商業統計建設的指導思想，修訂了商業統計制度。1953 年年末，國營商業和合作社商業在商品批發總額中已占到 70% 左右。為了統一國內貿易的商品分類、名稱、範圍、編號和商品計量單位，1954 年，國家統計局借鑑蘇聯有關商品目錄的分類原則，與有關部門共同編製了《國內貿易統一商品目錄》，根據商品的經濟用途和來源分為五編、8 類、526 組、13,829 種商品，並在全國範圍內統一使用。從 1955 年起，國營商業和供銷合作社根據此目錄制定了各自的商品目錄。1956 年提出了《國營商業及供銷合作社定期統計報表數字訂正辦法》，統一和簡化了統計報表數字的訂正和查詢手續，克服和防止數字混亂現象。到 1957 年 12 月，農村私商的改造使中國供銷合作社取得快速發展，並與國營商業同時成為國內兩大商業系統。

另外，私營工商業的社會主義改造正處於進行中。1953 年，中共中央決定加強對私營工商業的社會主義改造工作，國家統計局與中央工商行政管理局於 4 月聯合頒發《私營商業及飲食業定期統計報表暫行辦法》，9 月在《關於私營工商業統計歷史資料整理問題》中提出私營工業、私營商業作為整理方案的參考指標。10 月頒布了《全社會商品流轉公私比重值計算方案（修正草案）》，規定對計算商品收購的公私比重暫時不作要求，而決定計算全社會商品市場銷售額、市場批發額公私比重，國營、合作社、私營 3 個商業主要商品市場銷售數量，市場批發數量及零售數量公私比重。1954 年 1 月 3 日，國家統計局頒發《物資供應定期統計報表制度》，並於 1954 年 1 月 1 日起執

行。該項制度包括 7 張表,其中銷售系統 2 張、供應系統 5 張。1954 年 6 月 16 日國家統計局提出《關於商品流轉公私比重的計算問題》,並就商品流轉公私比重的計算目的與計算範圍、國營與合作社商業的銷售額內容、代銷商品計算方法及坐商外銷等問題向國家計委副主席李富春、賈拓夫發出急電請求作出請示。

為保證社會主義商業經濟成分不斷增長,1954 年中共中央頒布《加強市場管理與改造私營商業的指示》,並提出改造私營商業的原則。隨著經濟政策及路線的調整,私營商業的統計工作更加繁重,統計制度也不斷進行補充與完善。自 1954 年起,按照規定各級部門必須每年布置私營商業統計年報,並對大中城市等重點城市逐步展開私營商業定期統計月報表的實施工作。1955 年,在全國私營商業、飲食業普查的基礎上,國家統計局制發了「私營商業變動和改造情況定期統計報表」。此外,建立了公私合營商業及合作商店、合作小組的戶數、從業人員、銷售額、批發額、零售額統計制度,並於 1956 年對 1950—1955 年資本主義商業、服務業和飲食業的盈餘分配、利潤率、資本主義所得累計額等情況展開調查,為政府及有關部門提供政策制定依據及執行資料。1956 年年底,中國私營工商業社會主義改造基本完成,原有的 5 種經濟成分中資本主義商業被擠出,形成了以國營商業和供銷合作社為主體的社會主義統一市場。

(三)「大躍進」和調整時期

1958 年,中國正式進入第二個五年計劃時期。商業統計工作存在諸多問題,例如商業機構上下不對口、地區間不一致,以及 1958 年以前商業統計報表制度還不完善的情況,對此,國家統計局先後對國營及合作社商業統計報表制度進行了改革和修訂。主要有兩項內容:

(1) 將國營商業及合作社商業統計報表的制定辦法由各部門分別制定改為「統一制定,聯合頒發」及「統一要求,分別制定,聯合頒發」。1958 年以前,各國營商業部門及供銷合作社的統計報表制度是由國家統計局會同各商業部門分別制定的,這樣容易造成部門間要求的不同而統計報表內容不能銜接一致的問題,從而影響到各部門統計資料的綜合匯總,對統計工作帶來

不利。改革後，報表由國家統計局與各商業部門統一制定，共同執行。此項統計規定在1965年時又改為「統一要求，分別制定，聯合頒發」，即由國家統計局提出對各部門的包括指標體系、指標解釋、商品目錄、報表報送時間和方法等方面的共同要求，制定由各商業部門共同執行的商業統計報表，各商業統計部門可在統一要求之上添加本部門的要求，提出各部門具體執行的統計報表，再分別與國家統計局共同制定，聯合頒發。

（2）對國營商業和合作社商業商品流轉統計的指標體系進行改革。以1958年為界線，之前國營商業和合作社商業商品流轉統計報表是從一個部門出發，設置一個商業部門或專業公司系統作為一個統計總體。改革後則變為以國營商業和合作社商業為一個統計總體，「國內純銷售」「國內純購進」作為基礎的商品流轉統計指標體系。經過以上改革措施，保證了政府部門與各商業部門的統計工作的協調一致，不僅滿足了多方不同的要求，而且解決了過去統計報表內容未能銜接一致的問題，避免了由於商業管理體制及機構頻繁調整、合併或分設而導致統計資料不可比的問題，並對資料的綜合應用及統計工作的開展產生了積極的作用。

在1958年5月召開的中共八大二次會議上，制定了「鼓足干勁、力爭上游，多快好省地建設社會主義」的總路線。在此背景下，全國迅速掀起「大躍進」的浪潮，隨後產生的人民公社化大搞「共產風」，在過分強調精簡規章制度的改革中，原有商業組織機構與商業企業層層下放，實行分級管理，管理權限與制度發生變更，撤銷公司，政企合一，精簡並合併商業行政部門。在這種商業體制改革下，商業經濟嚴重脫離正軌，造成現有的商業統計工作中合理的規章制度遭到破壞甚至廢除，出現了隨意「以購代銷」「以批代零」以及「以估計代替統計」等不按規矩及制度辦事的現象，一度使統計工作陷入困境，統計工作質量存疑。

為解決統計工作中的重大問題，1959年，中共中央批復了商業部黨組《關於加強統計工作的報告》，提出必須對商業統計工作進行整頓。1960年1月，國務院組織商業部等有關部門同北京、天津、上海、廣州等城市展開商品全面調查，在調查匯總結果的基礎上，編印了全國性的《商品目錄（草

案）》，將商品種類進行補充，並細化分類，系統完整地反應了當時商品生產與經營以及人民消費情況。在中共八屆九中全會上，宣布自 1961 年起，對國民經濟實行「調整、鞏固、充實、提高」的「八字方針」，並頒布《關於改進商業工作的若干規定（試行草案）》（即「商業四十條」），從各方面明確了對商業工作的規定。1962 年，中共中央、國務院作出《關於加強統計工作的決定》。1963 年，中共中央頒發了《統計工作試行條例》，商業部頒布了《商業系統統計工作試行條例實施細則》，使商業統計工作有計劃、按規定進行。1964 年，因統計報表管理制度不夠完善，頻繁發生商業統計報表數量多、內容繁瑣等情況，經充分調查及各級清理，大大精簡了統計報表，使統計工作和統計方法都得到了改進。1965 年，「大躍進」後中國的經濟得到全面調整，統計業務工作也逐漸恢復和發展，統計機構及人員得到了充實，統計制度及紀律也得到加強，統計工作質量及效率逐步提升，國家統計局在月後八日可獲取各項統計結果，包括全國國營商業、社會商品零售額及供銷合作社的商業「購、銷、存」等統計資料。

（四）「文化大革命」時期

商業統計制度在調整時期取得了較好成績之後，中國很快又進入了「文化大革命」十年動亂時期。初期，全國處於「打倒一切，全面內戰」的混亂局面，商業經營及管理系統幾乎癱瘓，國民經濟嚴重失調，各種規章制度遭到嚴重破壞，商業統計工作被迫中斷。1967 年，國家統計局和各商業部門對商業統計報表制度進行了精簡。1969 年至 1970 年下半年，國家機關對各部門實行大精簡、大合併，其中大批統計工作人員離職，管理權限下放，商業制度遭到更加嚴重的限制。1970 年 12 月，國家計委頒布了《國民經濟基本統計報表制度》，其中規定各省、自治區、直轄市要填報社會商品零售額統計表，國營商業各部門也先後恢復了本部門的商品流轉統計報表。1972 年，商業部陸續增加人員，逐漸恢復統計工作，各地統計工作情況也有所好轉。1973 年，國家計委在制發國民經濟統計年報時又規定了社會商品購買力和主要商品產銷平衡統計。全國的工作重點轉移到社會主義現代化建設上以後，國家重點生產建設逐漸正常運行，各項管理體制也重新進行了調整，商業統

計工作得以迅速的恢復和發展起來。到 1979 年,「文化大革命」中遭到破壞而停止執行的各種商業統計報表制度得以全部恢復,商業統計數字質量也有所提高。

三、商業統計調查方法

新中國成立後,源於國家統計局的統一領導,組織各商業部門、工商行政管理局和其他有關部門分工負責,商業統計工作得以逐步開展,形成了以全面統計報表為主,結合普查等多種調查方法的商業統計調查制度。

商業定期統計報表大致可分為兩大類:一類由基層企業填報,縣以上各級主管部門負責逐級匯總,並上報主管部門,同時報送同級政府統計部門;另一類由政府統計部門根據各有關部門的調查統計資料,結合典型調查資料進行加工、整理,綜合計算填報。具體來說,商品流轉統計、社會購買力統計、消費平衡統計及社會商業機構和人員統計等各項商業統計的內容,基本上都是由國家統計局或國家統計局與有關部門聯合制發定期統計報表進行調查統計的,而社會商品購買力統計年報和主要消費品的生產、消費平衡統計年報則屬於第二類報表。

1955 年,中國基本完成了對私營批發商的改造,同時將私營零售商大部分歸入國家資本主義商業。由於私營商業的複雜情況,導致所獲取的各類資料缺乏全面性、準確性。在此形勢下,為保證國家商業經濟得到進一步有計劃的發展,分別對私營商業和飲食業等展開普查工作。1955 年 7 月 12~21 日,國家統計局、商業部、中央工商行政管理局、全國供銷合作總社、財政部稅務總局在北京聯合召開全國私營商業及飲食業普查工作會議。會議內容是討論與修改普查方案並布置工作,並就普查的範圍和內容、組織領導等問題作了研究和討論。7 月,國家統計局頒布了《1955 年全國私營商業及飲食業普查方案》,規定了普查主要事項。8 月 31 日,正式展開調查工作。此次調查在全國私人投資設立的飲食業、商業和公私合營範圍內,以企業戶數、從業人員及其雇傭職工人數、資金額為普查內容,以及對綜合資料國內商業部

分按批發商與零售商,各種行業,銷售額及代銷額,行商、座商與攤販,雇傭職工人數,城鎮與鄉村進行分組。普查中,有填報能力的業戶由業戶自己填報調查表,對於小縣城無填報能力的業戶由調查員訪問調查並登記在冊,之後建立調查站進行集體登記,或者對各個行業採用典型調查估計推算等方法統計較全面的數字。

1959年,由國家統計局、商業部、衛生部等組織實施了第一次全國商業部門庫存普查。此次普查對象包括國營商業、公私合營商業、合作商店、合作小組、私營商業等全部商業機構。此次普查內容包括全部商業機構的商品庫存總值和26類商品的銷售類值,國營及公私合營商業主要商品(586種)庫存數量,國營商業加工廠庫存的商品總值和586種商品數量。普查方對國營商業部門所屬機構的庫存數進行了徹底清查、盤點、核實,對合作小組、合作商店、私營商業的庫存總值採用典型調查推算方法。通過此次普查,政府較為清晰地掌握了商業部門的庫存商品數量及其在城鄉之間、批發和零售的分佈情況,為政府決策提供了依據。

第五節　交通郵電統計制度的建立與發展

一、交通郵電統計制度的建立

新中國成立後,中國經濟建設逐漸步入大規模實施階段。為反應交通道路、通信郵電等的運行情況,中國逐步建立了運輸郵電統計部門並開展運輸郵電統計工作。中國交通郵電統計制度主要是基於鐵路、公路、水運、民航、管道等多種運輸方式的交通運輸統計及郵電通信統計。新中國成立初期,客貨運輸均以鐵路為主。鐵道部首先建立了鐵路系統的統計報表制度,包括線路、運輸效率、客貨運輸量、勞動工資、財務成本等方面的統計報表制度,

以及其他鐵路業務統計。

1950年3月，交通部公路總局主持開展了全國公路運輸基本情況調查。此次調查以制發調查表和實際調查相結合的方法，即從工程、運輸、機務、路政、人事、財務等方面的基本情況出發，制發了共56種調查表，並根據實際調查結果，在9月整理調查資料，編製成各項統計報表；11月，便將所有統計資料分類歸納，編製成了《1950年公路調查資料》。這次調查是對當時公路現狀的一個摸底，為以後加強公路建設提供了基礎性資料。

1951年，交通運輸部召開了第一次全國交通統計會議，就公路、海運、海港、內河等統計報表制度的建立問題展開討論和研究。同年，郵電部也針對郵電業發展情況建立了相應的業務統計制度。

1952年，國家統計局正式設立了交通統計機構，以加強運輸郵電統計工作的管理，為建立計劃經濟體制提供基礎性資料，並為第一個五年計劃的制訂提供依據。此後，國家統計局和各業務主管部門為完善運輸郵電統計制度，對一些基層企業進行調查，以便收集更加全面的統計資料。同時，各大統計單位及部門陸續配備了交通郵電統計的專業工作人員。

二、交通郵電統計調查制度的發展

儘管國家統計局與各業務主管部門均建立了相關的交通郵電的統計部門，但地方的交通郵電統計力量還比較薄弱，統計標準還不統一。為了改善這一情況，1954年10月，國家統計局和交通部聯合召開了全國公路、內河運輸統計專業會議，研究並解決了運輸統計中的幾個問題：為便於和生產量對口，制定了運輸量按運輸工具的經營管理系統統計，貨物運輸量按實際重量統計等規定；為避免虛誇，廢除計費噸、尺碼噸等計算方法，統一以重量噸為計量標準，並布置了對私營運輸工具和運輸量的估算工作任務。同年，國家統計局頒發了《鐵路供應地方統計資料辦法》，規定各鐵路局向所在地的省、自治區、直轄市統計局報送統計資料。

此後，國家統計局和交通部共同修訂了定期報表制度，逐步把統計範圍

由交通部門所屬的運輸企業，擴大到私營運輸業、群眾運輸事業、交通部門以外的運輸組織以及機關車輛等。1956年3月，國家統計局頒布了私營運輸業改造進度快速報告制度，與交通部聯合布置各地區整理和估算歷年私營運輸業統計資料的任務，通過查閱歷史檔案、文獻和圖書資料等方法拾遺補闕，整理出了新中國成立以前的最全面的運輸郵電統計資料。另外，統計範圍的擴大使統計報送工作的任務有所加大，統計部門和交通主管部門為保證及時瞭解統計工作情況，掌握統計資料，在地方交通統計中實行了資料報送的雙軌制。

為了便於對運輸設備進行全面管理和考核，針對貨物運輸分類不統一，不便進行交通運輸統計及統計匯總和對比等問題，國家統計局於1957年制定了有18大類分組的貨物運輸統計品名分類表。同年，國家統計局在北京、天津、上海、廣東、四川、山西、黑龍江、內蒙古、遼寧、吉林、湖北、陝西、甘肅十三個地區進行了機關、企業載貨汽車的抽樣調查試點。

為節省人力，中國自1958年起廢除了地方交通統計數據報送的雙軌制，改由業務主管部門收集地方交通統計資料統一報送。國家統計局也取消了地方交通統計資料月度匯總，主要工作轉向歷史性資料綜合統計和調查分析。

1958年，國家統計局還對19個省、自治區、直轄市的運輸合作社收益分配進行了典型調查，之後與鐵道部聯合布置了地方鐵路建設和設備調查的任務，收集整理了地方鐵路基本情況統計資料。1958年年末，國家計委和國家統計局對農村及城市畜力車、人力車和木帆船實有數量進行了快速調查以摸清民間運輸工具的使用情況。1959年，國家統計局對農村人民公社辦運輸以及北京、天津、廣州、上海、武漢、哈爾濱、西安、瀋陽、重慶9大城市的機關企業自有載貨汽車運用情況進行了典型調查。在技術革新與革命群眾運動影響下，國家統計局於1960年進行了運輸、裝卸的機械化、半機械化調查。國民經濟調整時期，國家統計局對北京、天津、上海等8個城市的冶金、機械、建築部門的自有運輸工具進行了調查，並編製了《關於統一管理，集中使用機關、企業單位載貨汽車》的調查報告，以反應車輛使用量。

1961年，國家計委、國家統計局和交通部聯合頒發了《關於劃分水運、

公路貨物運輸量計劃、統計範圍的規定》，在原貨物品名分類的基礎上進行了修訂，對運輸量的計劃、統計範圍、口徑及其與裝卸量的區分，做了明確的規定，制訂了按農、輕、重分組的 24 大類的貨物運輸統計分類。為了加強對機關、企業車輛的計劃管理，同年，國家計委、國家統計局及交通部聯合頒布了《關於建立機關、企業自有載貨汽車貨物運輸計劃、統計的幾項規定》，其中包括對擁有載貨汽車 10 輛以上的機關及企業建立計劃和定期統計報告制度。此後，國家統計局制定了一套非交通系統的運輸統計制度，編製了統一使用的報表說明書，把各部門的自有運輸工具及城市和農村人民公社的專業運輸隊納入運輸統計制度。

1963 年，國家統計局調查了 21 個地區的 80 個重點產糧縣的交通運輸基本情況，發現存在交通線路數量少、質量差、現代化交通工具缺乏和縣內缺乏合理統一的服務管理體系等情況，總結了當時中國交通運輸普遍存在的問題。

自 1962 年起，經過整理加工交通系統內外的運輸路線和運輸工具等資料，國家統計局逐年編寫了交通運輸綜合統計年報資料匯編，並補充完善了 1958—1962 年的歷史統計資料，改善了交通運輸統計缺乏全面性的狀況。同時，交通部對公路運輸、水上運輸統計指標及其計算方法又加以具體化。

「文化大革命」期間，各項統計工作遭到嚴重衝擊與破壞，只有少量統計指標被保留。為瞭解當時交通運輸部門的生產情況，國家計委統計組曾組織調查組到上海、杭州、柳州、青島等地進行調查研究。直到 1970 年，各部門統計工作才逐漸得到恢復。為支援農業發展，國家統計部門於 1972 年對北京、山西、河南、內蒙古、四川、遼寧、黑龍江、山東、陝西 9 個省、自治區、直轄市的 60 個大、中城市，展開了大牲畜和畜力車數量的快速調查，並對城市牲畜使用及機動車等運輸工具替代情況進行計算與計劃。

第六節 小結

新中國成立初期至改革開放這段時期，隨著國家統計局的成立，工業統計處、農業統計處、貿易統計處、基本建設統計處、交通統計處等10個部門隨之設立，部門專業統計便由此開始。

中國工業統計在計劃經濟體制下，主要圍繞工業產品產量、生產能力、主要技術經濟指標、工業企業資金來源和占用等內容展開。隨著統計工作的不斷完善，工業統計中針對私營、國營、合作社營等工業企業的主要統計指標更加具體化、精細化。同時，中國還開展了工業產品不變價格的編製工作，以不變價工業總產值來真實反應工業生產總量的變動情況，以滿足各級政府和企業計算工業發展速度的需要。工業統計工作的開展及工業統計制度的建立，以及統計人才隊伍的培養為國民經濟的技術改造和科學技術的現代化提供了後備力量。

新中國的農業統計是伴隨著新中國成立初期對農村經濟制度的改造與發展的需要逐步建立起來的。統計內容由20世紀50年代初期單一的農業生產統計逐步發展為農業合作化以後的農業經濟統計，統計內容得到大大豐富。農村統計調查方法從一開始的劃類選點，發展為重點調查、典型調查、抽樣調查等多種調查方式結合使用，使得農業統計的調查方法逐步多樣化、科學化。這一時期的農業統計從無到有，從單一到多樣，為今後的農業統計發展奠定了堅實的基礎。

新中國基本建設統計，是在國家成立之初經濟亟待復甦，為瞭解和檢查基本建設的效率，進而適應各級政府對基本建設的計劃管理需求而發展起來的。在第一個5年計劃時，形成了全國統一的基本建設定期統計報表制度和一系列以投資總額統計為中心的統計指標。在「大躍進」時期，基本建設報表泛濫，數據失真；在1961年中共中央提出對國民經濟實行「調整、鞏固、充實、提高」的八字方針後，基本建設統計的內容才逐步發展起來，統計的

內容也進一步豐富。但在「文化大革命」開始後，基本建設統計工作停止。1977年，全國基本建設統計工作會議召開，全面總結了此前基本建設統計的工作歷程與經驗，並為1978年後基本建設統計的發展做好了準備。

新中國商業統計，始於1950年中央貿易部在全國範圍內建立第一個商業統計制度。1952年中國先後設立糧食部、商業部、對外貿易部等，逐漸形成了高度集中統一的國營商業管理體制，商業經濟也基本形成了比較完整的包括各種門類的國營商業系統，全國的商業統計工作制度初步建立。1956年，資本主義商業被擠出市場，形成了以國營商業和供銷合作社為主體的社會主義統一市場。在「大躍進」「文化大革命」期間，商業統計工作受到嚴重影響。1972年之後，中國統計工作重點轉到社會主義現代化建設上，國家重點生產建設逐漸正常運行，各項管理體制重新進行了調整，商業統計工作得以迅速恢復和發展起來。

新中國交通郵電統計反應了中國各交通道路、通信郵電等的運行情況。交通郵電統計工作起步於1951年召開的第一次全國交通統計會議。隨後通過設立交通統計機構，制定並不斷修訂運輸工具管理系統、貨物運輸的統計分類、統計範圍及統計口徑等規定，交通郵電統計制度得以逐步完善。這段時期交通郵電統計制度的建立為中國改革開放後的專業統計奠定了良好的發展基礎。

中篇
1978—2012 年新中國統計制度的改革與發展

第五章
統計機構的發展

為切實適應黨和國家關於經濟社會發展體系建設的最新要求，1978年2月9日國家計委在《關於整頓和加強統計工作的報告》中將國家計委統計局改為國家統計局，直屬中央國務院統一領導，由所屬國家計委統一代管。1979年10月20日，國務院正式發布的《關於加強統計工作充實統計機構的決定》中明確提出：必須盡快建立起一個強有力的國家統計系統，實行統一組織領導、分級管理的統計體制。該文件再次明確指出了國家統計局是國務院的主要工作部門，負責領導管轄全國的經濟統計工作。

第一節　國家統計機構的恢復與改革

到了 1978 年 3 月，為回應餘秋里副總理的講話，國務院批准恢復國家統計局，直屬國務院管理。

1979 年 10 月 20 日，國務院發出了《關於加強統計工作充實統計機構的決定》。按照該決定的要求，中央以及地方的統計機構相繼重建完成，中國的統計機構最終恢復到「文化大革命」前的狀態。

從 20 世紀 80 年代初期開始，中國政府逐步對統計管理體制建設工作進行改革。1981 年，國務院審議通過了國家統計局《關於加強和改革統計工作的報告》。經過國家統計局和國家計委多次請示，國務院批准國家統計局下設 13 個機構。

1982 年，中央決定精簡機構，即進行第一次政府機構改革。1984 年，經國務院批准，農村抽樣調查隊和城市抽樣調查隊成立，由國家統計局直接組織領導，分別對農村居民收入、城鎮居民收入、農產品產量和其他價格指數數據進行抽樣調查。經多次調整，到 1987 年為止共增設 9 個機構。

1988 年，國務院進行第二次機構改革。國家統計局「三定」改革方案發布，國家統計局仍直屬國務院領導，是國務院主管全國經濟統計和國民經濟統計核算工作的重要職能部門，但整體職能結構有大幅轉變：從著重負責經濟領域統計工作轉變為全面負責組織國民經濟、社會、科技統計工作；從著重全民所有制統計轉變為全面組織各種經濟成分的統計調查工作；從著重生產型統計轉變為生產經營型統計；從著重實物量統計轉變為價值量和實物量統計並重。

1993 年，國務院進行第三次機構改革，將 1985 年上劃國家統計局管理的地方各級統計部門的行政編製劃回地方。1994 年 2 月 24 日，國家統計局「三定」改革方案通過批准，方案明確指出：國家統計局應盡快建設成為社會主義經濟信息的主要收集部門和國民經濟統計核算的中心，成為強有力的國家統計監督機構和重要的諮詢機構。國家統計局的部分職能被加強，部分職能被下放和轉移。

1998 年，第四次政府機構改革決定實施。6 月 13 日，國務院辦公廳正式印發國家統計局「三定」有關規定，明確指出國家統計局是主管統計和其他國民經濟核算工作的國務院直屬機構。根據「三定」的有關規定，各項普查工作中的技術性任務應全部交由事業單位承擔。為切實做好全國普查工作的有效銜接，確保各項普查任務的有效落實，8 月 19 日，中編辦批復同意正式成立國家統計局普查中心。

　　為方便參與國際統計事務，促進國際交流合作，擴大中國在國際上的影響力，2001 年 9 月國家統計局正式恢復使用「中華人民共和國國家統計局」的名稱和印章。2005 年，統計局對其直屬的三支調查隊分別進行了體制改革，將農村調查隊、城市調查隊和企業調查隊合併為一支調查隊，並增設了地(市)級調查隊，轉移原三支調查隊的基本職能，由國家統計局對其實行垂直管理。這次改革對強化健全國家基層統計調查工作，提高國家統計工作的科學性和準確性具有重要積極影響。

　　2008 年，國務院進行第六次機構改革，明確規定國家統計局為國務院直屬機構，職責範圍有所調整：一是增加能源統計、服務業統計和社會發展統計等職能；二是加強對各地區、各部門統計調查工作的指導和協調，加強對統計調查項目、統計標準和相關統計數據發布的監督管理。

第二節　調查隊的組建

　　改革開放以來，中國經濟和社會發展迅速，各級黨政機關和有關部門對統計調查的要求越來越高，統計調查數據也越來越受到廣大人民群眾和國際社會的重視。這既是推進中國統計調查發展創新的機會，也是中國統計調查制度面臨的挑戰。為了更好適應新形勢、新要求，有必要加強調查隊的建設，充分發揮基層調查工作隊伍的作用。基層調查工作不僅是關涉宏觀經濟決策、經濟社會持續發展和人民群眾利益的一項重要工作，也是為各級黨政機關服務的重要手段。

1984年1月6日，國務院正式頒布的《關於加強統計工作的決定》明確指出，必須逐步實現「六化」——統計指標體系完整化、統計分類標準化、統計調查工作科學化、統計基礎工作規範化、統計計算和數據傳輸技術現代化、統計服務優質化。該文件對加快建立健全集中統一的、強有力的統計系統提出具體要求：一是加快建立統一領導、分級負責的統計管理體制；二是統一管理各級統計局的預算編製和調查經費；三是不斷充實各級主管部門的統計調查力量；四是加強針對基層單位的統計力量；五是切實做好城市和農村兩支抽樣調查隊的組建準備工作；六是在地方機構體制改革中，要大力加強和完善各級監督管理部門，特別注意加強市、縣統計局的力量①。

　　1984年2月14日，國家計劃委員會、勞動人事部、財政部、國家統計局等部門聯合發布《關於農村和城市兩支抽樣調查隊組建工作的通知》，決定在省、自治區、直轄市以及抽中的市、縣分別建立集中農村抽樣調查隊和城市抽樣調查隊。農村抽樣調查隊的基本任務主要包括農產量調查、農村居民住戶調查、農村社會經濟狀況調查等。農產量調查主要是按照全國農產量抽樣調查方案的規定，提供覆蓋全國部分省、自治區、直轄市和重點縣的農產量抽樣數據，定期及時反應農業生產情況和相關問題；農村住戶調查要求按照全國農村住戶調查方案組織調查，提供農民家庭調查資料，反應農民生產、收入、分配、累積、消費以及社會發展和精神文明建設等方面的情況和問題；農村經濟基本情況調查要求按照全國農村經濟基本情況抽樣調查方案組織調查，反應農村多種形式的合作經濟的全貌。

　　城市抽樣調查隊主要負責職工家計調查、零售物價指數和生活費用價格指數調查等工作。城市職工家計調查要求隨機選擇若干大、中、小型城市和縣城進行隨機抽樣，從每個居民戶中隨機抽選代表不同行業、不同收入水準的職工或家庭進行記帳調查，系統地搜集和整理有關全國職工或居民家庭人口、就業狀況、貨幣收支、消費構成及主要消費等重要資料，作為黨中央和國務院深入研究職工日常生活、市場物價、貨幣流通、勞動工資等方面經濟政策相關問題的重要依據；物價調查要求採用抽樣方法在全國選擇若干大、

---

① 國務院關於加強統計工作的決定 [J]. 統計, 1984 (3)：4-6.

中、小型城市和縣城，由調查員深入基層商店和市場，對市場物價變動進行經常性的直接調查，以及時掌握全國各地市場物價的變動情況，搜集人民群眾對物價變化的反應，核實並計算居民生活必需品和服務項目價格，準確編製農民生活費用價格指數和零售物價指數以及全國職工生活費用價格指數，作為研究和擬定居民工資和物價政策的重要依據①。

調查隊的正式成立，為中共中央和國務院的宏觀調控以及地方各級黨委和政府的社會經濟管理做出了重要貢獻。然而，隨著社會經濟的發展和社會主義市場經濟體制的逐步建立，現有調查隊伍存在的矛盾和問題日益突出，主要體現在以下幾個方面：每個調查隊伍都有自己的制度體系，不能形成協同效應，不僅導致資源浪費，而且難以滿足統一和高效的要求；調查網點的分佈不合理，有的地方重複建隊，有的地方沒有調查機構。另外，調查隊的獨立調查能力和抗干擾能力不強。

為了實現調查隊的集中管理和整體部署，形成一支統一、協調、高效、靈活的調查隊伍，根據國務院的統一要求和領導，國家統計局於2005年對其直屬的農村社會經濟調查隊、城市社會經濟調查隊、企業調查隊（以下分別簡稱農調隊、城調隊和企調隊）的管理體制進行了改革。改革包括：廢除國家統計局直屬的農調隊、城調隊和企調隊，組建31個國家統計局省（區、市）調查總隊，15個副省級城市調查隊，318個市（地、州、盟）調查隊，887個縣（市、區、旗）調查隊；國家統計局對各級調查隊實施垂直管理，各級調查隊承接原三支調查隊的全部職能。調查隊將逐步增加宏觀調控和國民經濟核算所需重要統計信息的抽樣調查工作，接受地方各級人民政府及有關部門的委託，開展統計調查和數據加工，為地方黨政領導機關和統計機構提供統計信息服務。

改革調查隊管理體制是實施《中華人民共和國統計法》的重要舉措，對加強國家統計調查力量，增強中央統計工作權威，加強統計數據的可信度，提高國民經濟核算水準等方面都具有重要意義②。

---

① 李林書. 建設兩支堅強的調查隊伍 [J]. 統計, 1984 (5): 12-14.
② 信息來源於2005年國務院發布的《國家統計局直屬調查隊管理體制改革方案》。

第三節　小結

本章主要講述了改革開放後國家統計機構的設立與職能調整的情況，包括國家統計局和調查隊兩大機構。

從1981年到2008年，經過六次政府機構改革，國家統計局的機構數目逐漸擴大，機構職能設置更加完整，中國還明確了國家統計局是主管國家統計和國民經濟核算工作的國務院直屬機構。2008年，第六次政府統計機構改革後，國家統計局的主要職能有：組織領導和監督實施全國經濟統計有關工作，確保全國統計數據真實、準確、及時；制定統計政策、規劃、管理制度，執行國家統計有關標準，起草統計相關法律法規草案，制定統計部門規章；組織建立健全的國民經濟核算體系，健全國民經濟核算相關制度，監督執行全國及各個省、自治區、直轄市地區國民經濟核算制度，開展全國投入產出情況調查；監督核算全國及各個省、自治區、直轄市地區國內生產總值，匯編國民經濟核算制度資料，監督管理各地區執行制度工作；等等。可見國家統計工作已發展到相對成熟的階段。

為了不斷加強基層抽樣調查隊伍建設統計工作，1984年1月6日，國務院正式發出《關於加強統計工作的決定》，首次明確提出要切實做好城市和農村兩支基層抽樣調查隊的組建工作。2月14日，國家統計局批准設立農村調查隊和城市調查隊，省、自治區、直轄市和抽中的市、縣分別被批准設立農村調查隊和城市調查隊。農村調查隊主要負責組織全村農產量狀況調查、農村居民住戶狀況調查、農村經濟狀況調查；城市調查隊主要負責居民家庭綜合調查、零售物價指數調查、生活費用和商品價格指數綜合調查。調查隊的組織設立在大力推動國家統計事業健康發展，提高國家基層統計調查能力，保障國家統計數據質量上發揮出了重要作用。

2005年，為了實現調查隊的集中管理和整體布署，形成一支統一、協調、高效、靈活的調查隊伍，國家統計局對其直屬的農村社會經濟調查隊、城市社會經濟調查隊、企業調查隊管理體制進行改革。

第六章
國民經濟核算體系

　　1978年12月召開的中共第十一屆三中全會，標誌著當代中國改革開放的序幕正式拉開。40年來，中國的政治經濟社會發生了翻天覆地的變化。中國的國民經濟核算也逐漸順應時代的發展變化，實現了由中國傳統的物質產品平衡表體系（Material Product Balance System，簡稱 MPS）向國民帳戶體系（System of National Accounts，簡稱 SNA）的巨大轉變。為了滿足宏觀經濟管理的需要，適應國民經濟發展的需要，中國逐漸發展形成了一套與當代中國國情緊密適應的、與目前國際普遍通行的核算操作原則和管理方法論相接軌的新國民經濟核算體系。

第一節　國民經濟核算體系的探索和過渡（1978—1992 年）

一、探索（1978—1984 年）

中國國民經濟核算工作，在「文化大革命」結束後慢慢開始恢復發展起來。其工作過程包含了兩個主要內容。一是做出決定重新開始建立 MPS 體系的國民收入核算。1983 年，國務院會同有關財政部門決定，把國民收入核算作為當年衡量國民經濟持續發展狀況的重要綜合衡量指標之一，並在現有國民收入年度核算相關資料基礎上逐步調整編製執行全國和各地方的當年國民收入年度計劃，該年度計劃對促進國家和地方衡量國民經濟社會發展狀況有著非常重大的意義。二是分別在 1981 年和 1983 年逐步編製和推出基於 MPS 體系的全國投入產出表。在中國改革開放初始發展階段，這一系列現代國民經濟計劃核算管理工作的迅速恢復，推動了當時中國現代國民經濟管理計劃和核算管理工作的快速發展①。

（一）MPS 體系的國民收入核算

中國 MPS 體系的國民收入核算包括生產核算和使用核算②。

1. 國民收入生產核算

它包含現價核算和不變價核算。

國民收入現價生產核算的計算公式如下：

國民收入現價生產額＝農業淨收入產值＋工業淨收入產值＋建築業淨收入產值＋交通運輸郵電業淨收入產值＋商業飲食業淨收入產值

淨產值就是從總產值中除去物質消耗。淨產值採用兩種基本核算方法，

---

① 朱啓貴. 中國國民經濟核算體系改革發展三十年回顧與展望 [J]. 商業經濟與管理, 2009（1）: 5-13.

② 許憲春. 中國國民經濟核算體系的建立、改革和發展 [J]. 中國社會科學, 2009（6）: 41-59, 205.

生產法和收入法。其中，生產法淨產值的計算方程式如下：

$$生產法淨產值=總產值-物質消耗$$

農業總產值是指一段時期內人們在農業上所生產的各種農產品的銷售總價值，按照農產品價值法則來計算，即按各種農產品的總產量乘以對應各種產品的農業價格來對其進行數值計算。工業總產值就是指一定經濟時期內工業工作者所製造的各種工業產品和工廠提供的各種工業性機械作業的總價值。按「工廠法」進行計算，也就是把一個大型工業生產企業內部作為一個經濟整體，按一個工業生產企業全部生產經營活動的最終生產成果進行計算，企業內部生產的可供內部管理使用的工業產品不能進行重複計算。建築業總產值指一定時期內建築生產活動總價值，包括各種建築工程價值、安裝設備的工程價值、房子和其他構築物修繕價值等。運輸業和郵電業總產值一般是經由運輸業和代理郵電業經營總產值的同比加總，運輸業經營總產值就是指一段時期內經由運輸業經營者提供的各類貨品郵電運輸經營服務收入總價值，包括商品貨運運輸收入、管道運輸服務收入、裝卸費和搬運運輸收入和其他代理郵電業務收入；郵電總產值則是指一段時期內經由郵電業經營者提供的貨品郵電運輸服務收入總價值，也可以說是提供郵電運輸服務的代理業務收入。商業飲食業總產值包括商業總產值和飲食業總產值，商業總產值就是商業附加費，也就是商業的銷售收入減去商品購進價值的差額；飲食業總產值即飲食業的營業額。

各物質生產管理部門的實際物質消耗額是指一段時期內各物質生產管理部門提供使用的各種物質產品、物質性產品服務和固定資產價值折舊的實際價值。物質產品主要是指各種農業產品和其他工業產品，物質性服務產品是指運輸郵電業服務和商業飲食業服務。

收入法淨產值的計算公式如下：

$$收入法淨產值=工資+職工福利基金+利潤+稅金+利息+其他$$

工資是指物質生產部門的工作人員工資；職工福利基金是指物質生產部門按國家規定的比例提取的職工福利基金；利潤是指物質生產部門應得利潤；稅金是指物質生產部門實際繳納的各種間接稅；利息是指物質生產部門利息

支出減去利息收入後的差額；其他是指淨產值中除了工資、職工福利基金、利潤、稅金和利息以外的其他項目。

在國民收入生產核算的歷史上，不同年度情況有所不同，多數年度農業淨產值採用生產法計算，工業、建築業、運輸業及郵電業和私營商業中的飲食業淨收入產值一般採用行業收入法進行計算。不過，不管我們是否需要計算工業生產法淨產值，各個物質產品生產部門的總產值都仍然是需要進行計算的。

國民收入不變價生產核算就是計算全國農業、工業、建築業、運輸業及郵電業和其他商業以及飲食業不變價淨產值。由於各類物質產品生產經營部門從事生產經營活動的經濟特點不同，資料記載依據的信息來源不同，所以不變價淨產值的幾種計算方法也不相同，這裡只簡單介紹工業和農業不變價淨產值的幾種計算方法。

工業不變價淨產值的計算公式如下：

工業不變價淨產值 = 工業現價淨產值 ÷ (工業現價總產值 ÷ 工業不變價總產值)

中國各種工業不變價總產值的價格計算方法主要是：國家統計局與國務院及各有關主管部門共同制定各種工業產品的不變價格，省級國家統計局應當會同省委、省政府及各有關主管部門及時進行必要的數據補充，工業生產企業根據這些不變價格自行計算本企業各種不同類型工業品的不變價總產值，並依次匯總核算出本企業工業不變價總產值，然後統計局通過各級依次核算匯總的產值方法計算得到當年全國工業不變價總產值。中國先後在 1952 年、1957 年、1970 年、1980 年和 1990 年分別制定了五次工業品不變價格。

農業不變價淨產值的計算公式如下：

農業不變價淨產值 = 農業不變價總產值 - 農業不變價物質消耗

其中，農業不變價總產值的計算方法與工業不變價總產值的計算方法基本相同，農業不變價物質消耗利用農業耗費的種子、飼料、肥料、農藥等的數量乘以相應的不變價格來計算。

不變價使用核算就是計算不變價居民消費、社會消費、固定資產累積和流動資產累積。這裡只是簡單介紹了不變價居民消費和不變價資產累積的計

算使用方法。

2. 國民收入使用核算

國民收入使用核算包括現價核算和不變價核算。

國民收入現價使用核算的計算公式如下：

國民收入現價使用額＝消費總額＋累積總額

＝居民消費＋社會消費＋固定資產累積＋流動資產累積

這裡的國民收入現價使用核算不包括物質產品和物質性服務淨出口。

居民消費是指一定時期內用於居民生活的物質產品和物質性服務的價值，包括自給性消費、商品性消費、文化生活服務性消費、住房及水電消費四大類。社會消費是指國家機關、教育、文化、衛生、體育、科學技術研究、社會福利等非物質公共服務事業部門，生產使用的公共辦公用品、燃料、水電等其他物質服務產品消費價值和交通運輸以及郵電等其他非物質服務產品價值。固定資產價值累積是指一定時期內新添加的固定資產價值減去固定資產折舊。流動資產就是指為企業生產儲備的主要原料、材料、燃料，處於生產過程中的在製品、半製成品，準備好銷售出的鋁製成品、半導體製成品，商業部門庫存，等等。流動資產累積是指上述各種流動資產的淨增加額。

不變價居民消費按農業地區居民消費和非農業地區居民消費分別進行計算。不變價非農業居民消費利用現價非農業居民消費和城鎮職工基本生活費價格指數來計算。不變價農業居民消費按照農業居民消費的四個構成項目，即自給性消費、商品性消費、文化生活服務性消費、住房及水電消費分別計算。其中不變價自給性消費利用農業總產值價格指數來計算；不變價商品性消費利用農村消費品零售價格指數來計算；不變價文化生活服務性消費利用文化生活服務性支出價格指數來計算；由於當時價格變化不明顯，不變價農民住房折舊及水電消費直接採用現價數據。

不變價固定資產累積按照其構成項目分別計算。其中建築安裝工程價值利用建築業產值價格指數來計算，機械設備購置利用機械設備價格指數來計算，農村造林及大牲畜形成的累積利用農業總產值的相關價格指數來計算。

(二) MPS 體系投入產出核算

20 世紀 70 年代，中國第一張投入產出表——1973 年投入產出表被國家統計局和原國家計劃委員會、中國科學院等多家單位通過合作研究編製發布。1973 年正式編製發布的投入產出表，是一個基於 MPS 體系的實物型投入產出表。

20 世紀 80 年代，全國以及各地的投入產出表仍然處於試編階段。山西省是全國第一個編製投入產出表的省份，緊接著黑龍江、上海、天津、河南、遼寧、湖南、貴州和湖北也開展了這個工作。在上述 9 個地區中，上海市僅編製了實物投入產出表，貴州省僅編製了價值投入產出表，而其餘的地區都分別編製了實物和價值兩種不同形式的投入產出表。不過這些地區的投入產出表的編製年度順序是不同的，山西編製的是 1979 年的，黑龍江和上海編製的是 1981 年的，天津和河南編製的是 1982 年的，其他四個地區編製的是 1983 年的。山西不僅編製了 1979 年的投入產出表，而且在此基礎上利用現有統計資料，通過調整系數的方法，又試編了 1982 年和 1983 年的價值投入產出表，其中部門數為 56 個。從表的範圍來看，各地在編製表的時候都是按照物質產品平衡表體系的要求，把提供勞務的部門包括在社會消費內，而不是作為物質生產部門。表的編製一般以產品部門進行部門分類，山西則同時按產品部門和企業部門編製。編表一般採用的方法是分解法，即由企業將總產值按產品分解為產品部門，而天津地區採用的是聯合國推薦的投入表和產出表，然後用數學推導方法轉移次要產品，編成產品部門 X 產品部門表和企業部門 X 企業部門表的推導法。河南省兼顧了上述兩種方法進行編製。20 世紀 80 年代初期，為了更好適應改革開放初期中國宏觀經濟統計工作的發展需要，國家統計局與原來的國家計劃委員會等國家有關統計部門，協力研究編製了 1981 年全國 MPS 體系價值型和實物型全國投入產出表，與 1983 年全國 MPS 體系價值型全國投入產出表。

二、過渡（1985—1992年）

改革開放以來，中國市場經濟體制逐步建立，中國經濟社會結構發生了多次巨大變化，隨著服務業的快速發展和社會經濟結構的巨大變化，中國對外經濟交流活動也日益增加。在 MPS 體系下，核算結果已不能完全反應中國經濟發展的總體情況，也不能滿足國際交流的需求。20 世紀 80 年代初，為了盡快適應新發展態勢，國家統計局人員開始深入研究新的 SNA 體系，該體系通常在西方和大部分發達國家實施。由 MPS 體系向 SNA 體系過渡，建立符合國際規範的國民經濟核算體系已成為統計改革的必然選擇。

1984 年 1 月，國務院在《國務院關於加強統計工作的決定》中提出要創建統一的、科學的國民經濟核算制度。1984 年年底，國務院批准成立了國民經濟統一核算標準小組。在該核算機構的具體領導下，國家統計局和國家有關主管部門在研究有關中國經濟核算的理論實踐經驗和相關理論基礎研究成果的結論的基礎上，制定了新的國民經濟核算體系，圍繞著該核算體系的初步創建開展了一系列研究工作。1985 年 4 月，國務院批復同意正式建立國民生產總值和第三產業綜合統計，國家統計局從此開始以國民收入為統計基礎，然後開始進行每年國內生產總值統計核算，並首次明確提出基於 SNA 的一個綜合性統計指標，即國民生產總值（GNP）。與此同時，1992 年 10 月，黨的十四大確立了加快創建社會主義市場經濟體制的重大改革發展目標。隨著中國經濟體制的不斷變化，經濟管理和行政管理等部門逐步放棄了基於 MPS 核算體系的其他有關核算指標，於 1992 年 8 月，制定並推出《中國國民經濟核算體系（試行方案）》[1]。1993 年，國家統計局做出決定，正式撤銷當時實行的國民收入統計報表制度，正式創建了現行國內生產總值支出年報制度。

中國新國民經濟核算體系主要是由經濟循環帳戶和社會再生產基本核算表兩個部分組成的。它們實際上是對同一個國民經濟運行過程進行描述的不同的計算方法，前者主要採用的方法是帳戶核算，而後者主要採用的方法是

---

[1] 佚名. 中國國民經濟核算的歷史性轉變從 MPS 到 SNA [J]. 中國統計, 2008（8）: 7-8.

平衡表和矩陣表核算。基本核算表由以下五種基本表構成：國內生產總值及其使用表、投入產出表、資金流量表、國際收支平衡表和資產負債表。這五個表進行核算的時期不是完全相同的，其中前四種表反應了一定時期內經濟流量的核算，最後的資產負債表反應了固定時點上的經濟存量的核算。

（一）國民收入與國內生產總值核算

改革開放以來，金融保險、教育、科學研究、信息諮詢、旅遊等非物質服務業在國民經濟中占據了愈發關鍵的地位，其發展之迅速使得宏觀經濟管理部門需要加強對這方面的情況的瞭解，從而可以制定服務業發展策略，使服務業協調發展。為了更好適應信息時代社會經濟的快速發展，國家統計局開始積極研究採用聯合國國民經濟核算體系（SNA）的國內生產總值指標。1980年3月19日，國家統計局在向有關國務院部委提交的《關於建立第三產業統計報告》中明確提出，應該開始進行第三產業人口統計和GDP的核算，國務院當即同意了該統計報告提出的建議。1985年4月，國務院發佈通知，要求在繼續做好國民收入核算工作的同時，及時建立GDP核算。

在建立國內生產總值核算制度之前的三十多年裡，中國一直按照MPS體系計算國民收入。國民收入核算和國內生產總值核算都是社會的生產、分配和消費的核心。這三個方面在核算總量的理論上是一致的，且可以相互轉換。但是，中國之前只考慮了國民收入的生產和使用問題，沒有考慮國民收入的分配。因此，在計算國民生產總值的時候，可以在國民收入生產計算的基礎上補充非物質生產部門的淨值和固定資產的折舊價值。

中國國內生產總值核算的前期發展有以下三個方面：①從生產核算到使用核算。在GDP核算建立初期，GDP生產核算只需要包含生產核算，採用支出法進行國內生產總值使用核算的計算沒有包括在內。在1989年，支出法國內生產總值核算開始投入試運行。試運行四年之後，支出法國內生產總值核算正式開展。②從間接性的推算邏輯演化發展到直接邏輯計算。這種核算在國民收入生產核算數據的基礎上，通過消除每個生產部門淨產值的非物質服務消耗，加上固定資本的折舊，對其進行相應的調整和增值補充，各企業生產經營部門的淨產值被企業相應部門通過調整計入企業對應部門的增加值部

分；同時利用企業金融機構的企業財務管理信息、會計信息，稅務管理部門的企業稅收統計信息，非物質產品生產經營部門的勞動工資的相關統計數據等，處理和分析計算每個非物質產品生產經營部門的企業附加值。將上述兩個部門的增加值加在一起，便可以得到國內生產總值。1992 年，中國的 GDP 核算從原來以間接基於國民收入的方法進行計算變為直接使用原始數據的方法進行計算。③從隸屬指標上升到核心指標。在 GDP 核算創建初期，雖然中國仍然依靠著 MPS 系統的國民收入指標，但是也會用國內生產總值指標來彌補前者無法反應非物質生產活動的不足。隨著改革開放的逐步深入，GDP 的宏觀經濟指標越來越受到宏觀經濟分析和管理部門的關注。鑒於上述情況的不斷出現，國家統計局逐漸將國內生產總值核算指標從附屬指標逐步上升調整到主要指標，不斷優化增強對 GDP 的核算。國民收入核算在 1993 年被正式宣布撤銷作廢，從此國內生產總值核算成為當時中國實行國民經濟核算的一個核心指標。

(二) 投入產出核算

20 世紀 80 年代初，世界上約有 90 個國家將投入產出表編製出來，包括一些發達國家，如美國、英國、日本、西德、加拿大和法國，以及印度、埃及等發展中國家。

在中國，投入產出表的編製工作起步較晚。為了更好適應中國改革開放以後第三產業迅速穩步發展的態勢，以及國家制定加快發展第三產業相關政策的實際需要，20 世紀 80 年代中期，國家統計局開始研究 SNA 系統的投入產出表。1987 年 3 月，國務院辦公廳組織印製並正式下發《關於進行全國投入產出調查的通知》。該通知明確指出，每間隔五個年度就要進行一次國家投入產出情況調查，以定期編製投入產出表。投入產出表主要是從國內生產總值及其使用表的連續延伸和不斷發展分析得到的。根據國民經濟各部門生產中各種費用的實際來源以及各種社會產品和公共服務的實際使用，可將其劃分為四個使用區域。它由一個十字交叉的棋盤平衡表組成，主要部分是第一象限中的中間產品流量的核算，這種核算可以反應每個部門在生產中相互聯繫和相互制約的經濟和技術之間的關係，並提供詳細信息。中國投入產出表

採用的是按物質生產部門和非物質生產部門劃分和按三次產業劃分的雙重原則，並通過模塊的拆分和重組，運用積木化、板塊式的結構，從不同角度研究各個部門之間的經濟技術聯繫，這樣也易於在 MPS 的投入產出表和接近 SNA 的投入產出表之間進行轉換。

定期編製 SNA 體系投入產出表的制度已在中國建立起來，即每逢二、七年度，先進行大規模的投入產出調查，然後再通過小型調查準備一個基本的投入和產出表；每逢零、五年度，調整基本系數表，國家統計局不斷完善基於投入產出調查統計方法和編製表格方法的研究總結，以充分適應中國社會主義市場經濟體制下企業的實際經營情況和加強宏觀經濟決策管理的實際需要。

（三）資金流量核算

自 20 世紀 90 年代初以來，即使國家強烈要求干預和管理國民經濟，經濟貨幣化程度也太低（1978 年為 1.2%），因為產品經濟占主導地位。資金隨計劃的指令流動而且非常清晰。

正是在改革開放之後，中國開始逐步引入市場機制，然後開始進行資金流量核算工作。蘇聯和東歐國家在政治發生劇烈變化和市場經濟實施後，也引入了資本流量核算。中國在 1979 年開始改革經濟體制，中國經濟關係逐步發生了一些變化，主要體現在：中國的原始產品經濟逐漸轉變為計劃商品經濟，經濟成分從單一化轉向多元化。經濟結構的複雜性增加，公司與相關部門和財政之間的聯繫大大削弱，公司法人地位逐步提高。由於上述情況的存在，已經不足以用財政財政信貸平衡表的統計方法，來反應整個中國社會的資金運動關係。

中國資金流量表在編製出來之前已有財政信貸資金平衡表，一直到了 1985 年，在國務院中央國民經濟核算工作領導協調小組的具體領導下，成立了由國家計委、財政部、中國人民銀行和國家統計局四家機構組成的一個聯合工作組並編製了當代中國最初的資金流量表。為了研究創建適合中國的資金流量表，國務院原制定國民經濟統一核算標準工作領導小組於 1986 年 8 月 18 日至 21 日在北京召開了關於研究建立中國資金流量表的核算標準制度的專

題研討會①。會議主要圍繞以下三大方面的問題展開討論：一是什麼是資金流量核算；二是中國建立資金流量核算制度的必要性；三是建立資金流量核算制度的幾個問題。會議討論的核心問題是如何建立中國資金流量核算制度，有關部門在會議中提出了三種方案：①建立在中國現行核算體系基礎上的社會資金平衡表；②建立在新的 SNA 核算體系基礎上的數字模型與標準式結合法；③吸收國外先進方法，並結合中國實際情況的國民經濟貨幣、資金核算法。第三種方案得到了大多數與會者的認可，他們主張要以中國實際情況為出發點，積極吸收國外方法中的精髓，先從簡單的工作開始，構建一個框架，然後進行基礎性的工作，再逐步往裡面擴充內容。之後，中國資金流量表的實際編製工作便正式開始了。

1987 年 2 月，國民經濟統一核算標準領導小組組織國內有關專家、學者和相關部門的同志，在關於中國資金流量核算問題的討論的基礎上，制訂了《中國國民經濟核算體系方案》徵求意見稿。在此意見稿中，資金流量表第一次被納入了中國國民經濟核算體系。這個表在部門分類和交易分類中都顯得比較粗略，原因是該表採用的是美國式的資金流量表。在接下來的一年多時間裡，制訂方對上述意見稿進行了多次討論和修訂，最後形成了 1988 年 4 月的《國民經濟核算體系方案》修訂稿。其中，資金流量表在部門分類中進行了調整，交易劃分也比以前的表更加詳細，幾乎將非金融交易和金融交易放在同等位置來考慮，不過該表的形式與前表大體相同，並無明顯的改動。

之後制訂方又向相關人員徵求意見並經多次討論，形成了《國民經濟核算體系方案》1989 年修訂稿。此方案中的資金流量表在上一年的基礎上進行了細微的調整，此次改變主要體現為在交易的分類上對非金融交易的劃分更為具體。1990 年 4 月全國國民經濟核算協調委員會總體系課題組與中國統計學會統計核算課題組聯合，在南京召開了國民經濟核算體系研討會。隨後，國家計委綜合司、國家統計局平衡司在安徽屯溪共同召開了有部分省、市計（經）委、統計局和中國人民銀行有關同志參加的資金流量核算研討會。大量

---

① 曹鳳岐，張蘭，李華. 建立適合中國國情的資金流量核算體系 [J]. 經濟科學，1992 (5)：1-5.

宏觀經濟運行中的問題可以通過資金流量核算反應、分析出來。例如，國民生產總值的生產、分配、再分配和金融資金流動狀況為宏觀經濟政策研究提供了科學依據。經過會議討論確定的內容如下：①核算表式得以統一。參加會議的同志認為，應從中國的實際情況和分析應用的需要出發設計表式。②編製方法得以明確。編製資金流量表的兩種方法分別是：一種是根據收入—支出帳戶和資本籌集帳戶來編製，一種是利用資產負債表來編製。在當時中國的核算基礎較弱的情況下，更實際的方法是使用國民生產總值作為挖掘總量，使用當前統計、會計、業務數據，根據某些交易項目進行多次轉移收支，直到各部門的可支配收入確定。同時，大家還提出，為了進一步做好這項工作，國家計委、國家統計局和中國人民銀行等部門要密切配合、通力合作，這樣有助於各省、市順利地開展工作。會議結束後，中國再次對1988年的方案進行修訂，對資金流量表的交易項目進行了微調，根據參與會議的專家的意見和建議取消了欄目中的「誤差」這一項內容，反應非金融交易和金融交易依舊是通過兩張表來進行。在各部門的共同努力下，完成了全國和省級1992年資金流動表的試編和編製工作。但是，資金流量核算的發展只是初步的，資金流動的準備也只是框架式的，還存在著指標設置粗糙，數據採集不規範，分析應用不夠等問題。

1992年1月1日中國頒布《中國國民經濟核算體系（試行方案）》並正式實行，這意味著一個現代化的國家財政資金管理活動收入流量核算管理及其核算制度體系，正式作為一種常規性的國民經濟核算管理方法及其制度在全國各地開始實行。之後經過了4次大的修訂與調整，在基本表式、機構部門、交易項目、基本概念和術語、交易項目核算方法等方面進行了改進。總而言之，在初始設計階段，核算工作的思路更加清晰，表格的結構設計更加合理和適用，國民經濟核算計劃中企業交易額的分類與其他經濟核算內容的關係越來越密切，這充分表明儘管中國的企業的核算工作成果令人滿意，但仍然還有部分核算內容有待進一步完善。

（四）國際收支核算

國際貨幣基金組織（International Monetary Fund，簡稱 IMF）為有效配合

SNA 的執行，指導各國進行國際收支統計核算和資產負債表的管理編製，發布過一個新的國際收支核算基本準則《國際收支手冊》（Balance of Payments Manual，簡稱 BPM）。該準則自 1948 年 1 月第 1 次正式發布，經歷了 1950 年、1961 年、1977 年、1993 年、2009 年的 5 次大規模的修訂，形成了 6 個主要版本，即 1948 年的 BPM1、1950 年的 BPM2、1961 年的 BPM3、1977 年的 BPM4、1993 年的 BPM5 和 2009 年的 BPM6。

1977 年的《國際收支手冊》第四版指出，它也可以根據區域或部分數據與國際收支相比較，表明經濟體和某些特定的非居民群體，通常是指外國經濟體或經濟居民進行的多次外國交易。當然，將經濟體的所有這些部分收入和支出表匯集在一起，原則上可以視為該經濟體總的國際收支平衡收支表的細項，這種細分因此被稱為局部收支表。

自 BPM4 出版以後，地區性國際收支平衡表的編製工作變得日益重要，對於統計、分析和政策方面的需要更是如此。地區性國際收支平衡表編製工作與日俱增的重要性也反應了世界政治經濟格局的變化，例如歐洲的經濟和貨幣一體化進程。這種一體化進程的充分實現將使得統一體內各成員國各自的統計數據的重要性下降，但是會進一步使得地區性國際收支平衡表的重要性突顯出來。因而 BPM5 指出，可以編製地區性的收支表，但並沒有詳細說明如何進行編製。中國的地方國際收支統計是根據國際收支統計的原則和規定建立的統計系統，以反應一個地區的所有對外經濟活動。它利用借貸記帳法客觀地描述了對外經濟活動的各個方面以及彼此之間的關係。福建省統計局「地區對外來往收支表」課題組工作人員編製了 1985—1992 年福建省地方國際收支平衡表，並基於地方國際收支平衡表做了大量的實證研究。

隨著時間的推移，國際收支的具體定義和內涵和以往相比已有了巨大的變化。其主要功能變化不僅僅包括傳統意義上的自動外匯收支，而且還同時包括非外匯交易和轉移收支，同時流量與存量的核算並存。具體而言，有兩種主要的核算標準方法：一種主要是按照國際貨幣基金組織長期倡導的按照國際收支收入流量來核算「國際收支平衡表」和按照以國際收支存量水準的原則核算「國際投資頭寸表」；另一種叫作外國帳戶，它是可以全面系統地反

應在 SNA 中使用的國民經濟帳戶中設置的核算方法。

改革開放後，中國逐步開始進行國際收支分析和國際收支平衡表的編製。國內一些學者認識到了編製區域國際收支的重要性，這實際上是一套完整的對外經濟核算體系，已成為國家經濟整體平衡的重要組成部分，為評估本地區對外開放政策實施的有效性提供了依據。因而眾多學者逐漸對其編製的可行性、帳戶結構等問題進行了研究。

自國際貨幣基金組織於 1980 年恢復中國的合法席位以來，中國的國際收支統計管理工作開始逐步規範，同時中國試圖編製一個國際收支總量平衡表。1981 年，國家進出口管理委員會、國家外匯管理局、中國銀行和國家統計局專門聯合組織起來根據當時國家實際經濟情況，在制定國家財政外匯局「國家外匯收支平衡表」的基礎上，吸收了當時國際普遍可行的各種統計核算方法，對「國家外匯收支平衡表」的統計核算方法進行重大改進，豐富了統計內容，增加了國家利用外資的重要項目，並制定了中國第一套比較系統完整的國際收支平衡統計核算制度。

隨著對外開放的發展和國際交流的不斷擴大，根據新形勢，在 1984 年對中國原有統計制度進行多次修訂的基礎上，國家統計局和中央國家外匯管理局共同制定了國際收支統計報表制度。1985 年國務院會議第一次公布了中國 1982—1984 年每年的國際收支概覽表，從 1986 年開始每個年度公布一份國際收支平衡表。在中國改革開放後的十年中，國際收支核算統計的質量穩步提高、系統不斷完善，國際收支的統計分析、預測和核算管理已經或者即將開始重新起步。中國在這一領域的工作成果得到了國際貨幣基金組織的認可，並受到世界銀行、國際信用評級機構和外國金融界的廣泛關注。

在早期階段，中國一直實行的是高度集中的計劃經濟，用於核算的數據主要是由國家各個行政主管部門收集的行業統計數據，然後再由國家外匯管理局綜合整理這些數據，進而創建國際收支平衡表。故通過上述途徑編製出來的平衡表存在著許多缺陷，如數據來源渠道過多、過雜，數據可能發生遺漏或重複現象，統計口徑不一以及統計時間不一致、時效性差等等，還不能達到國際貨幣基金組織的要求。之後每年中國的國際收支核算工作都在進行完善。

(五) 資產負債核算

早在 20 世紀 50 年代，資產負債表已在聯合國經濟和政治社會發展事務部推薦的《國民經濟核算體系》(1953) 中詳細加以闡述。世界上一些國家也在積極編製新的國家資產負債表。但是，由於編製技術的高度限制以及實際編製報表過程的複雜性，當時世界上只有美國、英國等少數幾個發達國家編製了國家資產負債表，更多的發達國家尚未編製出資產負債表。

中國改革開放後，隨著國家經濟社會快速健康發展，社會經濟環境發生了巨大的變化。巨大的管理挑戰和技術難題仍然存在，有待通過中國的資產負債核算方法研究和管理實踐去應對。統計界和實際統計工作部門為了有效應對這一新的挑戰和發展機遇，對資產負債核算問題進行了大量的課題研究，包括統計資產負債核算的概念、應用、資產價值評估與資產負債會計核算的相互關係，國家資產負債核算和自然資源資產負債會計核算等等。中國於 1997 年開始研究編製資產負債表，並在充分總結多年實踐經驗和借鑑加拿大固定資產存量核算方法經驗的基礎上，對資產負債表的核算指標體系設定和報表編製核算方法進行了長期持續的研究改進。

三、兩大體系的區別

SNA 與 MPS 兩大當代國際上推行的國民經濟核算體系是不同的經濟運行機制下的產物，MPS 是與高度集中的計劃經濟體制相適應的，SNA 是與市場經濟條件的國家的宏觀管理要求相適應的。兩種核算體系在核算觀念、內容、方法以及部門分類上也存在明顯的區別，主要表現在：

(一) 核算觀念的不同

二者核算觀念的不同主要體現在對宏觀經濟運行有不同的解釋。MPS 主張全部產品和國民收入都是由物質生產部門創造出來的，並且國民經濟各部門的消費基金與累積基金，是由在物質生產領域中初次分配的國民收入經服務、轉移、銀行信貸三條再分配渠道形成的；SNA 認為產品（其中產品又分為物質產品和勞務產品）和國民收入是由物質生產部門和所有非物質服務部

門共同創造的，經濟活動中每個社會集團的原始收入是由各種因素的收入的加總形成的，然後再經過一系列的轉移形成了各個部門的可支配收入，各部門可支配收入加折舊與消費支出加投資支出的差額由金融交易補足。經過各種轉移和金融交易，國民收入最終形成了各種產品市場的消費需求和投資需求。

從上述比較可以看出，MPS 與 SNA 對宏觀經濟運行的不同解釋主要體現在服務流量和金融流量這兩個方面。MPS 所包含的範圍過於狹窄，僅僅從狹義的生產定義來看，這樣的話服務流量並沒有被包含在產品流量內，因此服務收入被視為派生收入；SNA 所包含的範圍更加廣泛，從更加廣義的生產定義出發，在此定義下，服務流量可以歸入產品流量範圍（看作勞務產品）內，服務收入被視為原始的國民收入。MPS 遵循產品經濟的觀點，認為服務付費的活動就是分配活動；SNA 則遵循商品經濟的觀點，認為服務付費的活動是交易活動。

MPS 從分配的角度討論了各種信貸活動引起的資金流動，將這部分資金流動視為收入分配，將信貸工具作為分配媒介，將債權視為再分配支出，將債務視為再分配收入；SNA 從交易的角度討論了各種信貸活動引起的資金流動，將這部分資金流動視為資本市場中金融資產的交易量，將信用工具視為資產，將信貸活動視為金融投資活動。

兩個體系從產品的價值構成到產品的使用，從財政轉移到金融交易都有一系列不同的指標設置，這是兩個體系在核算觀念上的另一差別的表現。例如，在 MPS 體系中，產品的價值構成等於轉移價值和新創造的價值的加總，SNA 則把產品的價值看成中間投入加要素成本；又如，MPS 把消費按「個人消費」「社會文化和生活服務機構與單位的消費」「滿足社會公共需要、集體需要的機構和單位的消費」進行分解，SNA 則把消費分解為「居民目的」「政府目的」「私人非營利組織目的」。

兩個體系的中間消耗和最終使用的計算範圍也因為生產概念存在差異而發生了相應的變化。兩個消費體系在中間消耗上的巨大差別，還有其他三個

不同之處：第一，MPS 包括固定資本損耗，SNA 則不包括；第二，在 SNA 中作為中間消耗的企業在文化設施方面的非生產性支出，在 MPS 中被看作對非物質生產領域的轉移支付，從物質生產領域的營業盈餘中扣除，有關這方面的產品消耗作為最終消耗；第三，在 SNA 中作為中間消耗處理的企業業務旅差費，在 MPS 中看作居民的原始收入，所消耗的產品作為居民的個人消費等①。

（二）核算內容的不同

在新的 MPS 補充非物質服務流量管理之後，就與整個 SNA 系統的核算內容非常相似了。不同之處在於，SNA 對財富進行直接流量核算和金融資產核算，而 MPS 並不是這樣核算的：MPS 包含勞動力的核算，而 SNA 裡並沒有包含勞動力核算。

某些大型統計經濟指標在兩大經濟體系中雖然名稱相同，但是在經濟含義、範圍以及口徑、計算公式及方法上往往還是存在著一些小的差異。在 MPS 裡，經濟管理活動主要反應在衡量國民收入的主要經濟指標上。國民收入按照國土原則進行計算，它指的是一個扣除所有中間材料消耗費用 C2 和扣除建築材料工業生產經營部門固定資產折舊 C1 的淨產值的總和。在 SNA 中，國內生產總值和國民生產總值被廣泛用作國家經濟社會活動的主要衡量指標。計算機的範圍可以延伸擴大到整個三次產業，即全社會的所有產業部門，包括新創造的價值 V+M（國民收入），以及固定資產折舊 C1。其中，國內生產總值一般是按國土所有原則計算，國民生產總值按實際國民生產原則計算。

產品流量核算中 MPS 和 SNA 的區別在於對非物質服務流量有不同的處理方式，非物質服務流量包含在 SNA 系統產品流量核算中。新 MPS 是用財政資產負債表對非物質服務流量進行一個總結性的反應，再設計另一套非物質服務平衡表，旨在更好地反應非物質服務部門與其他經濟部門之間的「投入和產出」關係。

---

① 褚可邑. 對 MPS 與 SNA 核算體系的比較分析 [J]. 深圳大學學報（人文社會科學版），1996（2）：17–23.

在資金流量核算方面，MPS 和 SNA 的差別是它們分別通過財政平衡表和資金流量表開展核算工作。財政平衡表反應的是各部門初次分配收入與投資、折舊與消費的差額怎樣通過財政信貸和服務的再分配來補足，即：初次分配收入+折舊+轉移收入+服務收入+信貸收入=消費+投資+轉移支出+服務支出+信貸支出。若在 MPS 中把儲蓄看作現期收入減現期支出的差額，則有儲蓄=初次分配收入+現期轉移收入+服務收入－現期轉移支出－服務支出－消費，這樣的話財政平衡表的公式就變成：儲蓄+折舊+非現期轉移收入+信貸收入=投資+非現期轉移支出+信貸支出。資金流量表主要反應了各部門之間儲蓄與折舊、資本轉移收入與對外投資、資本轉移支出的實際差額，怎樣通過金融部門與其他部門之間的各種金融交易方式進行流動補足，即：儲蓄+折舊+資本轉移收入+金融負債=投資+資本轉移支出+金融資產。由此可見，財政收入平衡表與財政資金收入流量表基本上的內容都應該是虛實相通的，除了以下四個主要方面：①在中國財政收入平衡的列表中，服務性的付費被廣泛視為財政再分配流量；在資金流量表中，則把服務付費直接作為服務部門的原始收入。②財政平衡表比較詳細地反應了現期收支；資金流量表則一般用儲蓄來概括現期收支的結果。③財政平衡表沒有對經常性與非經常性的無償轉移進行區分；SNA 把經常性無償轉移作為現期收支流量，一般不出現在資金流量表中，非經常性的無償轉移則作為資本轉移流量。④財政平衡表上僅反應通過金融機構的間接融資，一般不存在資金市場，也不存在土地、專利權等的買賣；資金流量表不僅反應了通過金融機構的間接融資，而且還反應了在資金市場上各部門間的直接融資，同時還反應了由土地、礦權、無形資產買賣引起的金融流量。

（三）核算方法的不同

經濟互助委員會（the Council for Mutual Economic Assistance）[①] 國家大多實行指令性計劃經濟體制，主要通過計劃調撥和財政分配的手段進行宏觀管理。為了滿足這種管理需求，MPS 更加注重以平衡表形式來反應各種產品的

---

① 簡稱經互會，是由蘇聯組織建立的一個由社會主義國家組成的政治經濟合作組織。

來源和運用、各部門收入與支出之間的平衡，它具體是通過30個平衡表來對整個核算資料進行反應的。

西方發達國家存在著發育良好的市場體系，包括物品市場、勞務市場、資金市場、技術市場、國外市場，而且居民、企業、政府、金融機構都以交易者的身分出現在市場上，在市場上進行實物運動和資金運動。由於現實經濟生活中存在著彼此關聯的複雜的經濟聯繫，SNA為了反應出這種錯綜複雜的關係，採用矩陣形式表現核算資料，形成一個結構明了、收支對應、佈局合理的宏觀統計模型。

(四) 部門分類的不同

在MPS體系中有活動部門分類和社會經濟成分分類。MPS規定活動部門分類的基層單位可以不是整個企業（可以是企業內的某一項生產活動），但一定要含有完整的財務資料。正是由於以上規定的存在，因此MPS的活動部門分類不僅適用於產品流量核算，而且適用於資金流量核算。這種統一的部門分類在MPS中不僅反應在資金流量的財政平衡表中，還反應在產品流量的物質平衡表中。

在SNA體系中有活動部門分類和機構部門分類。活動部門分類按生產技術、產品用途的不同對生產決策的基層單位進行分類，機構部門分類按照能做出財務決策的機構單位的金融作用、金融行為的不同對其進行分類。SNA活動部門分類不能用來反應資金流量，是因為其基層單位不一定是具有完整的財務資料的獨立核算單位；機構部門分類不能用來反應產品流量，是因為其機構單位往往進行多種不同類型的生產活動。機構部門分類應用於收入與支出帳戶、資本籌集帳戶這些反應資金流量的帳戶；活動部門分類應用於生產帳戶、消費支出帳戶、資本形成帳戶這些反應實物流量的帳戶。

兩大體系除了在上述四個方面存在不同，MPS自身也存在一些缺陷，使得國民經濟核算體系的改革要求越來越迫切。

MPS的缺陷如下：①無法反應經濟效益。以前中國國民經濟核算體系的重點是生產的實物商品數量。例如，鋼鐵產量數萬噸，煤炭產量數萬噸，糧

食產量數萬噸，機床數萬噸，棉花產量數萬噸，總計的牲畜生產量就高達數千萬元。由於總產值是總生產指數乘以定價，實質上仍然是生產指數，而不是價值指數，自然不能反應經濟利潤。②社會產品的總產量不全面。過去，當我們計算社會產品的總產量時，我們只計算工業產品，農業、建築和其他物質產品的總產量，這些都是實物量指標；以價值形態表示的，包括除工業、農業、建築業以外的行業以及交通運輸業和商業的追加價值。上述兩種形式都沒有包括一系列服務業的產量和產值。物質生產的成果表現為從物質到產品，而服務業生產的結果是效用，兩者都具有使用價值和價值。鑒於以上原因，服務業的產量和產值計算應該被包含在社會產品生產總量的計算裡。③指標體系不完整。各專業核算部門已經建立中國的國民經濟核算體系，由於指標體系不完整、不系統、不適合，我們很難運用各種指標進行核算。④調查統計方法繁瑣、呆板。過去中國國民經濟核算所獲得的經濟信息主要是通過定期報告實現的，這種方法的優點是更準確，缺點是繁瑣、呆板，工作量大。⑤核算人員數量少且素質差。宏觀經濟管理工作的有序進行主要是依據綜合統計資料進行決策、調節和控制。當時，中國鄉鎮等一些統計機構的綜合統計工作較為薄弱，有待加強。農村各項核算工作在實行生產承包責任制後被削弱，許多鄉鎮失去了專門的核算機構和統計人員，統計數字基本上是村幹部和鄉鎮領導拍腦袋估計出來的，統計資料的準確性很難得到保證。

　　由於當時的核算體系存在著上述種種弊端，中國的國民經濟的運行規律和內在聯繫，因而不能被全面、客觀地揭示和反應出來。在對 MPS 體系下的企業國民收入實行核算管理階段，生產經營範圍幾乎僅限於農業、工業、建築業、運輸業和郵電業、商業以及飲食業等一般物質商品生產經營部門的所有生產經營活動。從 1985 年核算國民生產總值和 GDP 開始，生產範圍從原來的僅有的物質生產部門的生產活動擴充到包含物質服務的生產活動。這一變化較原來的 MPS 體系有了明顯的進步，但生產範圍劃分得還不夠具體，特別是沒有明確地規定哪些自給性服務活動應納入生產範圍，而哪些又不應該包含在其中。之後隨著中國商品經濟的發展和經濟管理體制改革工作的推進，

中國原有的國民經濟核算體系已經不能滿足宏觀經濟管理工作的需要，完善與改革中國的國民經濟核算體系已成為當時的重要任務。

第二節　國民經濟核算體系的確立和發展（1992—2002年）

1985—1992年，中國統計工作者經過研究得出了具有中國特色的、可以實現MPS和SNA兩種國民核算體系相互轉換的《中國國民經濟核算體系（試行方案）》（1992）。從1992年起，中國正式宣布著手實施與當前國際上多數國家在核算制度方面接軌的國民經濟核算體系，選擇把SNA當作改革目標。1993年，國家統計局正式停止了對MPS國民收入指標的核算。中國為了更好滿足社會主義市場經濟體制的發展需要，以聯合國1968年SNA為基礎，採用部分1993年SNA的標準，於1994年對《中國國民經濟核算體系（試行方案）》（1992）進行了重大調整，逐漸創建起與聯合國1993年SNA相適應的中國國民經濟核算體系的新的版本。

一、《中國國民經濟核算體系(試行方案)》(1992)的基本框架

《中國國民經濟核算體系（試行方案）》（1992）採取的是平衡表帳戶和矩陣相結合的方法，它不只是實現了各核算表之間的相互聯繫、相互制約，以及各指標排列有序、環環緊扣，也使各帳戶之間擁有了嚴格的對應關係，各帳戶緊密銜接、互為條件。其中的具體內容主要包括社會再生產核算表和經濟循環帳戶兩大部分。具體框架結構如圖6.1所示。

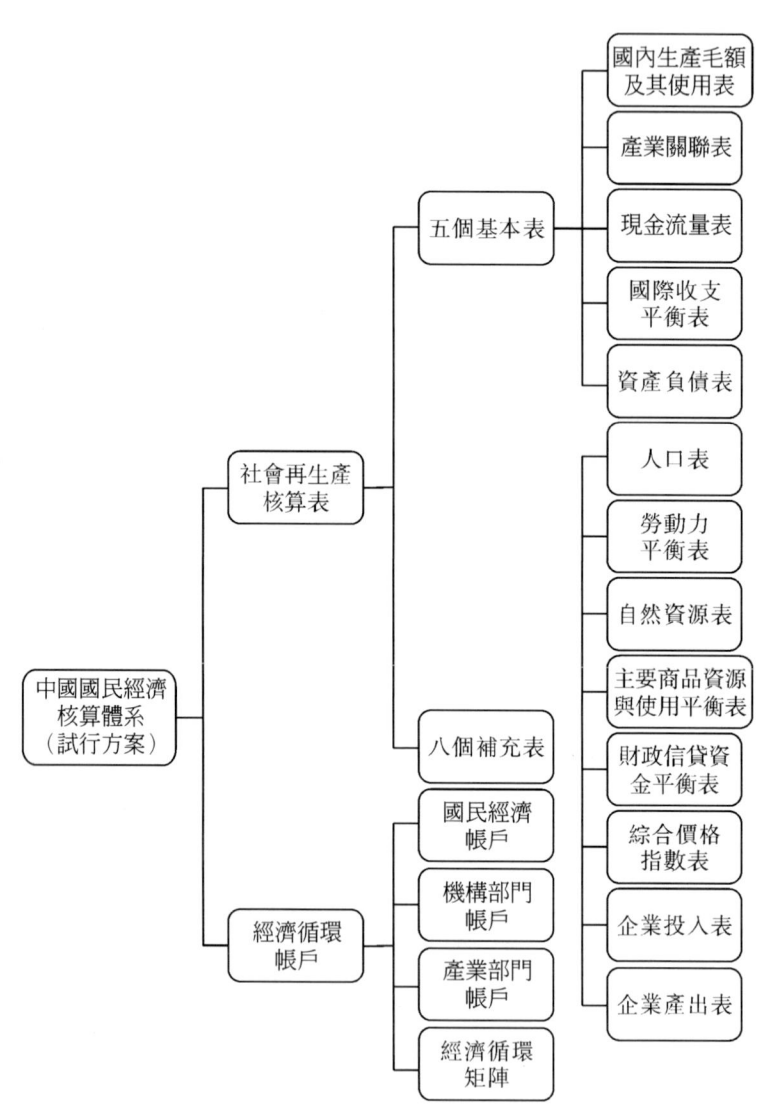

```
                                          ┌─ 國內生產毛額及其使用表
                                          ├─ 產業關聯表
                          ┌─ 五個基本表 ───┼─ 現金流量表
                          │                ├─ 國際收支平衡表
          ┌─ 社會再生產    │                └─ 資產負債表
          │   核算表       │
          │                │                ┌─ 人口表
          │                │                ├─ 勞動力平衡表
中國國民經濟                │                ├─ 自然資源表
核算體系 ─┤                └─ 八個補充表 ───┼─ 主要商品資源與使用平衡表
(試行方案)                                    ├─ 財政信貸資金平衡表
          │                                  ├─ 綜合價格指數表
          │                                  ├─ 企業投入表
          │                                  └─ 企業產出表
          │                ┌─ 國民經濟帳戶
          └─ 經濟循環 ─────┼─ 機構部門帳戶
              帳戶         ├─ 產業部門帳戶
                           └─ 經濟循環矩陣
```

圖 6.1 《中國國民經濟核算體系（試行方案）》(1992) 的基本框架

社會再生產核算表由五個基本表和八個補充表構成。五個基本表更加全面地揭示了一定時期內的社會再生產過程。其中，作為國民經濟核算體系的核心，國內生產總值及使用表對整個體系的生產總量進行了較為概括性的綜

合描述，展示了生產與使用的總量平衡關係，核算內容涉及整個國民經濟，包括物質生產和非物質生產，其他四張基本表則在它的基礎上進行了延伸和擴展。投入產出表，將中國之前使用的直接分解法與 SNA 間接推導法的長處相結合，系統全面地對國民經濟各部門的投入產出狀況和部門之間存在的技術經濟聯繫，以及生產、消費、投資和進出口的具體結構進行說明，為宏觀調控提供各種定量分析和經濟預測所需要的大量數據。資金流量表，將經濟循環過程中的實物運動和資金運動緊密結合起來，能夠對社會各種資金在各部門之間的流向和流量，以及各部門擴大再生產的資金籌集情況進行全面反應，從而為國家正確地制定財政和金融政策、更有效地進行宏觀調控提供依據。國際收支平衡表，用來核算中國對外經濟往來中所產生的貨幣收支[①]。資產負債表，對 MPS 的特點進行保留的同時又採取了 SNA 的核算方法，全面核算社會固定資產、流動資產以及金融資產的存量規模和分佈。八個補充表可以分為兩種類型，一種是不以價值量表現的社會再生產基本條件的核算，另一種是對五個基本核算表的擴展與補充。這部分核算使社會再生產的條件、過程和結果得到了全面和系統的反應。

經濟循環帳戶被劃分為國民經濟帳戶、機構部門帳戶、產業部門帳戶和經濟循環矩陣，採用復式記帳法，將部門核算與中國社會再生產過程不同環節的總量核算相結合，對五張基本表中各自獨立反應的流量和存量進行較為系統的核算記錄，展現了中國社會再生產過程同國民經濟各個部門之間的內在聯繫。其中，國民經濟帳戶包括國內生產總值、國民可支配收入及支出、投資、對外貿易、資產負債等帳戶，對國民經濟生產、消費、投資、對外關係各個領域運行的過程進行了具體描述；機構部門帳戶按照機構部門分類，分別設置了生產、收入分配及支出、投資及金融、資產負債、國外部門等帳戶；產業部門帳戶按照國民經濟行業分類設置，在形式上同機構部門的生產帳戶保持一致；經濟循環矩陣是把上述各個帳戶的主要收支用矩陣的形式聯繫起來，對國民經濟運行的全過程進行了概括性的闡述。

---

① 中國新國民經濟核算體系 [J]. 湖南商學院學報，1995（2）：42.

二、《中國國民經濟核算體系(試行方案)》(1992)的概念界定

瞭解和掌握核算體系中的重要概念,可以幫助我們更好地開展國民經濟核算的相關工作。下面就一些重要概念進行解釋說明①。

與「常住」一詞相關的概念:常住單位一般是指在一國經濟領土上具有經濟利益中心的經濟單位。常住居民的主要含義是在一個經濟領土上消費商品和服務,參加生產或從事其他經濟活動的所有人。當然,這些活動不是臨時性的,同時這些人必須被認為在此經濟領土上具有一個經濟利益中心。常住企業是指在實際上或名義上從事如下活動的單位:①在某一經濟領土上從事生產貨物和提供服務的活動;②從事坐落於此經濟領土內的地產的交易活動,或從事租賃、權利轉讓、特許專利、版權以及類似的由此經濟領土內的政府頒發的非金融無形資產的交易活動。

交易主體的分類方面:一般來說,交易可分為貨物與服務的交易和收入與金融的交易兩大類。交易主體也相應分為按產業部門劃分的交易主體和按機構部門劃分的交易主體。按照產業部門進行劃分是從生產的角度對交易主體進行分類,以便達到更好地進行生產分析的目的。這種分類與貨物和服務流量密切相關,涉及的都是具有「生產經營決策權」的基層單位。按照機構部門進行劃分是從收入與支出的角度對交易主體進行分類,以便達到更好地進行收入分配和資金分析的目的。它與金融流量相關,涉及的都是具有「財務決策權」的機構單位。

記錄時間方面:國民經濟核算在原則上採用權責發生制進行記錄,以保證生產核算、消費核算、累積核算和對外交易核算之間的內在統一。生產核算中,在貨物製成時記錄貨物的產出;在提供服務時進行服務產出的記錄;在銷售商品時進行商業活動產出的記錄,即貨物所有權發生變動時予以記錄;在貨物和服務投入生產過程時進行中間消耗的記錄。收支核算中,按照支付義務發生的時間進行收入項目的記錄,按照獲得產品所有權的時間記錄支出

---

① 吳澗生. 國民經濟核算體系中的幾個基本概念 [J]. 統計研究, 1993 (1): 7-11.

項目。支出項目中的總消費和總投資，如果是以購買或轉移的方式實現產品的使用，則按產品所有權變更的時間進行記錄。這裡有幾種特殊情形：①金融租賃是在承租者獲得對資產的控制權時記錄；②訂貨生產的產品是在產品完工時記錄，此時購買者就被認為已獲得對該產品的法定權利；③訂貨生產的建築工程，在任何時期內，購買者都應被看作對工程上的任何加工都具有所有權，因此這裡的進度付款實際上是一個資本形成的價值指標。如果產品未出售或不出售，則按產出的時間進行記錄。對外交易核算中，按照發生的時刻記錄服務及債權和債務，按照銀行結算的時間記錄儲備資產，按照海關結關放行的時間記錄商品進出口。

估價原則方面：採用生產者價格和購買者價格進行估價。它們都是市場價格，前者是站在生產者角度做出的估價，後者是站在購買者角度做出的估價。生產核算中，通常按照生產者價格對產出進行估價，按照購買者價格對中間消耗進行估價。收支核算中，沒有對收入項目進行估價的問題；但其中的總消費與總投資是需要採取適宜的價格進行估價的，一般使用購買者價格估價。對外交易核算中，通常採用市場價格或其對等值作為實際資源（貨物、服務和收入）和金融資產等各種交易的計價基礎。

三、SNA（1993）的修訂

1993年，聯合國（UN）、世界銀行（WB）、國際貨幣基金組織（IMF）、經濟合作和發展組織（OECD）、歐洲經濟共同體委員會等共同對SNA進行校訂的成果——1993年SNA得以出抬，標誌著SNA的發展進入成熟階段。SNA（1993）文本的總體特點可以用四個詞歸納，分別是「更新」「澄清」「簡化」「協調」[①]。

其中，「更新」是指基於原有核算體系的內容結構，為了適應國際經濟的發展變化而進一步補充和強調新的內容。1968年以來，這25年中，世界經濟

---

① 邱東. 國民經濟核算史論［J］. 統計研究，1997（4）：65-72.

格局發生的各種重大變化，都對核算制度的改變提出了新的要求，促使核算制度不斷進行相應的革新。「簡化」是指通過對核算的基礎原理進行更加系統化的說明，使從事核算工作人員的工作得以簡化，在面對不同的情況和問題時能夠靈活變通。「澄清」是指對核算原則和特殊問題進行明確的解釋說明，使核算體系更加簡單易懂。「協調」是指使 SNA 與其他國際統計標準更加一致。總之，校訂 SNA（1993）的基本原則和主要目的就是使 SNA 變得更加可行，更加容易被接受。

（一）SNA（1993）的基本框架

SNA（1993）的中心框架由六個部分組成，分別是綜合經濟帳戶、供給和使用表及其他投入產出表、金融交易與金融資產負債表、功能分類以及人口和勞動力投入表，除此之外還引入了社會核算矩陣和附屬帳戶。具體組成部分如圖 6.2 所示。

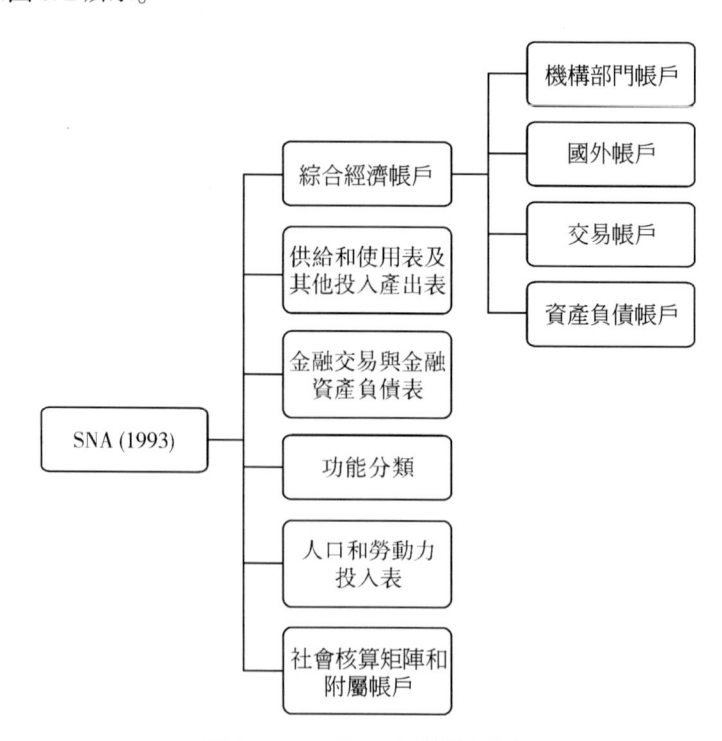

圖 6.2　SNA（1993）的基本框架

（二）SNA（1993）的修訂

SNA（1993）與國民經濟核算的發展一脈相承，並沒有捨棄 SNA（1968）的理論框架，而是使內容更加充實，使體系更加完整，使功能更加齊全。此外，相比於 SNA（1968），SNA（1993）對基本帳戶的結構進行了調整，對若干概念、定義和術語進行了修訂，對一些分類進行了完善，對若干處理原則和處理方法進行了修改[1]。

一是改變了基本帳戶的結構。SNA（1993）相較於 SNA（1968）在帳戶結構方面的變化有三個方面，分別是「增加」「細分」和「歸並」。「增加」主要是指增設了一些新帳戶，例如增加了機構部門生產帳戶、資產其他變化帳戶、資產負債表；「細分」主要是指對原有帳戶進行詳細分解；「歸並」是指對原有帳戶進行歸類合併。

二是修訂了一些概念、定義和術語。相比於 SNA（1968），SNA（1993）採用了新的概念和術語，也調整了原有的概念和術語，具體包括以下方面：引入混合收入的概念，引入初始收入結餘和國民總收入的概念，引入實際國內總收入和實際國民可支配收入淨額的概念，調整機構單位和基層單位的概念，調整金融機構部門的定義，更換「銀行」和「銀行服務」的術語，進一步闡明住戶的生產範圍，明確非法生產和非法交易，修訂稅金分類術語，引進實際消費和調整後可支配收入的新概念，對資產和資產範圍進行明確的定義，確定常住單位的基本原則和實施準則。具體變化如表 6.1 所示。

表 6.1　SNA（1968）和 SNA（1993）的概念、定義及術語的對比

概念、定義及術語	SNA（1968）	SNA（1993）
混合收入	住戶部門中的非法人企業進行生產活動所產生的營業盈餘的淨額	定義為混合收入
初始收入結餘和國民總收入	初始收入分配帳戶的平衡項	定義為初始收入結餘
	各機構部門的初始收入結餘之和	定義為國民總收入

---

[1] 龍華，許憲春.1993 年 SNA 的基本結構及修訂的主要內容[J]. 統計研究，1993（5）：32-42.

表6.1(續)

概念、定義及術語	SNA（1968）	SNA（1993）
實際國內總收入和實際國民可支配收入淨額	按可比價格計算的國內生產總值與因進出口比價變化而產生的貿易盈虧之和	定義為實際國內總收入
	先計算上述實際國內總收入，然後利用國民最終支出總額（最終消費支出加上資本形成總額）價格縮減指數，把來自國外的初始收入淨額和經常轉移收入淨額轉換成實際值，計算出實際國民可支配收入淨額；或利用國民最終支出淨額的隱含縮減指數，來縮減來自國外的所有經常轉移收入淨額	定義為實際國民可支配收入淨額
機構單位和基層單位	未對分析單位和統計單位加以區分	當涉及生產帳戶的分類單位時，對分析單位和統計單位加以區分
	機構單位必須具有完整的帳戶	機構單位還必須具有業主收入提款信息
金融機構部門	金融機構部門是指本身能承擔金融負債和獲得金融資產的金融法人企業	金融機構部門還包括要從事為金融媒介提供便利或提供金融服務活動，而本身不冒風險的附屬機構
「銀行」和「銀行服務」相關術語	銀行	存款機構
	銀行服務	金融媒介服務
	虛擬銀行服務產出	間接測算的金融媒介服務產出
對住戶生產範圍的說明	未對貨物和服務進行區分	對貨物和服務進行區分，把所有貨物的生產算在生產範圍內，而服務僅限於市場上交換的或形成其他經濟單位收入的服務
非法生產和非法交易	未對生產和交易範圍是否包括非法活動進行明確說明	有必要把一切非法活動或地下活動包括在生產和交易範圍之中

表6.1(續)

概念、定義及術語	SNA（1968）	SNA（1993）
稅金分類術語	間接稅	生產稅
	直接稅	現期收入稅、財產稅
	商品稅	產品稅
	其他間接稅和進口稅	其他生產稅
	政府資本轉移中的遺產稅、贈予稅和非經常發生的財產稅	資本稅
實際消費和調整後可支配收入	只有一個最終消費支出概念和一個相應的可支配收入概念	鑑別最終消費和可支配收入的不同概念
	住戶最終消費支出不僅包括住戶的實際支出，而且包括政府為住戶免費選擇保健或其他服務而做出的支出和住戶非免費選擇上述服務，但事後政府向住戶做出償還的支出	住戶最終消費支出僅指住戶的實際支出
資產和資產範圍	資產包括有形生產資產及有形和無形非生產資產	資產還包括無形生產資產
常住單位的基本原則和實施準則	如果留學生與其來源國家具有經濟上的依賴關係，那麼無論他們在國外學習多久，都應當作為其來源國家的常住者	關於根據長期合同在國外工作的個人和技術援助人員的常住位置，原則上不對SNA（1968）進行變更，但引進若干說明，即根據雙邊協議的技術援助人員如果在其工作的國家居住一年以上，則視為其工作國的常住者 關於企業的常住位置，對從事建築安裝工程的企業，靈活地應用一年的準則。在國外從事設備安裝的企業被視為其來源國的常住企業，即使安裝工作需一年以上的時間才能完成。至於從事建築的企業（或現場辦事處），除一年準則外，還引進了另外的規則，其中包括它們是否具有單獨帳戶、納稅、實際有形存在等因素，用以幫助確定其常住狀況

三是修訂了一些分類。相比於 SNA（1968），SNA（1993）在機構部門和資產的分類上進行了相應的修訂，具體內容如表 6.2 所示。

表 6.2　SNA（1968）和 SNA（1993）的機構部門和資產分類的對比

分類		1968 年 SNA	1993 年 SNA
機構部門分類	金融法人企業和非金融法人企業部門子部門分類	子部門分為公營法人企業和私營法人企業	子部門分為公營法人企業、國民私營法人企業和外國控制的法人企業
	不具備準法人金融企業條件的非法人金融企業的部門劃分	把非法人金融企業歸入非金融法人和準法人企業部門	把非法人金融企業歸入住戶部門
	一般政府子部門的劃分	一種劃分方式，即把社會保險基金組織作為獨立於各級政府的子部門	兩種可供選擇的劃分方式，即把社會保險基金組織作為經營這些機構的各級政府（中央、省和地方政府）的組成部分，或者把社會保險基金組織作為獨立於各級政府的子部門
資產分類	非金融資產分類	未包括生產資產中的無形固定資產及其細分類	增加了生產資產中的無形固定資產及其細分類
	金融資產分類	對「貨幣和可轉讓的存款」與「其他存款」進行區分	歸並為「貨幣和存款」
		對貸款和其他金融資產的長期、短期進行區分	對這種區分加以保留，但只作為次要的分類標準
	黃金分類	分為兩類，即作為金融資產持有的黃金與工業用其他黃金	分為三類，即貨幣當局擁有的作為國際儲備構成部分的黃金；作為價值儲存手段所持有的黃金；工業用其他黃金。後兩類黃金可以為任何實體所擁有，作為價值儲存手段而購買的黃金作為貴重物品處理，並包括在資本形成中
	資產分類和資產變化分類之間的關係	沒有闡明	進行了闡述，即大多數資本形成將產生資產負債表中某種可辨認的資產，但某些資本形成可能不產生可辨認的資產

四是修改了一些處理原則和方法。與 SNA（1968）相比較，SNA（1993）在若干方面的處理原則和處理方法上都進行了修改，具體內容如表 6.3 所示。

表 6.3 SNA（1968）和 SNA（1993）處理原則和方法的對比

項目	SNA（1968）	SNA（1993）
處理金融媒介服務產出分配方法的變化	一種方法，即把金融媒介服務產出全部分配給一個名義部門，作為這個名義部門的中間消耗	兩種方法，一是把金融媒介服務產出在這種服務的所有使用者（可能是貸款使用者，也可能是存款人）之間進行分配，依照金融媒介服務對象的不同，這種服務產出一部分被分配給生產者，作為生產活動的中間消耗，一部分分配給最終使用者，作為最終消費或者服務出口。在不同的用途之間分配金融媒介服務產出時，需要對相應的支出和收入做類似的調整，金融機構得到的財產收入按所分配的產出數額做相應的減少，支付的利息按所分配的產出數額做相應的增加。二是將金融媒介服務產出全部分配給一個名義部門作為其中間消耗
產出和使用估價方法的變化	使用生產者價格作為估價產出和投入的主要方法	用基本價格或生產者價格對產出進行估價，用購買者價格對中間使用和最終使用進行估價
市場生產和非市場生產的區分	「產業部門」和「其他生產者」的區分	變為「市場生產者」和「非市場生產者」的區分
	「產業部門」中的自給性生產者	歸入「非市場生產者」一項
對礦藏勘探支出、計算機軟件和娛樂、文學或藝術原作處理的變化	把礦藏勘探支出（無論相應的開採成功與否）作為中間消耗處理	把礦藏勘探支出（無論相應的開採成功與否）作為資本形成處理
	把作為主要硬件的有機部分而購買的軟件的支出按資本形成處理，把單獨購買或開發軟件的支出按中間消耗處理	把生產者預期在生產中使用一年以上的系統和標準應用計算機軟件，不管是從市場上購買的還是內部開發的，不管是單獨購買的還是與硬件一起購買的，包括生產預期使用一年以上的數據庫，都作為無形固定資產處理
	版權作為產生財產收入的非金融非生產無形資產	版權不再作為產生財產收入的非金融非生產無形資產
	專利許可方面的特許權使用費和類似支出，以及商標和其他非生產無形資產的特許服務支付被視為財產收入	專利許可方面的特許權使用費和類似支出，以及商標和其他非生產無形資產的特許服務支付被視為對服務的支付

表6.3(續)

項目	SNA（1968）	SNA（1993）
對軍事裝備處理的變化	把除軍隊人員家庭住房建造或翻建以外的所有軍事支出都排除在固定資本形成之外	把能夠為民用生產者購買用於生產、軍隊以相同的方式使用的軍事裝備的全部支出作為固定資本形成處理，軍事武器和專門用於發射和運載這些武器的工具和設備不作為資本形成而作為中間消耗處理
把培育的自然生產物生長視為產出	只把牲畜和魚類的自然生長包括在產出中（在使用方面，包括在資本形成中），農產品、果園和木材林的產出在收穫時做記錄	把所謂培育資產的生產，包括牲畜和魚類、果園、種植園和木場的生長，以及作為種植園等產品的農作物和水果的生長均包括在產出中。包括在產出中的農作物、肉畜、木材等產品在生產時而不是在收穫時記錄為在製品（庫存變化的構成部分）
把某些服務產出視為在製品	交貨時記錄服務的產出，而不包括任何服務在製品	把相應的處於未完成狀態的服務視為在製品，記錄在此類服務生產者的庫存變化之中
政府庫存的擴展	只把戰略物資、糧食和對國家具有特別重要意義的商品作為庫存進行處理，政府儲存的其他商品一般不包括在庫存中	把政府持有的所有貨物包括在庫存的變化中
資本形成的擴展	各種方法處理這些獲得減處置，在住戶部門，它被作為最終消費支出處理	包括第三種類型資本形成，被稱為「貴重物品的獲得減處置」，指的是不用於生產或消費，而是作為價值儲存手段而獲取和持有的生產資產的支出
歷史紀念物的處理	沒有具體涉及歷史紀念物的處理	把歷史紀念物（包括舊的和新的歷史紀念物）作為生產資產處理
社區活動所產生的固定資產的處理	把社區活動所產生的固定資產作為固定資本形成處理，但沒有明確說明這些資本形成應當分配給哪個機構部門	社區活動所產生的固定資產記錄為住戶的固定資本形成，然後分配給負責維護相應資產的機構部門（非營利機構或政府）資產負債表中
固定資本消耗範圍的擴展	諸如道路、水壩和防浪堤等固定資產不需計算固定資本消耗	應該計算諸如道路、水壩、防浪堤等固定資產的固定資本消耗
保險專門準備金範圍的擴展	金融資產中的保險專門準備金僅指人壽保險專門準備金	擴大了保險專門準備金的範圍，不僅包括人壽保險而且包括非人壽保險（取代「災害保險」術語）專門準備金

表6.3(續)

項目	SNA（1968）	SNA（1993）
金融租賃和營業租賃之間的區分	沒有把金融租賃同營業租賃區分開來	把金融租賃視為金融工具
投資貨物修理和其他貨物修理進出口處理方法的區分	未做區分	在貨物和服務的進出口中把投資貨物的修理與其他貨物的修理區分開來，投資貨物的修理價值記錄在貨物貿易項目下，其他貨物的修理價值記錄在服務項目下
貨物進口估價的變化	按到岸價格，同時虛擬一個常住者對進口貨物提供的運輸和保險服務出口	按離岸價格估價貨物的進口，把非常住者提供的這部分服務作為服務進口
直接外國投資的單獨識別和直接外國投資的再投資收益的處理	未做說明	在金融帳戶中，直接投資總量及其主要構成項目表示為有關金融工具的備查項目
呆帳註銷和財產的無償沒收的處理	把呆帳註銷等作為交易記錄在資本金融帳戶的第二部分，沖抵分錄反應在經常轉移中	把呆帳註銷和財產的無償沒收作為「其他物量變化」處理
黃金貨幣化和非貨幣化及特別提款權的分配和取消的處理	把黃金貨幣化和非貨幣化視為進口和出口，在商品貿易帳戶中反應，沒有討論特別提款權，因為當時尚無特別提款權	把黃金貨幣化和非貨幣化以及特別提款權的分配和取消作為資產物量的其他變化處理，將其在資產物量其他變化帳戶中反應出來
匯率換算準則	關於外匯的轉換和從外匯買入價和賣出價價差中獲得的收入的處理方法，以及多重匯率的情況，沒有提供明確的指導	實際對外交易中的貨幣單位轉換成編製帳戶所需要的貨幣單位，所採用的匯率為交易時通行的匯率，如果不知道這種匯率，就採用可用的最短期限的平均匯率

四、1993年以來國民經濟核算體系的總體發展

（一）新的國民經濟核算體系與原國民經濟核算體系的比較

新的國民經濟核算體系是國家統計局以中國實際情況為依據，以馬克思主義為理論指導，在原有MPS核算體系的基礎上，吸收借鑑SNA的方式方法

設計出來的。它具有以下主要特點①：

一是核算範圍的擴大。MPS 與 SNA 核算的最大區別是對生產活動有不同的理解。基於中國第三產業逐步發展的現實情況，借鑑 SNA 體系，在原有 MPS 體系的基礎上拓寬生產活動的範圍成為必然趨勢。新的國民經濟核算體系主要在以下方面擴大了核算範圍：首先是生產和使用的核算範圍的擴大，原有國民經濟核算只對物質產品進行生產和使用的核算，而新的國民經濟核算體系是對包括勞務生產和使用在內的整個國民經濟進行生產和使用的核算，並且在對物質產品進行綜合核算的基礎上也進行了分別核算。其次是資金核算範圍的擴大，原有國民經濟核算體系只對財政信貸資金進行核算，而新的國民經濟核算體系是對全部社會資金進行核算。最後是資產核算範圍的擴大，原有國民經濟核算體系只對有形資產進行核算，而新的國民經濟核算也對無形資產進行核算。

二是核算內容的豐富。新的國民經濟核算體系在繼承 MPS 體系的基礎上，吸收 SNA 體系的諸多長處，豐富了流量核算和投入產出核算的內容，新增了對國民經濟循環和社會總供求的核算；同時將價值量和實物量、物流量和資金流量核算結合起來，為深入研究社會再生產的實物運動和價值運動混合在一起所形成的複雜的運動過程提供了重要參考。

三是核算方法的改進。新的國民經濟核算體系在 MPS 核算內容的基礎上，參照 SNA 的各種核算原則和核算方法，選擇採用平衡表、帳戶和矩陣表相結合的核算方法，在各種核算之間建立密切聯繫。此外，它增設了第二層次核算表，更好地為國民經濟核算提供專業性較強的第一手資料，有利於部門核算和國民經濟核算的統一以及企業核算與國民經濟核算的銜接。

(二) 新的國民經濟核算體系的發展

中國新的國民經濟核算體系與 SNA（1993）在核算原則和核算方法上基本保持一致，但並未完全摒棄原有國民經濟核算體系的核算內容和方法。例

---

① 褚可邑. 完善適應市場經濟發展的國民經濟核算體系 [J]. 中山大學學報（社會科學版），1999 (3)：51–56, 112.

如新的國民經濟核算體系同時保留了兩種生產範圍，即與 MPS 基本一致的生產範圍和與 SNA 基本一致的生產範圍，又因為生產範圍對使用範圍會起到決定性作用，新的國民經濟核算體系也保留了兩種使用範圍。這說明中國的國民經濟核算體系在改革過程中仍會受到 MPS 體系的影響，主要是因為數據採集體系仍基於原有 MPS 體系，其統計還未實現完全的改革。

中國該階段統計改革所要實現的最終目的是要建立一個與當前聯合國國民帳戶體系（SNA）相接軌的新的國民經濟核算體系，但是這並不意味著我們可以直接完全照搬聯合國制定的 SNA 體系，而是要基於中國國民經濟的特點做出相應的調整和改進，使其更好地適應中國的基本國情，順應國際和國內形勢的不斷發生的變化，因此要對現行的統計指標體系、概念界定等做出進一步的調整和填補。比如，在核算內容方面，對國民經濟核算體系基於何種理論建立還沒有完備的論證，特別是對社會再生產的條件、過程及其社會功能還沒有做出系統性的描述，導致某些核算內容容易出現遺漏。在核算方法方面，現有的價格指數體系存在不完善的地方，GDP 生產法和支出法核算所對應的價格指數還有很大的缺口。中國最開始只編製了工業品價格指數、建築業產值價格指數和農產品收購價格指數，沒有對運輸業、郵電業產品價格指數，商業購進、銷售綜合價格指數和服務業價格指數進行核算和編製；依照支出法計算不變價國內生產總值時，由於中國缺少社會消費價格指數、庫存增加價格指數和正式編製的進出口價格指數，給國內生產總值等總量指標的不變價計算帶來了不利的影響。因此，現階段我們要基於本國實際，借鑒國外成功的經驗和方法，通過比較分析彌補中國現行價格指數體系存在的缺口。以上舉例也說明，中國建立一個科學完備的國民經濟核算體系任務艱鉅，需要長時間的探索以及經驗累積。

五、國民經濟核算體系的具體發展

（一）國內生產總值核算

進入 20 世紀 90 年代，改革開放不斷向前推進發展，GDP 這一宏觀經濟

指標愈發得到管理部門的高度重視。國家統計局開始注重對 GDP 的核算，GDP 的地位也得到很大提高，由中國國民經濟核算體系的隸屬指標上升為核心指標，其主體地位的確立具體表現在以下幾大方面[①]：一是從核算方法的角度看，國家統計局於 1992 年 12 月參照《中國國民經濟核算體系（試行方案）》的原則和要求，出抬了《國內生產總值、國民收入指標解釋及測算方案》，這是中國建立的第一個獨立的、較為系統的 GDP 核算方案。此時，GDP 開始直接利用原始資料進行核算，捨棄了原有的利用國民收入間接進行推算的方法[②]。二是從核算制度的角度看，國家統計局參照新的會計制度和基層企業統計制度，於 1993 年 10 月出抬了《國內生產總值指標解釋及測算方案》，並相應地建立起核算制度，此方案和制度取消了國民收入核算，並修訂了 1992 年制定的方案和核算制度中與國民收入核算相關的指標的定義和核算方法等。此方案和制度的出抬，標誌著中國對國民收入核算的正式廢除，同時確立了 GDP 在國民經濟核算中的主體地位。三是從數據發布的角度看，1994 年起，國民收入數據不再屬於《中國統計年鑒》的公布範圍，年鑒僅對 GNP 數據進行公布。四是從數據使用的角度看，1992 年起，《政府工作報告》中不再將 GNP 和國民收入指標並列使用，而是僅使用 GNP，並在 1994 年的《政府工作報告》中開始使用 GDP。

　　隨著國內生產總值核算的不斷發展，GDP 的定義和生產範圍經歷了若干次修訂，逐步提高了規範性，與國際標準的銜接程度也大大提高。在《中國國民經濟核算體系（試行方案）》（1992）中，國內生產總值被定義為一國所有常住單位在核算期內生產活動的最終成果。這個基本定義涵蓋了常住單位、生產活動、最終成果三個概念，是對 GDP 較為嚴謹和清晰的一個定義。在之後對 GDP 核算方案的歷次修訂中，其核心定義都沒有發生變化，只是對個別詞句進行了修改。生產範圍方面，1993 年出抬的《國內生產總值指標解釋及測算方案》中將 GDP 核算的生產範圍規定為三類，分別是提供或準備提

[①] 許憲春，呂峰. 改革開放 40 年來中國國內生產總值核算的建立、改革和發展研究 [J]. 經濟研究，2018, 53（8）：4-19.
[②] 信息來源於國家統計局 1992 年發布的《國內生產總值、國民收入指標解釋及測算方案》。

供給其他單位（包括住戶）的貨物和服務的生產，生產者用於自身最終消費或固定資本形成的貨物的生產，以及自有住房服務和雇傭付酬家庭保姆提供的家庭服務生產[①]。該規定是與 SNA（1993）接軌的。

除了國內生產總值的定義和生產範圍發生變化，其核算的基本分類也在變化。首先是行業分類發生了重大變化。中國於 1994 年校訂了國民經濟行業分類國家標準，形成了《國民經濟行業分類與代碼（GB/T 4754—94）》。為充分適應宏觀經濟管理和更好地進行對外交流的需要，中國在該分類準則的基礎上對 GDP 生產核算的行業分類進行了調整，依照原有的劃分三次產業的原則進行了行業分組。經過此次調整，GDP 生產核算共有一級行業 15 個，除了工業和農、林、牧、漁服務業以外，基本保留之前行業分類準則的各個門類。工業是採掘業，製造業，電力、煤氣及水的生產和供應業三大門類的組合；農、林、牧、漁服務業屬於大類。部分行業也包括次級分類[②]。其次是支出項目分類發生了變化，主要是支出項目名稱的規範化。中國從 1993 年開始對支出法 GDP 正式進行核算，對部分支出項目名稱進行了修改，具體變化如表 6.4 所示。

表 6.4　支出項目名稱的修改

原支出項目名稱	現支出項目名稱
產品和勞務淨出口	貨物和服務淨出口
居民總消費	居民消費
社會總消費	社會消費
固定資產總投資	股東資產形成
流動資產價值增加額	庫存增加

此時的一些指標名稱與國際標準已經完全一致，如貨物和服務淨出口；但有些仍不一致，如總消費、社會消費等。1993—2004 年第一次全國經濟普

---

① 信息來源於國家統計局 1993 年發布的《國內生產總值指標解釋及測算方案》。
② 信息來源於國家統計局 1994 年發布的《國家統計調查制度》。

查之前，GDP 核算的一些指標更加規範，具體變化如表 6.5 所示①。經過這一階段的調整，各支出項目的名稱與國際標準基本相符，但尚未完全一致，且分類不夠詳細。

表 6.5　支出項目名稱的修改

原支出項目名稱	現支出項目名稱
總消費	最終消費
社會消費	政府消費
總投資	資本形成總額
固定資產形成	固定資本形成總額
庫存增加	存貨增加

　　隨著經濟社會的發展、統計調查制度和行政記錄的改進，中國 GDP 的核算方法也逐漸規範和完善。1993 年國民收入核算被廢止，GDP 核算正式被確立起在中國國民經濟核算體系中的主體地位，GDP 的核算方法也從間接推算變為直接計算。在該階段初期，對於現價核算方法來說，其突出特點之一是很多核算項目存在兩種核算方法，但並沒有明確規定當兩種核算方法得出的結果不同時應該以哪種方法計算的結果為準，這在一定程度上有損 GDP 核算的規範性。而對於不變價核算來說，雖然已經開始採用直接計算的方法，但一些核算方法還不夠規範，分類也不夠細緻。經過幾年的摸索和實踐，到 20 世紀 90 年代後期，中國 GDP 核算方法已有一定程度的發展和完善，在現價核算中明確指出了各個核算項目以哪種核算方法為準，提高了 GDP 核算的規範性。在不變價核算中，各項目的核算方法也有了改進和逐漸規範。此外，在此過程中，中國 GDP 核算方法和核算數據在國際上的可比性也不斷提高，逐步得到國際認可。比如，在 1999 年之前世界銀行認為中國的統計核算體系和核算方法存在一定的缺陷，因此不會直接利用中國官方給出的 GDP 數據，而

---

① 國家統計局國民經濟核算司. 中國年度國內生產總值計算方法 [M]. 北京：中國統計出版社，1997.

是在其基礎上自行調整。1999 年經過雙方深入協商和考察，世界銀行認為中國的 GDP 核算已與國際相接軌，決定直接使用中國官方給出的 GDP 數據。

在補充和校訂 GDP 歷史數據方面，中國於 1993—1995 年進行了第一次全國第三產業普查，並依照本次普查期間獲取的資料，對普查年度的 GDP 數據進行了核算，普查年度為 1991 年和 1992 年。在 1994—1995 年，國家統計局基於第三產業普查資料，全面修訂了 1978—1993 年的 GDP 歷史數據。從修訂的幅度來看，1991—1993 年 GDP 總量分別上升了 7.1%、9.3% 和 10.0%，這個結果說明常規的統計確實會存在一些遺漏。在中國國民經濟核算歷史上，這是首次基於普查資料全面修訂 GDP 歷史數據，也是對 GDP 歷史數據的首次重大修訂[①]。

（二）投入產出核算

隨著改革開放的不斷向前推進以及國民經濟的宏觀調控和管理工作的深入，1987 年，國務院辦公廳正式出抬《關於進行全國投入產出調查的通知》（國辦發〔1987〕18 號），明確規定了從 1987 年起每五年（逢 2、7 年份）就要組織一次全國性的投入產出調查和編表工作。這標誌著中國投入產出核算的發展進入新的階段。20 世紀 90 年代初以來，中國不斷對投入產出調查方法和編表方法進行改進，對部門分類進一步細化。截至 2002 年，中國已先後完成 1987 年、1992 年、1997 年、2002 年的四次投入產出調查和編表工作。

1. 投入產出表的結構與原理

投入產出表記錄一定時期內（通常為一年）社會生產和使用的全過程。它是將國民經濟各部門生產中的投入來源和產品（或服務）的分配使用去向進行排列組合形成的一張縱橫交叉的棋盤式平衡表。

投入產出表分為三個部分，通常稱作第 I 象限、第 II 象限、第 III 象限。第 I 象限是投入產出表的核心，它對國民經濟各部門之間互相提供勞動產品（或服務）以供生產和消耗的過程進行闡釋。第 II 象限對各生產部門的產品或服務用於各種最終使用（消費、投資和淨出口）的數量和構成情況進行解釋。

---

① 許憲春. 中國兩次 GDP 歷史數據修訂的比較 [J]. 經濟科學，2006（3）：5-9.

第Ⅲ象限對各產品部門增加值的形成過程和構成情況進行闡述，展示了國內生產總值的初次分配格局。投入產出表三個組成部分之間緊密聯繫，從總量和結構上系統全面地揭示國民經濟各部門從生產到最終使用的實物運動過程中的相互聯繫①。

2. 投入產出表的編製方法

在國際上通常採用直接分解法和間接推導法對投入產出表進行編製。直接分解法是對基層進行調查，按照表的豎列收集數據，由各個基層單位按照投入產出部門的分類原則將其生產的各種不同產品的投入和產出劃歸到不同的產品部門中，直接得出每個產品部門的投入與產出資料。一般來講，每一個基層單位（企業）都會生產多種產品，因此直接分解法的關鍵是通過基層單位財務和成本數據的分解，主要包括總產值的分解、中間投入的分解、增加值的分解、流通費用的分解和最終使用的分解，取得產品部門的投入產出表基本數據。間接推導法是通過對各企業部門的投入表和產出表進行編製，依照一定的假定條件，採用各種數學方法推導出投入產出總表的編製方法。中國此階段採用直接分解和間接推導相結合的方法對投入產出表進行編製。

3. 編製投入產出表的資料來源

投入產出表的資料來源涉及國民經濟各部門和社會生產各環節，概括起來分為總控制數、中間投入構成、增加值構成、最終使用構成、流通費用。在調查基層單位的投入產出時，一般基於全面調查、重點調查和典型調查相結合的原則。

（1）總控制數。即各部門總產值或服務總值。由於此階段統計中的工業總產值是按企業部門計算的「工廠法」總產值，因此，需要進行專項調查以得到工業的產品部門總產值；農業、建築業、運輸郵電業、商業等其他部門的總產值和服務總值則可通過調查或利用現有的有關統計資料計算。

（2）中間投入構成。此階段中國的統計和財務核算制度還不能直接提供中間投入構成資料，必須依靠重點調查或典型調查的方法搜集資料。

---

① 中國投入產出核算的發展與應用 [J]. 上海統計, 2002 (11): 15–16.

(3) 增加值構成。在此階段統計中,一些部門增加值資料可以直接得到,如農業、建築業、商業等,而有些部門增加值資料不能直接得到,需要重新調查計算。

(4) 最終使用構成。對於最終使用中的最終消費、資本形成總計、出口各項需要分別搜集政府消費、城鄉居民消費、固定資本形成、存貨增加、出口等詳細構成資料進行加工整理。

(5) 流通費用。主要採取兩種方法:一是重點調查的方法,二是編表人員自行搜集和推算,通過計算得出各項中間投入和最終使用的流通費率,利用計算機處理,編製按生產者價格計算的投入產出表[①]。

4. 中國投入產出核算實踐的變化

中國官方投入產出核算實踐主要在以下方面發生變化:一是投入產出表的基本表式發生變化。中國以 1990 年為分界,在此之前都是基於 MPS 體系編製的投入產出表,在此之後都是基於 SNA 體系編製的投入產出表,這一轉變使中國的投入產出表在形式上與國際通用的投入產出表取得一致。二是部門規模不斷擴大。具體來看,在 1992—2002 年這一階段,中國投入產出表的部門個數由 118 個增加到 122 個,逢 0、逢 5 年份編製的基於上一個投入產出表得到的投入產出延長表的部門數也由 1995 年的 33 個增加到 2005 年的 40 個。三是編表方法逐漸改進。1992 年之後中國開始採用間接推導法調查投入產出,減輕了基層單位的負擔和企業的填報難度。除了上述投入產出表發生的幾個變化,在其編製過程中還存在著一些其他的變化,重點體現在對一些細節的處理和把握上[②]。

5. 投入產出核算的現狀

1987 年國務院正式出抬《關於進行全國投入產出調查的通知》,從此,投入產出調查這一大型專項調查,形成了一個週期性的統計制度,調查與編表方法也不斷完善,在宏觀經濟分析與預測中開始大量應用基於投入產出表

---

① 高曉杰. 中國新國民經濟核算體系簡介(之三)——投入產出核算 [J]. 統計與諮詢, 1997 (5): 36-37.
② 王勇. 中國投入產出核算:回顧與展望 [J]. 統計研究, 2012, 29 (8): 65-73.

創建起來的數學模型，有效提高了國民帳戶體系的完善性和數據的可靠性。

（1）投入產出調查成為一個週期性的統計制度。依據國務院相關文件的規定，逢 2、7 年份要進行一次全國性的投入產出調查，並編製投入產出表，逢 0、5 年份要充分利用全國相關統計資料編製投入產出延長表。中國於 1987 年、1992 年、1997 年、2002 年在全國範圍內成功組織開展投入產出調查，編製了投入產出基本表和延長表，有的還編製了特殊行業或特殊用途的投入產出表。除西藏以外，中國各省份（不含港澳臺地區）都與國家同步開展了投入產出調查和編表工作，各地有一大批統計業務人員在從事投入產出工作，投入產出核算的社會影響力逐漸擴大。

（2）投入產出模型的應用範圍更加廣泛。投入產出分析方法在對國民經濟各部門之間的經濟聯繫進行分析，對國民經濟發展規劃和產業政策進行制定，對政策效應進行分析，對價格進行模擬等方面獨具優勢。中國將投入產出模型廣泛應用於制訂國民經濟中長期計劃、研究大型建設項目的投資效果、分析宏觀調控政策的波及效應等方面，取得了一系列的成果，為中國經濟管理和科學決策提供了重要的理論參考。

（3）投入產出調查與編表方法日益完備。經過四次投入產出調查，在調查方法上已經實現了兩次較為重要的轉變，一是由基層調查單位直接分解投入結構向企業按財務制度填報基層調查表的轉變，二是由企業全面分解各產品部門製造成本向企業僅對主產品製造成本進行分解的轉變。在編表方法上實現了由直接分解與間接推導相結合編製總表向利用商品流量法編製總表的轉變。

（4）利用投入產出模型，使國民經濟帳戶體系進一步完善。一是通過對投入產出表的編製，彌補了中國 GDP 核算在結構核算上存在的不足，為深入進行計量經濟分析提供了有力支撐。二是通過對投入產出調查的增加值率進行核算，提高了 GDP 核算的數據質量，為加強國民帳戶體系各部分之間關係的聯繫提供了有效方法。三是通過投入產出調查和編表工作，為國民經濟核算工作儲備人才[①]。

---

① 趙德友，顧俊龍．直面中國的投入產出核算［J］．中國統計，2002（3）：13-14．

(三) 資金流量核算

20 世紀 90 年代初期，中國正式編製資金流量表，並基於對中國實踐經驗的總結和對 1993 年 SNA 進行深入研究分析的基礎上，系統地研究校訂了資金流量表的基本指標設置和編表方法，形成了比較規範的表式和編製方法。1992 年，資金流量核算成為五大核算的基本內容之一，這無疑是中國進一步加強對社會資金運動核算的重大舉措。國家統計局、中國人民銀行、財政部和國家計委四個部委同年聯合發布了《關於編製資金流量表的通知》，在這份通知中強調資金流量核算是國民經濟核算體系重要的組成部分之一。資金流量核算包含兩部分內容，分別是實物交易部分和金融交易部分。其中實物部分由國家統計局負責編製，金融交易部分由中國人民銀行負責編製。經過多年的努力，資金流量表從試編階段發展到正式編製階段，在這一時間段編製了 1992—2000 年 9 張資金流量表，開始在宏觀經濟分析中廣泛發揮作用。

中國人民銀行調查統計司經過調查研究，確定了編製中國資金流量金融帳戶的主要指導思想為：以最新的 1993 年 SNA（1993 年聯合國出抬的、為世界上大多數國家所採納的「國民經濟核算體系」）為標準，具體考慮到中國國民經濟機構部門和金融交易的特點，採用帳戶的方式對國民經濟的金融交易加以核算；嚴格掌握數據來源質量；努力提高核算時效；爭取與國民生產和收入分配核算進行良好的銜接。

在這個指導思想下，經過多年的努力，中國人民銀行調查統計司已經建立起較為完善的資金流量金融帳戶核算體系的統計制度，資金流量表從試編階段轉為正式編製階段，且已日趨成熟。目前已經編製出 1991 年至 1996 年金融交易帳戶（流量和存量）和資金流量表（金融交易部分），在宏觀經濟分析及宏觀調控中已開始發揮作用[1]。

1. 編製資金流量表的重要意義

黨的十四大確立了中國建立社會主義市場經濟體制的模式，對建立一套可以系統全面地反應社會再生產的國民經濟核算體系提出了新要求。社會再

---

[1] 中國資金流量金融帳戶核算體系的形成及作用 [J]. 中國金融, 1998 (3)：23-28.

生產的過程中，除了實物運動，還包括資金運動。宏觀調控和管理就是通過經濟手段、法律手段和行政手段來調節財政和信貸。然而，要搞好財政與信貸的協調和平衡，必須處理好國外資金運動、財政預算外資金的運動與財政預算內資金、信貸資金的關係，也就是說，要掌握和協調全社會各種不同渠道資金的關係。這就要求對社會資金進行科學核算，掌握流向和流量，根據國民經濟運行態勢及時做出調整。可見，資金核算對於研究整體經濟運行、觀察和分析經濟生活中的重大突出問題、制定宏觀調控政策有重要作用。

中國原有的資金核算屬於 MPS 核算體系的範疇，難以反應社會主義市場經濟體制下總供需平衡的關係，不能完整、全面、嚴密地體現生產、分配、消費、投資的全過程。具體來說，原有的財政、信貸資金平衡表存在以下主要不足：一是核算範圍過於狹隘，只能反應財政和金融部門擁有的資金，無法反應居民個人資金、集體企業資金和其他「三資」企業資金，而這些資金恰好是在社會主義市場經濟條件下增長最快的資金。二是資金的流量、流向不夠明晰，財政信貸資金平衡表只對來源和使用兩個方面進行了說明，揭示了資金運動的起點和終點，沒有闡述資金從起點到終點的複雜運動過程，而經濟問題往往是在運動過程中出現的。三是不能用來研究消費與投資問題。財政信貸資金平衡表，由於不涉及個人資金，因此不能對消費率和投資率的變化進行觀察，不能對各部門資金調節使用的情況進行反應。這對於在社會主義市場經濟條件下，正確判斷消費和投資的增長速度，進行產業結構調整和產品結構調整是存在弊端的，而資金流量核算恰恰彌補了財政信貸資金平衡表的缺陷和不足，是適應改革開放的一種很好的資金核算形式，這一點在社會各界已形成了共識。

2. 中國資金流量核算的範圍

基於世界各國民經濟的運行機制和經濟管理方式以及金融市場的發育程度千差萬別，對資金流量有不同的理解，核算範圍也不盡相同，大體可概括為三類：一是僅僅核算金融交易而排除所有的非金融交易。擁有較為鬆散的統計組織和管理系統的國家大多採用這一範圍。二是在核算金融交易的基礎上，也將總儲蓄和總投資所代表的非金融交易包括在內。國民經濟核算中

生產收支核算比較規範的國家會採用此核算範圍，目前，絕大多數西方國家都採用此種核算範圍。三是除了核算金融交易之外，也對最終產品的交易所形成的資金流量進行核算。中國就是採用此種核算範圍。

中國採用第三種核算範圍，是根據中國現階段的社會經濟狀況及宏觀經濟管理方式確定的。在此階段，在國民經濟中起主要作用的仍然是國有經濟，占比較大，政府干預對收入分配過程所產生的影響也遠強於西方國家，因而更需要對分配過程中的相關信息有足夠瞭解，以便為制定分配政策提供相應依據。此外，由於編製資金流量要基於機構部門的帳戶體系，而中國建立各部門帳戶體系的工作起步較晚且不成熟，尚未形成系統的編製工作體系，因此只能將資金流量核算範圍擴大到國內生產總值。

為了反應社會資金的運動情況，資金流量核算依照是否有資金運用的決策權來劃分經濟部門，並將其稱為機構部門。聯合國在新 SNA 中建議機構部門劃分為：非金融法人企業、金融機構、一般政府、私人非營利機構、居民等。由於各國在社會經濟結構上存在差異，各國在參照聯合國上述機構部門分類的基礎上，結合本國的具體情況進行機構部門劃分，在細節上存在著一些差別。根據中國的實際情況並充分參照聯合國的劃分標準，中國對機構部門的分類是：居民、企業（非金融企業）、行政事業、財政、金融、國外。

資金流量核算是借助資金流量表完成的。資金流量表有帳戶式（標準式）表和投入產出表兩種形式。帳戶式表是利用會計中的復式記帳原理研究社會資金在各機構部門的分佈與流動情況，而投入產出表則更便於瞭解各部門間的資產與負債關係[①]。

3. 中國資金流量核算的發展過程

1992 年中國正式出抬《國務院關於實施新國民經濟核算體系方案的通知》，資金流量核算從此成為一項常規性的工作。為了貫徹落實通知精神，由國民經濟平衡統計司（國民經濟核算司的前身）牽頭，在吉林省敦化市舉行了全國資金流量核算工作會議，各省、自治區、直轄市紛紛派遣核算人員參

---

① 魏建國. 宏觀資金流量核算及其應用 [J]. 統計與決策, 2000 (9)：22.

加此次會議。會上，國家統計局和中國人民銀行總行的同志詳盡完整地介紹了編製資金流量表的方法和資料來源渠道，在與會者進行了認真而細緻的討論後，會議明確了在國家和省級編製資金流量表的任務。

編製資金流量表涉及全社會範圍，需要對國民經濟各部門、各環節的資金來源、使用、構成等情況進行充分的調查和分析，要求基於大量的統計、財務、金融等方面的資料，是一項複雜龐大的社會系統工程，因此，對各有關部門和企事業單位的互相配合、密切協作提出了更高要求，以此來保證資金流量表編製工作的順利開展與實施。依照國家統計局、中國人民銀行、財政部、國家計劃委員會四家聯合出抬的《關於編製資金流量表的通知》精神，中國編製資金流量表的組織分工如下：統計部門負責編製資金流量表收入與分配部分，銀行部門負責編製資金流量表金融交易部分，財政部門負責提供省級財政預算內和預算外收支明細表及企事業單位的有關財務統計資料，計劃部門負責參與和協調各部門在調查和編表過程中的組織工作。最終，資金流量總表由統計局、人民銀行共同負責匯編整理。

1993年，在各相關部門的通力合作下，中國順利完成了全國和省級1992年資金流量表的試編工作。總結1993年的工作，發現其有這樣幾個特點：①分工明確，互助合作。各部門積極做好本職工作，同時注意加強部門之間的溝通和聯繫，在工作中遇到問題共同商討解決辦法。②國家和省級同步編表，及時溝通交流。中國各地區在編表過程中遇到的問題不盡相同，國家和省級同步編製，有助於及時通報各地區編製過程中遇到的困難並做出相應調整。從工作開展情況來看，截至1993年6月底，除個別地區外，絕大部分地區都按期完成了本地區資金流量表的試編工作，有些核算基礎較為紮實的地區還增編了1990年或1991年的地區資金流量表。③編表過程中注意與其他核算表的銜接統一。在1993年編製1992年資金流量表時，使用宏觀資料分解法，與主要核算表保持密切聯繫，保證了報表的試編質量①。

---

① 劉成相. 資金流量核算講座（之一）適應形勢發展搞好資金流量核算 [J]. 中國統計，1994（7）：36-38.

4. 中國資金流量表的總體結構

（1）基本原理。資金流量核算是國內生產總值核算的一個延伸，總體描述了分配、交換、消費、投資各環節，建立什麼樣的資金流量核算框架，這要通盤考慮整個核算體系的各塊核算內容和詳盡程度，以便形成一個嚴密、科學、系統的體系，還要結合中國經濟體制結構和經濟運行狀況來進行設計。但是，不論怎樣考慮，都不能脫離資金流量核算的基本原理。

資金流量核算的基本原理是從資金運動角度來觀察社會再生產的全過程。那麼它必然以生產總量為基礎，用貨幣單位來度量。在社會化大生產下，絕大部分的生產量分配均採用貨幣資金分配的形式來進行，小部分如農民自產自用部分也可參照商品的貨幣標準來折換成貨幣收支。這樣國內生產總值就通過銷售和使用環節成為用貨幣資金表現的收入和支出形態。一個國家的生產未必全部形成該國的收入，這是由開放性國家在國際上的收入轉移決定的。

在開放的國家裡，國內總儲蓄也不一定與總投資相等。在一個國家裡，由於各資金主體部門的經濟活動情況不同，本部門的儲蓄和本部門的投資也是存在差額的。這就需要金融仲介機構進行資金的融通，金融仲介進行資金融通的過程也是金融交易的過程，表現為各部門的存款、現金、貸款、證券、資本往來增減變化。

以上可以看出，通過資金流量核算，可以全面觀察和分析各部門的收入情況、分配情況、資金餘缺情況、儲蓄與投資的差額情況、融資情況、與國外往來情況，這樣就直觀反應了中國的宏觀經濟，為更有效地制定投資政策、消費政策、產業政策和金融財政政策提供方便。

（2）核算範圍。各國的具體情況不同，在資金流量核算方面的核算範圍也不同，總結歸納為三種情況：①小範圍，只編製金融交易部分。統計組織和管理系統比較鬆散的國家適合使用這種核算範圍，資金流量核算由中央銀行獨立編製，政府綜合統計部門不再對其進行加工整理。其優點是編製效率高，時效性強。不足之處是與其他核算表銜接不緊密，使用價值不高。②中範圍，其核算範圍是從總儲蓄與總投資的內容開始的，一直貫穿金融交易的全過程。銀行部門與統計部門聯繫較緊密的國家適合使用此類核算範圍。優

點是能夠較好地協調資金流量核算與其他核算的技術關係，直接反應實物投資與金融投資的關係。不足之處是未能反應全部分配過程和消費狀況。③大範圍，將國內生產總值視作初始分配流量，包括分配過程、消費、儲蓄和投資過程以及金融交易過程。政府統計部門集中承擔核算任務，分配核算基礎比較薄弱的國家適合使用此類核算範圍。它的優點是系統描述了社會再生產的全過程，與其他核算聯繫緊密，有利於綜合分析和研究。不足之處是編表涉及資料多，編製過程長，使用的及時性不夠。

從中國經濟發展水準、金融市場的發育程度、經濟管理的實際需要以及分配核算薄弱的現實出發，中國資金流量表選擇了大範圍內容。

（3）機構部門的設置。資金流量表主要以資金為核算對象，因而在部門劃分上採用機構部門的劃分方法。在 SNA 中，機構部門主要劃分為：①非金融企業；②金融機構；③一般政府；④私人非營利性機構；⑤居民部門；⑥國外部門。但在編製資金流量表時，一般採用其中①②③⑤⑥的部門分類。對於私人非營利機構，原則上把為市場生產服務的非營利性機構劃分到①和②中，其餘的劃分到③和⑤中。

中國編製資金流量表時把機構部門分為：①居民部門，涵蓋城鄉居民和城鎮個體勞動者。②企業部門，是指金融機構以外的所有從事生產經營活動、提供物質產品與服務的獨立核算的經濟實體。③行政事業單位，包含行政機關和事業單位。④財政部門，主要是指國家預算內外的收支活動，並不涵蓋財政部門自身的經費收支活動。⑤金融部門，是指開展資金借貸和保險業務活動的部門，包含銀行和保險以及非銀行金融機構。⑥國外部門，泛指和中國有貨幣活動往來的所有國家和地區，反應中國對外交往中的貨幣收支活動。實際編表中，還可根據研究問題的需要，進一步細劃機構部門，形成若干子部門①。

5. 資金流量核算的基本內容和作用

資金流量表的核算內容由兩部分組成，分別是實物交易（收入分配）和

---

① 劉成相. 資金流量核算講座（之一）適應形勢發展搞好資金流量核算 [J]. 中國統計，1994（7）：36-38.

金融交易。根據資金所有權是否發生變化來劃分實物交易和金融交易，即資金所有權發生變化的交易活動劃歸實物交易；資金所有權未發生變化僅使用權發生變化的交易活動劃歸金融交易活動。

利用資金流量表可以對國民經濟基本分配格局進行研究分析，清晰地觀察並分析國內生產總值初次分配和再分配以及最終使用於消費和投資的過程。利用資金流量表還可對貨幣、債券、股票、銀行貸款在各機構部門之間的流量、流向進行分析，研究各機構部門在金融市場上的資金籌集和資金投向情況。資金流量核算的主要指標和內容如表 6.6 所示[①]。

表 6.6 中國資金流量核算的主要指標及內容

指標	內容
增加值	生產貨物和提供服務過程中增加的價值。國民經濟各部門增加值之和等於國內生產總值
勞動者報酬	常住單位支付給勞動者的全部報酬，包括從各種來源支出的貨幣及實物工資，即單位以工資、福利形式以及其他各種形式從成本、費用或利潤中支付給勞動者個人的工資性報酬，以及個體和其他勞動者通過參加生產活動所獲得的各種勞動報酬
生產稅淨額	各部門向政府支付的生產稅與政府向各部門支付的生產補貼相抵之後的差額
財產性收入	機構部門使用其他機構部門擁有的金融資產、實物資產以及版權、專利等無形資產而引起的收入支付
初次分配收入	增加值在通過勞動者報酬、生產稅及財產收支後的餘額
經常轉移	收入由一經濟主體無償向另一經濟主體的流轉，其特點是在收入流轉的同時，沒有貨物和服務的反向流轉
可支配收入	各機構部門在初次分配基礎上通過經常轉移後最終屬於本部門的收入
最終消費（總消費）	常住單位在核算期對於貨物和服務的全部最終消費
淨出口	出口與進口的差額，即出口額減進口額

---

① 顧寶芳. 中國新國民經濟核算體系簡介（之四）——資金流量核算 [J]. 統計與諮詢, 1997 (6)：28-29.

表6.6(續)

指標	內容
總儲蓄	可支配收入扣除消費後的餘額。它是各部門進行投資的資金來源
資本轉移	一個部門無償地向另一部門支付用於資本形成的資金，而不從後者獲得任何對應物作為回報的交易
資本形成總額	常住單位在核算期內對固定資產和新增庫存的投資支出合計，分為固定資產形成和庫存增加
其他非金融資產獲得減處置	土地以及可能用於生產貨物和服務的其他有形資產和無形資產的處置
淨金融投資	各機構部門一定時期的現金、存款、債券、股票等金融資產的總量，反應一個部門的資金餘缺情況
通貨(流通中的貨幣)	以現金形式存在於市場流通領域的貨幣，包括本幣和外幣。本幣是指市場流通的人民幣現鈔，外幣是指流入國內的外幣現鈔
存款	居民個人和單位存放於金融機構的貨幣
貸款	金融機構貸出的資金，包括短期貸款、中長期貸款、財政貸款、外匯貸款、其他貸款
證券	企業和國家為籌集資金而發行的各種有價證券，包括國家債券、企業債券、金融債券、股票及其他
保險準備金	保險人為承擔未來時期的保險責任而從保費收入或其他收入中提存的資金
結算資金	銀行在轉帳結算中，由於時空限制，結算憑證傳遞需要一定時間而產生的匯總在途資金
金融機構往來	金融機構之間發生的資金活動
準備金	各金融機構按法定準備金率繳存中央銀行的準備金
中央銀行貸款	中央銀行對各金融機構的貸款

6. 資金流量表的編製方法及資料來源

中國採用宏觀資料分解法編製收入分配表。基本思路是，基於國民生產核算，對現有專業統計及財政、金融、稅務、外匯收支、工商等部門的統計資料和各種輔助資料加以利用，將一些總量數字、規範性強的數設為總控制數（如GDP、財政收支），整理、分解、調整其他資料，再進行組裝與平衡。

按這種方法試編的簡表，如果概念清楚，技術處理得當，原始資料準確性較高，一般都能概略地反應主要機構部門的收入、分配及其使用過程以及儲蓄、投資情況，反應國家、集體、個人三者分配關係的概貌以及資金餘缺和相互調劑的情況。採用這種方法編表的資料的主要來源有三個：一是各綜合經濟部門的財務決算資料和統計資料，如國家財政年度收支決算明細表、地方財政預算外資金收支決算及其明細表，國有企業財務統計資料，國家稅務局的全國稅務統計資料，各金融部門資金平衡表和損益表，外匯管理局的國際收支平衡表，等等。二是政府統計部門的統計資料，如國民生產總值年報、勞動工資統計、全社會固定資產投資統計、全社會商品零售額統計、農村經濟收益分配統計，居民年度貨幣收支平衡表，等等。三是各部門與資金流量表相關的統計資料，如城鄉居民家計調查資料、工商管理局工商企業登記資料等，這部分資料雖然並不直接用於編表，但利用這些相關資料進行估算、推算，可以補充各宏觀資料的不足。

編製資金流量表是一項巨大的系統工程，需要大量的統計、會計業務資料做支撐，涉及國民經濟各個行業。此階段中國整個國民經濟核算體系尚不健全，編製金融交易部分資金流量表的資料主要取決於以下幾個方面：①人民銀行關於有價證券的統計資料；②財政部門關於國債統計的資料；③中國人民銀行、國家銀行、其他銀行、金融信託投資公司及其他非銀行金融機構的人民幣和外匯信貸收支月報表，也即資產負債表；④中國人民保險公司的資產負債表；⑤農村信用社、城市信用社的人民幣信貸收支統計月報表；⑥國家外匯管理局的國際收支平衡表；⑦郵政儲匯局的郵政儲蓄月報表；⑧中國人民銀行關於貨幣流通量調查統計資料[①]。

（四）國際收支核算

國際收支核算以對外經濟往來為對象，通過編製國際收支平衡表，對一定時期內中國與其他國家或地區之間發生的貿易、非貿易和資本往來進行系統的核算，對中國的國際收支平衡狀況、收支結構，及儲備資產的增減變動

---

① 張文紅. 資金流量核算方法——金融交易部分［J］. 中國統計，1994（9）：37-40.

情況進行綜合反應，對制定高效的對外經濟政策具有重要意義。

1. 國際收支核算發展的背景

國際貨幣基金組織（IMF）的國際收支統計形成一個與 SNA 並行的核算體系的標誌是 BPM4 的推出。此後，IMF 的專家繼續對 BPM 進行修訂和改進，並於 1993 年 9 月公布了國際收支統計手冊的校訂版 BPM5。其結構框架進一步接近 SNA 體系，共被劃分為三大部分，分別是國際收支概念性框架、國際收支的結構和分類以及國際收支地區分配。BPM5 與 SNA（1993）在同一時間面世，其目標指向非常明確，即要將 BPM 的概念框架和國際標準與 SNA 匹配結合起來，促使成員國向 IMF 提交平衡的付款報告，使其與國際收支統計核算結果保持一致。BPM 將每個國家的實際情況充分考慮在內，廣泛吸收各方的觀點和意見，做出了如下重要修訂和補充[1]：

一是對一些重要的核算項目進行了明確和細分。BPM5 拓寬了國際收支統計概念的外延，納入金融資產和負債存量（國際投資頭寸），從而使 BPM 包含了流量統計和存量統計。

二是對 BPM 補充了一些材料。比如《衍生金融工具：1993 年〈國際收支手冊〉第 5 版補編》[2]。這一補充性文件是由 IMF 於 2000 年發布的，它增加了與衍生金融工具相關的核算內容，也修改了 BPM5 中與衍生金融工具相關的內容。同時，它把衍生金融工具作為國際收支中的一個新類型加入國民帳戶之中，將其視為一個新的金融工具。

三是對 BPM 提出了更正材料。如《〈國際收支手冊〉第 5 版的修正（附註提綱）》[3]。該文件由 IMF 於 2004 年 4 月推出，其內容依據經濟發展和經濟分析的需要所發生的變化進行了調整。這在之前幾版中是沒有出現過的。

四是對核算內容進行了擴展。為了使國際收支統計與國民帳戶相一致，

---

[1] 李金華. 國際收支統計核算體系的演進脈絡及歷史貢獻［J］. 國外社會科學，2017（5）：34-44.
[2] International Monetary Fund. Financial Derivatives: A Supplement to the Fifth Edition (1993) of the Balance of Payments Manual ［R］. Washington, D. C., 2000：50.
[3] International Monetary Fund. Revision of the Balance of Payments Manual, Fifth Edition (Annotated Outlines)［R］. Washington, D. C., USA, April 2004.

IMF對BPM的修訂工作是與SNA（1993）的修訂工作同步開展的。BPM5第一次把國際資本存量作為檢測體系中的一項指標，提出了編製國際投資頭寸表，並將其與國際收支平衡表置於同等重要的地位。國際投資頭寸表有如下優點：①提出一系列概念、定義、分類和慣例，並做出詳細解釋；②強調要方便系統地對國際收支和國際投資頭寸統計進行收集、組織和比較，促進國際收支和國際投資頭寸統計與其他宏觀經濟統計和國際會計標準的統一；③基於國家數據對全球帳戶進行編製，對流動與資本轉移進行區分；④考慮金融創新及其對新型金融資產、負債和金融服務帶來的日益增長的影響；⑤澄清了部分領域如直接投資的範圍、服務、資產的使用與資產的出售之間的界線；⑥注重強調國際投資頭寸。

BPM5凸顯了國際帳戶統計與其他宏觀經濟統計之間的協調一致，並在核算內容上進行了進一步細化，形成了一個新的國際收支核算體系框架。該體系是一個與SNA在結構上相似的核算體系，從某種程度上來講，可視為SNA的衛星帳戶體系。

隨著21世紀經濟全球化趨勢的加強，個體和公司之間建立了更多的經濟聯繫，新的金融工具不斷湧現出來，增加核算內容、校訂BPM成了燃眉之急。2001年，IMF統計部和國際收支統計委員會組織來自全球各地的經濟學家、統計學家著手研究修訂BPM5。

2. 中國國際收支核算的發展

中國高度重視國際收支統計核算，中國在恢復IMF的正式席位後，從1984年起開始向IMF報送國際收支統計數據。1995年8月，中國人民銀行公布《國際收支統計申報辦法》並得到國務院批復同意，於1996年1月起開始正式實施，確定由國家外匯管理局負責中國國際收支統計數據的統計、匯總、申報以及發布中國國際收支狀況和國際投資狀況[①]。20世紀90年代，基於IMF制定的BMP5，中國對國際收支核算的基本表式進行了修訂，對相關資料數據的來源和核算表的編製方式進行了完善，並基於年度國際收支平衡表開

---

① 李金華. 國際收支統計核算體系的演進脈絡及歷史貢獻 [J]. 國外社會科學，2017（5）：34-44.

始編製季度國際收支平衡表和年度國際投資頭寸表。

3. 編製國際收支平衡表的基本原則

（1）計價原則。國際收支核算中使用市場價格或其對等值對各種交易進行計價，這一點與整個核算體系的估價原則保持一致。

（2）記錄時間。在原則上，以常住單位和非常住單位交易雙方所有權變更的時間作為記錄時間。在實際核算中，進出口商品按海關結關放行的時間進行記錄，服務及債權和債務按發生的時間進行記錄，儲備資產按銀行結算的時間進行記錄。

（3）記帳單位及計價折算的原則。國際收支平衡表的統計金額以萬美元為單位，凡是用美元以外的其他貨幣進行計價，原則上要求按簽約時外匯市場的牌價匯率進行折算，在實際核算中一般按國家外匯管理局發布的「各種貨幣對美元的內部統一折算率表」折成美元進行填報[①]。

（五）資產負債核算

1992年公布國民經濟核算體系時，中國將資產負債核算也加入其中。1995年，國家統計局國民經濟核算司廣泛徵求相關專家意見，制定了中國1995年資產負債表編製方案，並在吉林、陝西、江蘇、北京四省市進行了試點。基於實踐經驗的總結，中國進一步對方案進行修改，於1995年10月作為正式方案頒布，要求各省、自治區、直轄市與國家同步編製1995年度的資產負債表。國家統計局於1996年編製了中國第一張全國性的資產負債表——1995年國民資產負債表。同時，中國積極研究資產負債核算理論和方法，總結編表的實踐經驗，對資產負債表的指標設置、資料來源和編製方法進行了進一步的改進和完善。自1997年開始，部分省、自治區、直轄市開始採用國家統計局統一制定的編製方法，與國家統計局同步對本區域的資產負債表進行編製。

資產負債核算的建立和開展具有重要的意義，它不僅可以對國民經濟核算體系加以完善，而且能夠為反應現實經濟情況、進行宏觀經濟分析、監測

[①] 志方. 中國國民經濟核算體系試行方案簡介（之五）[J]. 中國統計，1992（8）：17-18.

經濟活動、制定經濟政策和決策的工作提供幫助,還有利於加強國際交流和進行國際比較。

從實施方法上可以將編製國民資產負債表的基本方法分為直接法和間接法。直接法是核算初始階段必備的方法,使用直接搜集到的現有微觀資產負債核算資料和宏觀經濟存量核算資料,以必要的多種方式相結合的非全面調查做輔助,整理相關總量及結構資料以編製國民資產負債表。當然,在核算制度化以後也可以定期採用直接法編製資產負債表,對間接法推算得到的資產負債核算資料進行調整。中國編製 1995 年資產負債表時就因為中國處於初始階段,只能使用直接法進行編製。

按照 1995 年全國資產負債表試編方案中長期工作規劃的內容,機構部門和資產負債分類是非常細的,這只是中國要達到的奮鬥目標,此階段還無法實現。因此,基於客觀的核算條件來設計機構部門和經濟總體資產負債表的分類規模是很有必要的,在制定試編方案和年報制度時也應將其考慮在內。

在資產負債項目的分類中,參照現有資料來源條件,可以看出有關固定資產的核算資料較為充分,具備進行詳細分類的條件;而關於存貨的核算資料較為綜合,幾乎沒有分項資料,為確保 1996 年編表工作的順利進行,存貨方面只設立一項綜合指標;其他非金融資產的全口徑核算方面,因為此階段核算條件還不夠成熟,如珍貴物品、非生產資產還無法核算,無形資產中除了會計核算中「無形資產」科目所含內容,還無法對其他無形資產進行核算。因此,本次編表,其他非金融資產內容基本上只包括會計核算中「無形資產」和「遞延費用」等內容;金融資產方面,按最基本分類進行羅列,同時為實現與資金流量核算中「行政事業單位」和「財政部門」的統一,在政府部門存款中設置了「財政存款」,在貸款中設置了「財政借款」,在有價證券中設置了「政府債券」,金融部門也相應設置了相同的指標項,其他部門也設置了「政府債券」。在機構部門及內部分類中,遵循基本分類,特別是在對企業部門進行內部分類時,農業、工業、建築業資產負債的資料來源相對容易,批發零售業、社會服務業資產負債核算較為困難,充分考慮操作的便捷,將所

有流通、服務企業歸並為「其他企業」以便核算。在經濟類型分類中，因為其他經濟類型企業的有關核算資料很難分項搜集整理，所以只設「其他類型企業」簡化核算難度[①]。

第三節　國民經濟核算體系的改革和完善（2002—2012年）

1992年10月，中國正式確定了建立社會主義市場經濟體制的基本改革發展目標。市場經濟體制的深入實行，要求各級政府統計部門拿出一套健全的能夠有效適應並準確刻畫現代市場經濟的統計核算體系，這也標誌著中國國民經濟核算體系對MPS核算體系的正式放棄。《中國國民經濟核算體系（試行方案）》（以下簡稱《試行方案》）仍然保留著過去MPS核算體系的部分內容。1999年國家統計局決定對該《試行方案》的內容進行修訂，修訂的最終成果為《中國國民經濟核算體系（2002）》。

一、《中國國民經濟核算體系(2002)》的基本框架和概念界定

《中國國民經濟核算體系（2002）》由基本核算表、國民經濟帳戶和附屬表構成。基本核算表和國民經濟帳戶是本核算體系的兩個中心內容，它們通過不同的方式對整個國民經濟運行的全過程進行全面描述。附屬表主要是對基本核算表和國民經濟帳戶的補充，它對國民經濟運行過程中可能涉及的自然資源和人口資源與人力資本進行具體描述。基本核算表主要包括五個子部分，分別是國內生產總值表、投入產出表、資金流量表、國際收支表和資

[①] 曹克瑜. 國民資產負債表的編製 [J]. 中國統計, 1996（11）：25-27, 40.

產負債表；國民經濟帳戶主要包括三個子部分，分別是經濟總體帳戶、國內機構部門帳戶和國外部門帳戶；附屬表包括自然資源實物量核算表和人口資源與人力資本實物量核算表（見圖6.3）。

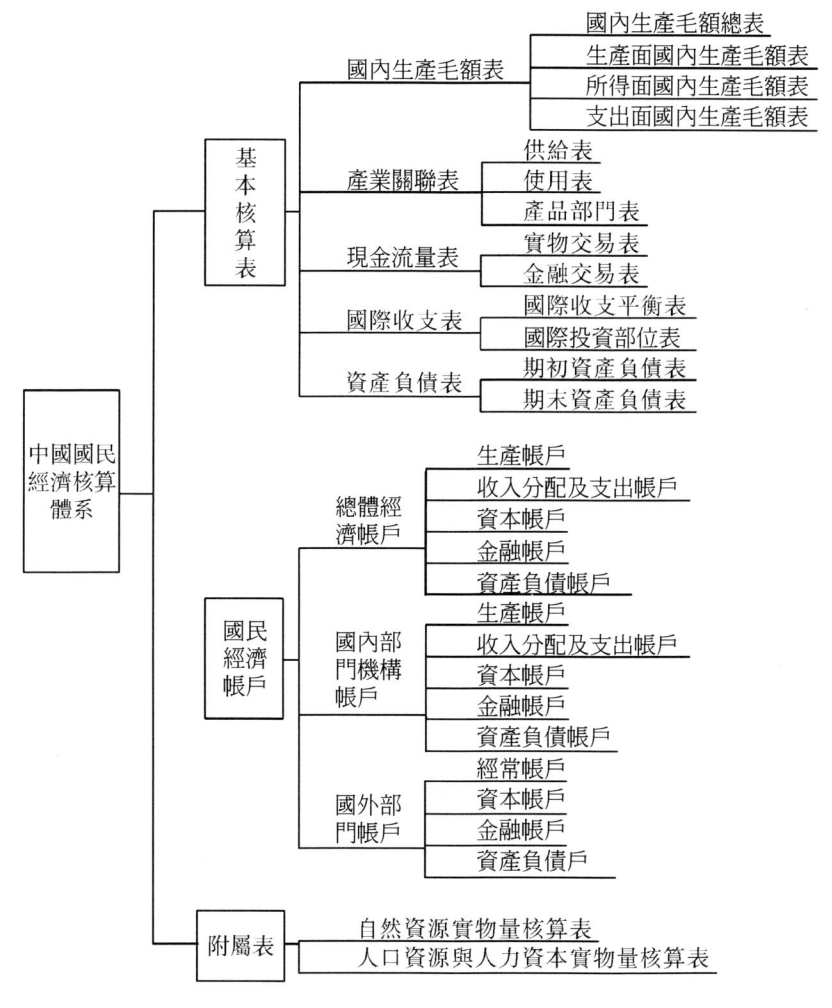

```
中國國民          ┌── 國內生產毛額表 ──┬── 國內生產毛額總表
經濟核算          │                    ├── 生產面國內生產毛額表
體系              │                    ├── 所得面國內生產毛額表
     ├── 基本     │                    └── 支出面國內生產毛額表
     │   核算 ────┼── 產業關聯表 ──────┬── 供給表
     │   表       │                    ├── 使用表
     │           │                    └── 產品部門表
     │           ├── 現金流量表 ──────┬── 實物交易表
     │           │                    └── 金融交易表
     │           ├── 國際收支表 ──────┬── 國際收支平衡表
     │           │                    └── 國際投資部位表
     │           └── 資產負債表 ──────┬── 期初資產負債表
     │                                └── 期末資產負債表
     │           ┌── 總體經濟帳戶 ────┬── 生產帳戶
     │           │                    ├── 收入分配及支出帳戶
     │           │                    ├── 資本帳戶
     │           │                    ├── 金融帳戶
     │           │                    └── 資產負債帳戶
     ├── 國民     │                    ┌── 生產帳戶
     │   經濟 ────┼── 國內部門機構 ────┼── 收入分配及支出帳戶
     │   帳戶     │   帳戶              ├── 資本帳戶
     │           │                    ├── 金融帳戶
     │           │                    └── 資產負債帳戶
     │           │                    ┌── 經常帳戶
     │           └── 國外部門帳戶 ────┼── 資本帳戶
     │                                ├── 金融帳戶
     │                                └── 資產負債戶
     └── 附屬表 ──┬── 自然資源實物量核算表
                  └── 人口資源與人力資本實物量核算表
```

圖6.3 中國國民經濟核算體系（2002）基本體系[①]

[①] 中華人民共和國國家統計局. 中國國民經濟核算體系（2002）[M]. 北京：中國統計出版社，2003.

在該體系中，基本核算表與國民經濟帳戶相互聯繫，同時又保持相對獨立。每張基本核算表側重於對國民經濟社會活動的某一方面進行基本核算，因此，所有的基本核算表可構成一個有機的核算整體，對整個國民經濟社會活動狀況進行全面的核算。國民經濟帳戶則側重於對中國經濟生產循環過程的核算，各個經濟帳戶按生產、收入分配、消費、投資和融資等各個環節分別設置，通過平衡項目銜接各個經濟帳戶，這樣既能比較系統性地展現經濟生產循環過程中的每個關鍵環節，又能清晰準確地展現各環節之間的相互聯繫[1]。

2002 版《中國國民經濟核算體系》的核算原則、基本概念、分類等與 1993 年國際 SNA 保持高度一致。關於生產核算範圍，2002 版《中國國民經濟核算體系》明確指出：「國民經濟核算的生產範圍包括以下三部分」，其表述方法將過去 MPS 表述的「物質生產和非物質生產」的方式徹底拋棄，並與 1993 年 SNA 保持一致。關於中國常住單位，《中國國民經濟核算體系 (2002)》同樣給出了與 1993 版 SNA 內涵一致的定義，並詳細解釋了經濟領土和經濟利益中心的概念。

2002 版核算體系強調了兩個與 1993 年 SNA 高度一致的核算原則，分別是權責發生制原則和估價原則。首先，按照債權債務的發生、轉移或取消的時間對交易進行記錄。其次，關於交易價格的記錄，規定凡發生貨幣直接支付的交易，都按市場價格標準進行估價；沒有發生貨幣支付的交易，例如發生在某一機構單位內部的交易，則按照市場上相同或類似的貨物和服務的市場價格估價，或按照發生的實際成本來進行估價。

除對核算體系的修訂和更新之外，中國從 1992 年開始進行季度 GDP 的生產法核算，但該時期中國的季度 GDP 生產法核算是累計核算，而不是分季度 GDP 核算，並且不能準確刻畫每一季度當季的整體國民經濟運行狀況。分析季度 GDP 能夠得到近期的國民經濟發展趨勢，及時為短期國內宏觀經濟形勢分析和長期決策提供重要依據。季度 GDP 支出法核算可提供季度最終需求的

---

[1] 中華人民共和國國家統計局. 中國國民經濟核算體系 (2002) [M]. 北京：中國統計出版社，2003.

信息，這些信息同季度 GDP 生產法核算提供的供給信息一樣，是進行短期宏觀經濟分析和決策的重要依據。該階段國家統計局抓緊組織進行了對季度 GDP 支出法核算的研究工作，並先後進行了多項試算驗證工作。由於在研究初期季度 GDP 數據沒有初步核算、初步核實和最終核實的步驟，也沒有對其進行任何調整，因此季度 GDP 數據與年度 GDP 最終核實後的數據不能銜接。為解決這個問題，國家統計局在 2003 年上半年開始研究季度 GDP 數據與年度 GDP 數據的銜接辦法，並對 1992 年以來的季度 GDP 數據進行調整，使之與年度最終核實的數據銜接[①]。

二、《中國國民經濟核算體系(2002)》的修訂比對

為貫徹落實社會主義市場經濟體制的改革目標，進一步向 1993 年 SNA 草案的國際標準看齊，《中國國民經濟核算體系（2002）》取消了與計劃經濟體系相關的內容，包括國民收入核算和財政信貸資金平衡表等，並對《試行方案》中給予保留的傳統核算體系中的集體消費和社會消費等過時概念進行了重新清理。同時，《中國國民經濟核算體系（2002）》對《試行方案》的基本框架及內容進行了系統性的優化調整，兩者的主要內容有以下區別[②]：

（1）對組成部分進行調整。《中國國民經濟核算體系（2002）》對核算表和經濟帳戶的名稱進行了更換，並加入了附屬表；《試行方案》由社會再生產核算表和經濟循環帳戶兩大部分組成；2002 版的核算體系由基本核算表、國民經濟帳戶和附屬表三大部分組成。

（2）對基本核算表的報表內容和數量進行了變更。具體來看，國內生產總值核算增加了反應三種計算方法的三張表，投入產出核算增加了供給表和使用表，國際收支核算增加了反應存量核算的國際投資頭寸表，資產負債核算分別列示了期初表和期末表。

（3）對經濟帳戶按照最新國際標準進行了刪減和增加。《試行方案》的

---

① 許憲春. 盤點·評判·思量——關於中國的國民經濟核算 [J]. 中國統計，2004 (1)：13-15.
② 許憲春. 中國國民經濟核算新的規範 [J]. 中國信息報，2003 (3)：8.

經濟循環帳戶由四個部分組成，分別是國民經濟帳戶、機構部門帳戶、產業部門綜合帳戶和經濟循環矩陣。2002 版核算體系的國民經濟帳戶取消了產業部門綜合帳戶和經濟循環矩陣，並單獨設置國外部門帳戶，由此國民經濟帳戶由經濟總體帳戶、國內機構部門帳戶和國外部門帳戶三部分組成。實際上，產業部門綜合帳戶重新修訂成了生產法下的國內生產總值表和收入法下的國內生產總值表，單獨設置國外部門帳戶可以更全面準確地反應中國對外經濟貿易的實際狀況。此外，2002 版核算體系將經濟總體帳戶調整為國內機構部門帳戶的匯總帳戶，是對國內機構部門帳戶設置的簡化。

（4）減少了附屬補充表的數量。《試行方案》中的補充表共有 8 張，2002 版核算體系中的附屬表只有自然資源實物量核算表和人口資源與人力資本實物量核算表。

（5）對機構部門的分類按照最新行業分類標準進行調整。《試行方案》把政府部門劃分為財政和行政事業兩個部門，由於這種政府機構部門的分類不符合 1993 年 SNA 的機構部門分類原則，新方案取消了這種部門分類。2002 年國家質量監督檢驗檢疫總局正式頒布《國民經濟行業分類標準》（GB/T4754—2002），2002 版核算體系根據此部新標準對相關產業部門分類進行了相應調整。

三、國民核算體系的具體發展

（一）國內生產總值 GDP 核算

1. 表述的變化

為使相關表述更加規範，《中國國民經濟核算體系（2002）》將「付酬家庭保姆提供的家庭服務生產」的表述修訂為「付酬家庭雇員提供的家庭服務的自給性生產」。這一修訂只是文字表述上的調整，但本質上生產範圍沒有發生變化。

2. 基本分類的變化

（1）行業分類的變化。第一次經濟普查年度的 GDP 核算採用四級分類的方法，行業分類更加詳細。其中，第一級分類直接採用國家統計局 2003 年制定的《三次產業劃分規定》，但在第三產業中剔除了國際組織部分；第二級分

類除工業外基本採用上述國民經濟行業分類中的門類；第三級分類把工業劃分為採礦業，製造業，以及電力、燃氣及水的生產與供應業，其餘行業基本採用上述國民經濟行業分類中的大類；第四級分類根據多年 GDP 核算數據的實際需求情況，並參照其他國家的分類情況，將採礦業，製造業，電力、燃氣及水的生產和供應業細化到上述國民經濟行業分類中的大類。經過此次調整，GDP 核算的第四級分類總共包括 94 個行業，比以往的行業分類更加細化。第一次全國經濟普查後至第三次全國經濟普查前，年度 GDP 核算一直採用這種行業分類方法。

(2) 支出項目分類的變化。2004 年第一次全國經濟普查後，在進一步規範某些支出項目名稱的基礎上，支出項目分類逐步得到細化。如將最終消費、居民消費和政府消費分別改為最終消費支出、居民消費支出和政府消費支出，將存貨增加改為存貨變動。

3. 核算方法的變化

2004 年第一次全國經濟普查後，經濟普查能夠提供各種統計單位的詳細資料，因此經濟普查年度 GDP 核算方案對不同性質的單位都設計了相應活動增加值的核算方法，改變以往小規模企業、個體經營戶等沒有直接調查資料，利用相關資料推算的辦法。同時，改進使用生產核算方法的數據與使用支出核算方法的數據銜接，例如在居民自有住房服務消費和金融仲介服務消費方面，GDP 支出核算採用與生產核算一致的資料來源和計算方法，提高二者在理論方法和計算數據上的相互協調性。

2008 年第二次全國經濟普查後和 2013 年第三次全國經濟普查後，在第一次全國經濟普查年度 GDP 核算方案的基礎上，相關部門結合國民經濟核算國際標準的最新修訂，對部分核算方法適時更新，做出相應調整，以利於保持年度 GDP 核算方案和統計數據的國際可比性。例如，在間接計算的金融仲介服務產出核算中，不再直接採用 1993 年 SNA 建議的方法——利用銀行的應收財產收入減去應付利息進行計算，而是採用 2008 年 SNA 推薦的參考利率法，對金融仲介服務產出的分攤方法也做出了相應改進；在固定資本形成總額的核算中，按照 2008 年 SNA 的最新規定，將軍事武器系統投資納入其中。

4. 對歷史數據的補充和修訂

2004 年第一次全國經濟普查是中國歷史上涉及經濟活動調查範圍最廣的一次普查，調查範圍包括了除農、林、牧、漁業以外的所有經濟行業，為研究中國 GDP 核算提供了比較完整的統計數據資料來源。國家統計局充分利用這次全國經濟普查的數據資料，對 2004 年 GDP 數據進行了重新核算，同時也對一些核算方法做出了相應調整。為保證 GDP 數據的準確性和歷史可比性，必須對 2004 年以前的數據做相應更新修訂。

這一次對 GDP 歷史數據的全面修訂，結合了資料來源變化和核算方法改革兩個方面的實際情況。其中，針對資料來源的變化，將相關的 GDP 歷史數據修訂追溯到 1993 年；針對核算方法改革，將相關的 GDP 歷史數據修訂追溯到 1952 年。從修訂幅度來看，2004 年 GDP 總量上調 16.8%。2008 年第二次全國經濟普查後，根據 GDP 核算統計資料來源的變化情況，將 GDP 數據修訂的時間範圍確定為 2005—2008 年。2013 年第三次經濟普查後，對 2009—2013 年的 GDP 歷史統計數據進行了更新修訂。同時，由於金融業核算方法已經發生了重大變化，對金融業增加值的歷史修訂追溯至 1952 年，這樣實際上也就相當於將 GDP 的歷史修訂追溯至 1952 年。2008 年 GDP 總量上調 4.4%，2013 年 GDP 總量上調 3.4%。

(二) 投入產出核算

1993 年 SNA 發布之後，聯合國統計司組織編寫了一系列操作手冊幫助世界各國，特別是發展中國家實施 1993 年 SNA，其中包括《投入產出表的編製和分析》。《投入產出表的編製和分析》闡述了投入產出模型的統計和分析基礎、供給表和使用表的編製方法以及投入產出表的應用。具體內容包括產業部門生產帳戶的編製方法、最終需求和進口的編製方法、投入產出表的平衡方法、從供給表和使用表向對稱投入產出表的轉換方法、建立在供給表和使用表基礎上的雙重縮減方法以及投入產出表在經濟影響分析、旅遊產業研究、綠色 GDP 的計算等方面的分析應用[①]。

投入產出表共包括供給表、使用表和產品部門×產品部門表三張表，與

---

① 許憲春. 國際上國民經濟核算新發展 [J]. 統計研究，2002 (6)：45-47.

《試行方案》中的基本表相比,《中國國民經濟核算體系(2002)》的投入產出核算增加了供給表和使用表。2002年3月28日國家統計局、國家計委、國家經貿委、財政部聯合發出通知,決定組織開展2002年全國投入產出調查和編製2002年全國投入產出表。7月23日,國家統計局正式印發《中國2002年投入產出調查方案》。該方案是在總結前3次投入產出調查工作經驗的基礎上,根據新的會計制度以及新的國民經濟行業分類重新設計的。「中國2002年投入產出表」將國民經濟生產活動主體劃分為122個部門,是在系統分析總結以往年度投入產出調查工作實踐經驗,規範歷年投入產出表編製方法的基礎上進行編製的。它具有以下三個特點:採用了新的部門分類,改進了調查方式,投入產出核算與GDP核算進一步協調。

2007年8月23日國家統計局正式印發《2007年全國投入產出調查方案》。2007年全國投入產出調查的目的是瞭解國民經濟各部門的生產投入結構和投資結構,為編製2007年投入產出表提供數據。調查範圍主要包括各省(自治區、市)(不包括西藏)全部投入產出的調查企業(或調查單位)。

(三) 資金流量核算

1993年SNA發布之後,經濟合作與發展組織統計局專門組織人員編寫了一系列具有指導性的國民經濟核算統計手冊,包括《資本測算:資本存量、固定資本消耗和資本服務測算手冊》。《資本測算:資本存量、固定資本消耗和資本服務測算手冊》以1993年SNA的基本概念和理論框架為基礎,闡述了資本存量和流量的定義、範圍和分類,介紹了資本存量、固定資本消耗和資本服務的測算方法。作為附錄,該手冊還分別介紹了新加坡、法國、美國和澳大利亞的資本存量和流量的估計方法。《中國國民經濟核算體系(2002)》中資金流量表包括實物交易表和金融交易表,這兩大張表分別由國家統計局和中國人民銀行編製。實物交易核算以收入分配內容為主,核算各機構部門及整個經濟社會總體的資金流向和進出流量,以及這些機構部門間資金的雙向流入流出關係。從資金流動的過程來看,資金流量表主要反應生產經營過程中所創造的收入如何在參與生產經營過程的機構部門之間進行分配,如何在機構部門之間進行資金轉移,以及各機構部門實際形成的可支配收入如何用於消費和儲蓄,各機構部門的非金融投資的資金餘缺以及其他融資情況。

資金流量表見表 6.7、表 6.8。

表 6.7　資金流量表（實物交易部分）

交易項目	非金融企業部門		金融機構部門		政府部門		住戶部門		國內合計		國外部門		合計	
	使用	來源	使用	來源	使用	來源	使用	來源	使用	來源	使用	來源	使用	來源
一、淨出口														
二、增加值														
三、勞動者報酬														
（一）工資及工資性收入														
（二）單位社會保險付款														
四、生產稅淨額														
（一）生產稅														
（二）生產補貼（一）														
五、財產收入														
（一）利息														
（二）紅利														
（三）土地租金														
（四）其他														
六、初次分配總收入														
七、經常轉移														
（一）收入稅														
（二）社會保險繳款														
（三）社會保險福利														
（四）社會補助														
（五）其他														
八、可支配總收入														
九、最終消費														
（一）居民消費														
（二）政府消費														
十、總儲蓄														
十一、資本轉移														
（一）投資性補助														
（二）其他														
十二、資本形成總額														
（一）固定資本形成總額														
（二）存貨增加														
十三、其他非金融資產獲得減處置														
十四、淨金融投資														
十五、統計誤差														

表 6.8 資金流量表（金融交易部分）

交易項目	非金融企業部門		金融機構部門		政府部門		住戶部門		國內合計		國外部門		合計	
	使用	來源	使用	來源	使用	來源	使用	來源	使用	來源	使用	來源	使用	來源
一、淨金融投資														
二、資金運用合計														
三、資金來源合計														
（一）通貨														
本幣														
外幣														
（二）存款														
活期存款														
定期存款														
住戶儲蓄存款														
財政存款														
外匯存款														
其他存款														
（三）貸款														
短期貸款														
中長期貸款														
財政貸款														
外匯貸款														
其他貸款														
（四）證券														
債券														
國債														
金融債券														
中央銀行債券														
企業債券														
股票														
（五）保險準備金														
（六）結算資金														
（七）金融機構往來														
（八）準備金														
（九）庫存現金														
（十）中央銀行貸款														
（十一）其他（淨）														
（十二）國外直接投資														
（十三）其他對外債權債務														
（十四）儲備資產														
（十五）國際收支淨誤差與遺漏														

（四）國際收支核算

《中國國民經濟核算體系（2002）》中的國際收支表包括國際收支平衡表和國際投資頭寸表。與《試行方案》相比，新方案特別增加了國際投資頭寸表，用來準確反應中國對外經濟交往中產生的資產和承擔的負債情況，該核算表為科學分析中國對外經濟活動提供了重要的統計數據依據。

國際投資頭寸表是反應特定時點上一個國家或地區對世界其他國家或地區金融資產和負債存量的統計報表，其變動是由特定時期內交易、價格變化、匯率變化和其他調整引起的。在計價、記帳單位和折算等核算原則上，國際投資頭寸表均與國際收支平衡表保持一致，並與國際收支平衡表共同互補構成一個國家或地區完整的基本國際帳戶體系。

1. 編製國際投資頭寸表的統計原則

根據國際貨幣基金組織發布的第六版的《國際收支手冊》第六版，國際投資頭寸表的主要統計核算原則除了遵循國際收支平衡表統計核算的一般原則外，還應遵循以下基本原則：

第一，按照市場價格來計價。原則上，構成國際投資頭寸表的所有資產和負債均應按市場價格來計算。例如應按照股票、債券等金融資產的實際價格來計算；對於直接投資資產負債，可以參照投資企業和被投資企業的資產負債表進行估價。如果直接投資企業在股票市場上市，則可以按照市場牌價來計算其市值。

第二，按照時點記錄，這是與國際收支平衡表的最大差別。

第三，國際投資頭寸表不採用復式記帳法。國際投資頭寸表資產負債之間的差額，構成淨資產或者淨負債。

2. 國際投資頭寸表的結構

根據國際貨幣基金組織的標準，國際投資頭寸表的項目按對外金融資產和對外負債設置。其主欄反應了常住單位對非常住單位的資產（債權）和負債（債務），賓欄主要反應這些對外債權和債務的一種動態平衡，把能夠造成從期初到期末頭寸變化的原因都包括在內，其數量關係如下：

期末頭寸＝期初頭寸＋交易變化＋價格變動＋匯率變動＋其他調整

其中，交易變化指的是國際收支平衡表中標準組成部分的交易變化；價格變化和匯率變化記錄各個組成部分的計價變化，這兩部分是影響投資頭寸存量的主要因素；其他調整是指不屬於交易但又引起投資頭寸物量變化的各種其他因素，相當於 SNA 中的「資產物量的其他變化」，包括特別提款權的分配或撤銷引起的變化、黃金貨幣化或非貨幣化引起的變化、重新分類、債權人單方面取消債務、沒收或不加償還的佔有等因素引起的頭寸變化。

在國際投資頭寸表中，各指標之間存在如下數量平衡關係：

對外資產＝直接投資＋證券投資＋金融衍生工具＋其他投資＋儲備資產

對外負債＝直接投資＋證券投資＋金融衍生工具＋其他投資

淨頭寸＝對外資產－對外負債

期末負債＝期初負債＋交易、價格、匯率變化和其他調整引起的負債變化

期末淨頭寸＝期初淨頭寸＋交易、價格、匯率變化和其他調整引起的資產變化－交易、價格、匯率變化和其他調整引起的負債變化

（五）資產負債核算

資產負債核算是以經濟資產存量為對象的核算。它主要反應某一時點上機構部門及經濟總體所擁有的資產和負債的歷史變化累積狀況。中國資產負債表採用國際上通用的矩陣結構，主欄為資產和負債項目，賓欄為機構部門和社會經濟總體，並分別下設使用項和來源項，其中使用項目記錄資產，來源項目記錄負債和資產負債差額。資產負債表的主欄包括三個組成部分：①非金融資產項目；②金融資產與負債項目；③資產負債差額項目。上述每一類別的項目中，又包含著若干個子分類項目。資產負債表賓欄中的機構部門包括：非金融企業、金融機構、政府、住戶和國外。

四、SNA（2008）的基本框架和修訂比對

（一）SNA（2008）的提出和基本框架

自 SNA（1993）發布以來，許多國家的市場經濟環境都已經發生了顯著的重大變化，並且經過十餘年的快速發展，帳戶體系的相關方法論研究也已

經取得很多成果。在此背景下，聯合國統計委員會決定對 SNA（1993）進行更新，經長達 6 年的統計修訂工作，SNA（2008）的最終更新版本於 2009 年 12 月在聯合國網站發布。

　　SNA（2008）沒有根本性或綜合性的變動，帳戶體系包括綜合經濟帳戶和核算體系的其他部分。整個帳戶序列分為經常帳戶、累積帳戶和資產負債帳戶三類，其主要帳戶、平衡項和主要總量概覽如表 6.9 所示。

表 6.9　主要帳戶、平衡項和主要總量概覽①

帳戶	平衡項	主要總量
經常帳戶		
生產帳戶		
生產帳戶	增加值	國內生產總值（GDP）
收入分配帳戶		
收入初次分配帳戶		
收入形成帳戶	營業盈餘、混合收入	
初始收入分配帳戶	初始收入	國民收入（GNI）
業主收入帳戶	業主收入	
其他初始收入分配帳戶	初始收入	
收入再分配帳戶	可支配收入	國民可支配收入
實物收入再分配帳戶	調整後可支配收入	
收入使用帳戶		
可支配收入使用帳戶	儲蓄	
調整後可支配收入使用帳戶	儲蓄	國民儲蓄
累積帳戶		
資本帳戶	淨貸出(+)/淨借入(−)	
金融帳戶	淨貸出(+)/淨借入(−)	

---

①　中國統計出版社編．2008 年國民帳戶體系［M］．北京：中國統計出版社，2012．

表6.9(續)

帳戶	平衡項	主要總量
資產其他變化帳戶		
資產物量其他變化帳戶		
重估價帳戶		
資產負債帳戶		
期初資產負債表	資產淨值	國民財富
資產和負債變化	資產淨值變化	
期末資產負債表	資產淨值	國民財富
資產淨值變化的原因		
資本帳戶	由儲蓄和資本轉移引起的資產淨值變化	
資產物量其他變化帳戶	由資產物量其他變化引起的資產淨值變化	
重估價帳戶	由名義持有損益引起的資產淨值變化	

　　聯合國統計委員會第四十次會議一致同意將 SNA（2008）作為國民經濟核算的國際統計核算標準，並鼓勵所有國家都盡可能按照 SNA（2008）來重新編製和報告其國民經濟核算帳戶。2013 年 7 月，美國依據 SNA（2008）標準重新修訂了 GDP 數據。與此同時，隨著中國社會主義市場經濟的快速發展，國內核算也面臨著許多新的挑戰，如房地產開發市場蓬勃發展，研究與開發在經濟發展中的作用也越來越重要。《中國國民經濟核算體系（2002）》頒布實施已有一段時間，其標準已滯後於現行國際標準，滯後於政府和公眾的核算需求日趨明顯。為適應新經濟情況下的新核算需求，也為使核算原則、核算方法、核算指標、核算數據更具有國際可比性，國家統計局依據 SNA（2008）對《中國國民經濟核算體系（2002）》的基本概念、基本分類及基本方法進行了全面研究修訂後，形成了一個新的核算版本，即《中國國民經濟核算體系（2014）》。從廣度來看，SNA（2008）最突出的貢獻和特點是「中心框架的靈活應用」；從深度來看，SNA（2008）更加關注對具體領域、具體問題的研究，如針對金融工具核算方法、研究和開發支出資本化等問題。

（二）SNA（2008）與 SNA（1993）的修訂比對

從 SNA（1993）到 SNA（2008）的變化並沒有 1993 版本發布時的變化那麼廣泛，對內容的優化更新主要包括以下五個方面：資產、金融部門、全球化及其他相關經濟問題、一般政府和公共部門、非正規部門[①]。

（1）資產。SNA（2008）重新審視資產的一般定義，將「無形生產資產」的說法改為「知識產權產品」，改進數據庫、原件與拷貝的操作辦法，將研究與開發支出作為資本形成處理，同時引入資本服務的概念，有利於滿足用戶的分析需求。

（2）金融部門。針對養老金權益記錄方式給出新的指導，無論養老金基金是否存在，是否包括在社會保障中，SNA 都要識別養老金計劃的負債及相關的其他流量。

（3）全球化及其他相關經濟問題。對能夠顯示經濟全球化特徵的存量和流量的處理辦法進行明確澄清，普遍採用貨物所有權變更的原則，與國際金融交易的存量和流量處理辦法保持一致。

（4）一般政府和公共部門。澄清政府和公共部門與經濟體其他部門之間的界限，澄清幾類貸款擔保的核算處理方法等。

（5）非正規部門。SNA（2008）專門設置一章內容來闡述如何測量在住戶內部進行的非正規活動和遊離在正規統計測量之外的活動的相關問題。

SNA（2008）發布後，國家統計局國民經濟核算司系統梳理了 SNA（2008）相對於 SNA（1993）的主要變化，分析了 SNA（2008）修訂對中國國民經濟核算體系改革的啟示，對中國國民經濟核算體系的修訂提出一些較有針對性的改革建議。其針對 GDP 核算、非壽險服務產出的測算方法、供給使用核算、雇員股票期權核算方法、社會保險核算、生產資產的修訂、政府發放許可收費的處理、中央銀行產出計算方法及資本服務的產出測算等多個專題內容進行了深入研究。

[①] 中國統計出版社. 2008 年國民帳戶體系 [M]. 北京：中國統計出版社，2012.

第四節 小結

中華人民共和國成立初期至改革開放初期的三十多年中,中國的國民經濟核算實行的是與高度集中的計劃經濟體制相適應的 MPS 體系,為指導國家制定經濟發展計劃和實施經濟社會管理政策發揮了重要作用。改革開放後,總體上看,中國建立和逐步完善新的國民經濟核算體系經歷了三個主要階段:第一,以 MPS 核算體系為主的雙軌運行階段;第二,在 SNA 體系指導下的發展階段;第三,改進和完善階段。

第一部分主要介紹 1978—1992 年中國實行的核算體系以及圍繞著核算體系的一些討論。由於改革開放以來中國的經濟發展迅速,過去的 MPS 核算體系並不適應中國當時制定的國民經濟計劃和實施經濟管理。在這一部分中,我們將國民經濟核算體系發展的初期階段劃分為了探索階段(1978—1984年)和過渡階段(1985—1992 年)。在第一小節中,首先介紹了「文化大革命」結束後中國陸續恢復國民經濟核算工作的情況。第二小節重點指出了 MPS 體系的不足,正是由於這些不足引發了政府和相關專家學者的深入思考,並引起了相關人士對關於中國應該實施什麼樣的核算體系的深入探討。在五種意見中,最終採納的方案是以 MPS 的國民收入為主要經濟指標,SNA 的 GDP 作為輔助指標,後者是對前者的補充、調整。這一階段是一個雙軌運行階段。第三小節對兩大核算體系進行了對比,MPS 體系與 SNA 體系既有相同之處也有不同之處。相同之處在於:①二者皆用來描述產品流量、資金流量循環;②二者都事後記錄社會生產、分配、交換的最終結果。不同之處在於:核算觀念、核算內容、核算方法、部門分類的區別。最後,針對中國改革開放初期核算體系的五大核算內容的發展情況進行了簡單的敘述。

第二部分則講述了經過七年的研究和實踐,並廣泛公開徵求各方意見,中國於 1992 年制定了《中國國民經濟核算體系(試行方案)》,並於同年 8 月經國務院批准,在全國範圍開始投入實施。雖然該試行方案對應的國民經

濟核算仍是一個 MPS 與 SNA 並存的核算體系，但不可否認，它仍然是中國國民經濟核算工作取得的重大突破，有其重要的歷史意義。《中國國民經濟核算體系（試行方案）》較為科學系統地對國民經濟運行的整個過程和其內在聯繫及規律進行了描述。從 1993 年開始，中國國民經濟核算工作進入了以 SNA 核算體系為指導的發展階段，並不斷地對試行方案進行改進和完善。

具體到國民經濟核算體系的五大核算內容來看，在這一時間段內也都有了較大的發展。國內生產總值的主體地位得以確立；投入產出核算在基本表式、部門規模、編表方法三個方面不斷改進；資金流量表從試編階段發展為正式編製階段；依照 BMP5 對歷年國際收支核算的基本表式進行了修訂，並在編製年度國際收支平衡表的基礎上開始著手編製季度國際收支平衡表和年度國際投資頭寸表；開始編製資產負債表。國民經濟核算體系逐步確立起來。

第三部分講述了在最後的改進和完善階段，中國正式確定了社會主義市場經濟體制的改革目標，市場經濟體制的正式實行也要求政府統計部門拿出一套能夠適應並準確反應市場經濟運行情況的核算體系，這標誌著對 MPS 體系的徹底放棄。

《中國國民經濟核算體系（2002）》取消了國民收入核算、財政信貸資金平衡表等計劃經濟體系的相關內容，並對傳統核算體系中的陳舊概念進行了清理。2002 版國民經濟核算體系的核算原則、基本概念、分類等與 1993 年 SNA 保持了高度一致，突出強調的權責發生制原則和估價原則以市場為導向，能夠更加準確地反應市場經濟體制下的一國經濟運行狀況。除了對核算體系的修訂和更新，從 1992 年起，中國開始了季度 GDP 累計核算，並對分季度 GDP 支出法核算進行了研究和試算。2003 年，國家統計局組織研究了季度 GDP 與年度 GDP 數據銜接的辦法，並對 1992 年以來的統計數據進行了調整，中國的季度 GDP 核算數據基本實現了與年度最終核算數據的銜接吻合。2009 年 12 月，聯合國網站發布了 SNA（2008）最終版本並鼓勵各國按照 SNA（2008）編製並報告國民經濟帳戶。近年來，中國國家統計局已依據 SNA（2008）對《中國國民經濟核算體系（2002）》進行了全面深入的研究並修訂形成一個新的版本，即《中國國民經濟核算體系（2014）》。

第七章
統計調查制度的發展

第一節　週期性普查制度

改革開放之後，中國的統計制度發生了一系列重大變革，逐步建立起了較為完整的週期性普查制度，同時也確立了人口普查在國家統計調查制度建設中的基本地位。中國普查制度的發展，從改革開放以來大致可以劃分為三個階段[①]：

第一階段（1979—1993年）：計劃實施階段。在改革開放以前中國進行過多次全國普查工作，之後受「文化大革命」等各種社會因素的影響，普查工作停滯不前。改革開放後，統計工作得到恢復和重視，但整體來看普查的安排比較隨意，項目比較單一，普查工作仍處於不系統、不完整的狀態。

第二階段（1994—2002年）：建立定期人口普查制度的初期階段。為了充分滿足中國改革開放和加快建立健全社會主義市場經濟體制的實際需要，1994年7月20日，國務院批准了國家統計局《關於建立國家普查制度和改革統計調查體系的請示》，明確了統計普查工作在國家統計調查體系的重要地位，並正式確立國家週期性統計普查制度。中國的定期普查工作項目主要包括五大項目：人口普查、農業普查、工業普查、第三產業普查和基本單位普查。其中人口普查、第三產業普查、工業普查、農業普查每10年進行一次，分別在當年末位數為0、3、5、7的年份實施；基本單位普查每5年進行一次，在末位分別為1、6的年份實施。第一輪全國週期性普查工作獲得了豐富的統計數據材料，為政府科學決策，特別是不斷加強和完善改進各地宏觀調控提供了重要依據。然而，這輪普查中也暴露出一些問題。例如普查的調查項目過多，人員負擔重，普查頻率過高，時間安排過於分散，與國家的長期規劃聯繫不夠緊密，普查範圍小，不能全面反應國民經濟的整體狀況等。這些問題的出現表明中國普查制度存在很多不足，需要完善、亟須改革。

[①] 張雪玲. 中國普查制度改革的回顧與建議［J］, 中國統計, 2010（5）: 46-47.

第三階段（2003年至今）：完善週期性普查制度的階段。主要解決第二階段普查工作中出現的問題。2003年8月，國家統計局、國家發改委、財政部共同組織研究並報中央國務院批准後，決定將全國工業普查、第三產業經濟普查和基本單位普查合併為經濟普查。調整後的普查項目主要包括人口普查、農業普查和經濟普查三項，原來的十年五項六次普查項目變更為十年三項四次普查。2004年，第一次全國經濟普查開展，其後每十年進行兩次，在末位為3、8的年份分別實施；農業普查、人口普查每十年進行一次，在末位為6、0的年份分別實施（見表7.1）。

表7.1 新中國成立以來已開展的普查項目年份一覽表

	第一次	第二次	第三次	第四次	第五次	第六次
人口普查	1953年	1964年	1982年	1990年	2000年	2010年
農業普查	1996年	2006年	2016年			
經濟普查	2004年	2008年	2013年	2018年		

一、全國人口普查的發展

中國自1949年以來進行了六次全國人口普查。1953年4月3日第一次全國人口普查正式開展，根據政務院頒布的《全國第一次人口普查辦法》，此次人口普查的目的是為全國及地方各級人民代表大會的選舉工作做準備，做好地方選民登記工作，為全國經濟社會建設工作提供確切的全國人口數字。這次普查工作由市選舉委員會統一領導，人口普查登記與選民登記同步進行。另外，此次普查的主要特點是：普查登記項目少，試點和復查面廣，時間長，採用間接調查的方法取得邊遠地區、少數民族聚居地區的數據。

第二次全國人口普查在1964年進行，在國務院1964年2月11日正式頒布的《關於進行第二次全國人口普查工作的指示》中明確指出，第二次全國人口普查的直接目的是準確調查當前全國人口的發展情況，調查對象主要為常住人口，登記方式以調查對象到站登記為主，調查員到戶訪問為輔。這次普查還為制訂「三五」計劃以及經濟長遠發展的規劃提供了依據，並大體上

沿襲第一次全國人口普查的方法，同第一次相比有以下三點改進：①為適應全國人口不斷增加的狀況，保證調查質量，參加調查的人員也增加一倍；②在國內人口普查中，除港、澳、臺地區是間接調查外，其餘地區都採用直接調查的方式進行；③人口普查主要調查項目除第一次人口普查的六個主要項目外，新增加了文化教育程度、本人成分、職業三項，其中後兩項項目不做匯總。

1982年，第三次全國人口普查工作項目陸續開展，累計包括19個調查項目。按戶口人類別填報的基本項目主要有姓名、與戶主關係、性別、年齡、民族、常住人口的戶口登記狀況、文化程度、行業、職業、不在業人口登記狀況、婚姻狀況、生育的子女人口數和本戶存活子女總數、1981年生育胎次13項填報內容；按戶填寫的項目有戶口類別（家庭戶或集體戶）、本戶住址、本戶人數、本戶1981年出生人數、本戶1981年死亡人數和有常住戶口已外出一年以上的人數共6項。此次全國人口普查在普查方式上有了創新，分為手工匯總和機器匯總兩種方式，其中機器匯總主要採取由省和國家兩級電子計算工作站進行分散式處理的方法。在這次人口普查中也存在一些問題，全面布置統計報表搜集人口變動數字存在不準確性，使得由上報的出生、死亡數計算而得的全國人口自然增長數與全國總人口的增長數相差較大。1982年人口抽樣調查結果計算得到的總人口自然增長數與總人口增加數基本一致。這充分說明抽樣調查是取得準確的全國人口變動數字的一個較好的方法，因而自1983年起每年進行一次人口變動情況的抽樣調查工作，並逐步形成一項人口抽樣調查制度①。

1982年第三次人口普查各項工作順利結束後，1986年國務院在《關於對今後全國人口普查安排的意見》的批復中明確指出，未來每十年就要進行一次全國人口普查，兩次人口普查中間進行一次1%的人口抽樣調查。因此，中國於1987年進行了一次1%規模的人口抽樣調查，1990年進行了第四次全國

---

① 梁普明. 第三次全國人口普查 人口普查情況介紹[J]. 浙江統計, 2000 (5)：38.

人口普查。第四次人口普查的登記項目有 21 項，除第三次人口普查登記項目目錄中的 19 項外，新增了五年前常住地狀況、遷來本地的原因兩個登記項目。從調查登記的方法上看，這次人口普查改變了前三次全國人口普查中設立登記證的辦法，改用由調查員入戶調查詢問、當場填報資料的調查方式進行。這樣一方面方便群眾及時進行普查登記，另一方面便於人民群眾填寫，可以有效保護被調查人的隱私，降低申報人的顧慮，同時可提高普查登記信息的準確性和可靠性[①]。

第五次全國人口普查在 2000 年進行，這次人口普查在調查員對每一戶人口進行深入調查摸底的基礎上，採用入戶訪談的調查方式，將每一個人口普查調查對象的基本情況當場如實地進行登記。此調查方法可以準確判斷出調查人調查的情況與實際情況是否存在較大出入，便於及時發現是否有瞞報或者漏報的情況。此外，第五次全國人口普查首次使用了長短表兩種人口調查表式，並同時增加了住房調查。普查長表在全國範圍內抽出 10% 的住戶填報，其主要普查內容一般包括：年齡、民族、戶口狀況、遷移情況、受教育程度、就業狀況、婚姻和婦女生育狀況、家庭戶的住房情況等；普查短表由其餘的住戶填報，主要內容包括：年齡、民族、戶口狀況、遷移情況和受教育程度等內容。

第六次全國人口普查於 2010 年 11 月 1 日零時進行。主要調查目的是深入瞭解過去十年中國人口數量、結構、分佈和居住環境的變化，為實施可持續發展戰略，構建社會主義和諧社會提供依據。主要調查內容包括：姓名、性別、年齡、民族、國籍、受教育程度、行業、職業、遷移流動、社會保障、婚姻、生育、死亡、住房情況等，仍採用當地普查員入戶調查詢問、當場填報資料的調查方式進行。中國境內的境外人員首次被納入全國人口普查的對象，與國際人口普查方式接軌，符合聯合國的相關要求。另外，此次普查採取了雙口徑登記的原則，對流動人口分別在現住地和戶口登記地進行登記，

---

① 孫兢新. 中華人民共和國四次人口普查之回顧及第五次人口普查的主要特點和成就 [J]. 市場與人口分析, 2001, 7 (4)：43-48.

由統計部門去除重複登記的數據。這種方法有助於減少普查中現住地和常住地分離而可能帶來人口遺漏登記的情況，但同時增加了人口重報的可能性。

二、全國農業普查的開展

改革開放以來，為了準確及時把握中國農業各生產要素的規模和結構的發展變化，瞭解中國農村和農民的基本概況，國務院批示《關於開展全國農業普查的請示》，確定了國民經濟發展戰略和總體目標，為研究制定各項社會經濟政策提供科學依據，以推動中國農業和農村經濟更好更快地發展。農業普查的順利開展也將有利於進一步深入瞭解中國農業資源現狀，科學地制定糧食生產政策，確保國家糧食安全，實現農村經濟可持續發展。

1994年10月29日，國務院正式發布《關於開展第一次全國農業普查的通知》。該通知明確指出，第一次全國農業普查的目的是準確及時掌握全國農業各類基本生產要素的情況，查清全國農村勞動力的使用、轉移及鄉鎮企業和農村小城鎮的情況。這次農業普查的內容主要包括：農業生產經營單位、農業用地、農業生產性固定資產、農村勞動力、鄉鎮企業和建制鎮。普查從1994年開始準備，1997年上半年展開調查、下半年提供主要數據，1998年下半年提供全部調查單位10%的提前抽樣匯總數據，1999年年底完成普查工作。國務院確立了第一次全國農業普查協調聯席會議制度，統一負責普查工作，由國家統計局負責實施。此外，規定從1997年起每十年進行一次全國農業普查，經費由中央財政和地方財政共同負擔。

2006年，全國第二次農業普查工作開展。普查對象較第一次農業普查增加了從事農業生產經營活動的非農村住戶和從事農業服務的單位、農村住戶。此次農業普查綜合採用了全面調查法，由普查員對所有農業普查調查對象逐個調查和填表，共調用普查相關工作人員近700萬人，填報普查表近5億張。

此次農業普查有以下特點①：①這次農業普查將為國家制定關於解決「三農」問題、建設中國社會主義新農村的相關經濟政策提供重要的基礎信息，因而這次普查備受關注；②能夠全面反應自全國農村稅費改革和農村管理體制改革實施以來，農村組織機構的改變情況和政策的落實情況。同時，在此次普查工作中也存在比如普查經費不足、選調和培訓普查員較為困難、普查對象多、難以組織等問題。

2016年，全國第三次農業普查正式開展。這次普查的主旨是立足農業、覆蓋「三農」，以及時查清農業基本情況為主，兼顧農村和農民。普查聚焦中國農業現代化、農村新面貌、農民生活新方式等多個方面，重點反應「三農」發展的新情況、新變化。這次農業普查的重點行業包括：農作物種植業、林業、畜牧業、漁業和農林牧漁服務業。主要普查內容包括：農業從業者基本情況、農業土地利用與流轉情況、農業生產與結構情況、新型農業經營主體與農業規模化產業化發展情況、新農村建設情況、農村人居環境與農民生活方式變化情況等②。在普查方式上，全力推進手持智能數據採集終端（PDA）、遙感等現代信息技術的應用，利用互聯網對普查數據進行聯網直報，全面提升普查的工作效率、數據質量和服務水準。為了更好地適應中國新農村的經濟社會發展狀況，此次普查在普查表和普查內容上進行了較大的創新，包括：第一次對規模農業經營戶和普通農業經營戶分別進行普查，其中規模農業經營戶的普查內容更加翔實，目的在於準確反應新型農業經營主體發展和農業規模化、產業化發展的新情況；為全面準確反應中國新型城鎮化的發展情況，在鄉鎮普查表中加入了大量建制鎮鎮區的經濟社會發展指標；行政村普查表在反應行政村經濟社會基本情況的同時，也重點反應了鄉村基礎設施情況和農村人居環境情況③。

---

① 國家統計局農業普查辦公室. 第二次全國農業普查的內容、重點和難點 [J]. 中國統計，2006 (6)：54-55.
② 國務院. 國務院關於開展第三次全國農業普查的通知 [R]. 國發〔2015〕34號.
③ 河北省第三次全國農業普查領導小組辦公室. 解讀第三次全國農業普查 [J]. 統計與管理，2016 (12)：69-72.

三、全國經濟普查制度的建立

全國經濟普查工作的目的主要在於全面準確掌握當前中國第二、三產業的發展規模、結構和經濟效益情況，對不斷優化國家經濟結構、改進宏觀經濟調控、開拓新的就業渠道、提高人民生活水準、全面建設小康社會等方面都具有十分重要的作用。另外，在改革國家統計調查體系、完善國民經濟核算制度、健全國家統計監測和風險預警系統等方面也具有重要意義。

2004年12月31日，第一次全國經濟普查工作正式開展。此次經濟普查將原來的工業普查、第三產業普查和基本單位普查進行了合併，並納入了之前沒有包含的建築業普查和個體工商戶普查，在充分降低調查頻率的同時，更完整地反應了中國經濟領域的現狀和發展情況。此次經濟普查的主要內容包括：單位標誌、從業人員、財務收支、資產狀況、企業的主要生產經營活動和生產能力、主要生產原材料和能源消耗、科技開發的投入產出狀況等。結果表明：國企數目大幅度減少，私企已經獨占半壁江山；第二、三產業的就業人數已達3億左右，就業人員的總體學歷水準偏低；東部工業實力高於西部，但研發投入普遍偏低（見表7.2）[1]。第一次經濟普查為國家制定正確的經濟發展政策提供了有用的信息，對促進經濟發展具有重要價值。

表 7.2　第一次全國經濟普查數據解讀

數據方面	數據變化解讀
單位基本情況： 國企數目大幅減少， 私企已占半壁江山	第一次全國經濟普查的數據顯示，截至2004年年底，按登記註冊類型分組的企業法人單位共325萬個，與2001年第二次全國基本單位普查的同口徑數據相比增長了7.4%。其中，國有企業、國有聯營企業、國有獨資公司共19.2萬個，相對於2001年第二次全國基本單位普查的同口徑數據下降48.2%；集體企業、集體聯營企業、股份合作企業共45.6萬個，同比下降46.9%；私營企業198.2萬個，已占總數的61%；此外，國有與集體聯營企業、其他聯營企業共0.8萬個；其他有限責任公司、股份有限公司共40.6萬個；其他內資企業6.2萬個；港澳臺商投資企業和外商投資企業15.2萬個

[1] 餘高潮. 第一次全國經濟普查數據解讀 [J]. 數據, 2006 (6): 24-25.

表7.2(續)

數據方面	數據變化解讀
就業人員情況：第二、三產業的就業人數3億左右，就業人員總體學歷水準偏低	2004年年末，全國第二、三產業的就業人員數為30,882.8萬人。其中，第二產業的就業人數為15,463.8萬，第三產業的就業人數為15,419.0萬。在就業人員中，單位就業人員21460.4萬人，占69.5%。在產業活動單位中，從事製造業的單位137.5萬個，占20.1%；批發和零售業120.2萬個，占17.6%；教育業59.6萬個，占8.7%；公共管理和社會組織154.4萬個，占22.6%；衛生、社會保障和社會福利業35.6萬個，占5.2%；租賃和商務服務業30.4萬個，占4.4%，合計占78.6% 　　就業人員總體學歷水準偏低。在單位就業人員中，具有研究生及以上、大學本科、專科、高中、初中及以下學歷的人員分別占0.7%、8.0%、15.7%、33.6%和42.0%。在具有技術職稱的人員中，具有高級、中級、初級技術職稱的人員分別占9.5%、36.9%和53.6%。在具有技術等級資格證書的人員中，具有高級技師、技師、高級工、中級工資格證書的人員分別占2.6%、8.2%、32.8%和56.4%
東部工業實力高於西部，研發投入普遍偏低	製造業占中國工業企業數量的91.6%，占主營業務收入的86.8%，利潤的73.1%，居主要地位。東部工業實力遠高於中西部。工業企業法人單位主營業務收入中，東、中、西部地區分別占72.5%、16.8%和10.7%。利潤總額中，超過千億元的省份（市、區）基本都集中在東部地區。在開展科技活動的企業中，東、中、西部地區分別占71.6%、17.2%和11.2%。企業的科技活動主要集中於東部地區。研發投入普遍偏低。在科技活動經費投入中，代表企業自主創新能力的研究與發展（R&D）經費為1,104.5億元，僅占企業銷售收入的0.56%。其中，大中型企業投入研究與發展的經費為954.4億元，占企業銷售收入的0.71%
第三產業情況：總利潤逾7,000億元，其他第三產業行業收入頗多	截至2004年年底，全國交通運輸、倉儲和郵政業的就業人數為1,734.9萬人；房地產業就業人數為405.4萬人；批發和零售業就業人數為4,677.8萬人；住宿和餐飲業就業人數為1,384.6萬人；金融、信息、計算機服務和軟件等其他第三產業行業就業人數為7,054.6萬人 　　2004年，全國交通運輸、倉儲和郵政業實現利潤總額為1,022.4億元，其中交通運輸業占98.8%；房地產業利潤總額為1,225.5億元；批發和零售業利潤總額為2,149.6億元；住宿和餐飲業利潤總額為27.5億元。此外，其他第三產業行業實現利潤總額4,550.1億元，其中金融業、信息傳輸及計算機服務和軟件業、租賃和商務服務業三個行業占據了總利潤的89.4%

2008年12月31日，第二次全國經濟普查開展，主要目的是總結和評定經濟建設的成就和經驗，瞭解當前中國第二、三產業的發展規模、構成、組織、技術發展等，瞭解中國各類企業和單位能源消耗情況，進一步建立健全包含國民經濟各主要行業的基本單位名錄庫、基礎信息庫和電子地理信息系統。普查對象主要包括中國正在從事第二、三產業的全部法人單位、產業活動單位和全部個體生產經營戶，主要調查內容有：單位基本屬性、從業人員、財務狀況、生產經營情況、生產能力、能源消耗、科技創新活動等。此次經濟普查工作具有以下主要特點：①擴大了能源和水資源消耗的調查範圍，由原來的調查規模以上的企業，擴大到調查全部的第二、三產業單位，同時新增了對全國高耗能行業通用設備情況的調查；②制定了全國統一的單位清查方案，對第二、三產業單位全部進行「地毯式」的清查，加大了各級有關部門積極配合產業單位清查的工作力度，確保經濟普查對象的不重複和不遺漏；③制定統一的個體經營戶普查方案，保證戶數和從業人數的數據質量。普查數據顯示，不同地區經濟發展群體之間的收入差距正在不斷擴大，具體表現在不同人群工資增長的幅度不一致。另外，房地產規模迅速擴大，從第一次經濟普查到2008年年末全國累計共有214,397個房地產企業，比2004年增加了85,354個，年平均增長13.5%（相關統計數據見表7.3）。

表7.3　第二次全國經濟普查房地產業主要數據

調查內容	數據
企業單位數	2008年年末，全國共有房地產企業214,397個，比2004年年末增加85,354個。其中，房地產開發企業87,881個、物業管理企業58,406個、仲介服務企業33,890個、其他房地產企業34,220個，分別比2004年年末增加28,639個、26,724個、13,850個和16,141個
從業人員	2008年年末，中國房地產企業的從業人員合計552.2萬人，比2004年年末增加156.6萬人。其中，房地產開發業207.7萬人、物業管理業250.1萬人、仲介服務業37.4萬人，分別比2004年年末增加49.2萬人、106.7萬人、13.9萬人；其他房地產業56.9萬人，比2004年年末減少13.1萬人

表7.3(續)

調查內容	數據
主營業務收入、實收資本和營業利潤	2008年，中國房地產企業的主營業務收入30,586.5億元，比2004年增長107.5%，其中，房地產開發業26,694.2億元、物業管理業2,076.7億元、仲介服務業572.4億元、其他房地產業1,243.2億元，分別比2004年增長100.5%、204.5%、171.2%和133.5%。房地產企業實收資本33,052.4億元，營業利潤3,861.3億元，分別比2004年增長123.2%和290.4%。2008年，房地產業主營業務收入超千億元的地區共8個，依次為：江蘇、廣東、上海、北京、浙江、山東、遼寧和四川

第二次全國經濟普查進一步摸清了中國第二、三產業的發展規模、佈局和產業結構，初步調查了中國能源和水資源消耗的情況，重新確認了2008年GDP的總量、增長速度和產業結構數據，有效跟蹤了「十一五」規劃的執行情況，為研究制定「十二五」發展規劃決策提供了可靠的依據，促進了中國經濟結構的戰略性調整，對經濟可持續發展具有重要作用。

第三次全國經濟普查於2013年開展，這次普查進一步查實了服務業、戰略性新興產業和小微企業的發展情況，為繼續加強和不斷改善宏觀經濟調控、加快經濟結構戰略性調整、科學制定中長期發展戰略規劃等提供支持。普查的主要內容包括：單位基本屬性、從業人員、財務狀況、生產經營情況、生產能力、原材料和能源及主要資源消耗、科技活動情況等。此次經濟普查與第二次普查相比，在普查對象的具體數量、普查情況複雜程度、普查設備以及操作的難度等方面都有很大的不同，包括以下特點[1]：

(一) 處於新形勢

這次普查是在「十二五」開局階段進行的對第二、三產業的一次徹底調查。新的五年規劃下，需要在經濟方面制定一系列的改革措施來加快經濟發展，而這些措施的制定需要有一份全面的經濟數據作為依據和參考。所以在這樣的背景之下，第三次全國經濟普查對瞭解近幾年發展成果以及為日後經

---

[1] 朱紅玲.第三次經濟普查的新特點與工作方法研究[J].全國商情，2016 (4)：64-65.

濟社會發展提供科學決策依據，都具有重大意義。

（二）面臨新問題

①普查的工作量加大。隨著中國經濟社會的穩步發展，第二、三產業在國民經濟中的比重不斷上升，所要調查的單位數量也在不斷增加，需要不斷加大對普查員的選調，工作量也是第二次全國經濟普查時無法比擬的。②普查的方式更複雜。這次普查採用了第一輪全面摸底，在摸底的基礎上再進行正式入戶登記的普查方式。這就要求普查員多次進行入戶登記，對普查員的解釋工作和普查對象的配合程度要求更高。第二輪正式入戶登記階段的開始時點選在了大多數調查對象最忙碌的農曆臘月，因而面臨調查對象忽視、抵觸調查的情況，影響了普查的進度。

（三）內容更全面

以往的經濟普查信息化程度較低，普查表格內容相對簡單，需要調查的項目也沒那麼多。而本次經濟普查，表格的設計涵蓋了普查對象參與經濟生活的各個方面，以全面瞭解普查對象的情況。此外，第三次全國經濟普查使用手持電子數據入戶調查，要求先對普查對象的經營地進行定位，最後還要求對普查對象的證件進行拍照，為以後建立和完善全國地理經濟信息系統打下了基礎。

第二節　常規性統計制度

常規性統計制度是指年度和定期調查的制度，覆蓋經濟、社會、人口、環境與資源的各個方面。從搜集資料的方法來看，既有採用抽樣調查、全面調查和重點調查等方法直接從統計調查對象採集數據的統計調查方法，又有利用現有行政記錄和部門統計資料整理形成調查數據的統計調查方法。與普

查相比，常規性統計調查從範圍上看，主要是對限額以上單元進行全面調查，對於限額以下單元進行抽樣，調查內容通常由每次調查的目的和對象決定，往往側重調查某一方面，所以常規性統計比較省時、省力。但另一方面常規性統計調相應存在著調查誤差大和不全面等問題。

一、物價統計制度

新中國成立初期，物價的統計多採用直接調查的方法來取得資料，編製各種物價指數。其應用簡單算術平均法計算平均價格，雖然不是很科學，但是因為通過直接調查獲得了第一手資料，所以計算的價格指數是比較真實的，也基本反應了當時物價的動態情況。這也為新中國成立初期在國民經濟恢復中及時抑制通貨膨脹、合理制定物價和工資政策提供了可靠的依據。

黨的十一屆三中全會後，市場狀況發生了翻天覆地的變化，為了準確反應實際價格變動的情況，1982年9月政府對中國物價調查方法進行了重大改革。同期召開的全國物價調查員會議正式宣布，在中國建立城市和農村兩支抽樣調查隊，在全國各主要城市配備專職物價調查人員，開展經常性的直接物價調查工作。城市抽樣調查隊成立後，由於調查員可以直接收集各種商品的牌價、議價、市價以及零售量的資料，因此自1983年開始，綜合平均價格採用加權算術平均公式直接匯總全社會零售物價總指數，取消了「指數體系法」的匯總方法，進一步改進了全社會零售物價總指數的匯總方法。此後根據各地的實踐情況，於1984年7月正式制定了《城市物價調查方案》。這一方案重新規定了平均價格的調查計算方法，擴大了調查網點，增加了調查規格品，明確了一些原則性的採價與採量方法。此外，方案對價格資料的整理計算和一些具體問題的特殊處理方法也做了規定。1987年國家城調總隊提出按國民經濟核算體系建立新的物價指數體系的設想，並逐步開始實施。1990年，國家統計局建立了消費品及服務項目的價格調查制度，編製了全國生活費用價格總指數和零售價格總指數。

從 1994 年 1 月份起，全國物價調查按照新的統計制度進行。由於職工生活費用價格指數不包括農民對消費品和服務的消費，1994 年相關部門開始單獨編製生活費用價格指數和商品零售物價指數，其權數分別採用買方的資料和賣方的資料計算確定，還對商品類別和代表規格品進行了較大調整。這一時期，價格指數的統計、公布和使用以商品零售價格指數為主，居民消費價格指數處於從屬地位①。新的物價調查統計制度提高了物價指數的準確性和適用性，但是根據建立新的國民經濟核算體系（SNA）的要求和國際慣例，新的物價調查統計制度仍需進一步改進。由於 SNA 一般以市場價格為基礎，按支出法計算國民生產總值，因而建立市場經濟體制必然要求國民經濟核算體系與世界通行的做法相一致，這也指明了物價調查統計制度的改革方向。

　　隨著市場經濟的快速發展，第三產業的產值在 GDP 中的比重從 1978 年的 23.7% 逐步上升到 2003 年的 33.2%。考慮到商品零售價格指數主要反應居民消費品的零售價格變動，而居民消費價格指數（CPI）不僅能反應居民消費零售價格的變動，也能反應居民和服務項目價格的變動。因此居民消費價格指數可以更加全面地反應經濟發展和居民支出變動的狀況，可以比較全面、真實地反應市場價格實際變動情況，有利於改善對價格總水準的調控。故從 2000 年起價格指數改為由居民消費價格指數為主，並從 2001 年起每月變化對比基期固定在 2000 年，之後每 5 年或 10 年變化一次對比基期。在 2010 年，根據全國城鄉居民消費支出調查數據以及有關部門的統計數據，對 CPI 權數構成進行了相應的調整。

　　逐步完善物價調查統計制度，使統計指標更貼近實際，反應民生，為政府制定經濟政策和民生政策提供準確的參考依據，進一步提高政府宏觀調控和公共管理的能力，使物價指數這張「晴雨表」真正發揮其應有的作用。

---

① 宋晨. 中國現行居民消費價格指數編製方法的改進研究 [D]. 青島：中國石油大學，2009.

二、勞動力統計制度

失業可反應一個國家（地區）經濟狀況，充分就業一直是各個國家追求的理想狀態。但失業是現代經濟社會發展中的正常現象，勞動力統計屬於勞動統計的重要內容之一。中國勞動力統計研究起步較晚，理論和實踐研究發展都還不成熟，導致中國勞動力統計研究結果不能真實地反應當時中國的經濟實情。

中國的經濟運行和就業體制改革均對勞動力統計制度有深刻的影響。從1978年改革開放到2012年，中國的勞動力統計制度可分為兩個階段：

第一個階段是計劃經濟與市場經濟雙軌並行的經濟體制時期（1978—1992年）。改革開放以來，市場在經濟社會活動過程中的地位逐漸提高，重要性日漸突出，而在黨的十四大明確提出建立特色社會主義市場經濟體制以前，中國仍然處於現代市場經濟與傳統計劃經濟體系並存的市場經濟體制改革時期，其中計劃經濟仍然占據主導地位，市場經濟則在不斷發展成長，變得強大，這就是與中國傳統計劃經濟市場體制有所區別的新經濟體制。

在這一時期，農村勞動力除了通過務農賺取收入外，還會在鄉鎮企業和城鎮中尋找就業機會，其中找不到工作的人就屬於失業人口。到了20世紀60年代後期，國家號召「知青」下鄉，使得農村勞動力人口迅速增加，城市就業情況突然轉變，勞動力統計就在這種嚴峻形勢下應運而生。勞動部門通過報表統計獲得全國待業人口的相關數據，並加以匯總及計算各地區的待業率，由此初步建立待業登記制度。因此，中國這個時期的勞動力統計僅簡單地反應了國家勞動力待業情況，統計術語僅有「待業」。「城鎮待業人數」統計指標僅反應非農村戶口中法定勞動年齡內有勞動能力並願意就業而沒有工作的勞動力人數，不能體現農村戶口中的勞動力相關信息。

第二個階段是社會主義市場經濟體制時期（1992—2012年），此時期隨著中國市場經濟體制不斷深化改革，經濟社會結構也在逐步進行調整，人們已經逐漸拋棄了社會主義國家的經濟市場不會出現職工失業的錯誤觀念，慢

慢地接受了市場經濟這個基本概念。人民群眾的就業不再依靠傳統的包分配，而是進入市場自主就業。「城鎮待業」這一統計指標在由國家統計局編著並於1993年出版的《中國統計年鑑（1993）》中首次修改為「城鎮失業」，該統計指標的基本含義、統計方法均未發生改變。「城鎮失業人員」一詞泛指「有非農村戶口，在法定勞動年齡內，有勞動能力並有就業意願但無業，在當地就業服務機構進行過求職登記的人員」。從該指標統計內涵中就可明顯看出針對失業登記率的統計範圍過於狹窄，相關統計工作仍然不夠完善全面。

在現代企業制度建立的過程中，失業浪潮席捲社會，引起社會巨大關注。但是當時的《中國統計年鑑》所公布的就業情況一直在2%~3%的充分就業狀態，這就表明勞動力統計並不能真實反應中國嚴峻的失業形勢。自1995年起國家統計局與相關主管部門開始聯合進行勞動力抽樣統計調查完善管理工作，逐步建立起一個雙系統的勞動力抽樣統計調查制度。這個雙系統主要是指以國家就業登記服務機構的就業登記調查數據信息為準的就業登記調查系統，和以全國城鎮勞動力抽樣調查統計結果數據為準的就業抽樣調查系統，兩個調查系統相輔相成。1997年國家統計局和國家勞動部正式開始聯合實施全國城鎮勞動力就業抽樣調查，計算城鎮失業率。到了2002年勞動力抽樣調查範圍開始逐漸擴大。2005年11月開展的第一次全國勞動力調查標誌著全國勞動力調查制度的建立，2006年起每半年調查一次，2007年起則變為每季度調查一次，以此獲得更準確、更及時的勞動力調查數據，使城鄉勞動力統計調查結果更加全面[1]。

勞動力統計制度是促進就業和控制失業的重要依據，如果勞動力統計數據不是真實可靠的，只會掩蓋更多矛盾，國家不能制定正確的就業支持政策，這甚至會直接導致更嚴重的社會經濟問題。因此，深刻研究中國勞動力統計制度中存在的問題，完善勞動力統計指標體系，對政府勞動就業政策的制定有著非同尋常的意義。

---

[1] 夏遠洋. 中國失業統計的歷史、現狀及改革 [D]. 北京：對外經濟貿易大學，2002.

三、國際收支統計制度

國際收支統計、國民帳戶統計、政府財政統計和貨幣金融統計在國際上並稱為國民經濟四大重要統計體系。其中，國際收支統計是唯一的外部帳戶統計，可直接反應兩個國家間的經濟投資交易活動情況，並能從側面反應該國的宏觀經濟運行實際，是一個國家或某一地區宏觀經濟指標體系的重要組成部分。當國家政府部門制定對外經濟發展政策時該統計還有可能為其決策提供可靠的統計依據[①]。

從1978年改革開放到2012年這30多年間，中國實行的國際收支制度主要參照國際貨幣基金組織（IMF）頒布的《國際收支手冊》的相關標準，並結合中國的具體國情，實現從無到有、不斷深化發展和完善的歷史性飛躍，這段制度發展簡史大致可以劃分為三個主要時期。

（一）國際收支統計制度的建立時期

在這一時期，中國政府開始探索建立一套國際收支統計制度，編製一份國際收支平衡的表並定期對外公布有關國際收支平衡的信息。1978年中國開始實行改革開放，對外經濟貿易迅速發展。1980年4月中國恢復國際貨幣基金組織（IMF）的正式成員席位，每年都需要對外提交一份國際收支統計數據，使得中國國際收支數據統計恢復工作迫在眉睫。1981年國家外匯管理局聯合相關部門遵循國際標準，在《國家外匯收支存表》的基礎上，結合中國經濟實際運行情況，聯合制定了中國首個國際收支統計制度。

國家外匯管理局在1982年按照《國際收支手冊》（第42版）的相關標準，決定每年編製並定期對外發布一份中國國際收支平衡表，並在1985年首次對外公布中國1982—1984年的國際收支平衡概覽。定期公布國際收支統計相關信息也將有效促進中國深層次、全方位的對外開放，實現更好的

[①] 陳耕，劉建武，李曉培. 論完善中國國際收支統計體系建設 [J]. 福建金融，2009（8）：21-24.

國際交往[1]。

(二) 國際收支統計制度的發展時期

1995 年國務院正式批准並由中國人民銀行正式發布《國際收支統計申報辦法》，該辦法明確規定自 1996 年 1 月 1 日起，在整個中國境內進行的一切涉外經濟服務交易，無論是境內居民之間，還是境內居民與非居民之間，其各項國際收支統計申報都必須嚴格符合信息及時性、準確性和全面性的要求。

中國在 1996 年正式建立國際收支間接申報制度，並根據《國際收支手冊》（第 52 版）的相關標準編製了國際收支平衡表。1997 年為了完善規範中國現行國際收支統計申報管理制度，國際收支統計申報中新增加了四項直接申報內容，包括直接投資、金融機構對外資產及損益、證券機構投資和對外匯總統計。之後中國發布了一系列國際收支統計相關實施細則、業務操作規定和配套政策措施，以促進中國國際收支統計數據搜集的規範化。國家外匯管理局在 1998 年推出國際收支統計監測系統，初步改進了中國國際收支統計工作的操作手段；後於 1999 年多次維護和升級統計監測系統，大幅度提高了系統效率，降低了成本，最重要的是實現了統計數據電子化。

(三) 國際收支統計制度的完善時期

中國自 2001 年加入世界貿易組織（WTO）後，國家外匯管理局決定按年試編 1999 年以來的國際投資頭寸表，並每半年重新公布一次全年國際收支平衡表。2002 年中國人民銀行加入當年國際貨幣基金組織（IMF）數據公布通用系統（GDDS），使當年國際收支核算統計數據更加公開、透明、準確。國家外匯管理局為了更準確及時地偵測分析中國全年國際收支業務營運狀況，確保能及時預警市場風險，在 2003 年正式投入運行外匯國際收支業務風險監測預警系統，按季度評估監測中國全年國際收支業務營運風險狀況。中國在 2005 年第一次正式公布的《中國國際收支報告》，讓廣大社會公眾對當時中國國際收支體系運行發展情況和走勢有一個更加專業、深入的瞭解。同時，

---

[1] 王春英. 完善國際收支統計制度框架 [J]. 中國金融，2019 (2)：29-30.

中國開始對邊境貿易的人民幣流通和清算等情況以及出口換匯成本情況進行監測，從而建立起點面結合的統計監測制度。

中國對外統計信息完整發布的標誌性事件是，國家外匯管理局在 2006 年年末首次對外發布 2004 年年末和 2005 年年末兩期的中國國際投資頭寸表，主要用於說明中國的對外資產負債情況，這也被 IMF 譽為「具有里程碑意義的重大事件」。同年 12 月，中國也開發出新的國際收支統計監測系統，實現了監測系統的推陳出新。2008 年國家外匯管理局將《國際收支統計申報辦法》全名修改為《中華人民共和國國際收支統計申報條例》，開始研究修訂國際收支統計的申報管理辦法，這充分反應出當前中國國際收支統計申報管理工作相關法律法規地位的不斷提升，以及該研究工作對分析中國當前宏觀經濟總體發展情況的重要指導意義。

2009 年外匯金融系統得到全面推廣，使得對跨境資金異常流動情況的監測更加方便，充分提高了工作效率，減少了營運成本。國際收支平衡表在 2009 年 8 月由中央國家外匯管理局首次對外發布。2010 年開始按季度定期公布每年國際收支平衡表，而每年國際投資頭寸表的公布更新頻率在 2011 年從每年一次逐漸提高至每季度一次。2012 年國家外匯管理局為了提高社會公眾獲取數據的便利性，首次公布了國際收支統計數據發布頻率表（見表 7.4）。國際收支統計制度可提供大量準確可靠的數據用於經濟研究，一定程度上促進了中國對外貿易的發展，還可以及時防範金融風險，減少或避免較大損失，有效維護國家宏觀經濟運行安全[①]。

表 7.4 國際收支統計數據的公布頻率表

國際收支平衡表	國際投資頭寸表
1982—2000 年 按年度公布	2006—2010 年 按年度公布

---

① 蒙智睦. 中國國際收支統計的發展歷程、問題與建議 [J]. 財經界, 2009 (11): 96-97.

表7.4(續)

國際收支平衡表	國際投資頭寸表
2001年 每半年公布一次	2011年 按季度公布
2010年 按季度公布	

第三節 專項調查制度

專項調查是指在某段特定時期內長期實施或一次性實施的統計調查，主要通過問卷調查和媒介調查等形式實現某一特定調查目的，搜集具有針對性的調查資料，進而對調查資料內容進行分類整理及分析，最終撰寫出專項政策調查報告，以反應經濟社會發展中的熱點、難點問題，該調查報告內容可以為黨中央和各級政府相關部門在研究制定實施各項政策規劃時，提供重要的參考指導意見。

改革開放以來，中國經濟發展迅速，社會變革不斷，每個發展階段都需要及時反應該階段的問題、難題，僅僅依靠普查和常規統計調查難以滿足政府和人民對統計調查信息的需求。因此統計部門為了彌補普查、常規統計調查資料的不足，幫助黨中央探查民情、凝聚民意，讓人民群眾擁有反應自身訴求和希冀的平臺，決定根據每年社會中出現的熱點問題，及時開展專項調查瞭解情況，把握動向，其調查結果對政策實施情況和實施有效性可起到一定的監測作用，進而可推動經濟社會平穩發展。

圖7.1反應了1979—2008年中國專項調查的執行情況。

中篇　1978—2012年新中國統計制度的改革與發展

1979・供銷社以農村生活消費水準、構成，以及城鄉商品分配的比例關係為重點，選定1952年、1957年、1961年、1964年和1978年，對五十多種反映農民生活水準的主要生活資料進行調查研究，最終得到一份反映了新中國成立三十年以來農村消費水準和購買力變化的珍貴資料

1982・國務院批示《關於開展農產量抽樣調查工作的報告》後轉發國家記委、農牧漁業部、商業部和國家統計局，該報告指出：農村已經普遍實行各種形式的生產責任制，在這種趨勢下，有必要進行農產量抽樣調查，以提高農產量統計數據的準確度

1984
・國家統計局及各省（市、自治區）均設立農村抽樣調查隊和城市抽樣調查隊，展開農產品抽樣調查、農民家計調查、農村社會經濟調查、職工家計調查以及職工生活費用價格指數調查
・國家統計局、勞動人事部、商業部、中國人民銀行、中國商業銀行、中華全國總工會聯合發出通知，決定對全國重點調查縣市的居民家庭進行非常態收入和基本情況的抽樣調查，目的是要瞭解居民家庭人口和就業、現金收入以及居住條件的基本狀況

1990・國家計委、國務院生產委員會提出對兩百三十四家重要企業試行「雙保」辦法，即國家向企業提供主要生產要素，企業保證向國家上繳利潤和統一分配產品。為了保證「雙保」辦法順利試行，需要統計部門追蹤該企業，建立監測統計系統，並及時解決試行過程中出現的新問題

1998・為了瞭解中國空置房屋的分布、成因、空置時間、資金占用情況以及比率，建設部房地產業司和國家統計局企業調查總隊在全國部分城市展開專項調查

2001・為了解決收入分配不均的問題，國家統計局企業調查總隊在中國進行一次企業、行政事業單位職工收入情況的專項調查

2004・「禽流感」疫情影響調查

2008・為了掌握農戶結存糧食總量以及主要糧食品種的結存情況，展開農戶存糧情況的專項調查

圖7.1　1979—2008年專項調查主要案例

　　從圖7.1闡述的各年專項調查案例中，我們能清楚瞭解每年國家政策的主流方向和社會關注的焦點問題，專項調查的內容和範圍也在不斷擴大，基本形成了以黨政部門統一委託管理為主、自主監督調查管理為輔的工作管理格局。

新中國成立初期，中國貧困人口較多，當時中國政府的首要問題是解決全國人民的溫飽問題。儘管在改革開放後，經濟體制改革使得中國絕對貧困人口不斷減少，但解決溫飽並不等於消滅了貧困。中國的生產力水準較低，短期內發展中國家的定位不會改變，並且社會主義初級階段的長期性決定了貧困的頑固性，使得中國城鄉差距和地區差距越來越大，貧困形式也越發複雜。因此，為了讓中國的扶貧和統計工作更好地適應社會多變的新環境，更好地服務經濟建設，及時反應貧困現狀，建立客觀完善的貧困監測統計調查制度迫在眉睫。

貧困監測統計制度是監測中國各省（自治區、直轄市）的貧困情況及其動向和扶貧政策實施效果的活動。其監測範圍包括城市貧困人口和農村地區的貧困人口。在統計調查過程中，貧困監測統計按照規範的指標體系、合適的操作方法和流程為國家提供準確、真實、可靠和完整的貧困統計信息，利於國家制定和實施更有效的扶貧政策，使扶貧工作能夠順利展開。

中國的貧困監測統計調查的發展主要分為三個階段。

第一階段為2000年以前的探索期，這段時期建立了貧困監測統計指標體系，指標如表7.5所示。

表7.5　貧困監測統計指標體系[①]

貧困監測統計指標	指標內涵
貧困人口規模	人均收入或消費低於貧困標準的人口總數
貧困發生率（貧困人口比重指數）	人均收入或消費支出低於貧困標準的人口占全部人口的比重
貧困缺口	使所有貧困人口脫貧需要的收入之和
貧困缺口率（貧困深度指數）	貧困人口離貧困線的收入差距之和占所有人脫貧需要的收入之和的比重，如果貧困發生率相同，貧困缺口率高的地區貧困程度更嚴重，脫貧難度更大
加權貧困缺口率（貧困強度指數）	該計算方法與貧困缺口率的計算方法基本一致，但更窮的人具有更大的權數

---

① 吳至琴，王豔杰. 中國扶貧統計監測的發展與思考[J]. 經濟視角（中旬），2012（3）：93-95.

此時全國農村貧困人口監測數據系統的基礎部分主要包括：各縣域社會總體經濟狀況統計數據、地區性的專項貧困人口監測數據調查、全國重點貧困農村住戶調查、國定貧困縣貧困人口監測數據調查。該階段以消滅絕對貧困為主要目標。

20世紀80年代中期，貧困統計監測已經產生。1986年國家統計局利用全國6.7萬農村住戶抽樣調查數據對貧困標準及相關問題進行初步研究。1994年，國家為了順利貫徹實施《八七扶貧攻堅計劃》，首次批准建立了貧困監測與調查評估體系，為開展全國貧困統計和監測數據調查工作累積了豐富的經驗。國家統計局與國家計委、國務院扶貧開發領導小組聯合發布《關於開展農村貧困監測的通知》，並按規定在1997年年底就全國農村貧困人口監測工作開展了一次性專項調查，自1998年起再次開始經常性專項調查，並研究制定《中國農村貧困監測調查方案》。農村貧困監測調查為了全面反應貧困地區和貧困人口的成因、性質和規模，徹底調查了592個國定貧困縣的貧困情況，為解決貧困問題提供了參考和依據。

第二階段為2001—2010年，該階段形成了自上而下的貧困監測統計機構體系，逐漸完善了貧困信息系統，強化信息公開力度，該時期以解決低收入農戶的生存和溫飽問題為主。

自2000年起定期出版《中國農村貧困監測報告》，公開信息有利於讓社會各界民眾對當下中國各個地區貧困縣的總體經濟發展形勢有一個科學客觀的基本認識。2002年中國發布了《關於開展新階段農村貧困監測工作的通知》，要在全國範圍內啟動實施定點、連續的國家扶貧開發工作，主要是對重點縣農村扶貧工作進行監測調查。2005年，國家統計局為緩解小區域貧困信息供求矛盾，與亞洲開發銀行合作開展了「開發縣級貧困監測體系」技援項目，表明中國貧困監測體系進入更深層次的發展完善階段。

第三階段為2011年以後，基本建立起綜合性和專用性的貧困監測統計體系，範圍有大規模調整，將定量分析與定性分析相結合，以逐步縮小城鄉貧富差距，加快脫貧致富步伐，實現全面建成小康社會。

2011年，為貫徹落實《中國農村扶貧開發綱要（2011—2020年）》，國

務院扶貧辦正式下發了《關於開展 2010 年扶貧統計監測基期調查的通知》（國開辦發〔2011〕58 號），設立了一套覆蓋縣、村、戶三級的統計基礎調查樣本框，為後期開展扶貧統計調查監測工作累積了大量基期調查數據。2012 年 3 月，中國國家重點扶貧開發工作重點縣仍然是以 592 個國定貧困縣內部為主，其中對 9 個省的 38 個國定貧困縣做了內部結構微調，這次內部調整使貧困縣的監測數據調查工作範圍更加全面、科學、規範。

貧困監測統計調查能夠對貧困現狀進行及時反應，相關政府部門可以對貧困的成因、發展有所瞭解，繼而完善扶貧政策，提高精準扶貧重點項目組織實施的工作效率，鞏固精準扶貧重點工作的豐碩成果，加快推進中國脫貧致富健康發展的堅實步伐。在經濟上，貧困監測統計調查制度的發展可促進經濟發展，調查制度越完善，反應貧困現狀越及時客觀。在社會整體意義上，貧困監測統計調查使社會各個階層更加全面地瞭解了社會現狀，大力推動了如社會慈善、社會保障等事業的發展，將貧困階層集中組織起來，發揮集體優勢，可以更有效地減緩貧困，促進社會和諧①。

第四節　統計報表制度

一、統計報表制度恢復階段

1978 年黨的十一屆三中全會勝利召開，改革開放正式登上歷史舞臺，中國也正式邁入社會主義新階段。國家統計局在 1978 年恢復後，中國統計工作在其帶領下迅速恢復和發展。但當時國家剛經歷「十年動亂」，統計調查制度和報表管理制度在「文化大革命」時期已經被嚴重破壞，要迅速恢復困難重

---

① 鮮祖德，王萍萍，吳偉. 中國農村貧困標準與貧困監測 [J]. 統計研究，2016（9）：3-12.

重。全國統計報表缺乏統一管理，統計調查資料極其匱乏，此時報表混亂情況主要反應在以下四個方面：一是統計報表數量多、指標細；二是統計報表功能重複矛盾；三是指標繁瑣，脫離實際；四是報送次數頻繁，催報過急。1980 年國務院為了解決報表亂象，加強管理，重點申明各級統計部門需要在國家統計局的領導下統一管理統計報表，嚴禁報表亂發現象，必須精簡報表和指標，減輕基層負擔。

1980 年 12 月 6 日，國家統計局邀請國務院主管統計的部門領導一起召開會議，研究制定 1981 年清理報表的辦法及實施細則，初步規劃在年報工作完成後集中時間清理報表。1981 年國家統計局在《一九八一年全國統計工作要點》中再次強調清理整頓報表、加強統計報表管理的工作刻不容緩。1981 年 5 月 8 日，國家統計局正式通知開展報表清理工作。清理原則是報表制定部門清理部門報表；各省（自治區、直轄市）範圍內，重點組織清理省級國家統計局和省級各職能部門制發的統計報表，同時補充國務院各職能部門清理制發統計報表中新增加的數據指標和統計報表，清理制發工作預計要在 9 月底之前基本完成。

為了保證報表清理工作順利進行，國家統計局不僅先後多次召開會議，對清理整頓工作提出高要求、嚴標準，還對各地區清理情況進行督促檢查，深入瞭解情況，解決問題。1982 年年初，全國範圍的報表清理工作初步結束。從這次清理工作的總體情況來看，國家統計局及國務院各有關部門按照「統一組織、統一審查、統一管理」的工作原則繼續加強統計報表檢查整頓和監督管理，成效顯著。

在國務院各部門中，清理了 34 個部門的報表，清理前有 2,314 張報表，精簡 15 張後剩下 2,299 張。在各地區，有 11 個省做了比較全面的清理，取得一定的成效。例如：北京市 24 個部門共精簡了 84 張報表，上海市 93 個部門精簡了 51 張報表，四川省 45 個部門精簡了 16 張報表，有效減輕了基層負擔[①]。

本次報表清理工作為報表制度的修訂提供了新思路和新方法。國家統計

---

① 國家統計局. 新中國統計報表清理史 [Z]. 國家統計局，年代不詳.

局根據本輪清理報表中產生的問題、累積的經驗進行思考，為報表制度的修訂提出意見，為 1984 年「基層一套表」的提出累積了經驗。

二、統計報表制度改革階段

20 世紀 80 年代隨著改革開放的逐漸深入，統計制度改革和發展進程不斷推進，其中統計信息的地位在經濟社會發展中日益提高，各部門和社會各界對信息資源的需求猛增，但統計部門擁有的信息不能滿足人們的需求，一些部門為收集信息，自己制發統計報表。而國家統計局及國務院統計部門在這段時期對報表管理工作的監管不到位，管理制度遠不能適應新形勢的需要，使得統計報表混亂無序現象捲土重來。儘管《統計法》和《統計法實施細則》對報表管理工作進行了規定，包括檢查濫發統計報表現象，但有法不依、有章不循的情況極其普遍。

1990 年國家統計局對各部門制發報表情況進行檢查發現，有些部門制發的非法統計報表竟超過 60%，並總結了全國的報表亂象的五個特點：①政府統計部門制發的統計報表量遠少於業務部門的總量；②統計報表監管體系不完善，非法統計報表比重過大；③統計報表和統計指標計算重複和矛盾的情況極為常見；④基層統計工作分配與統計報表任務增長速度不匹配；⑤統計口徑不一致，統計調查渠道不明確。因此，為解決報表亂象，清理報表和改革統計報表管理制度迫切需要被提上日程。

1984 年，國家統計局擬通過推行基層單位「一套表」來從根本上解決報表多、亂的現象，在經濟特區的「三資」企業中試行一段時間後，達到了精簡統一統計報表的目的。1985 年後，在廣東肇慶地區、遼寧大連市等地試行了「農村基層一套表」，隨後試行範圍逐漸擴大。1988 年，國家統計局根據部分地區試點經驗，印發《關於研製和推行「農村基層統計一套表」的設想》，要求各地區積極研究推行農村基層統計一套表制度，嚴格管理農村報表，消除指標重疊，提高統計效率。1991 年國家統計局與農業部等五部門合作，為了明確政府統計和部門統計的職責，聯合發文通知正式實施農村一套表制度。

1990年，國家統計局提出要對全國現行報表進行清理整頓，並在調查研究的基礎上，完善統計報表管理制度。清理報表的原則是統一領導、分級負責，清理順序是先上後下、先內後外，並計劃在一年內完成清理工作。

1991年5月，國家統計局通知正式開展報表清理工作。但這次清理工作範圍仍然不是覆蓋全國，而是各地採用重點事項清理、點面結合、自查與互相督查補充結合的管理方法，貫徹執行邊整邊改的工作原則，重點在9個省（自治區、直轄市）和8個主管部門內聯合進行，其他省（自治區、直轄市）和各個部門可根據實際工作情況自行組織安排。選定的9個省（自治區、直轄市），要求按照不重複的原則，分別組織清理4~5個廳局制發的統計報表，方式是廳局自查，省（自治區、直轄市）統計局負責指導和檢查，並會同這些廳局對其所屬企業進行重點清理（每個廳局選擇一個企業，沒有直屬企業的除外）。此外，省（自治區、直轄市）統計局還要選擇一個地（市）和一個縣，重點清理省、地、縣三級統計局增加的報表和指標；並由選定的縣統計局組織有關部門選擇一個鄉，清理各方面發往農村的統計報表。選定的8個部門，主要清理本部門制發和轉發的統計報表，及其他部門發至本部門填報的統計報表。將清理與整頓相結合，並在8月15日前完成清理工作。

在此次清理工作中，國家統計局發現統計調查方法過於單一，主要是全面調查。並且國家統計局和相關部門為鞏固清理成果，繼續加強報表管理，共同制定了一些規章制度。1991年8月14日，財政部、國家統計局聯合發出通知，進一步加強統計報表工作的管理問題。例如，完成報表清理專項工作後，國家統計局重新修訂了《關於統計報表管理的暫行規定》，並再次提出一份《統計報表管理條例》的徵求意見稿，該條例對全國統計報表的收集制發、管理和各機關及其管理職責等各個方面做了更明確的規定。

1992年，國家統計局在修訂報表制度時，取消綜合年報5種、綜合定期報表9種、定期基層表5種，暫停報送綜合年報17種、基層年報9種。取消和暫停報送的報表共計45種[1]。

---

[1] 國家統計局. 新中國統計報表清理史 [Z]. 國家統計局，年代不詳.

三、統計報表制度過渡階段

長期以來中國統計工作存在調查方法單一，調查口徑不統一，指標體系冗餘陳舊，主要統計制度間互不銜接等問題。為適應社會主義市場經濟體制，並針對上述問題，國家統計局基於新國民經濟核算體系對統計報表制度進行改革。

1993 年，國家統計局首次召開史上規模最大的全國專業統計基層報表制度工作會議，本次會議召開後正式發布並實施了中國基層「一套表」制度。該制度由基層單位「一套表」和各專業綜合表共同組成，國家統計局按照當時國民經濟主要行業中的各個基層單位，分別研究制定了 7 套行業基層表：①農林牧漁業各類企業報表；②工業各類企業報表；③建築業各類企業報表；④交通運輸業各類企業報表；⑤批發、零售及貿易業（包含商業、外貿、物資產品供銷）及餐飲業各類企業報表；⑥服務業企業報表；⑦行政事業單位報表。這 7 套基層表都採用統一的表式和指標編碼，按照通用化板塊結構，設計了 7 個指標群，構成新的指標體系，並具有較強的組合功能，以便根據不同需要加工整理。這 7 套相對統一的基層表統稱為「企業（單位）基層一套表」。此外，還有 1 套繼續單獨布置的基層表，即「7+1」中的「1」，指的是建設單位的固定資產投資統計基層表。1993 年的統計制度方法改革對統計工作意義重大，之後幾十年的統計制度方法改革均在此基礎上改進。

隨著當前中國經濟和國情發生變化，社會主義市場經濟也在迅速健康發展，農村經濟統計的一些重要指標不再適用，統計調查管理制度的不完善、不全面等問題也使得中國農村經濟統計調查質量偏低。雖然中國農村經濟統計調查報表種類數量龐大，但有效統計信息卻很少，政府難以準確掌握中國農村經濟發展的實際工作情況，這對農村發展相關財政決策的正確制定有不利影響。因此國家統計局決定及時清理所有農村居民統計行業報表，改革完善農村統計管理制度，為農村統計管理工作的開展奠定良好基礎，實現全國農村統計數據信息管理一體化。

1999 年國家統計局下發《關於開展清理農村統計報表工作的通知》和

《農村統計報表清理工作方案》,該通知和方案要求各地農村統計部門領導帶領專門人員,深入調查研究,開展報表清理工作,並且要及時準確地上報工作進展。其中方案對基層調研特別重視,提出了五條原則,要求各地區選擇1~2個縣、2~3個鄉(鎮)實現報表清理工作,並對制發單位、指標體系、調查方法和報告內容等作了細緻描述。按照方案,7月份需要清理所有報表,找出農村統計報表和指標體系中的如重複、矛盾等問題;8月份,重點把握基層調研,根據農村統計工作現狀,針對上個月清理報表中發現的問題,對當前農村報表制度提出建議並形成報表清理報告;9月份,結合國家統計局以及國務院各部門對農村統計報表管理提出的建議,設計新的農村統計指標體系方案;10月份,完成新試點指標體系的各項試點工作,並著力解決當前試點實施過程中可能出現的難點問題,不斷完善試點指標體系。農村調查總隊須在年底總結整個報表清理工作,為農村統計報表制度的管理提供新觀點。

四、統計報表制度完善階段

進入21世紀後,中國經濟社會發展繼續呈高速平穩增長的趨勢,統計管理工作在此大背景下,步入嶄新的發展階段。2003年,黨的十六屆三中全會要求完善統計體制。2004—2005年,政府強調應推動統計法制化的進程。2006年,國務院明確指示將繼續深化國家統計調查體制改革,完善國家統計調查制度和管理方法,建立健全科學的國家統計相關信息公開管理制度。

在21世紀的時代背景下,社會結構越來越複雜,統計調查對象的數量迅速增加,統計報表的需求因此增多。而統計管理體制不夠完善,制度方法不夠全面等問題,增加了基層統計和統計調查對象的負擔。當前報表的不合理現象可總結為四點:①統計指標體系不健全,統計指標有重複交叉現象;②統計單位劃分標準混亂,統計標準體系不完善;③在統計範圍內,掌握的基礎數據少;④統計調查方法過於單一,調查模式效率低下。

2007年國家統計局決定針對報表制度中存在的問題,摸清統計報表現狀,減輕基層負擔,加強報表管理,建立全面完善的統計制度體系,進行新一輪

報表清理工作，並制定了五個方面的目標：①理清各個報表和指標的結構，對其進行全面分析研究，瞭解當前國家統計報表制度的現狀；②梳理報表和指標間的關係，找出報表和指標存在的重複、矛盾問題；③對報表和指標進行可用性分析，建立符合實際的、有用的統計指標體系以及基層企業指標採集體系；④建立一套科學、合理、全面、規範的報表管理辦法；⑤利用規範的統計指標體系，促進元數據庫的建立，實現更大範圍內的統計信息共享。

報表清理工作主要分兩個階段進行。第一階段是在2007年完成國家統計局內部報表的清理工作。2007年，國家統計局制定並實施《統計報表清理工作方案》。這次報表清理範圍是各業務司（中心）實行的所有報表，例如報告期為2006年的年報表，第一次經濟普查報表、第二次農業普查報表等。清理內容則包括調查對象、調查範圍、調查方法和報表種類等。清理工作在2007年年底基本結束，取得了三大成果：①摸清了調查項目、報表、指標的總體情況；②確定了報表、指標的基本結構；③從調查方法、數據匯總等角度瞭解數據上報方式，並實現數據上報網絡化。

第二階段是國家統計局通知在2008年開始展開地方報表清理。通知註明主要清查各級統計機構2007年布置或執行的各類統計報表、統計調查提綱和調查問卷，並包括國家統計局下發的和本省（自治區、直轄市）新增或補充的。從4~7月，各地先後完成了布置清理調查方案、調研、搜集調查資料、撰寫調查報告等一系列清理調查工作，並在7月底向國家統計局及相關部門提交從制度、報表、指標三個方面入手的各地清理調查工作總結，分析現存的清理問題，提出相應的措施和對策建議。

根據兩年的報表清理結果，國家統計局取消了14張國家報表和一部分統計指標，調整了部分報表的報送時間、報送範圍和報送頻率；各地也適時調整精簡了一些地方各級政府統計主管部門報表和其他相關統計指標，減輕了基層統計部門的負擔。這次報表清理不同於之前的清理工作，重點從精簡報表數量轉為摸清報表現狀，通過對現行報表進行具體研究，發現統計指標與報表制度等方面的問題，針對問題提出可行性建議，有助於推進報表制度的完善。

第五節　統計標準體系

在國家範圍應用的統計分類標準，應具備高穩定性、強制性和功能統一性。中國自 1984 年成立統一核算國家標準工作領導小組後，為加快適應社會主義經濟發展環境，在認真學習了國內外有關統計分類標準管理體系改革成功經驗的基礎上，先後組織參與領導制定並頒布了《國民經濟行業分類與代碼》《三次產業劃分規定》《高技術產業統計分類》（2002 年）、《文化及相關產業分類》（2004 年）、《統計用產品分類目錄》等多項行業統計分類標準。

中國基本形成了以《國民經濟行業分類》《三次產業劃分規定》和《統計用產品分類目錄》等標準為主要基礎的國家統計行業分類標準管理體系，但隨著中國社會經濟發展的不斷創新變革，仍需要不斷完善國家統計行業分類標準管理體系，以便適應新發展環境下的行業統計分類工作，提供更加及時客觀全面的統計依據和解決意見。

一、國民經濟行業分類

國民經濟行業分類對國民經濟行為進行劃分主要依據經濟活動的同質性，這是對全社會經濟活動適用的主要標準分類之一，對中國統計數據的收集、整理和數據分析都具有重要研究意義。隨著中國國民經濟快速健康發展，產業結構發展變化巨大，國民經濟行業分類在 1984 年發布後也相繼經歷了多次修訂（見表 7.6）。

表 7.6 《國民經濟行業分類和代碼》的歷史沿革表

名稱	年份	類別	編碼方法	修訂具體內容
《國民經濟行業分類和代碼》（GB4757—84）	1984 年	13 個門類 75 個大類 310 個中類 668 個小類	門類用羅馬數字表示，大中小類用 4 位阿拉伯數字表示	
《國民經濟行業分類和代碼》（GB/T4757—94）	1994 年	16 個門類 92 個大類 368 個中類 846 個小類	門類用英文大寫字母表示，大中小類用 4 位阿拉伯數字表示	從門類看：將工業門類調整為採掘業，製造業，電力、煤氣及水的生產和供應業三個門類； 從其他類別看：充實了第三產業的內容
《國民經濟行業分類》（GB/T4757—2002）	2002 年	20 個門類 95 個大類 395 個中類 912 個小類	門類用英文大寫字母表示，大中小類用 4 位阿拉伯數字表示	從門類看：增加了信息傳輸、計算機服務和軟件業，住宿和餐飲業，租賃和商務服務業，水利、環境資源和公共設施管理業 4 大門類
《國民經濟行業分類》（GB/T4757—2011）	2011 年	20 個門類 96 個大類 432 個中類 1094 個小類	門類用英文大寫字母表示，大中小類用 4 位阿拉伯數字表示	對 GB/T4757—2002 部分大、中、小類的條目、名稱和範圍做了調整
《國民經濟行業分類》（GB/T4757—2017）	2017 年	20 個門類 97 個大類 473 個中類 1380 個小類	門類用英文大寫字母表示，大中小類用 4 位阿拉伯數字表示	對 GB/T4757—2011 部分大、中、小類的條目、名稱和範圍做了調整

最初的國民經濟行業分類是依據國民經濟部門進行劃分的，例如工、農、建、商等部門。這個分類標準從新中國成立一直沿用到改革開放初期，是當時廣受認可的行業分類標準之一。但是該分類標準存在缺陷，就是對法人單位的分類角度單一，僅考慮部門管理，而忽略了活動性質。這樣分類不符合實際的經濟發展情況，也與國際標準相差甚遠，並且對政府宏觀調控無法起到指導作用。

1978 年黨的十一屆三中全會開啓了中國改革開放新紀元，國家統計局從 1980 年起開始擬定契合中國國情的國民經濟行業分類標準，於 1984 年正式批

准頒布施行《國民經濟行業分類和代碼》(GB4757—84)。該行業分類標準將所有經濟活動單位按經濟活動主體性質進行劃分,排列為13個門類、75個大類、310個中類、668個小類,門類用羅馬數字表示,大、中、小三大類用4位數的阿拉伯數字表示。

經過十幾年的不斷改革創新,中國湧現了大量新興產業,與此同時金融保險、旅遊等現代綜合服務業也蓬勃發展,中國實體經濟產業結構已發生重大改變,舊的行業分類標準不再適應當前國家經濟發展的實際需求。國家統計局在1994年修訂並發布了《國民經濟行業分類和代碼》(GB/T4757—94),與過去分類標準相比,新標準中門類和大、中、小類均有所增加。在編碼方法上,改為用英文大寫字母表示門類。

21世紀,中國加入了世界貿易組織(WTO),需要面對更多新機遇和新挑戰,因此需要修訂中國國民經濟社會行業分類管理標準。國家統計局在2002年公布《國民經濟行業分類》(GB/T4757—2002),該行業標準與1994年的行業分類標準相比,增加了4大行業門類,相應調整使得大、中、小類數量均有明顯增加[①]。

2002—2011年,GB/T4754—2002已經使用了快十年,十年間中國經濟仍然持續走高,大量新興產業層出不窮,中國產業結構已經升級轉型,而2002年分類標準的行業劃分過於粗糙,無法真實反應中國產業發展情況。因此,國家統計局對《國民經濟行業分類》的第三次公開修訂工作發生在2011年。修訂原則為:一是要以需求量為導向,重視技術創新;二是注重實際,切實可行;三是總體穩定,部分調整;四是國際接軌,滿足可比。之後中國發布並實施了《國民經濟行業分類》(GB/T4754—2011),此次修訂行業門類數量不變,但其具體內容,範圍和所包含的大、中、小行業類別都有一定程度的重要變化,如公共交通運輸、倉儲和快遞郵政業務等門類及其中的公共交通自行車租賃服務、多式聯運等都發生了變化。

2017年新一版國民經濟行業分類標準的頒布與正式實施,進一步完善了

[①] 潘強敏. 國民經濟行業分類標準問題研究[J]. 統計科學與實踐,2012(6):16-18.

國家行業統計調查標準體系，實現了國家新興產業發展活動分類各行業的統一，實現了行業統計指標基本定義及其內涵、計算公式使用方法、分類目錄和相關的行業統計數據編碼等功能的整體化、標準化、規範化①。

二、三次產業的劃分

1985 年國家統計局在《關於建立第三產業統計的報告》中首次明確提出三次產業的統計分類方法和劃分範圍。之後，該三次產業分類方法持續沿用至 2003 年。

中國國民經濟行業隨著經濟社會的不斷發展也發生了巨大變革。為了反應中國三次產業的真實發展情況，2003 年，國家統計局在 2002 年新修訂的《國民經濟行業分類》（GB/T4757—2002）基礎上，調整了原來的三次產業的分類標準，制定並正式發布了新的《三次產業劃分規定》。三次產業的涵蓋範圍主要是：第一產業主要包含農、林、牧、漁業；第二產業主要包括製造業，採礦業，建築業，電力、燃氣及自來水的生產和供應業；第三產業則主要包括除第一、二產業外的其他各個行業，具體分類有交通運輸、倉儲和郵政業，教育、金融、房地產、批發和零售業等。

產業劃分方法的變化原因主要有兩個：一是原本為第三產業的農、林、牧、漁服務業，由於其經濟活動上的特殊性，劃為第一產業。二是由於第三產業四個劃分層次間的類別界限已經逐漸模糊，因此新的三次產業劃分不再將第三產業劃分為四個層次。原先的劃分方法將第三產業分為商品流通部門和服務部門兩大部分，再將其劃分為四個職能層次：提供社會公共服務需要的部門、為生產和人民生活需要服務的部門、為大力提高國家科學文化服務水準和促進居民接受素質教育服務的部門、流通部門②。

2012 年，國家統計局借鑑以往修訂經驗，結合 2011 年新修訂的《國民經

---

① 國家統計局．國家統計局副局長鮮祖德就修訂《國民經濟行業分類》答記者問［EB/OL］．(2017-09-29)．http://www.stats.gov.cn/tjsj/sjjd/201709/t20170929_1539276.html．

② 國家統計局統計設計管理司．《三次產業劃分規定》簡介［J］．中國統計，2003（11）：16．

濟行業分類》（GB/T4757—2011）相關內容，對 2003 年發布的《三次產業劃分規定》再次進行修訂。修訂內容大致有兩個主要方面：①重新調整旅遊產業劃分類別。為了統一三次產業的口徑和範圍，在第三產業中調入「05 農、林、牧、漁服務業」「11 開採輔助活動」「43 金屬製品、機械和設備修理業」三個產業大類。②明確三次產業類別的基本內涵。對部分重點產業項目名稱和規劃內容進行修改和重新調整。如將「農、林、牧、漁服務業」更名為「農、林、牧、漁專業及輔助性活動」，將「裝卸搬運和運輸代理業」更名為「多式聯運和運輸代理業」等。

三、統計用產品分類目錄

《統計用產品分類目錄》是國際上廣泛採用的一種重要的分類標準。雖然 1984 年中國正式批准頒布了第一部《國民經濟行業分類和代碼》（GB4757—84），但是中國產品分類標準仍長期處於落後狀態。

2007 年和 2009 年，中國國家統計局與聯合國統計司聯合舉辦了兩次統計分類標準國際合作研討班。在 2007 年的研討班上，參會小組成員基於目前國際相關產品的分類標準對當前中國相關的統計用產品分類目錄進行了全面的討論。2008 年，國家統計局發布《統計用產品分類目錄（試用）》至各地區試行並徵求意見，期間，國家統計局與各部門及各地區多次組織召開研討會，針對產品分類問題進行多方協調，集中攻克難關，先後對分類目錄作了 5 次大修改。各地區經歷一年試用期後提交反饋意見，國家統計局針對返回意見對《統計用產品分類目錄（試用）》進行了修改完善，最終在 2010 年制定並發布了《統計用產品分類目錄》。其內容主要包括產品分類的劃分原則和依據、特殊類別處理方法、計量單位代碼編製方法和產品分類目錄表等。《統計用產品分類目錄》涉及國民經濟行業活動中全部的 36,142 種產品，其中，包括 30,015 種實物類產品和 6,127 種服務類產品。而實物類產品中包括 1,527 種農業、林業、牧業、漁業產品，28,028 種工業產品和 450 種建築業產品。

《統計用產品分類目錄》是考慮中國的實際統計需求，遵循國際標準，具

有中國特色的分類標準。該標準有五個特點：①產品目錄是在《國民經濟行業分類》基礎上劃分的，所以產品分類與行業分類緊密相連；②各專業可根據自身需求情況，靈活使用產品分類目錄；③計量單位靈活，調查人員可以從《計量單位代碼表》中查找不同產品的計量單位和代碼；④與國際產品分類系統相銜接；⑤實行動態產品維護，建立「產品庫」，每年更新產品並實行動態產品維護。

《統計用產品分類目錄》主要適用於以統計用產品行業為調查對象的經濟統計調查分類活動，對全社會開展經濟調查活動的每個產品都可以進行標準化的分類和制定統一產品編碼。《統計用產品分類目錄》的特點：①能有效實現目前中國統計用產品的標準化，滿足各行業統計調查應用需求；②產品目錄與國際產品分類標準相銜接，統計數據可靈活轉換，實現國際數據可比性。此外，《統計用產品分類目錄》是數據處理和交換的重要依據，有利於促進中國統計信息化發展[①]。

第六節 小結

中國統計調查管理制度改革起步較晚，主要通過借鑑國外統計調查制度改革發展的實踐經驗，結合中國國情來建立、完善中國統計調查制度。現行的國家統計調查制度主要包括國家統計數據的週期性普查制度、常規性的統計調查制度和專項統計調查制度。

為了適應中國深化改革開放的需要，國家統計局逐步意識到普查在統計調查體系中的重要意義，在 1994 年正式確立國家週期性普查制度。第一節主

---

① 國家統計局. 國家統計局設管司司長鮮祖德就《統計用產品分類目錄》答記者問 [EB/OL]. (2010-10). http://www.news.163.com/10/0310/18/61EDKHN1000146BC.html.

要介紹六次全國人口普查制度的改革變化、三次全國農業普查制度變化和將工業普查、第三產業普查以及基本單位普查合併形成的經濟普查的制度變遷。常規性統計調查制度則分別簡述了物價統計調查制度、勞動力統計調查制度和國際收支統計調查制度。物價統計調查制度主要從物價調查方法和物價指數體系兩個角度來反應其制度變化情況；勞動力統計制度主要描述了雙軌制經濟時期和市場經濟體制時期的勞動力統計制度的發展態勢；國際收支統計調查制度則經歷了初步建立、穩定發展和不斷完善三個歷史時期，並在每個歷史發展時期都隨著國際經濟社會、政治形勢的變化發生相應的改變。而專項調查制度則根據每年社會熱點難點問題進行一些典型的專項調查，該部分主要描述了 1978—2012 年的經典調查案例並重點介紹了宏觀經濟監測預警制度和貧困統計調查制度的發展史。

　　統計報表制度是中國統計調查制度的重要內容之一，每一次的報表清理活動都推動了中國統計報表制度的發展，所以從中國統計報表清理的角度，中國統計報表制度可分為制度的恢復、改革、過渡和不斷完善四個發展階段。中國自 1984 年成立國家統一核算制度標準改革領導小組後，為加快適應國民經濟核算制度，在充分吸收國內外國家統計分類標準體制改革的成功經驗之後，逐步形成了以《國民經濟行業分類》《三次產業劃分規定》和《統計用產品分類目錄》等分表標準為基礎的一套比較科學全面的行業統計分類標準管理體系，但隨著中國的社會經濟發展，仍需要不斷完善國家統計行業分類工作標準管理體系以便適應新發展環境下的行業統計分類工作，為其提供更加及時客觀全面的統計依據和決策參考。

第八章
專業統計制度的發展

第一節　農業統計制度

一、農業統計報表的發展

1978年12月，黨的十一屆三中全會召開以後，為了更好地適應中國農村集體經濟的快速發展，國家統計局決定取消1970年制訂的農村糧食生產跨區域計劃計算辦法，將其改為按農村實際耕地面積比例計算農村年度糧食畝產量的方法。林業、漁業生產情況統計開始由主管部門負責，政府統計部門從業務主管部門取得數據之後上報國家統計局。有關農業統計的其餘10個表均由政府統計部門和農業部門共同填報。另據國家統計局的決定，調整、充實農業統計的內容；改革農業統計方法，從反應農業生產條件、生產結果和分配的統計制度轉換到反應農村社會和經濟的發展和經濟效率。為此，自1982年以來，經過四年的努力，國家統計局已經初步將農業統計擴大到包括農村社會經濟的統計，並對農村第二、三產業統計數據進行整合。到1986年，農業統計的主要內容逐步豐富發展，從以往的農業統計、農業居民勞動力統計、農業經濟總產值統計以及以農業收支平衡調查統計為主的農民家計統計調查逐漸擴展成為新的農村社會經濟統計、農村居民勞動力統計、農村社會經濟總產值統計和農村家庭住戶人口調查等。在不斷豐富調查內容和不斷補充調查範圍的過程中，形成抽樣調查與報表制度相結合的農業統計的基本方法。

隨著國家對抽樣統計的逐步加強，抽樣調查的使用範圍不斷擴大，其作用日益突出。1987年，統計報表逐步被抽樣調查所取代，統計報表制度的作用逐漸減弱。在這一階段，為了滿足自身管理需求，各部門及機構直接從基層調查相關數據，產生了「數出多門、報表多亂」的現象。這不僅影響了農村統計數據的真實質量，也給很多農村基層工作人員增加了負擔。為此，國家統計局決定實行以農村統計一套表為中心，全面改革農村統計制度的方法。1989年，由於農村新經濟聯合體已經向聯戶企業發展，國家統計局要求取消

定期和年度報表中的「農村專業戶、新經濟聯合體基本情況表」（農村家庭的數據是通過農村住戶調查獲得的）。同時，統計局將「農村經濟收入分配與效益表」中的「新經濟聯合體」指標改為「聯戶企業」指標。將「大中城市蔬菜產銷電訊半年報」擴大到「大中城市肉蛋奶蔬菜產銷電訊半年報」，這是為了同步反應大中型城市「菜籃子工程」的進展情況，反應大中型城市肉、蛋、奶、菜的產銷信息及其對人民生活的影響。此外，統計局取消了全市口徑的相關經營部分的指標和全部指標的上半年同期數字，提高了統計標準；將農村固定資產的計價標準由價值 30 元改為 50 元及以上。1989 年第四季度和 1990 年上半年，按照統一部署，全國開展了農村基層一套表的試點工作。1991 年 9 月 11 日，國家統計局、農業部、林業部、水利部、民政部聯合發布了《關於布置農村統計一套表制度的通知》。「一套表」的內容主要包括三大部分：第一部分主要是農村內各組填報的報表，包括農村基層社會組織建設情況、耕地面積、糧食作物種植播種面積和糧食產量，畜牧業、漁業、林業等的整體生產經營情況；第二部分是鄉鎮報告，包括鄉鎮農業經濟總產值，農村社會總產值收入、利潤、稅收和主要農產品產量；第三部分主要是《鄉鎮主要經濟考核指標》年度月報和《經濟社會計劃執行情況》年度公報，包含社會商品零售額、財政收入等主要經濟統計指標，是縣對鄉鎮經濟進行考核評價的重要依據。該指標體系既有實物錄，又有價值量，更加貼切地反應出農村社會經濟發展的內容。同時，農村基層「一套表」兼顧國家和地方、統計和業務部門的共同需要，表和表之間有緊密的內部連結，指標相互不重合，部門之間分工協作、資料共享，能夠有效管理農村統計報表，提高農村統計工作效率，促進農村統計工作規範化、標準化及現代化的進程。農村基層「一套表」更改變了農村統計長期存在的多軌制現象，實現了單軌制農村統計。

為了同農業普查在調查內容和調查方法方面做好銜接，有效防止普查結果與經常性年度統計資料之間的脫節，1997 年，國家統計局與有關部門的領導和專業人員組成農業統計制度方法改革工作小組，制定了包含兩個階段的改革規劃以及工作步驟。1997 年，作為改革的第一步，側重在以下四個方面

對農業統計報表制度進行初步的改革：①調整《農林牧漁業綜合統計報表制度》中的「農村基本情況及生產條件表」，將其中農村人口和勞動力指標的統計口徑改為在當地居住一年及以上的常住人口；改進《鄉村社會經濟調查制度》中「鄉村勞動力情況調查表」的調查指標內容和計算方法。②調整《農林牧漁業綜合統計報表制度》中的「畜牧業生產情況表」，按照農業普查方案中的相關規定，相應調整「當年出欄頭數」的統計口徑，並在農戶抽樣調查制度中增加「畜牧生產情況表」。③調整《鄉村社會經濟調查方案》中的「調查鄉鎮社會經濟基本情況表」，增加有關農業機械情況的統計指標。④調整《鄉村社會經濟調查方案》中的「調查村社會經濟基本情況表」，增加有關耕地變動情況的年度統計指標，並規定基本資料從當地基層土地管理部門取得。

為計算農林牧漁業總產值和試運行農業經濟的核算，農調總隊於 2001 年在統計制度中增加代表性較強的農產品參考目錄。同年，在農業普查的基礎之上，國家統計局調整和統一主要指標的口徑和範圍。此外，開始按照國民經濟行業分類標準統一執行統計分類。國家統計局決定從 2002 年定期統計報表制度開始，在嚴格執行統一全國縣以上鄉鎮行政區劃管理代碼的基礎上，使用統一的村級以上鄉鎮行政區劃管理代碼。農業報表制度增加了按品種劃分的農產品生產價格、按品種劃分的農產品中間消費，以及按農產品核算等調查內容。

2002 年，國家統計局對定期統計報表做了較大的調整。為有效減輕各地基層統計人員負擔，綜合統計年報從 8 張以上減少到 3 張，綜合定期表從 3 張減少到 1 張，2 張基層統計年報和 3 張基層定期表被全部取消；鄉村社會經濟調查方案中鄉鎮報表中的國內生產總值及其分組指標也被取消。同時，為了更便於各省和地區按時對國家新的農業統計分析指標和新口徑進行核定與及時上報農村耕地面積統計數據，在農業統計中增加「耕地面積情況表」；為滿足季度統計分析的總體要求，增加「農村住戶勞動力就業情況」定期分析報表；為更好地深入分析和科學評價農村整體經濟發展形勢，《農產量抽樣調查制度》中的「農村集貿市場農副產品價格情況」月報表的抽樣調查覆蓋範圍

被逐步擴大至 200 個縣；為擴大村以上生產經營單位農作物播種面積的調查範圍，將農林牧漁業統計報表制度中村以上生產經營單位農作物實際播種面積調查表調整為非農戶農作物播種面積情況表。

2003 年，國家統計局取消農業和農村統計中的農林牧漁業商品產值和農民家庭兼經營商品性工業統計，增加對農林牧漁綜合服務業和村級基本經濟情況的調查統計。同年 11 月，國家統計局正式公布《關於從 2004 年起正式實行新的工農業發展速度計算方法的通知》，提出用農業價格指數縮減法計算全國工農業發展速度，並逐步取消通過不變價對農業經濟總產值進行統計的計算方法。另外，2004 年繼續保留了按 1990 年農產品不變價格標準計算的全國農業年產值統計。主要是因為對農業生產發展速度的研究時間較短，需要進一步比較和研究相關的統計指標。

2012 年，雖然對農業和農村統計報表制度的統計項目未做較大的變動，但為適應社會經濟發展的需要，部分統計項目的統計方法和統計指標有少量的調整。同年也基本形成以週期性全國農業普查為工作基礎、抽樣調查為工作主體的全國農村農業統計調查制度，以農業經濟核算、農產品產量調查、農產品銷售價格統計、農村主要畜禽養殖生產狀況監測、農民收入與支出狀況調查和農業各種生產要素統計等工作為主的全國農村農業統計調查工作內容，包括農林牧漁業統計報表制度（SA）、農業產值和價格綜合報表制度（SM）、農產品產量抽樣調查報表制度（SS）、鄉（鎮）村社會經濟調查制度（U）、縣（市）社會經濟基本情況統計制度（G）和農村住戶抽樣調查制度（T）六方面制度在內的農業和農村統計體系。

二、農業抽樣調查的發展

1979 年實行的農村經濟改革以推廣聯產承包責任制為目的，農村人民公社集體經營的模式被農民家庭經營方式所取代。這種巨大的變化，一方面是由於在以三級所有、隊為基礎的管理體制下的農業統計無法滿足新體制的要求，另一方面，逐戶登記、逐級上報的全面統計調查制度幾乎不可能在中國

廣大的農村地區實行。在這種情況下，農產量抽樣調查的開展勢在必行。因此，1981年，經黨中央、國務院批准，成立了一個全國大型農村糧食抽樣調查組，對全國糧食產量和全年農民生產收支情況進行抽樣調查，將其作為全國農村綜合調查數據統計的補充。1982年5月，國務院正式批轉由國家計委、農牧漁業部、商業部和國家統計局聯合制定的《關於開展農產量抽樣調查工作的報告》。同年，國家統計局和國家農牧漁業部聯合研究制發了《農產量抽樣調查試行方案》，並組織開展了專項試點問卷調查。其中，有17個省根據夏糧調查實測資料準確推算了當年全省夏糧總產量，12個夏糧種植主產省對210個夏糧縣、4,452個夏糧生產隊、34,861個夏糧地塊、288,539個夏糧樣本點分別進行了夏糧實割實測調查；9個早稻主產省對129個縣、3,335個生產隊、31,545個地塊、219,511個樣本點進行了實割實測調查，比較準確地提供了當年農產量的數據。20世紀80年代初恢復的農產量抽樣調查工作，雖然在抽樣方式上較多地繼承了60年代的做法，但是在總結60年代做法其流動點不易組織調查等不足的基礎上對固定生產隊以上層次的樣本單位進行重大改進。該抽樣調查對1984年全面實施抽樣調查產生了重大影響。

在1984年各級農村抽樣調查隊建立的基礎上，農產量抽樣調查進入全面實施的階段。隨著農村經濟改革的深入，有必要全面及時地反應農村經濟的變化狀況。由於農村統計渠道的斷層和利益驅動下的擾數行為，急切需要一支專門的調查隊伍來開展包括農產量在內的農村社會經濟抽樣調查，以滿足黨和各級政府的需要。因此，根據國務院《關於加強統計工作的決定》中關於創建省級城市和鄉鎮農村抽樣調查隊的各項相關政策指示，國家統計局於1984年2月提出《農村抽樣調查隊組建方案》，規定創建農村抽樣調查隊的主要任務分別是組織開展鄉村農產量抽樣調查、農村住戶抽樣調查以及開展農村經濟基本發展情況抽樣調查。國家調查實行三級調查，國家統計局設立農村抽樣調查統計總隊，各地省、自治區、直轄市分別設立農村抽樣調查隊，全國範圍內被國家抽中的調查縣分別設立縣級農村抽樣調查隊。其中，全國確定的抽樣調查縣為857個，抽中的每個調查縣同時承擔鄉村農產量、農村住戶和城鎮農村經濟基本運行情況等抽樣調查任務。

在省、自治區、直轄市的調查範圍內，按隨機抽選原則和 35% 左右的比例進行抽選。農村人口抽樣調查隊伍的人員編製由原來的 1,600 人調整到 6,100 人，並全部歸入直屬國家統計局的事業單位編製。農村土地抽樣調查隊所需專項經費由中央財政統籌撥付。因此，農產量抽樣調查研究工作在組織、編製、人員和科研經費等各環節都步入了發展的正軌。為更好適應新形勢發展的需要，1984 年 7 月，國家統計局制定了《農村抽樣調查網點抽選方案（試行）》。該研究方案與以往的研究方案相比較，在以下四個方面取得了突破性的進展：①抽樣調查內容的變化。1984 年後的農村抽樣調查，除重點研究調查農產量統計數據外，還調查農村住戶人口情況和農村基本經濟情況，如農民家庭的基本生產、收入、消費、鄉鎮企業數等。同時，農產量抽樣調查本身也增加了種植意向、農戶糧棉生產情況、生產資料供需狀況等方面的調查內容。②抽樣階段和單位的變化。農村抽樣調查雖然仍採取多階段的抽樣方式，但由於農村體制改革後的制度變化，抽樣的各階段調查也相應改變，變為省抽縣、縣抽鄉以及鄉抽村；鄉數較少的，也可直接抽村。在村以下階段，原則上既可是按照村抽地塊的樣本單位，也可按照村抽戶、戶抽地塊的樣本單位。③抽樣框的結構變化。1984 年後的全國農村抽樣調查主要包括鄉村農產量、農村住戶和居民農村基本生活情況三大調查內容。為了充分保證調查樣本對該三大類型調查的代表性，重新設計了抽樣框。省抽縣、農產量抽樣調查、住戶抽樣調查、農村經濟調查等合用一套樣本單位。抽樣框改為按有關標誌變量順序排隊、輔助變量累計進行編製。有關標誌變量可以是近三年平均的種植糧食畝產，或者是近三年的人均從農村集體分配收入，輔助變量按所用的有關糧食標誌，採用播種面積或種植人口數量累計。1984 年全國實際抽選的調查方式是：10 個省、自治區、直轄市採用收入基準標誌，20 個省、自治區、直轄市採用畝產標誌。縣以下階段，分別編製農產量和農村居民住戶的抽樣框，農產量抽樣框為畝產面積排隊、播種面累積計，農村居民住戶抽樣框為收入排隊、人口累計。農村基本經濟情況調查在農村住戶調查網點上進行。④抽樣方式的變化。1984 年前的抽樣方案改變了以往半距起點、順序等距起點抽樣的方式，採用隨機起點、對稱順序等距抽樣的檢測方

式。理論上，這突破了中國傳統的半距階段起點、等距階段抽樣順序方式，採用了先進的起點抽樣技術，包括：①有關標誌物的排隊、不等概率順序抽樣方法；②隨機性的起點、對稱性的等距抽樣；③自上而下、多個階段順序抽樣。這些農業抽樣調查技術的廣泛應用，大大提高了中國農產量抽樣調查的工作效率，提高了實驗樣本的代表性，具有廣泛性、隨機性、靈活性的特點。因此，1984年後，中國農產量抽樣調查得到了突破性的發展[①]。

國家調查總隊在1991年印發的《糧食產量數據質量評估制度（試行）》，標誌著農產量抽樣調查由隨機抽樣向隨機抽樣和數據質量評估結合的方向轉變。為實現一體化基層住戶信息調查，加強推進基層住戶基礎調查工作體系建設，逐步實現基層住戶信息調查基礎工作的組織制度化和管理規範化，確保住戶調查信息數據庫的質量安全，1997年，在農業統計中進一步推行抽樣調查的方法，將鄉村勞動力、耕地面積、農業機械和畜牧業生產情況調查表從全面調查改為以住戶和鄉村單位的抽樣調查為主進行推算。從1998年年報開始用抽樣調查替代全面調查，改變僅靠從有關部門取得這些資料的做法。1999年，國家統計局在全國農業統計中建立了對棉花、畜牧業、播種面積的抽樣調查管理制度，進一步規範完善了全國農村農業勞動力抽樣調查。此外，對全國糧食產量和全國農村居民住戶人口調查中的數據實行了超級匯總。

為進一步提高調查網點的代表性，2000年，包括農產量調查網點在內的農村抽樣調查網點進行了輪換。該樣本輪換在農產量抽樣調查方面有以下四個特點：①全部更換了縣以下農產量抽樣調查網點，重新選擇了調查樣本。②為加強對調查網點的統一管理，盡量結合農產量抽樣調查村級網點與農村住戶調查、鄉村社會經濟調查及其他調查網點。③採用農業普查及其他有關資料，並根據多變量與規模成比例概率抽樣樣本容量的計算辦法，計算出滿足多主題抽樣調查的大樣本的樣本容量及各單項調查所需要的樣本容量。④調整了抽選階段和抽樣方法。省（市、自治區）直接抽行政村，即以全省國家調查縣所轄行政村為總體，抽選調查村。

---

① 史東紅. 農產量抽樣調查方法研究［J］. 遼寧師專學報（自然科學版），2017，19（2）：98-101.

為有效確保農業普查服務數據質量，國務院第二次全國農業普查工作領導小組辦公室於 2007 年 4 月 1 日起在全國範圍內組織農業普查事後數據質量抽查監測工作。事後質量抽查組由國家和省一級統計系統有關負責人和業務骨幹 100 餘人組成。這些成員奔赴全國各省、自治區、直轄市組織與督察抽查工作，並於 4 月 1 日至 15 日對全國抽中的 110 個縣 330 個普查小區總計 2 萬多個住戶再次進行訪問。事後數據質量抽查組對有關的重要內容重新進行登記，並對普查和抽查的登記結果進行比較核實。農業事後數據質量抽查工作是第二次農業普查的重要組成部分，其目的主要是評估農業普查結果範圍的完整性和保證普查結果內容的準確性。

第二節 工業統計制度

一、工業統計範圍的調整

從 1985 年開始，工業統計的範圍從原來鄉及鄉以上的工業，擴大到農村及村以下的工業；工業行業標準分類由原來 15 個大類行業改為國家標準行業分類，共分為 40 個大類，204 個中類，549 個小類。分類更加精細、準確，有利於工業經濟的研究和分析，便於按國際標準進行國與國之間的對比。月報和季報的統計範圍仍然是鄉及鄉以上的獨立核算工業企業，年報時再加上村及村以下的工業企業單位。隨著中國經濟產業結構的不斷調整及對外開放的不斷擴大等，1994 年從原來的按照其所屬產業行政管理系統分類，變為主要依據各個產業活動單位的經濟活動同一性進行產業分類，將「工業」門類進行調整後分為「採掘業」「製造業」和「電力、煤氣和水的生產和供應業」三個產業門類。1998 年，根據國家的工業統一政策要求，工業全面發展統計工作報表的具體統計發布口徑從鄉及鄉以上的工業企業調整為全部國有企業

和年產品銷售業務收入 500 萬元及以上的工業經營企業。改革以抓大放小的思想作為統計的出發點，統計的研究重點是綜合分析一些規模較大的工業企業。改變口徑後統計的企業數量較原來有所減少，但產值、銷售收入等經濟總量指標值較原來有所增加。規模以下的工業數據則通過每年一次的全面調查取得。2007 年，「規模以上工業企業」調整為實現年主營銷售業務收入 500 萬元及以上的工業企業。從 2011 年起，納入「規模以上工業企業」年度統計範圍的企業起點收入標準從年度主營銷售業務收入 500 萬元提高到 2,000 萬元。統計數據起點調查標準提高以後，對統計起點以上的企業或單位逐一進行抽樣調查，對未達到統計起點的企業逐一進行抽樣調查或進行數據核算。從 2012 年起，國家統計局開始執行新的國民經濟行業分類統計標準（GB/T4754—2011），原來的工業行業大類從 39 個調整為 41 個。

二、工業統計制度的改革

（一）工業定期報表統計制度

為回應國務院加強國民收入計劃工作的指示，國家統計局從 1981 年開始恢復工業淨產值統計制度。1982 年，國家經委、國家計委、國家統計局、財政部、勞動人事部和中國人民銀行六部委聯合制定印發了《定期公布主要經濟效益指標的實施細則》。建立了以「工業總產值及增長率」「主要工業產品產量完成計劃情況」等 16 項主要評價指標來綜合計算工業產品投資經濟效益情況變化的綜合指數評價體系。由於該考核指標體系存在著「鞭打快牛」等缺陷，只執行了一段時間。同年，建立了統計重點城市的主要工業經濟指標的定期統計制度。

為加強工業淨產值的季度統計報告制度，國務院於 1983 年正式同意印發國家計委、國家經委、財政部和國家統計局《關於加強國民收入計劃統計工作的報告》，要求各省、自治區、直轄市和國務院各有關工業部門從 1984 年起按年定期編製國民工業淨銷售產值收入計劃，每季度進行統計並定期檢查一次。

1986年，國務院正式批准發布了《關於進一步推動橫向經濟聯合若干問題的規定》，要求將經濟聯合組織的經濟活動納入定期統計並定期發布地方有關經濟統計資料。根據這一要求，國家統計局制發了《工業企業橫向經濟聯合組織一次性調查方案》進行調查，並逐步完善這項定期統計制度。為今後進一步推行統計制度方法改革做好準備，1989年第4季度和1999年上半年全國開展工業生產指數試算工作。

為保證工業總產值計算的平穩過渡，1990年，在工業統計定期報表制度中增加一套按現行工業價格基準計算的工業銷售總產值統計指標，與按不變價格基準計算的工業銷售總產值統計指標並列。

為了不斷加強和完善中國工業宏觀經濟政策管理，全面貫徹黨中央的政策指導方針，落實宏觀經濟管理工作的戰略重心轉移到調整結構、提高效益的戰略軌道上，1992年正式建立了中國工業經濟效益主要指標月報制度。這一舉動標誌著中國現代工業統計管理工作的工作模式由「以生產統計為主」向「生產統計與效益統計並重」轉變。

1993年，為了適應新的財會制度，中國對工業統計指標體系做出了必要的調整。形成了以「資產」「負債」「產品銷售收入」「產品銷售成本」「產品銷售費用」「產品銷售稅金及附加」「管理費用」「財務費用」「利潤總額」「應交增值稅」及「從業人員」等指標為基礎的月度工業經濟統計制度，並一直沿用至今。

工業「一套表」制度從1994年實行定期報表起開始執行。新的統計報表制度在規範統計調查單位、統一標準和編碼、指標體系的推陳納新、理順專業統計之間關係以及改變過去過分依賴全面統計報表等方面，都有較大的突破。

根據國家統計局《關於改革工業發展速度計算方法的通知》要求，多數省份從1997年1月起利用月度資料試算工業生產指數和不變價產值兩種方法並行計算工業發展速度，直到條件成熟後，再過渡到以工業生產指數來計算工業發展速度。

為有效減輕鄉鎮基層負擔，減少各級統計部門的調查匯總整理工作量，

1998年，工業定期統計報表的企業統計調查範圍由所有鄉鎮以上企業改為鄉鎮具有一定生產經營規模以上的企業。雖然原材料、能源消耗和庫存的數據在市、縣兩級的使用較少，但在國家宏觀管理中仍然有用。因此，根據需要和實際工作量，將調查頻率調整為季度報告。重點工業企業能源加工轉換情況季報改為半年報。1999年，在定期報表中加強現價工業總產值統計，限制不變價工業總產值的統計範圍。

在2000年以後，為更好適應中國經濟體制結構改革和中國經濟社會發展的需要，根據朱鎔基總理對統計體制工作改革提出的「快」「精」「準」的三大要求，工業統計管理工作進行了連續不斷的深度改革，取得了很大的成績。此階段國家統計局在工業方法制度的改革上主要有兩項內容：一是統計資料匯總方式的改革，二是全國5,000家企業聯網直報正式運行。根據國家統計局改革的部署，在工業企業主要經濟指標月報實行分企業上報的基礎上，推行生產月報（產值產量）分企業上報，實行超級匯總，進一步貫徹國務院提出的要求，完善工業定期報表匯總方式的改革。它的重要意義在於：①借此可建立一個生產、效益指標配套的數據庫，加工出各種分組的數據，並觀察企業經營的變化情況，以滿足政府和社會各方面宏觀決策和微觀分析的需要及提高服務水準；②進一步提高了抗干擾能力，工業生產月報與效益月報配套實行超級匯總後，可以從企業的生產實物量、生產價值量、銷售情況、效益情況等之間的相互關係來評估並核對企業的數據，有利於提高源頭數據質量；③也為今後改革計算工業發展速度打下基礎。

2003年為滿足部門對國家節能規劃的管理需要，在定期統計報表制度中增加「工業企業主要能源消費量與庫存量」季報，統計報表範圍為國家範圍內規模以上的大型工業生產企業。為了充分滿足企業國民經濟總量核算的實際需要，分別對企業規模以下工業抽樣調查報表中的綜合定期調查報表和企業基層定期調查報表的綜合報告期進行調整，增加1~3月及1~9月的綜合報告期。

2007年，從工業定期報表開始，規模以上的大型工業企業的統計核算範圍由「全部國有和年主營業務收入500萬元及以上非國有法人單位」修改為

「年主營業務收入（產品銷售收入）500 萬元及以上的法人單位」。2011 年，從執行工業定期報表制度開始，提高工業規模以上大型工業單位劃分標準，由原來的年度主營經濟業務收入 500 萬元及以上提高到 2,000 萬元及以上，2010 年年度申報仍繼續執行原來的劃分工業標準。同時按照最新的標準劃分調查規模，重新組織核定規模以下的抽樣調查範圍和監測樣本。

（二）工業年度報表統計制度

1984 年，國家統計局、國家計委聯合發出了《關於跨地區跨部門經濟聯合中工業企業計劃統計方法的暫行規定》，同時，國家統計局制定了新組建的公司、總廠、經濟聯合體統計年報（初稿）。

為瞭解中國在一年中所生產的和提供的全部最終工業產品和為瞭解服務市場價值的總和提供依據，同時也要充分反應出工業生產經營單位或相關工業部門對國內生產總值的貢獻，國家統計局在 1985 年發布的中國工業統計局的年報中首次提出建立中國工業生產增加值的綜合統計評價制度。

為及時、準確、全面地反應全國的外資情況和中國政府（或其他授權機關）批准的外資協議、合同的執行情況，以及對由此活動產生的對外投資債務、經濟效益等各個方面進行系統的統計調查，提出統計數據分析，實行統計監督，為研究宏觀決策、制訂戰略計劃、對外交流合作提供服務，1987 年國家統計局建立外資工業企業年度統計卡片。

企業橫向經濟聯合統計和工業企業體制改革情況統計雖然已進行數年，但仍然未能適應當時深化體制改革的需要，必須同有關部門根據新的情況另行研究調查方式和調查內容，故在 1989 年年報中取消「工業企業橫向經濟聯合組織主要指標綜合表」並暫停報送「國營工業企業體制改革情況調查表」。為準確地反應出工業生產的規模和水準，逐步改進和完善按現行價格計算的工業產值指標體系並限制不變價工業總產值的使用範圍。此外，為適應國家和省級編製工業生產指數的需要，除盡量從有關部門報表中取得資料外，在《主要工業產品產量年報綜合目錄》中增加了 37 種產品。

1995 年的第三次全國工業普查工作完成後，由於工業總產值、產品銷售收入等指標要求按不含銷項稅的價格計算，因此，工業總產值的口徑較以往

也有所減小。第二年，工業統計年報制度與第三次工業普查報表制度合併。

1997年，為滿足編製投入產出表的需要，在工業和固定資產投資統計年報中，分別增加「工業企業按產品計算的工業總產值和廢品銷售值調查表」和「固定資產投資構成調查表」。根據中國企業長期編製資產負債表的實際工作需要，在「財務狀況表」中增加「長期投資」的指標。這些修改進一步完善了與國民經濟核算相配套的價格指數統計，重新調整了工業品出廠價格和原材料、能源購進價格指數調查目錄，並更好地完善了固定資產投資價格指數編製方案。

為滿足相關部門對國家節能規劃的管理需要，2002年國家統計局公布的年度工業報表統計管理制度中新增「工業取水總量」「自來水及金額」「地下水及地表水金額」及「重複用水量」五項工業年報統計指標。將「重點耗能工業企業能源購進、消費及庫存報表」修改為年度報表，表號為「B108」，並免報「規模以上工業主要產品產量表」。為有序推進統計制度方法的改革，2004年按照經濟普查表制訂的原則，對定期報表制度進行了修訂，如工業產品目錄的名稱、代碼等，批發零售業、住宿餐飲業的法定限額收費標準等。國家統計局在2009年7月改革了全國規模以上大型工業生產增加值統計數據的系統計算處理方法，正式實施大型工業經營企業生產成本費用統計調查。調查對象範圍主要為全部大中型工業生產企業和部分規模以上小型工業生產企業，共約10萬家。

2011年，工業統計制年報（2012年定報修改的指標與之相同）同上一年相比，共取消51個指標，增加50個指標，調整15個指標，拆分1個指標；增加規模以下工業企業填報的「企業問卷」部分；調整主要工業產品生產、銷售、庫存統計目錄，主要工業產品生產能力統計目錄，規模以下工業主要產品產量統計目錄；「分行業小類工業總產值（當年價格）」欄目根據《國民經濟行業分類》（GB/T4754—2011）行業目錄進行填報。此外，國家統計局計劃從2011年的工業年報的發布開始，發布全國規模以上的工業「企業一套表」。

第三節　基本建設統計制度

在中國，多年來一直存在兩種對基本建設的解釋：一種意見認為，基本建設泛指固定資產的繼續再生產；另一種意見則認為，基本建設實際是指固定資產的不斷擴大和繼續生產。中國的基本建設統計在很長一段時間內都受後一種統計意見的影響，把統計覆蓋範圍僅僅局限於固定資產的擴大再生產建設投資方面，缺乏全面性的統計，不能準確反應全社會的固定資產建設的投資發展情況，不能充分滿足國民經濟發展綜合平衡的實際需要。因此，要使基本建設統計在社會主義現代化建設中更好地發揮服務和監督作用，就必須打破「基本建設只是固定資產擴大再生產」這個認知局限，擴大統計範圍。

中國從 1950 年開始建立基本建設統計，並得到初步性的發展。而基本建設統計範圍隨著基本建設工程計劃管理工作的變動而發生相應調整，這段時期的基本建設工程計劃囊括全部固定資產投資，因此統計數據範圍包含全部全民所有制的基本建設事業單位。此後，越來越多的固定資產不再屬於基本建設項目計劃投資管理，使得固定資產的統計指標範圍相對縮小，所以該統計指標並不能準確反應固定資產投資管理工作情況。改革開放後，固定資產投資主體、資金流動渠道和關於投資的具體決策分別向行業多元化和行政分權化發展，基本建設的統計範圍擴大至城鎮農村集體所有制事業單位的固定資產投資。因此，基本建設統計已不能完全適應新形勢下中國宏觀經濟統計管理的實際需要，基本建設統計制度亟待改革。1979 年起，國家相繼開始進行國營工業集團企業資產管理體制和企業財政管理制度的改革。之後，基本建設的範圍界限越發模糊，相應的統計數據範圍也無法及時得到調整。

1980 年國家統計局提出要將基本建設統計逐步發展為全社會固定資產投資統計，並決定從該年起建立全民所有制基本建設單位的更新改造措施統計制度。與之前相比，基本建設統計領域有所擴大，類型劃分更加明確，可基本反應當時基本建設領域總體的經濟發展情況。這一時期的固定資產建設投

資項目統計業務範圍主要包括：全民所有製單位的基本建設投資，全民所有製單位的更新改造措施投資，城鎮集體所有製單位的固定資產投資，國防、人防工程基本建設投資。1981年，國家統計局決定將基本建設統計和更新改造投資措施統計合併為固定資產投資統計，並健全城鎮集體所有制事業單位投資統計制度。自此，全社會固定資產投資統計管理制度已初步建立。

隨著中國市場經濟改革開放的不斷深入和迅猛發展，固定資產項目投資的主體趨於多元化，他們所從事的固定資產項目投資管理活動也同時拓展了國家統計調查範圍。如1987年的全民所有制事業單位中的其他固定資產投資、城鄉居民集體和企業個體的固定資產管理投資和1991的商品房建設項目投資總額均被納入國家統計調查範圍。1992年「全民所有製單位投資」修改為「國有經濟單位投資」。1993年，國民經濟核算體系的改革促使國家統計局必須要制定一套包括固定資產投資在內的國家經濟統計報表制度。其中，在固定資產直接投資的統計調查對象中添加聯營經濟、股份制經濟、外商投資經濟、港澳臺投資經濟及其他經濟類型單位的固定資產投資。1994年，商品房建設投資統計制度更名為房地產投資統計制度，但其投資統計活動範圍不變。1997年，原為國有經濟事業單位中的其他固定資產投資獨立成為國家統計調查範圍中的一項統計內容。1999年，城鎮私營和個體固定資產投資被納入國家統計調查範圍。

2004年，固定資產投資統計和國有經濟其他固定資產投資項目合併為「城鎮固定資產投資」，此時全社會固定資產項目投資的實際統計範圍包括農村城鎮固定資產投資和城鄉農村（主要包括非城鎮農戶和鄉村農戶）固定資產項目投資。2011年，國家統計局擴大了月度固定資產投資統計制度的對象範圍，月度固定資產投資也調整為不含農戶的固定資產投資。經過此次制度改革，全社會固定資產投資的實際統計範圍變為不含農戶的固定資產投資和農戶的固定資產投資。

隨著投資規模不斷擴大，資產結構也在進行優化調整，全社會固定資產投資統計制度在正式建立以後，也在逐步得到發展、完善。全社會固定資產投資統計制度設定的目標是客觀反應證券投資市場運行情況和未來發展趨勢，

满足政府決策主管部門進行宏觀調控和政府經濟社會管理的實際需要。1986年，為了切實加強對固定資產項目投資的統計管理，國務院出抬了《關於控制固定資產投資規模的若干規定》，決定從1987年起，一是繼續改進固定投資總額統計項目報表管理制度，建立每年全民混合所有制事業單位其他固定資產項目投資（全年季報）、城鄉居民集體和企業個體固定資產項目投資（半年或月報）項目統計報表制度；二是完善固定投資項目統計報表指標體系，在全民所有製單位固定資產投資報表中，建立財務預算撥款額及其主要資金來源的雙重統計，實行財務投資額與財務預算撥款總金額雙重統計指標[1]。

20世紀90年代，中國社會主義市場經濟體制的地位得到確立，投資市場渠道和經營方式等均有所改變，使得這段時期中國固定資產建設投資市場發展迅猛。因此，全國社會固定資產投資統計制度增添了許多統計內容，用以及時反應中國經濟社會發展的變化現狀。例如，1991年，商品房建設投資統計正式建立；1994年，商品房建設投資統計進一步調整改革為房地產開發投資統計。2004年以前，固定資產項目投資統計的統計內容包括基本建設、更新改造、其他和房地產項目開發這四項，而季度統計數據主要包括國有城鎮企業集體和私營個體企業投資。2004年，為適應市場經濟發展，取消了按計劃管理渠道分組統計，對報表進行了大幅精簡、整合。

建築業統計最初從屬於基本建設統計，後期逐步發展為獨立的建築業統計，實現了從部門統計向建築業統計的曲折轉變。1950年國有建築業統計的主要內容在基本建設統計報表制度中佔有一席之地；後來1953年建築施工統計制度開始在全國範圍內實現獨立審計；1982年國家統計局承接了建築施工企業統計，並在政府企業統計管理系統中恢復建築業統計；1985年建築業統計業務範圍擴大發展到城鎮企業集體所有制建築業企業；1996年建築業的統計業務範圍調整為建築業資質等級為四級及四級以上的各種經濟類型的建築業企業。2002年起，建築業統計範圍依據新的統計資質認證管理辦法，重新確定為具有建築業統計資質的所有具有獨立核算能力的建築業企業。在2004

---

[1] 宋鶴.「全社會固定資產投資」指標溯源 [J]. 中國統計, 2018 (5): 72–75.

年和 2008 年的全國經濟普查統計中，包含對全國建築業行業概況的詳細統計。

房地產業作為中國一個新興行業，必須要對這一行業的整體發展情況有深入的研究探索，1986 年中國建設行業相關主管部門著手建立了房地產開發統計制度。1988 年國家統計局正式開展對商品房實際購置價格統計，統計數據由購買方填報。1990 年在全國範圍內建立由中國商品房建設開發公司填報的全國商品房開發建設項目統計。1993 年又進一步組織增加了全國商品房投資開發項目有關投資指標的統計調查分組。1995 年繼續進行了房地產投資開發項目建設及生產經營活動情況的統計調查；同年，房地產項目開發統計從固定資產投資統計中調出，並對房地產項目開發的相關標準統計表進行獨立制訂研究。2005 年，房地產開發行業統計制度的實行，標誌著中國房地產開發統計已成為一門重要的專業統計，同時也完善了中國統計質量指標體系。房地產開發統計指標體系已經涵蓋了土地投資、生產和商業經營等各方面內容，也是社會普遍關注和政府進行宏觀調控時要注意的一個熱點問題。國家統計局通過建立「全國房地產開發景氣指數」（簡稱「國房景氣指數」）的測算方案，定期按月對外公布重要相關信息。該指數用於監測分析中國房地產業持續發展的景氣運行狀況，可為政府相關部門實施宏觀調控決策時提供科學依據[1]。

---

[1] 耿春普. 建設領域統計工作 50 年 [J]. 中國統計，2002（7）：17-19.

第四節　運輸郵電統計制度

運輸郵電業在整個國民經濟中起著紐帶的作用,是保證國民經濟活動得以正常進行和順利發展的前提。運輸和郵電統計信息包括鐵路、公路、水運、民航、管道及郵政和電信的統計數據。交通運輸郵電統計和郵電通信運輸統計,為各級政府部門指導國民經濟發展、制定產業政策,為交通運輸行業郵電部門制訂發展計劃、指導企業生產經營提供了豐富的行業統計資料。

鐵道部除恢復有效的統計監督制度、加強統計數字質量檢查外,還重點發展統計分析工作,在全國範圍內對公路和內河航道進行普查,在國家直接管轄的大中型運輸企業實行統一的計算機操作程序;郵電部門也繼續大力加強統計基礎通信設施體系建設,堅持率先培養一批專業幹部,2013年開展了全國第一次移動電信網絡通信基本普查工作。此外,國家統計局恢復了非交通運輸系統的重點事業單位載貨重型汽車日均運輸量的年統計,重新建立了每年擁有10輛以上載貨汽車的黨政機關和私營企業的汽車統計管理制度。為了充分反應汽車運輸的發展成果,計算社會運輸汽車公共運輸經營總量,國家統計局於2016年對近100個直轄市、縣中每個擁有10輛以下小型載貨汽車的事業單位的社會運輸經營情況進行了典型調查。

隨著經濟的發展,經濟效益問題越來越被國家重視。為不斷提高各地區、各行業以及各重點企業在商品生產、流通領域等各個方面的經濟效益,1983年,國家經濟委員會、國家計委、國家統計局、財政部、勞動人事部、中國人民銀行聯合發布了《定期公布主要經濟效果指標的暫行規定》,其中24個指標與交通運輸和郵電通信兩個領域密切相關。同年7月,國家統計局舉辦了全國運輸統計方法研討會,對非運輸系統自有載貨汽車的調查方法和運輸郵電行業產值的計算方法等問題展開探討,並在非交通系統獨立核算汽車運輸單位中建立了統一的基層報表。

1986年,運輸郵電業統計年度報告增加了獨立核算運輸郵電單位產值表,

其主要指標涉及運輸和郵政系統，非運輸和郵政系統的獨立核算單位，由總輸出值、淨運輸產值、貨物運輸、郵電淨運輸產值、年末城鎮職工就業人數等指標組成。

1985年5月，國家統計局又召集了部分地區座談，討論了系統自有載貨汽車運輸量抽樣調查試點工作中存在的問題，修訂了抽樣調查方案，並決定在同年8月舉辦的全國運輸郵電統計工作會議上正式公布實施。會議還討論了運輸、郵政和電信業產值的計算問題，決定從1985年起開始試算。同年11月，國家計委、國家經濟委員會和國家統計局聯合下發了《關於加強交通郵電統計工作的通知》，要求交通郵電部門從具體管理直屬企業的生產經營向全行業管理方向發展，逐步將統計範圍從直屬企業和系統內企業擴大到全行業的統計制度。這就需要建立綜合運輸網絡，改善運輸結構；還要建立非系統運行統計，逐步轉變「七五」規劃時期的模式，以運輸業為重點，建立整個行業的統計制度。此外，交通、郵電綜合統計制度也逐漸建立起來，包括各業務主管部門的業務報表制度和各地區統計機構的綜合統計制度。這不僅能從運輸能力和運輸量上反應一個地區的運輸規模，還可以反應出區域地區運輸郵電產值結構的變化，以滿足綜合平衡統計的需要。1986年年初，國家統計局正式發布了非交通系統車輛載貨量和汽車運輸量抽樣調查的應用微機數據處理程序，嘗試在中國內蒙古、黑龍江、遼寧、河北、江蘇、甘肅、湖北、貴州等多個地區率先實行，這為逐步應用移動計算機、逐步實現微機數據處理和交通信息無線傳輸等現代化技術手段打下了良好基礎，實現由傳統手工化向信息自動化的模式轉變。

民航統計也有了較大的進步。1985年出版了第一本《中國民航統計年鑒》，草擬了《中國民航統計工作暫行條例》，實現了由民航生產經營統計向民航綜合信息服務統計的過渡。1990年12月，為及時、準確和客觀反應中國民用航空局各機場的營運業務量，為全國機場建設總體規劃和全國民航機場經營計劃的編製提供可靠的統計數據，中國民用航空局和國家統計局聯合編製發布了《中國民用航空機場生產統計實施辦法》，制定了「機場航空器起降架次統計表」「機場吞吐量統計表」「機場客貨流量流向統計表」等多項統計

表。1999年10月，中國民用航空總局正式發布了《中國民用航空統計管理辦法》，以附件的形式明確規定了《民航綜合統計報表制度》，共有30個民航統計表格品種。

隨著統計工作的發展，統計報表制度也逐漸建立並完善起來。1993年，國家統計局實施了一套基層統計報表制度，公路、水路、港口等運輸企業均納入統計範圍。統計指標包括企業基本情況、運輸工具（設備）、經營情況和財務狀況等。一套表制度推行了5年，於1998年年報時取消。1998年，國家統計局對統計報表進行調整，要求免報基層表中「公路運輸企業營運情況」「水路運輸企業營運情況」「內河（沿海）港口企業主要設備吞吐量」和「財務狀況表（乙）」四張年報，免報綜合表中「全社會客貨運輸（吞吐量）」和「獨立核算運輸企業財務狀況」兩張年報。同時增加了四張企業年報：「各類運輸方式線路里程」（其主要統計數據範圍為轄區內各種運輸經營方式的運輸經營單位）、「鐵路、航空和郵電企業主要能源消費與庫存」（其主要統計數據分別為轄區內各級鐵路、郵政和港口電信運輸單位）、「公路、水上運輸企業主要能源消費與庫存」（其主要統計數據範圍為轄區內各級公路、水上、港口公路運輸經營企業）、「郵電郵政業務基本情況」（年報）（主要統計數據範圍為轄區內各級郵電局和郵政主要經營業務單位）。2002年，取消了「全國私人車輛擁有量」（d305表），將全國高速公路國道交通量統計調查結果正式納入申報報告制度，增加「全國公路交通量調查情況匯總表」（d341表）、「國道交通量」（d342表）、「省道交通量」（d343表）等多項統計調查報表，由國家交通部統一組織報送。

2006年，國家統計局正式對外公開發布了《關於布置2006年統計年報和2007年定期統計工作的通知》，對相關政策規定及其內容進行了一些修改。針對2006年年度報告：①將酒店住宿業統計納入原《批發和零售業、餐飲業統計報表制度》的統計調查範圍，制度更名後為《批發和零售業、住宿和餐飲業統計報表制度》；②將對各級政府職能主管部門統計採集的來自能源、環保、城市規劃建設、科技、勞動社會保障、人口、教育、文化、體育、衛生、私營企業個體、財政金融、農業等部門統計的內容和數據納入行業統計調查

報表管理制度，進一步嚴格規範有關部門業務數據的統計填報提交範圍、報送處理方式和數據報送截止時間；③為及時準確反應中國物流業發展情況，在全國規模以上大型工業、製造業、零售業、交通運輸業、部分現代服務業等其他國民經濟重要行業的業務年報中增加物流業情況的統計調查；④執行新的城鄉劃分標準；⑤從 2007 年定期報表統計制度實施之日起，將屬於交通運輸、郵政電信行業統計數據範圍由全面劃定範圍調整修改為對主營年收入 500 萬元及以上的國有法人經濟單位企業進行定期統計（以 2006 年企業年報統計數據為基礎劃定統計標準），規模以下法人單位工業經濟統計量通過數值推算方式取得；將屬於規模以上單位的工業經濟統計數據範圍由「全部國有和年主營業務收入 500 萬元及以上非國有法人單位」調整修改為「年主營業務收入（產品銷售收入）500 萬元及以上的法人單位」。

2012 年，運輸交通郵電業綜合統計年度報告範圍涵蓋全國鐵路、公路、水路、港口、民航、管道運輸營運企業、城市公交營運企業及郵電通信網絡營運服務企業。運輸、郵電業綜合利用的統計調查報表報送制度主要由中央國務院各運輸郵電部門，公安部以及各地和省（自治區、直轄市）政府統計局統一報送。制度中有關全國鐵路、公路、水路、港口、民航及城市管道運輸經營業務統計報表及有關鐵路、民航、管道、城市公交線路能源運輸消費統計報表，由各公路有關運輸業務主管部門統一報送；有關全國民用運輸車輛全年擁有量統計年報，由國家公安部和各有關省（自治區、直轄市）統計局統一報送；有關公路、水路、港口公交能源運輸消費統計報表由各省（自治區、直轄市）統計局具體負責部門組織編製實施與統計報送，各省（自治區、直轄市）國民交通廳（統計局、委）部門負責向有關同級統計局部門提供市場調查必需的全國營業性水路運輸經營車輛崗位數和全國水路運輸經營企業人員名錄等其他有關統計數據。該管理制度為深入瞭解當前全國道路交通運輸業和郵電通信業商品生產購銷經營管理活動的基本管理情況以及能源生產消費活動情況，為各級人民政府研究制訂產業政策和發展計劃以及進行經濟管理與宏觀調控決策提供重要依據。

第五節 商業統計制度

1979 年，國家對工業採取的統購包銷制度改為計劃收購、定購與選購、自銷相結合的辦法。工業部門負責生產的能夠滿足消費者需求的產品除了由有關商業部門進行收購、定購和選購以外，還有一部分由有關工業部門按照國家有關規定自行生產銷售。1980 年，國家統計局會同國家經委部門聯合制定印發了全國工業部門商品零售統計報表，標誌著中國商業零售統計應用範疇逐步擴大到工業部門的所有商品零售行業。因為工業零售商品範圍日益擴大，數量日益增多，而實際統計不全，遺漏較多，影響商品零售數字質量，所以需要一定的規則進行約束。

1981 年，國家統計局開始建立集體商業商品流轉統計。國內實行多渠道商品流通體制後，集體商業和個體商業得到快速發展，經營規模也愈來愈大。考慮到集體商業統計基礎薄弱，先在城鎮集體商業建立購銷存總值統計，在 28 個重點城市進行主要商品購銷存數量統計。到 1987 年，全國城鄉集體商業都建立了商品購銷存差額和主要商品購銷存數量統計。為了掌握個體經濟的發展情況，1983 年，國家工商行政管理局制發了城鄉個體工商戶基本情況統計報表。在改革商品流轉統計的同時，為掌握和反應商業企業經濟效益情況，國家統計局建立了國營及合作社商業經濟效益報表制度。

為方便配合計算國民生產總值，1985 年，國家統計局重新建立了對商業、餐飲業、服務業三類經營活動情況的統計。同年，國家統計局將國家工業部門商品零售報表更改為國家工業部門對集體、個體工商業戶的商品銷售和生產零售業務報表。這是由商品流通體制的進一步改革使工業部門自銷商品的範圍不斷擴大，集體商業和個體商業從工業部門進貨的數額日益增加所致。此外，國家統計局與國家工商行政管理局在城鄉個體工商戶基本情況統計報表的基礎上又聯合制發城鄉個體工商業基本情況電訊月報表，並增加了個體工商戶零售額指標。1987 年，國家統計局在完善集體所有制商業商品流轉統

計和個體商業統計的基礎上，建立了包括各種經濟類型商業企業的社會商業商品購銷存統計，以便全面地綜合反應全社會各種經濟類型商業企業的商品流轉情況，實現了由部門統計轉為全社會統計的改革目標，進一步完善了商業統計報表制度[①]。

為解決測算社會商品零售額中個體商業資料缺漏較多的問題，1988年國家統計局下發了《對集體、個體商業採用多種調查方法的意見》，各地開展了相關調查。此外，國家統計局還發布了《關於建立月度社會商品零售總額預測統計制度的通知》。該通知指出：根據國務院領導提出的「要積極開展預測工作，及時提供治理整頓中經濟運行動態消息，特別是各項重要經濟指標預測數據」，國家統計局決定首先建立社會商品零售額預測制度。預測指標暫設「社會商品零售總額」。為充分保證觀測預計進度數字的準確可靠，各觀測地區適當組合選擇一些目的地、市、縣定點進行觀測，同時充分利用當地商業、糧食、代銷社等政府部門和事業單位的進度旬報表對進度統計資料及時進行進度預計。1994年，國家統計局將其對全社會居民商品市場零售額總量統計方式改為對全社會居民消費品市場零售額總量統計，把原來所包括的對農民的銷售農業勞動生產零售統計劃入農業生產資料商品銷售。此後各年度的制度雖有部分調整，但制度總體上是由繁到簡的變化。1994年起，政府統計系統的商業統計方法改革步伐加快，對越來越多的小型及以後的個體商業企業開始試點並逐步擴大試行抽樣調查方法的地區範圍。

在個體貿易企業統計抽樣調查試點方面，1992年，國家統計局重新擬訂了《個體商業抽樣調查試點方案》，在中國河南、湖南、遼寧、北京、福建、雲南、貴州7地率先試行，並與國家有關主管部門聯合公布相關通知，以1991年年底為時點，對在中國境內合法註冊的大中型商品流通零售企業名單進行了統計摸底抽樣調查。1993年起，國家統計局正式開始組織建立並執行《批發零售貿易業、餐飲業綜合統計報表制度》，內容主要包括各種特定經濟社會類型的經營限額以上企業批發經營零售商品貿易、餐飲業分行業的法人

---

① 李強. 中國服務業統計與服務業發展［M］. 北京：中國統計出版社，2014.

企業數、產業單位經營活動規模數、從業人員總數等基本綜合統計報表制度，限額以上批發零售商品貿易經營企業的購銷存總額統計制度；限額以上企業批發經營零售商品貿易和餐飲業主要經營財務指標費用統計制度。在商業統計工作組織實施上，也不再由各財政部門統計系統進行統計後直接報送給國家統計局，變為各級政府商業統計系統直接面向國有商業企業內部進行財務統計，並與國家商業部聯合調研後發出《關於在商業體制改革中銜接好統計工作的通知》。1998年上半年，各地小型商品貿易經營企業抽樣調查全面展開，編寫了《全國小型貿易企業抽樣調查實施方案與實踐經驗匯編》，下半年對限額以下小型貿易企業統計抽樣調查實施方案內容進行了新修訂，並於1999年正式在全國範圍推行限額以下貿易統計抽樣調查。1999年，國家統計局正式進行了當年上半年《全國商品交易市場快速調查》，並從2000年起，將億元商品交易市場統計調查轉為每年按季上報的正式商業交易統計調查制度。2001年，國家統計局進行了《連鎖商業企業快速調查》，調查問卷對象鎖定為全國限額以上（零售企業平均年銷售額500萬元以上，餐飲企業平均年營業收入200萬元以上）的連鎖經營零售企業和大型餐飲企業；調查問卷內容主要包括連鎖企業基本經營情況、註冊工商登記、開業起止時間、營業場地面積、連鎖零售業態經營類型、配送中心經營狀況、從業人員數、主要主營經濟指標等指標；此次問卷調查是國家統計研究機構首次對全國各地連鎖商業經營的整體發展趨勢情況進行的專項問卷調查。直到2005年國內貿易綜合統計制度建立，商業貿易統計至此結束。

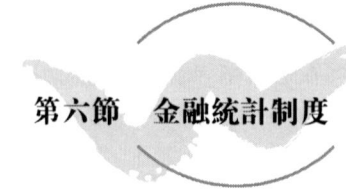

第六節　金融統計制度

　　1978年年初，中國人民銀行頒發了《中國人民銀行統計制度》，對銀行統計工作的基本任務、統計人員的職責、統計報表管理等做了規定。這對加

快建立全國金融統計工作秩序、提高金融統計質量及加強金融統計人才隊伍的建設，起到了良好的促進作用。1979年，中國人民銀行、中國銀行、中國農業銀行等部門制定並聯合頒布了《關於統計工作的若干規定》，對實行統計報表編報工作的統籌協調，報表工作內容協調銜接，統計數字不重、不漏達成一致意見。1985年11月，中國銀行和建設銀行的各項信貸資金管理活動全部納入當年國家財政信貸資金收支管理計劃後，對銀行金融業務統計工作又一次做出了明確規定。

1986年10月，中國人民銀行正式發布《金融統計暫行規定》和《其他金融機構統計管理暫行辦法》之後，金融統計行業已經實現初步的統計管理制度化和行業統計規範化。1995年，中國人民銀行正式批准頒布《金融機構統計管理規定》，使中國金融機構年度統計工作步入符合國家統計制度化和行業統計規範化的健康發展的新道路。

在金融統計指標設計方面，1996年9月21日，中國人民銀行發布了《按新指標體系報送金融統計數據的說明》、新的《中國人民銀行統計指標體系》《金融機構統計指標體系》和《資產負債比例管理指標與歸屬》，決定從1997年1月1日起，中國人民銀行和各商業金融機構將按照新的統計指標體系及時報送全國金融市場統計數據。該統計指標體系一改以往直接報送整體統計指標表單的工作方式，從密切服務於中央銀行落實貨幣政策及有效滿足中央金融監管工作需要的角度，按周、旬、月、季、年報全面收集各金融機構的資產負債及財務狀況指標。此項規定主要是為了逐步規範和完善統一各金融機構的財務管理指標體系，進一步規範金融數據統計管理工作，為各級銀行做好宏觀調控和加強金融監管工作提供及時、準確和完整的金融數據統計信息，實現各銀行對所有金融信息進行採集和整理加工的「歸口管理」。

1997年，中國人民銀行統一了除保險投資公司和證券投資公司以外的各商業金融機構（不含中國人民銀行）全年人民幣貸款業務統計報送指標體系，絕大部分指標直接取自一個會計科目，與其他會計科目完全同名，稱為科目會計和科目數據報送管理制度。全科目報送指標體系分人民銀行報送指標和金融機構報送指標兩部分。金融機構全年報送業務指標將過去一年商業投資

銀行、政策性投資銀行、城鄉農村信用社、信託投資公司、租賃投資公司、財務公司等各類金融機構不同業務指標的報送信息整合起來，形成統一的、適用於所有城鎮的郵政儲蓄合作銀行、政策性商業工商銀行、城鄉合作農村信用社、信託投資公司、租賃企業融資管理公司、財務公司等各融資金融機構的各類人民幣貸款業務指標，並重新設計了數據報送信息主體、指標信息編碼、報表號等信息格式。為全面反應人民幣各項貸款的週轉情況，同年，中國人民銀行在會計全科目報送制度中，對貸款累放累收統計制度進行改革，統一標準和指標體系。2001年又修訂了指標含義，擴大了該報表的報送範圍。

中國人民銀行在1998年統一了金融機構外匯業務統計指標體系，要求本外幣業務統計均實行會計全科目報送制度。其後，根據業務發展和宏觀調控需要，人民銀行對全科目統計指標體系進行了不斷補充、完善、修訂。同年，人民銀行對現金收支統計制度進行改革，統一了金融機構現金收支統計指標體系和項目設置、歸屬內容和報表格式，制定了《現金收支統計操作規程》，保證了現金收支統計的統一、規範和科學。

根據中央銀行金融監管需要，中國人民銀行在2000年的金融機構會計全科目報送制度中，增加季報統計指標。2000年9月，外資銀行統計數據正式由監管部門納入統計部門全科目上報體系，由外資銀行統計部門逐級匯總、上報外資銀行基礎數據源，並編製信貸收支、資產負債、損益明細、非現場監測等基礎性分析報表，連同其他輔助信息，通過特定的數據接口，轉換、移交外資金融機構監管部門，再由監管部門根據基礎數據源加工、生成監管所需統計信息。由此，中國建立起了外資銀行統計制度。同年，國際貨幣基金組織（IMF）出抬的《貨幣與金融統計手冊》為中國的貨幣和金融統計的不斷完善提供了一個重要的參照標準。

隨著金融體制改革和金融業務的不斷發展，原有的貨幣供應量測算已不能客觀反應貨幣流通狀況。為此，中國人民銀行在2001年的金融統計制度中增加了貨幣供應量M2統計表，相應調整了各層次貨幣供應量測算公式。同年，中國人民銀行制定本外幣業務合併報表統計制度，將中資金融機構的人民幣信貸收支表和外匯信貸收支表合併為本外幣信貸收支表。2002年，中國

人民銀行將外資金融機構本外幣業務納入，合併產生中外資金融機構本外幣合併信貸收支表。

2002年4月15日，中國正式加入國際貨幣基金組織數據公布通用系統（GDDS）。GDDS適用於所有成員方，特別是適用於統計基礎比較薄弱的發展中國家。一個國家加入了GDDS，就必須承諾用GDDS作為一個框架來改進國家的統計體系，也就是宏觀經濟、金融和社會人口數據的生產和公布系統。它所承擔的具體責任是向IMF提供有關統計數據生產和公布現狀的描述以及針對GDDS要求制訂本國統計體制的短期和中期改進計劃，還要承諾對上述兩項內容每年至少更新一次，並可以要求IMF提供技術援助。此外，參加方還可以使用該系統互相交流信息和學習，取長補短。

中國加入WTO後，統計數據與別國可比就變得日益迫切。隨著中國進一步融入國際社會以及全球化水準的不斷提高，中國的經濟和金融市場也越來越受其他國家的影響，因此就需要加強統計數據的對比和分析，從而提高中國宏觀經濟分析和決策的水準。統計數據的進一步公開與透明有益於增強外商到中國投資的信心，也有益於本國的民眾對經濟發展態勢的瞭解。採用GDDS作為發展框架，可以綜合地、系統地評估和改進中國的統計系統，促進中國統計體制改革，把仍然帶有計劃經濟特徵的舊的統計體制發展成一個適應市場經濟發展的新的體制，從而把中國的統計工作推上一個新臺階。此後，中國在國際舞臺上將發揮越來越重要的作用，積極參與國際事務，樹立中國政府的良好形象。所以加入GDDS，有助於提升中國的大國地位和在國際組織中的地位，也有助於中國的對外開放。此後（至2015年10月6日），中國一直按照GDDS不斷改進金融統計數據編製和發布的制度。同年12月15日，新《金融統計管理規定》出抬，旨在為適應金融管理體制改革和金融業務的發展，依法強化金融統計的管理，規範金融統計的行為，提高金融統計的質量。

為了推動金融統計進一步發展，2003年，中國人民銀行對2002年人民幣和外匯「全科目」上報統計指標進行修訂，按照新的《國民經濟行業分類》標準，增設新的貸款分行業明細統計指標以及貸款質量五級分類分行業明細統計指標，同時終止季報中舊的貸款分行業統計指標。

金融統計還可以反應銀行業資金的來源與運用情況，準確掌握銀行信貸資金在國民經濟各行業中的分佈情況，最終實現為國家宏觀調控服務。2004年，中國人民銀行建立助學貸款統計制度和中長期貸款按實際投向分類統計制度，增加了區域信貸收支統計，並於 2007 年和 2012 年對其進行了修訂。同年，中國人民銀行還建立了下崗失業人員小額貸款統計制度，為掌握下崗失業人員小額擔保貸款政策實施的進度與效果，對由小額貸款擔保基金擔保的貸款（含微利項目及非微利項目）、金融機構對下崗失業人員發放的其他形式的小額貸款以及勞動密集型小企業貼息貸款進行統計，進一步發揮金融統計在支持下崗失業人員就業方面的信息服務作用。

　　此外，金融統計還反應了金融機構對境內大中小型企業貸款的支持情況，為宏觀經濟金融的決策提供更加準確的信息支持。中國人民銀行在 2006 年建立房地產貸款專項統計制度。該制度於 2007 年、2009 年、2011 年及 2012 年進行了修訂。中國人民銀行、中國銀行業監督管理委員會在 2009 年聯合制定《境內大中小型企業貸款專項統計制度》。統計的內容包括金融機構對境內大中小型企業人民幣貸款情況及大中小型企業貸款行業分佈情況、資產質量情況、擔保方式情況，輔助信息包括貸款逾期情況、表外授信額、關停企業貸款、票據貼現情況和境內小企業授信戶數。另外，中國人民銀行在 2011 年開始按季向全社會公布社會融資規模統計數據，用於對全國社會融資規模進行科學的比較，深入瞭解宏觀經濟的區域調控情況。

第七節 旅遊統計制度

1979—1992年是旅遊統計工作的啓動階段。在這期間，國家統計局還沒有將旅遊統計納入國家統計體系。但由於國內旅遊業發展迅猛，國家又沒有對旅遊業的數字描述信息，且當時主要通過估計得出國內旅遊統計的數據，這不可避免地產生了較大的誤差。也因為所使用的統計方法不符合旅遊業的特點而遠遠低估了旅遊外匯的收入。

1979年，國家統計局正式建立了覆蓋全國重點旅遊城市的國際旅遊統計月報制度，旅遊統計數據月報的主要內容包括：重點旅遊城市接待過夜的來自國際各地遊客的總人數、旅遊天數及遊客來源、旅遊外匯收入等。此後，各省旅遊局開始著手布置國家旅遊局制定的旅遊統計制度，通過搜集整理出入境人口數據、全省各旅行社的旅遊統計資料來完成旅遊統計工作。廣東省旅遊局在1981年和1982年先後兩次召開全省旅遊統計工作會議，開始展開旅遊統計工作，制定廣東省第一套旅遊系統統計報表制度。廣東省旅遊局與廣東省統計局在會後聯合發出《關於加強廣東省旅遊統計工作的通知》，確定廣東省旅遊統計由省旅遊局歸口管理。

1985年年初，各省旅遊局與各省統計局對全省旅遊業基本情況進行一次性調查，調查對象為旅遊系統和系統外批准可接待外賓的單位，這次調查取得了較豐富的材料。同年12月，各省旅遊局提出在全省範圍內建立以市旅遊局為中心的、條塊結合的旅遊統計網絡，即由各市旅遊局（公司）統一歸口本地區的旅遊企業統計工作。1986年，省旅遊局與省統計局聯合召開全省旅遊統計工作會議。會議重申建立全省範圍的條塊結合的旅遊統計網絡，統計範圍由5個重點市擴大到14個市，省旅遊局負責全省旅遊系統的基本情況、接待人數、接待能力及經營情況的統計。

1993—2003年是旅遊統計工作的規範和探索階段。此階段國家統計體系正式納入了旅遊統計，但沒有將其與國民經濟核算體系相銜接。

1993年，國家旅遊局與國家統計局聯合組織專家進行國內旅遊地區產業發展情況的抽樣調查，並形成「旅遊總收入」這一統計指標，用於準確全面地反應國內旅遊地區旅遊產業的發展變化趨勢。自1993年後，國內旅遊統計包括農村居民旅遊抽樣調查和城鎮居民抽樣調查兩部分。出入境和國內旅遊以消費端作為旅遊統計基本的方向，與國際上主要的做法一致。1994年，統計局根據新的國際旅遊外匯統計方法，彌補了大量一日遊等漏洞因素。

　　根據國家統計局1995年發布的《關於繼續搞好旅遊統計工作的通知》（國統字〔1995〕119號）有關文件，國家統計局和國家旅遊局共同研究改革旅遊統計制度，並決定從1996年起以各旅遊主管部門為主體進行組織實施。據此，當年填報的報表有：「城市接待人數情況」「旅遊涉外酒店（賓館）接待外國旅遊者分國別（地區）人數報表」「旅遊涉外酒店（賓館）、公寓、寫字樓經營簡況報表」。旅遊統計工作由旅遊系統實施歸口管理。各地方旅遊局負責收集、審核和匯總所有旅遊企業（包括中央直屬、省屬、軍區、各級部門的旅遊企業）的有關旅遊統計資料，並向上級旅遊局和同級統計局報送資料，統計工作完全由旅遊局承擔。

　　1997年，中國展開對城鎮居民和農民的國內旅遊情況的調查。為了有效統籌國家和周邊地區的旅遊統計調查工作，及時瞭解中國旅遊業統計基本情況，確保中國旅遊業統計資料的全面和準確，各地旅遊統計工作調查相關制度正在逐步確立實施應用。1999年，國家旅遊局和國家統計局再次聯合研究後決定於2001年開始正式實施旅遊統計調查制度。旅遊統計調查制度是國家統計調查制度的重要組成部分之一，有關部門應按照制度規定的統計調查範圍、統計調查方法、統計口徑及時向部門上報相關統計數據資料。2000年，國家統計局和中央國家旅遊局專門聯合研究制定了《「黃金周」旅遊信息統計調查制度（試行）》，各省市將通過直報旅遊數據的方法對春節和國慶等小長假期間旅遊信息進行統計分析。但需要注意一點，國民經濟統計核算方法體系中沒有「旅遊業」這個核算項目，國家統計局多次嘗試用「旅遊業總收入占國內生產總值百分比」「旅遊產業相當於國內生產總值百分比」「旅遊業增加值占國內生產總值百分比」「旅遊產業總值占支出法GDP百分比」等多種

核算方法衡量旅遊產業在國民經濟中的地位,但是收效甚微。2000年之後,國家旅遊局跟國家統計局共同創建了一套以企業報表為基礎、用以反應地方旅遊業發展規模和效益的旅遊接待統計體系,包括入境遊和國內旅遊的接待體系。這些統計方法都是以過夜統計為基礎進行計算的。

2002年,江蘇省率先進行了省級旅遊衛星帳戶的編製試點工作並取得了成功。旅遊行業衛星帳戶管理是一種宏觀統計計量方法,是以國民經濟核算為主要統計數據基礎,按照國際統一的統計概念和核算分類要求單獨設立的一個國民帳戶子系統。憑藉旅遊產業衛星帳戶的解析方法,即從旅遊投入和產出這個平衡的衡量矩陣中進行創建並通過解析產生出來的旅遊產業數據,該方法確保了中國旅遊統計數據的可信度和可比性,並且準確衡量了中國旅遊行業在國民經濟發展中的地位。2004年9月,江蘇省旅遊衛星帳戶統計編製試點項目通過了國家旅遊局和國家統計局等有關部門專家的評審,此項試點項目準確反應了當年江蘇省域旅遊業的發展規模、產出水準,並通過江蘇旅遊業增加值、旅遊就業等統計數據充分反應旅遊業可有效帶動其他經濟產業,實現了旅遊衛星帳戶統計與國民經濟核算體系的銜接,並為國家各地旅遊衛星統計帳戶的建立提供了經驗。2005年經國家旅遊局批准,浙江省也著手開展了這項工作的試點,此外,廈門、廣西等省區也開展過相關研究[①]。

2004—2012年是旅遊統計工作的科學化和創新化階段。2006年國家旅遊局和國家統計局聯合成立工作研究小組,組織開展國家級旅遊衛星帳戶統計研究方案的編製工作。2007年該研究小組召開工作成果匯報發布會,經過工作研究小組的充分探討,決定以聯合國統計委員會發布的《旅遊附屬帳戶:建議的方法框架》為基本原則,利用第一次全國經濟普查結果和國民經濟核算相關數據,初步編製出「中國國家級旅遊衛星帳戶」的部分帳戶表。

在此階段,儘管中國旅遊統計制度已取得一定進展,但該統計制度仍未完全納入中國國民經濟核算體系和投入產出體系,現行的中國旅遊統計指標體系並不完善,統計調查指標以收集調查指標數據為主,缺少客觀價值分析

---

① 黎潔. 旅遊衛星帳戶與旅遊統計制度研究 [M]. 北京:中國旅遊出版社,2007.

指標,統計調查結果並不能準確反應中國旅遊業發展總體規模和在國民經濟中的地位。

第八節 小結

　　1978—2012年,統計制度不斷改革,農業統計向農村經濟統計擴展,工業統計從生產型向生產經營型轉變,基本建設統計和運輸郵電統計更加專業化,商業統計由部門統計發展成為全社會統計,金融統計更加國際化,旅遊統計建立並不斷完善。

　　農業統計在經歷了20世紀80年代的農村社會經濟統計的建立和發展過程,基本適應了農村經濟體制改革和社會主義市場經濟建設的需要。後來中國農業經濟統計總體可以劃分為農林牧漁業統計和農村社會統計兩個部分,逐步加強各級縣、鎮、村三級對社會經濟統計的檢查監督。最後,中國在符合國際相關指數編製標準的基礎上,編製出一種通過不同價格指數來計算農業發展速度的新方法。總體來說,始於20世紀50年代的中國農業統計調查工作制度經過60年的快速發展和不斷完善,逐步形成了以全國農業普查工作為基礎,以抽樣調查為主體,以典型調查和重點統計調查工作為主要補充等多種統計調查工作方法體系並存的一整套較為全面的農業統計調查工作方法理論體系。

　　工業統計制度在經歷了1985年的統計口徑變化、1987年的超級匯總、1992年建立工業經濟效益指標體系、1995年工業總產值統計口徑的改變、1998年定期報表統計口徑改變等若干次較大的變動,到2012年,中國已基本建立了適應國情的工業企業統計調查制度。該調查制度的數據分為企業規模以上和企業規模以下兩大部分,規模以上大型企業主要採用定期統計報表,規模以下大型企業則主要採用抽樣調查。總的發送報表形式分為統計年報、

季報和統計月報，而綜合報表和基層報表有不同報送方式。抽樣調查分為定期抽樣調查和不定期抽樣調查等，可用於彌補定期調查報表的不足，或是深入瞭解定期調查報表以外的相關工業社會經濟發展情況。工業統計基本原則是以企業法人為單位依規定進行工業統計。若某企業為含有多個法人單位的多法人聯合體，應分別對每個獨立法人單位展開獨立的統計調查，不能將多個法人單位聯合作為一個統計調查單位。

建設業領域統計管理工作作為全社會整體經濟統計工作的重要組成部分之一，經歷了從20世紀50年代初的基本建設工程統計制度演變成為固定資產投資統計、房地產開發統計、建築業統計三個主要的專業統計，實現了從無到有、從弱到強的飛躍發展。中國從1950年開始建立基本建設統計，並取得初步進展。改革開放後，建設領域發生了一系列深刻變化：投資主體、資金渠道和投資的決策分別向多元化、多源化和分權化發展。因此，基本建設統計已不能適應新形勢下宏觀經濟管理的需要，而且由於基本建設的統計範圍越來越難劃清，基本建設統計制度亟待改革。1980年國家統計局提出要將基本建設計劃統計逐步發展為全社會固定資產投資統計，並決定從該年年報起建立全民所有制基本建設單位的更新改造措施統計制度。較之以前，基本建設統計領域有所擴大，類型劃分更加明確，可基本反應當時基本建設領域總體的經濟發展情況。1991年，商品房建設投資統計正式建立，建築業統計最初從屬於基本建設統計，後期逐步發展為獨立的建築業統計，實現從部門統計向建築業統計工作的曲折轉變。到1994年，商品房建設投資統計進一步調整改革為房地產開發投資統計。2005年，房地產開發行業統計制度的實行，標誌著中國房地產開放統計已成為一門重要的專業統計，同時也完善了中國統計質量指標體系。全社會固定資產投資統計可客觀反應對外投資、房地產和城市建築業的經濟運行發展趨勢，還可以滿足國家宏觀調控相關政策制定的實際需要，為中國社會主義現代化建設發展提供了專業的信息技術分析服務。

郵電、運輸等專業統計從黨的十一屆三中全會以後開始逐步向行業統計過渡。一是因為黨的十一屆三中全會以後，國家非常重視運輸郵電事業的發展，並把它作為中國社會主義現代化建設的重點。隨著中國經濟體制改革的

深化和市場經濟政策的深入實施，交通部系統外的運輸工具數量、種類逐漸多元化，多種經濟成分和各種社會經濟形式組合出現，跨部門聯合興辦各種運輸郵電事業的組合情況逐漸增加。二是汲取其他國家運輸郵電行業發展經驗，結合自身實際情況，適時調整國家相關政策的實施。

商業統計自黨的十一屆三中全會以後，堅持以國家制定計劃經濟發展政策措施為主、市場調節經濟政策措施為輔的國家經濟發展方針，對企業流通體制進行適當改革。經濟的飛速發展促使以統一行政區劃、統一收購價格等為特徵的傳統流通經濟格局逐漸被開放式、多渠道、少交易環節的新經濟格局所取代。工業商品自銷規模不斷擴大，集體農戶商業和其他個體農戶商業自銷有了較大的同步發展。為了充分適應這一新的時代變化，及時掌握和準確反應各種商業經濟活動成分、不同商品流通渠道的各種商品流轉經營情況，商業自銷統計的主要內容不斷被更新充實，先後增加了個體經濟零售額、工業部門商品銷售、集體所有制商品流轉、重點城市零售商店主要經濟指標、對社會集團的消費品零售、議價商品收購與銷售、城鄉集貿市場成交情況等統計內容。

在黨的十一屆三中全會以後，隨著中國金融體制制度改革的不斷深化，特別是中國人民銀行開始行使中央銀行職能，金融統計工作得到了逐步恢復和快速發展。金融統計制度最初是反應銀行信貸、現金收支兩大計劃完成情況，每年都在根據形勢的發展進行相應的調整。直到2012年，金融管理制度已經基本形成一個涵蓋銀行貨幣制度、匯率核算制度、利率核算制度、信用制度、銀行財務制度、金融機構管理制度、金融市場管理制度、銀行支付制度和清算額度制度和其他金融監管部門制度在內的金融制度體系。

旅遊統計制度是中國從20世紀80年代開始大力發展旅遊業才開始形成的，最初是從出入境旅遊還有旅遊外匯進行統計的。其中，中國旅遊統計工作是隨著旅遊市場的迅速發育而開展起來的，大體上經過了旅遊統計工作的啟動階段、旅遊統計工作的規範和探索階段和旅遊統計工作的科學化和創新化階段。旅遊統計將要正式與國民經濟核算體系完全銜接，並跳出單純的國家統計體系和國民經濟核算體系，在經濟和社會的協調發展上發揮更加卓有成效的作用。

第九章
統計法規的發展

第一節　統計法的基本特點與作用

統計管理法律法規制度建設是中國統計管理工作的重要基石。依法進行統計管理是現行中國政府及其統計部門組織負責統計管理工作的法律規範。

統計法具備以下幾個基本特點：一方面它是具有特殊性和高度複雜性的可調整的綜合統計分析方法。統計調整對象的特殊性是與其他部門法相比較而言的，這也是統計法區別於其他部門法的根本所在。例如，會計管理方法規則關注的重點是幫助財務會計師在活動中研究人們的社會關係；貨幣金融法規則側重於關注人們在進行貨幣流通和金融活動過程中的社會關係，而財務統計管理規則則基於財務統計企業管理體系中的各個統計管理部門。統計經濟活動發展過程中自然形成的社會關係等也是統計調整的主要對象。統計法調整對象的複雜性一方面是指統計法所調整的社會關係的複雜性，由於涉及所有領域的社會生活，社會關係中的統計活動也非常複雜。另一方面，統計法規範的內容具有專業性。統計法的專業性是指在統計法律制度中包含著大量關於統計工作的技術性調查制度、統計標準等，這些規範是統計法律制度的重要組成部分。統計法的作用主要表現在以下三個方面：

（1）它以有效和科學的方式組織統計工作，促進統計工作的現代化。首先，《統計法》第三條確定了國家建立統一的統計制度、統一的統計管理系統以及統一分類負責的管理制度，為現代化法律形式統計工作提供了法律保障。其次，統計分析方法為促進統計數據分析的社會科學研究工作開展提供了重要法律依據。《統計法》第五條第一款明確規定應積極加強科學統計調查工作理論科學性的研究，完善科學化的統計調查指標體系並不斷完善科學統計調查管理方法，進而提高統計工作科學研究水準。同樣，《統計法》為國家統計質量標準的科學化制定提供了重要法律依據。目前在中國統計分類目錄的統計方法和統計編碼的計算方法等領域仍有一些非科學、非統一和非標準的問題。根據《統計法》第十七條規定，國家應制定統一的統計標準，保障統計

調查採用的指標含義、計算方法、分類目錄、調查表式和統計編碼等的標準化；國家統計標準由國家統計局制定，或者由國家統計局和國務院標準化主管部門共同制定；國務院有關部門可以制定補充性的部門統計標準，由國家統計局審批，部門統計標準不得與國家統計標準衝突。這為提高統計數據的統一性和可比性創造了條件，也為統計信息化建設提供了保障。《統計法》第十八條規定，縣級以上人民政府地方統計管理機構可以根據實際需要確定統計工作任務，推進計算機網絡報送統計資料的廣泛應用。最後，《統計法》明確要求組建一支具有現代統計經驗的團隊。為了滿足統計工作的需要，《統計法》第三十一條明確規定統計人員應具備與統計工作相適應的專業知識和專業能力。同時，縣級以上政府統計機構及相關部門要加強統計人員職業培訓和職業道德教育。

（2）保證統計數據的相關信息內容的真實性、準確性、完整性和信息更新的及時性。改善和保證統計數據質量的法律制度是本次審查的重中之重。根據《統計法》第六條第二款的規定，地方各級人民政府、政府統計機構和有關部門以及各單位的負責人，不得自行修改統計機構和統計人員依法搜集、整理的統計資料，不得以任何方式對統計人員打擊報復。統計人員不得偽造統計數據，也不得要求任何單位和任何個人提供虛假統計數據，不得對源頭數據進行人為干擾。有必要建立一個堅實的系統，按照國家有關規定審查和簽署統計數據。統計人員必須堅持以職業道德為基礎的統計原則，恪守職業道德，保證其審核、簽署的統計資料的真實性和完整性，保證統計調查對象提供的統計數據的一致性。

（3）加強監督檢查制度和統計數據質量責任。根據《統計法》，任何地方、部門或單位的任何負責人都不得忽視統計違規行為。《統計法》規章制度的不斷創新，確保了企業統計數據的質量，突出了改革的決心和信心，促使國家進一步加強企業統計數據質量管理並保證統計數據的質量具有真實性和準確性、完整性和準時性。

第二節 統計法律制度基本框架

統計法通常是一個國家專門制定的企業統計管理活動中的行為準則。它規定了具體的組織、個體工商戶、個人等統計調查對象在統計活動、統計管理工作中所形成的社會關係，包括統計行政機關的職權、職責，統計調查者的職責、職權，統計調查對象的權利、義務，違反統計法的規定或不履行職責、義務應承擔的法律責任等。

統計法包含所有基於統計法律法規基本規範和其他規範性法律文件的統計規範以及統計方法。它指的不是一個簡單的國家統計管理法律、行政管理法規、地方行政法規、規則等事務清單，而是一個有機管理系統。統計法作為中國行政法的組成部分，有其特定的目標、原則、特點和調整功能，是一個獨立的分支。根據法律規範，中國法律統計系統可以歸結為以下形式：統計行政統計、地方統計和統計規章。

第三節 統計法律體系的主要內容[①]

統計法律體系的主要內容如表 9.1 所示。

---

① 葉長林. 中國統計法制建設的發展過程及主要成果 [J]. 統計與決策, 1994 (6)：10-12.

表 9.1 統計法律體系的主要內容

統計法規	內容
統計基本法	統計基本法應規定統計工作主要方面的內容。現行統計基本法《中華人民共和國統計法》的主要內容包括：統計法的目的、統計管理制度、統計研究的制度和方法、統計和統計機構的建立、統計數據的管理、統計違規以及法律責任 《統計法》是中國唯一的統計法律。它於 1983 年 12 月 8 日在第六屆全國人民代表大會常務委員會第三次會議上通過，1996 年 5 月 15 日經第八屆全國人民代表大會第十九次會議修改。2009 年 6 月 27 日，再經第十一屆全國人大常委會第九次會議修改，於 2010 年 1 月 1 日實施。為科學有效地組織統計工作，保證統計數據的真實性、準確性、完整性和及時性，發揮統計在瞭解國情和國民經濟狀況中的重要作用，促進社會主義現代化建設，制定了這部法律。本法適用於各級人民政府、縣級以上民間政府統計機構和有關部門組織實施的統計活動
關於普查方面的法律規範	普查方面有兩種主要的法律標準形式。第一，根據《統計法》中的原則及其實施規則，「統計調查應基於定期人口普查」，國家人口普查必須調動各個方面的力量，由國務院和各級地方政府執行，由統計機構和有關部門共同實施。在組織實施每一次人口普查之前，國務院會發布一份具體的人口普查實施計劃 第二，由於不同時期經濟社會發展水準不同，除了《統計法》中的原則外，還需在每次人口普查之前發布一份特定的人口普查指南
關於統計調查方面的法律規範	《統計法》和《統計法實施細則》都規定了明確的統計研究體系、統計研究方法、統計調查計劃和統計標準體系。此外，《關於統計報表管理的暫行規定》《部門統計調查項目管理暫行辦法》等法規進一步明確了管理原則、審批和提交程序、法律鑒定和項目的有效期、管理統計的研究部門等 統計調查對象依法履行義務，主要是指一切統計調查對象都必須依法如實、按時向統計機構、統計人員履行提供統計資料的義務。統計調查的所有對象必須按照統計法律法規和統計系統的規定提供統計數據，不得拖延報告，拒絕或提交虛假報告，也不得偽造報告

表9.1(續)

統計法規	內容
關於統計資料管理方面的法律規範	關於統計資料管理，《統計法》及《統計法實施細則》分別在第三章就統計資料的管理公布作出了規定。此外，國務院辦公廳轉發國家統計局的《統計資料保密管理辦法》《國務院辦公廳關於加強對國家重大經濟信息發布管理的通知》等對統計數據的保密和發布等也做出了具體規定 統計數據的管理要規定哪些統計機構負責管理哪些統計數據以及如何管理。《統計法》規定，國家統計調查和地方統計範圍內的統計數據，由國家統計局、當地人民政府的統計機構在縣級或市級管理，公司和機構的統計數據由公司及其主管部門和統計機構管理 根據統計調查和統計分析，對國民經濟和社會發展情況進行統計監督，檢查國家政策和計劃的實施，考核經濟效益、社會效益和工作成績，檢查和揭露存在的問題，檢查虛報、瞞報、偽造、篡改統計資料的行為，提出改進工作的建議。有關部門和單位應及時處理和回應統計機構提出的問題和建議
關於統計行政執法程序方面的法律規範	關於統計行政執法程序，雖然在中國沒有統一的法律規定，但《行政復議法》《行政處罰法》《行政訴訟法》《國家賠償法》等明確規定了行政機構的適用法律和適用程序。除此之外，為進一步規範統計應用，國家統計局還公布了《統計法規檢查暫行規定》《統計違法案件通告制度》等，對檢驗機構和檢驗員查處違法案件的範圍和分工、查處違法案件的程序（包括立案調查、處理、結案的程序）以及對違法案件的通告等做了具體規定

第四節 統計法的制定與修改

統計法律，是指由全國人大及其常委會制定的統計行為規範。《統計法》具有以下兩個特點：一是它所規定的內容是統計工作中的根本性問題，包括統計工作的基本原則、統計管理體制、統計調查管理、統計機構和統計人員、

統計監督檢查、統計法律責任等。二是它在統計法律制度中具有最高的法律效力，是制定統計行政法規、地方性統計法規、統計規章的依據。統計行政法規、地方性統計法規及統計規章均不得與《統計法》相抵觸。

一、《統計法》的制定到第一次修訂前（1983—1996年）

黨的十一屆三中全會以後，國家將工作重心逐漸轉移到了經濟建設上來。國家統計局根據國家強調要加強社會主義民主法制建設、積極加強統計立法的相關工作，制定1980年統計（草案）。經過大量的研究、諮詢、可行性分析，由第六屆全國人大第三次會議審議通過，《統計法》自1984年1月1日起實施。從那時起，新中國首個相對全面的國家統計法為中國統計工作奠定了法律基礎。

《統計法》共有八章，二十八條。它對立法的目的和宗旨做了明確的規定，對統計的基本任務和作用、統計管理體制與統計工作責任制、統計調查者和被調查者的權利和義務、統計計算和數據傳輸現代化建設、統計調查和統計制度、統計資料管理和提供、統計機構和統計人員職責、統計法律責任等統計活動中的一系列根本性問題都進行了規範。

1985年11月至1986年春季國家統計局組織實施統計執行情況檢查，這是第一次全國統計執法大檢查。1986年4月1日國家統計局公布《統計專業職務試行條例》。1987年2月15日國家統計局發布《中華人民共和國統計法實施細則》。1988年11月21日國家統計局發布《統計法規檢查暫行規定》。11月24日，國家統計局發布《統計違法案件通告制度》。1991年10月31日，國家統計局發布《統計檢查特派員委派辦法》。1995年1月29日國家統計局和國家工商行政管理局聯合發布《統計非法案件偵查暫行規定》。

二、第一次修訂到第二次修訂前（1996—2009 年）[①]

1996 年 5 月 15 日召開的第十八次全國人民代表大會常務委員會第十九次會議決定修改《統計法》。同日，江澤民同志簽署了第 65 號主席令《關於修改〈中華人民共和國統計法〉的決定》（以下簡稱《決定》）。《決定》共有 17 章，詳述了《統計法》的變化，明確了統計調查活動中各級領導的責任、統計機構的權利義務和責任。各部門及單位領導不得強制或指示統計工作者或統計機構偽造統計數據。《決定》對統計和統計調查活動的管理制定了更明確的規定。

1998 年 10 月 12 日國家統計局發布《統計人員認證暫行規定》。第二年 4 月 14 日，國家統計局公布了《國家統計調查證管理辦法》。5 月 15 日，國務院辦公廳轉發《國家統計局關於一些地方重要統計數據失實問題的通報》。7 月 16 日，國家統計局以第 3 號令公布《涉外社會調查活動管理暫行辦法》。10 月 27 日，國家統計局以第 4 號令公布《部門統計調查項目管理暫行辦法》。

2001 年 6 月 20 日，國家統計局以第 6 號令公布《統計執法檢查規定》。7 月 17 日，國家統計局印發《統計法制宣傳教育第四個五年規劃》（2001—2005 年）。2003 年 7 月 24 日，國家統計局印發《國家統計局巡查工作辦法》。2005 年 5 月 16 日，國家統計局以第 8 號令公布《統計從業資格認定辦法》，並於 2005 年 7 月 1 日起施行。12 月 16 日，國務院以第 453 號令公布《關於修改〈中華人民共和國統計法實施細則〉的決定》，並於公布之日起施行。2006 年 7 月 13 日，國家統計局印發《全國統計法制宣傳教育第五個五年規劃》。2007 年 4 月 30 日，國家統計局以第 10 號令公布修改後的《統計從業資格認定辦法》。

修訂版《統計從業資格認定辦法》於 2007 年 6 月 1 日實施。8 月 27 日，國家統計局公布了《統計調查證管理辦法》，並於 2007 年 12 月 1 日實施。

[①] 國家統計局. 全國統計法制工作大事記 [M]. 北京：中國統計出版社，2013.

三、第二次修訂統計法

2009年3月25日監察部、人力資源和社會保障部與國家統計局聯合發布《統計違紀違法行為處分規定》（以下簡稱《規定》）。這是中國第一部關於懲治統計違法行為的部門規定。《規定》共15條，對適用範圍、應受處分的違法違紀行為及其處分力度以及案件移送制度等做了明確規定，特別是對領導幹部和統計人員在統計數據上弄虛作假、違反國家規定的權限和程序公布統計資料等危害性較大的行為，明確了具體量紀標準。

2009年6月27日，十一屆全國人大常委會第九次會議修訂了《統計法》，並於2010年1月1日起正式施行。對於中國統計工作來說，這無疑是又一重要里程碑。

修訂內容主要包括七個方面：

（1）進一步完善在統計工作上弄虛作假的行政問責制度，為防止行政干預統計工作提供了制度保障；

（2）進一步完善統計數據質量責任制度，促使有關部門及其工作人員真正承擔責任，有效提高數據質量。

（3）進一步加強統計研究活動管理，完善研究項目體系審批制度，明確統計研究體系的法律地位。

（4）改進統計數據的管理和發布制度，建立政府部門之間的統計資料共享機制。

（5）嚴格執行個人統計調查數據保密制度，嚴肅維護統計調查對象的權利；

（6）加強組織領導和管理，加強對統計違規行為的監督和檢查，提高《統計法》的執行力度；

（7）進一步完善法律責任制度，強化統計違法的法律責任，並明確政府統計機構對國家工作人員違法行為的處分建議權，加大對統計違法行為的責任追究力度。

第五節 統計行政法規與規章制度

行政法規是國家最高行政機關制定的有關國家行政管理的規範性法律文件的總稱，統計行政法規是國務院制定的有關統計方面的行為規範。在整個統計法律制度中，統計行政法規的法律地位和效力次於憲法和法律，高於地方性統計法規和統計規章。

例如《中華人民共和國統計法實施細則》，該行政法規於 1987 年 1 月 19 日經國務院批准，於 1987 年 2 月 15 日由國家統計局發布實施。此外，中國現行的統計行政法規還有《全國經濟普查條例》《全國農業普查條例》《關於工資總額組成的規定》等。另外還有一種與行政法規具有同等效力的，由國務院發布的文件稱為法規性文件，如 1984 年國務院發布的《關於加強統計工作的決定》。

統計行政規章，是由具有規章制定權的行政機關所制定的有關統計方面的行為規範，其效力低於統計法律和統計行政法規。統計行政規章分為兩類：一是政府規章，即各省、自治區、直轄市人民政府，省和自治區人民政府所在地的市、經濟特區政府所在地的市和經國務院批准的較大的市人民政府所制定的統計行政規章。二是部門規章，即由國務院各部委和具有行政管理權的國務院直屬機構制定的統計行政規章。

地方性統計法規是由具有地方立法權的地方人民代表大會及其常委會制定和發布的，並於本地方實施的統計行為規範。以下機構具有立法權：人民代表大會及其常務委員會，和較大的城市的人民代表大會及其常務委員會。地方統計法規的有效性低於統計法和統計行政法規。

根據《新聞出版統計管理辦法》的有關規定，省、自治區、直轄市人民代表大會及其常委會在不與憲法、法律和行政法規相抵觸的前提下，可以制定地方性法規，省、自治區人民政府所在地的市、經濟特區所在地的市和經

國務院批准的較大的市人民代表大會及其常委會根據本市的具體情況和實際需要，在不與憲法法律，行政法規和本省、自治區的地方性法規相抵觸的前提下可以制定地方性法規。目前，中國 31 個省（區、市）都制定了地方性統計法規。

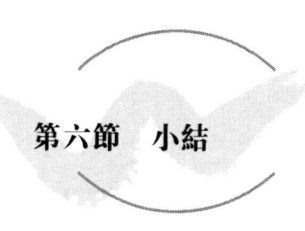

第六節　小結

改革開放後的統計法規這部分內容，主要由統計法的基本特點與應用、統計法律制度基本框架、統計法律體系的主要內容、統計法律及其發展、統計行政法規及規章制度五部分構成。

統計法作為規範統計活動的法律規範，與其他法律規範相比，具有以下兩個特點：一是統計法調整對象具有特殊性和複雜性；二是規範的內容具有專業性。

而統計法的作用主要表現在以下三個方面：一是有效地、科學地組織統計工作，推進統計工作的現代化進程；二是保障統計資料的真實性、準確性、完整性和及時性；三是強化了統計數據質量監督檢查和責任追究制度。

統計法律體系包括了統計基本法、關於普查方面的法律規範、關於統計調查方面的法律規範、關於統計資料管理方面的法律規範、關於統計行政執法程序方面的法律規範等內容。統計法律的發展過程，則可以根據第一次頒布統計法、統計法的第一次修訂、統計法的第二次修訂等時間節點進行展開。

縱觀改革開放以來統計法規的變革，無不是在朝著現代化、朝著法制文明的方向推進。如果說《統計法》的頒布為統計工作的順利開展提供了法律保障，確保了統計數據的客觀性、準確性和科學性，使其能夠更好地發揮統計信息、諮詢和監督的整體功能，那麼第一次修訂則使得統計立法取得顯著

成果，統計執法有了較大突破，統計法向更廣和更深的方向發展。而第二次修訂統計法，進一步保證了統計工作的質量，規範了企業的行為，促進了企業科學發展，使中國統計制度進一步完善，從單一的統計條例走向多元化、全方位的統計規範，開始全面影響社會的方方面面。

下篇
新時代統計制度的發展與展望

第十章
統計制度改革的新舉措

第一節 「四大工程」的開展與實施

改革開放以來，國家統計體系逐步建立和完善，但因不同統計項目建立的時間和背景不一樣，側重點也存在差異，客觀上導致各項統計之間互補性較差，統計方法不統一，標準化程度較低，調查工作的分工和組織模式存在不合理因素，很大程度上制約了現代信息技術在統計中的應用，也造成一些統計數據在時空上存在矛盾。為此，通過對「一套表」的歷史經驗和教訓進行研究總結，2009 年國家統計局決定開始統計「四大工程」建設工作。

「四大工程」中統計制度建設包括基本單位名錄庫和企業「一套表」制度，現代信息化技術建設包括數據採集處理軟件系統和聯網直報平臺。2011 年，國家全面推進建設「四大工程」，並在統計信息化建設方面取得歷史性進步。以 70 萬家企業「一套表」聯網直報 2011 年年報和 2012 年 2 月份定報的成功為標誌，中國的統計業務建設和統計信息化建設工作取得了里程碑意義的重要成果。2012 年，國家統計局正式實施企業統計「一套表」制度。

一、基本單位名錄庫制度

（一）統計工作原則

為全面確保專業統計數據和原始行政記錄信息等數據的真實完整性，為了名錄庫能夠及時完成維護與更新，全國統計工作必須使用統一的標準體系，在線建立唯一的名錄庫，並且各級統計機構需分級分責完成名錄庫的維護、及時更新等工作。同時，為保證名錄庫的快捷性、有效性、科學性以及準確性，其建設、維護和使用管理等環節，都需要嚴格遵循名錄庫統計工作原則，實行全國範圍統一化管理體制，不同專業統計工作協同進行，地方到政府需要權責分級，不同統計人員、機構共同參與，實現信息資料共享。

（二）建設「三步走」

根據國家統一的統計分類標準和目錄，按照「先易後難」的原則，名錄

庫的建設實行「三步走」方針，如圖 10.1 所示[①]。

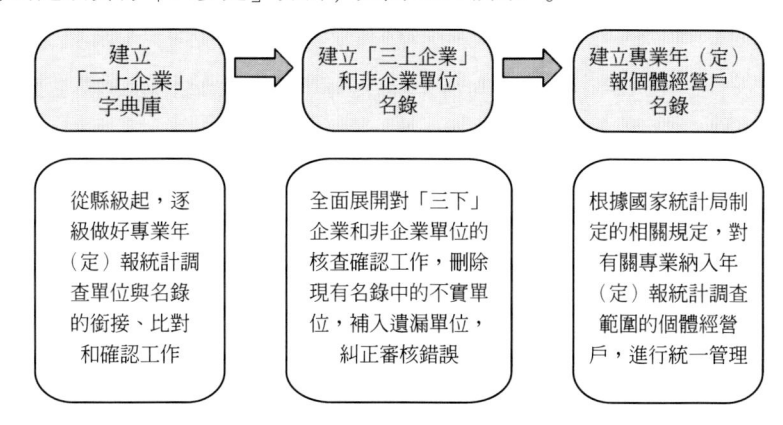

```
建立                →    建立「三上企業」     →    建立專業年（定）
「三上企業」              和非企業單位              報個體經營戶
字典庫                    名錄                     名錄

從縣級起，逐          全面展開對「三下」       根據國家統計局制
級做好專業年          企業和非企業單位的       定的相關規定，對
（定）報統計調        核查確認工作，刪除       有關專業納入年
查單位與名錄          現有名錄中的不實單       （定）報統計調查
的銜接、比對          位，補入遺漏單位，       範圍的個體經營
和確認工作            糾正審核錯誤             戶，進行統一管理
```

圖 10.1　名錄庫建設的「三步走」方針

二、企業(單位)「一套表」制度

（一）統計範圍及調查內容

根據行政區域屬性，企業「一套表」制度將統計調查分為按照在地原則、註冊地原則兩類進行[②]，見表 10.1。

表 10.1　企業一套表調查對象和調查內容

區域屬性	調查對象	調查內容
「在地」原則	轄區內規模以上工業、限額以上批發和零售業、限額以上住宿和餐飲業、房地產開發經營業、規模以上服務業、其他有 5,000 萬元以上在建項目的法人單位和工業生產者價格統計調查樣本法人單位	調查單位基本情況、從業人員及工資總額、財務狀況、生產經營情況、能源和水消費、固定資產投資、研發活動、信息化和電子商務交易情況等
「註冊地」原則	具有資質的建築業法人單位	

---

① 佚名.全國統計系統基本單位名錄庫建設維護與使用管理暫行辦法實施細則［EB/OL］.(2018-06-30). https://wenku.baidu.com/view/cf7bc5f0f90f76c661371ab4.html.

② 國家統計局.一套表統計調查制度［EB/OL］.(2017-01-09). http://www.stats.gov.cn/statsinfo/auto2073/201501/t20150106_664046.html.

(二) 統計數據採集

依照相應的統計原則，對所要調查單位進行規範的數據採集。針對基本單位名錄庫中的調查單位，應該保存完整的原始記錄；針對調查數據的審核、簽署、交接和歸檔等工作環節，應該制定相應有效的管理制度；針對數據的採集和上報過程，需要使用全國統一的統計分類標準和數據編碼準則，並通過網絡化數據聯網直報平臺上報統計數據[1]。

(三) 統計數據處理與發布

在調查時期內，不同專業統計數據由各級統計人員和統計機構利用數據處理軟件，進行單獨的數據審核、驗收以及匯總。國家統計局或其他統計機構將根據數據調查頻率（日、月、季、年等），通過國家統計局外網、統計公報、統計年鑒、新聞或其他統計資料等形式發布統計數據[2]。

三、「四大工程」的意義

「四大工程」的實施減輕了企業負擔，也提高了統計工作的安全性和效率。數據採集處理軟件和聯網直報平臺相結合，使企業能夠將行政數據和生產數據等直接上報，有效減輕企業負擔和降低統計成本。聯網直報模式下，網上填報成為企業統計的主要方式，同時統計數據實現了在線查詢、審核與分享，極大地提升了數據生產、統計效率[3]。

與此同時，「四大工程」改革提高了統計工作規範化水準和統計數據質量。統一的名錄庫部分解決了虛假企業和跨專業、跨地區重複問題；聯網直報系統有效地消除了可能存在的傳統統計數據傳送環節對數據的多方面干擾，提高了數據統計工作的透明度與可控性。通過統一的名錄庫、規範的業務流

---

[1] 國家統計局.一套表統計調查制度 [EB/OL]. [2017-01-09]. http://www.stats.gov.cn/statsinfo/auto2073/201501/t20150106_664046.html.
[2] 國家統計局.一套表統計調查制度 [EB/OL]. [2017-01-09]. http://www.stats.gov.cn/statsinfo/auto2073/201501/t20150106_664046.html.
[3] 《領導幹部統計知識問答》編寫組.領導幹部統計知識問答 [M]. 北京：中國統計出版社，2018.

程、統一的一套表制度和軟件系統，極大地提高了統計工作的規範性和統一性。

第二節　週期性普查制度的發展

2012年至今，中國開展實施了全國經濟普查和全國農業普查。在「四大工程」的背景下，這兩項普查工作迎來了新的發展和變革。2014年1月1日，全國300萬名經濟普查人員第一次手持（PAD）終端電子設備，進行數據登記、錄入、處理、存儲、發送等，標誌著中國普查工作進入了新時期[①]。

一、全國經濟普查

在「四大工程」的建成與實施的背景下，經濟普查的調查方式和手段呈現多樣性，考慮到不同調查單位在規模和網絡化程度等方面具有差異性，國家統計局對普查內容、普查表以及調查方式進行了針對化設計。

根據全國經濟普查的新要求，如果某家企業的經營規模達到了聯網直報企業標準，在經濟普查中就通過聯網直報方式進行統計資料的報送；如果該企業的經營模式未達到聯網直報企業標準，那麼該企業按照屬地管理的原則，由所屬的街道辦事處經濟普查機構組織參加普查，由普查人員手持電子終端設備上門收集數據，該企業統計人員必須如實提供普查所需資料。

第四次全國經濟普查統計分類標準如表10.2所示。

[①] 《領導幹部統計知識問答》編寫組. 領導幹部統計知識問答［M］. 北京：中國統計出版社，2018.

表 10.2　第四次全國經濟普查統計分類標準

分類標準	名稱	現行版本	發文字號/標準號
行業	國民經濟行業分類	2017 年 6 月	GB/T 4754—2017
行業衍生	經濟活動名稱和代碼	—	—
	關於修訂《三次產業劃分規定（2012）》通知	2018 年 3 月	國統設管函〔2018〕74 號
地域	統計上劃分城鄉的規定	2008 年 7 月	國函〔2008〕60 號
	統計用區劃代碼和城鄉劃分代碼編製規則	2009 年 8 月	國統字〔2009〕91 號
	統計用區劃代碼和城鄉劃分代碼	2018 年	—
統計單位	統計單位劃分及具體處理辦法	2011 年 10 月	國統字〔2011〕96 號
	法人和其他組織統一社會信用代碼編碼規則	2015 年 9 月	GB 32100-2015
	經濟普查單位臨時代碼管理辦法	2018 年	—
	組織機構類型	2006 年 1 月	GB/T 20091-2006
	關於劃分企業登記註冊類型的規定（附：企業登記註冊類型對照表）	2011 年 9 月	國統字〔2011〕86 號
	關於統計上對公有和非公有控股經濟的分類辦法	2005 年 8 月	國統字〔2005〕79 號
	統計上大中小微型企業劃分辦法（2017）	2017 年 12 月	國統字〔2017〕213 號
	金融業企業劃型標準規定	2015 年 9 月	銀發〔2015〕309 號

（一）相關統計標準的修訂

2018 年，國家統計局根據新頒布的《國民經濟行業分類》（GB/T4754—2017），對第三版《三次產業劃分規定》（2011）進行了修訂。第一產業是指農、林、牧、漁業（不含農、林、牧、漁專業及輔助性活動）；第二產業是指採礦業（不含開採專業及輔助性活動），製造業（不含金屬製品、機械和設備修理業），電力、熱力、燃氣及水生產和供應業，建築業；第三產業即服務業，是指除第一產業、第二產業以外的其他行業。

第三產業包括批發和零售業，交通運輸、倉儲和郵政業，住宿和餐飲業，信息傳輸、軟件和信息技術服務業，金融業，房地產業，租賃和商務服務業，科學研究和技術服務業，水利、環境和公共設施管理業，居民服務、修理和

其他服務業，教育、衛生和社會工作，文化、體育和娛樂業，公共管理、社會保障和社會組織，國際組織以及農、林、牧、漁業中的農、林、牧、漁專業及輔助性活動，採礦業中的開採專業及輔助性活動，製造業中的金屬製品、機械和設備修理業①。

三次產業的劃分大致按照國民經濟行業分類門類的順序依次歸類，其中比較特殊的是，A 門類「農、林、牧、漁業」中的大類「05 農、林、牧、漁專業及輔助性活動」、B 門類「採礦業」中的大類「11 開採專業及輔助性活動」、C 門類「製造業」中的大類「43 金屬製品、機械和設備修理業」等三個大類被新界定為第三產業。

（二）《全國經濟普查條例》的修改

2018 年 7 月 4 日，中國正式通過並實施修改後的《全國經濟普查條例》（以下簡稱《條例》），其變化主要體現在行業範圍，普查方法，數據採集、審核和上報，以及銜接部門四個方面：

（1）完善有關經濟普查行業範圍的規定。由於近年來中國各類經濟主體呈爆炸式增長，新《條例》的經濟普查的行業範圍修改為中國第二產業、第三產業涵蓋的所有行業，其行業分類參照以國家標準形式公布的《國民經濟行業分類》（2017）。

（2）合理調整有關經濟普查方法的規定。由於修改後的《條例》擴大了採用抽樣調查對象的範圍，規定對小微企業的生成經營情況等也可以採用抽樣調查的方法。同時，為了提高經濟普查數據質量，同時降低普查基礎環節成本，新《條例》增加了「經濟普查應當充分利用行政記錄等資料」條款。

（3）由於經濟普查數據從採集、處理到上報等環節已經充分利用電子信息和網絡技術，數據實現了在線直接上報，故在新《條例》中刪除了經濟普查機構「逐級」上報經濟普查數據的要求。

（4）為了與《統計法》及其實施相關條例保持一致，新《條例》增加了

---

① 佚名. 2018 年第四次全國經濟普查範圍、普查方法流程及工作要點［EB/OL］. http://www.mnw.cn/news/cj/2028138.html.

规定经济普查机构及其工作人员对经济普查工作中知悉的个人信息应当予以保密的条例；为了与国务院机构改革相衔接，新《条例》将原来的「工商、质检」部门修改为「市场监督管理」部门[1]。

《全国经济普查条例》于此次修订后重新公布，2018年全国第四次经济普查工作开展实施按照新《条例》进行。

(三) 普查内容与普查表

普查内容的选定和普查表的设计需要与调查对象的特性相契合，以便真实、全面地反映调查对象的基本情况。为使中国经济普查更加具有针对性、科学性、有效性，经济调查单位一般分为以下几种：联网直报型、非联网直报型、个体经营户和其他经济部门，分别对应的调查内容如表10.3所示[2]。

表 10.3　全国经济普查表类别

普查表类别	普查表主要内容
「一套表」单位普查表	「一套表」单位基本情况、财务状况、从业人员及工资总额、能源生产与消费情况、生产能力、生产经营和服务活动、固定资产投资、研发活动、信息化和电子商务交易情况等
非「一套表」单位普查表	非「一套表」单位基本情况、财务状况、从业人员情况、部分行业经营情况、固定资产投资情况，以及行政事业单位、民间非营利组织主要经济指标等
个体经营户普查表	个体经营户基本情况、雇员支出、税费、房租、营业收入、固定资产投资情况等主要经济指标
部门普查表	金融、铁路部门及军队系统负责普查的单位基本情况、从业人员情况、财务状况、业务情况等内容，以及领导小组办公室其他成员单位负责提供的主要业务量情况

(四) 普查方法

随着法律和相关统计条例更新以及现代信息技术发展，经济普查方法有

---

[1] 全国经济普查条例 [J]. 统计科学与实践, 2019 (2)：60-62.
[2] 国家统计局. 国家统计局国务院第四次全国经济普查领导小组办公室关于印发《第四次全国经济普查方案》的通知 [EB/OL]. [2018-08-09]. http://lztj.liuzhou.gov.cn/xxgk/jcxxgk/tjwj/201811/t20181113_1205509.html.

了新的內容和形式，體現在統計「清查方法」「普查登記方法」以及「數據報送方式」等方面。

統計機構根據統計工作準則，對從事第二、第三產業的法人單位、產業活動單位和個體經營戶，採取「在地」原則進行普查登記；對建築業法人單位，則按照註冊地原則進行普查登記；對多法人聯合體，不能將其作為單獨的一個普查單位，需要分別對每一個法人單位進行數據普查。值得注意的是，對法人單位、產業活動單位和個體經營戶進行普查登記或抽樣調查之前，需要提前完成對上述調查單位的全面清查工作[①]。

手持移動電子終端（PAD）採集是單位清查階段的主要數據統計手段；在普查登記、抽樣調查階段，普查員使用手持移動電子終端（PAD）採集數據，並通過網絡化的聯網直報平臺完成普查對象數據上報工作。

二、全國農業普查

第三次全國農業普查實施時間點為2016年12月31日24時，普查時期為2016年1月1日至12月31日[②]。

（一）普查內容與普查表

中國第三次全國農業普查對象包括：在中華人民共和國境內的所有農村住戶、城鎮農業生產經營戶、農業生產經營單位、村民委員會等個人和單位。為了提高農業普查的針對性，根據不同普查對象的特性，選定和設計具有差異性的調查內容和調查表。為了切實反應農業生產結構、新農村建設情況、農業現代化以及農民居住環境和生活方式的變遷情況等，此次普查進行了詳盡的設計，如表10.4所示[③]。

---

① 普查單位清查辦法［EB/OL］.［2019-01-03］. https://wenku.baidu.com/view/eda2d39abb0d4a7302768e9951e79b8968,0268eb.html.
② 普查單位清查辦法［EB/OL］.［2019-01-03］. https://wenku.baidu.com/view/eda2d39abb0d4a7302768e9951e79b89680268eb.html.
③ 全國農業普查 我為農業經濟繪藍圖（16）（下）［J］. 中國統計, 2017（12）：68-72.

表 10.4　全國農業普查表類別

普查表類別	普查表適用範圍
農戶普查表	用於登記農業經營戶、居住在農村且有確權（承包）土地的住戶。登記原則是：在鄉鎮的普查區範圍內居住，以居住地為原則登記；不在鄉鎮的普查區範圍內居住，但在普查區內從事農業經營活動，以生產地為原則登記
規模農業經營戶普查表	用於登記符合規模農業經營戶標準的住戶，登記原則與農戶普查表相同
農業經營單位普查表	用於農業經營單位的登記。以在地原則登記，地域範圍為縣域。在縣域範圍內的農業法人單位以及所屬的全部農業產業活動單位作為一個對象在普查區登記；如果其所屬的農業產業活動單位在本縣域範圍之外，則在該產業活動單位經營所在地的普查區登記
行政村普查表	用於登記所有的村民委員會，以及有農業經營活動的居民委員會和具有村級行政管理職能的管理機構。由普查區農業普查工作組收集相關信息直接填報
鄉鎮普查表	用於登記所有的鄉、鎮人民政府，以及有農業經營活動的街道辦事處和具有鄉鎮政府職能的管理機構。由鄉鎮農業普查辦公室收集相關信息直接填報
農作物面積遙感測量實地調查表	用於對農作物遙感影像的實地核實和調查

（二）普查方式

根據《全國農業普查條例》（2016），農戶和單位類普查表用普查人員直接到戶、到單位訪問登記的方法填報，鄉（鎮）和村級行政單位普查表直接由鄉（鎮）普查辦公室、村普查小組組織統計填報。普查完全依照準備階段、摸底階段、登記階段、驗收階段、上報階段、審核階段、處理階段、評估階段、整理階段、發布階段、諮詢服務階段進行，每個階段和環節都建立了質量控制流程，確保農業普查數據質量。

在第三次全國農業普查中，調查人員首次將遙感技術應用於數據測量工作環節，並到設計好的地面樣本上用無人機和手持移動電子終端（PAD）採集農作物種植信息；同時，全面應用手持移動電子終端（PAD）進入農戶、

生產單位，填寫農戶和單位類普查表，並上報相關統計數據。普查員需根據所調查的行政村、鄉鎮的具體條件，選擇普查表的報送方式。針對網絡發展成熟的地區，可以通過數據聯網直報平臺進行數據報送，同時鼓勵有條件的行政村的普查工作採用聯網直報[1]。

第三節 城鄉住戶調查一體化

中國統計工作必須搞好一體化調查、取得統一可比的城鄉居民收入數據，為2020年全面實現小康社會做好堅實的數據工作。為確保城鄉居民數據準確可靠，同時實現數據在時間和空間上有效銜接，必須嚴格執行一體化住戶制度，按照統一的業務流程和工作部署，建立歷史數據比較平臺，實現舊體系向新制度的平穩轉變。

一、城鄉住戶調查一體化改革

（一）改革的必要性

居民家庭收支、教育、就業等相關數據信息是重要的民生信息，做好民生工作是黨和國家新時期的重要任務，而住戶調查是中國「民生工程」的重要基礎工作[2]。為了使黨和政府更好地瞭解真實的居民生活狀況，更加合理地調整收入分配關係，更加科學地制定相關政策，切實保障和改善民生，國家統計工作必須加快建設居民收支數據監測系統，進一步完善住戶調查工作。

---

[1] 全國農業普查 我為農業經濟繪藍圖（16）（下）[J]. 中國統計，2017（12）：68-72.
[2] 國家統計局. 全國城鄉住戶調查一體化改革總體方案［EB/OL］.（2017-05-25）. http://gjdc.hz.gd.gov.cn/zdbz_3670/zdff_3671/201706/t20170609_147987.html.

2012年12月份以前，中國住戶調查分為城鎮和農村兩類調查，兩者的調查指標、標準、方法等方面都存在差異，導致統計數據可比性較差，難以準確反應全體居民內部的支出結構以及收入差距，進而影響了中國制定城鄉居民收入分配政策。同時，農民工的城鄉統計歸類、調查方法缺乏合理性，城鎮居民收入與支出折算缺乏真實性，以及全國城鄉分類缺乏統一性等問題，都迫切需要通過城鄉住戶調查制度改革來解決[①]。

（二）改革的原則

①按照「統一規範」原則，城鄉住戶調查體系設計需要具有全面完整性，城鄉住戶調查制度必須具有整體有效性，城鄉住戶調查過程必須具有嚴格規範性，進而全面實現城鄉收支統計指標、標準、方法的一致。②按照「科學適用」原則，基於中國真實國情，從實際出發，以政府、社會、人民實際需求為導向，充分學習借鑑國際上的住戶調查方法、體系，準確反應中國居民收支狀況。③按照「高效可行」原則，根據調查工作實際需要，將現代信息技術充分應用於調查數據的採集、處理、傳送和發布等環節，使基層調查工作化繁為簡，有效減輕調查對象的工作負擔，使住戶調查進入電子信息和網絡化時代。④按照「積極穩妥」原則，全國整體規劃，開展試點工作，按照制定的步驟逐步實施。加強宣傳住戶調查改革工作，全面科學解讀數據內涵，平穩推進改革進程。

（三）改革的「五大」統一

城鄉住戶調查一體化改革的核心是統一化改革發展，「五大」統一情況詳見表10.5。核心工程的建設，能夠全面推動居民收入分配數據監測工作機制的建立與完善，使不同收入層次居民的生活狀況相關指標更具可比性，為國家統籌規劃城鄉發展和制定民生政策提供更加高效的制度保障[②]。

---

① 鄧晟昊.關注民生.城鄉住戶調查一體化揚帆啟航 [N].中國信息報，2012-09-20 (004).
② 馬建堂.大力推進城鄉住戶調查一體化改革 [J].中國統計，2012 (3)：1.

表10.5 城鄉住戶調查一體化改革的「五大」統一簡介

「統一」名稱	具體內容
調查指標	1. 農村居民人均純收入改為農村居民人均可支配收入，設置農村、城鎮和全體居民可支配收入指標 2. 規範居民收支指標口徑，改進自有住房折算租金統計，增加反應居民生活狀況的指標和調查內容，細化政策性轉移收支指標的分類 3. 改革後的城鄉住戶調查統一改稱為全國住戶生活狀況調查
抽樣方法	1. 使用統一的住戶抽樣框、統一的方法，對包括農民工在內的所有居民進行分層隨機抽樣，選取調查戶，實現所有地域和人群不交叉、全覆蓋 2. 依據抽樣理論測算，適當增加樣本數量，調整樣本地區分佈，提高對不同收入層次居民的代表性
調查過程	1. 通過全國統一的調查網絡，採用統一問卷和記帳格式，對包括農民工在內的所有居民實施常住地調查，直接採集原始數據 2. 定期開展對住戶調查數據質量的電話抽查、實地回訪等 3. 利用社保、稅收、金融、工商等部門的行政記錄資料，加強對調查樣本構成和數據質量的評估
數據處理	採用住戶電子記帳或者調查人員手持電子終端的方式直接採集數據，並通過互聯網直接報送至國家統計局數據中心，實現各級統計機構按照權限共享基礎數據
數據發布	1. 按年度發布全體居民和不同收入層次居民的收支水準、結構及變化數據，居民收入中位數和基尼係數以及城鄉之間、地區之間、高低收入組之間等（如以五等分法進行分層比較等）的收入差距數據 2. 按季度發布現金收支水準、結構及變化數據

（四）改革的步驟

改革以2012年年底為階段劃分節點：第一階段主要是試點運行，建立完善相關制度；第二階段開始在全國範圍內開展實施，並發布居民收支的調查結果（見表10.6）。

表 10.6　城鄉住戶調查一體化改革階段劃分

時間階段	第一階段（2012年年底前）	第二階段（2013年開始）
主要任務	開展一體化住戶調查試點，建立一體化住戶調查制度，抽選一體化住戶調查樣本	在全國範圍內組織實施住戶生活狀況調查，發布全體居民收支數據
具體要求	1. 結合中國實際，吸取國際先進經驗，編製全國住戶生活狀況調查方案 2. 組織開展試點工作，進一步完善調查方案和數據處理程序等 3. 對全國住戶調查縣級網點進行評估，分配各地一體化住戶調查樣本量 4. 對抽中的調查小區組織開展摸底調查，選聘輔助調查員，抽選落實調查戶 5. 按照一體化住戶調查方案要求，組織培訓各級調查人員	1. 使用一體化住戶調查選定的樣本，採集全國居民生活狀況基礎數據 2. 按照新範圍、口徑，計算全國以及分城鄉居民可支配收入以及其他收支數據 3. 為平穩過渡和保持可比，「十二五」期間，繼續保留並公布農村居民人均純收入指標

二、城鄉住戶收支調查一體化改革的主要調整

新形勢下新需求不斷萌發，這次改革在充分參考和借鑑國際住戶調查標準和他國優秀實踐經驗的基礎上，根據統計口徑、調查抽樣、統計數據採集和統計數據處理等方面統一化的基本思路，對城鄉住戶收支調查進行了符合新時代要求的一體化設計，並於2013年起正式在全國範圍內推行。城鄉住戶收支調查一體化改革的主要調整為：

（一）城鄉住戶收支調查的「四化」

（1）統計口徑一致化。為了滿足實際統計工作的需要，根據國際通用的居民收支核算標準（堪培拉標準），國家統計局重新設置中國城鄉居民的可支配收入指標，並對現行的城鎮居民可支配收入指標和農村居民純收入指標進行了規範性調整。其中明確指出，城鎮務工或經商半年以上且與農村家庭有一定經濟聯繫的人員調整為城鎮常住人口（與人口普查中常住人口概念一致）。

（2）調查抽樣統一化。為了在地域覆蓋上做到不重不漏，國家統計局將

第六次全國人口普查資料作為城鄉住戶一體化的抽樣框，並統一抽選調查樣本單位。同時，為了更好地覆蓋流動人口，一體化的調查將使用擴展後的住宅範圍進行住宅抽樣（新概念住宅包含普通住宅、職工宿舍、工棚和工作地住宿等多種居住形式[①]）。

（3）統計數據採集現代化。採用統一的日記帳和調查問卷採集城鄉居民的生活狀況和收支信息。將現行農村住戶調查5年的記帳週期和現行城鎮住戶調查3年的記帳週期統一縮短為2年，並計劃每年輪換50%，以保證樣本的時效性和代表性。在有條件的地區，積極推廣調查戶使用個人電腦、手機、平板電腦等進行電子記帳。

（4）數據處理程序化。統計調查機構採用統一、規範的數據處理程序對城鄉住戶一體化調查數據進行登記、錄入、審核及匯總等處理。同時，運用插補、奇異值處理、加權、校準等先進的數據處理技術對數據進行進一步的處理，以提高居民收支數據的質量。

（二）農村居民人均純收入指標的調整

為了增強城鎮和農村居民生活狀況數據調查指標的對比性，根據堪培拉標準，一體化住戶調查將農村居民的純收入指標調整為可支配收入指標。

調整前指標的計算方法為[②]：

純收入＝工資性收入+經營淨收入+財產性收入+轉移性收入-稅費支出-贈送農村親友支出

調整後的指標計算方法為[③]：

可支配收入＝工資性收入+經營淨收入+財產淨收入（財產性收入-生活貸款利息等財產性支出）+轉移淨收入（轉移性收入-個人所得稅、贍養支出、捐贈支出、交納社保支出等轉移性支出）+自有住房折算淨租金

[①] 中華人民共和國國家統計局. 中國主要統計指標詮釋［M］. 2版. 北京：中國統計局出版社, 2013.
[②] 中華人民共和國國家統計局. 中國主要統計指標詮釋［M］. 2版. 北京：中國統計局出版社, 2013.
[③] 中華人民共和國國家統計局. 中國主要統計指標詮釋［M］. 2版. 北京：中國統計局出版社, 2013.

此次改革，對外出農民工群體制定了新的歸類界定標準。在城鎮工作半年以上的農村戶口人員，被納入城鎮常住人口進行統計，不再作為農村居民人均可支配收入計算公式分母的一部分，並且只有他們寄回或帶回的收入才算入農村居民的收入。

在一體化住戶調查中，調查方法也得到了改進。抽樣框和抽樣方法的改進、日記帳週期的縮短、調查樣本的定期輪換、問卷和日記帳格式的優化、數據採集流程的規範、數據質量控制手段的強化等從源頭上保障了基礎數據的採集，從而提高了農村居民收入數據的質量。

第四節 就業統計的發展

2018年以前，中國對外只公布登記失業率，以反應中國失業人口和失業率情況。為了提高就業質量、實現經濟發展共享，黨和政府愈加重視中國就業問題，就業統計已然成為中國統計工作中重要的組成部分。2018年，中國首次將城鎮調查失業率納入經濟社會發展的主要預期目標[1]。

一、調查失業率的方法與制度

在全國勞動力調查制度和大城市月度勞動力調查制度的基礎上，國家統計局於2016年建立了全國月度勞動力調查制度獲取調查失業率，並決定從2018年4月起按月定期發布全國城鎮調查失業率[2]。

---

[1] 國家統計局. 國家發展改革委副主任、國家統計局局長寧吉喆就發布城鎮調查失業率有關問題答記者問 [EB/OL]. [2018-04-17]. http://www.stats.gov.cn/tjsj/sjjd/201804/t20180417_1594334.html.

[2] 國家統計局. 國家發展改革委副主任、國家統計局局長寧吉喆就發布城鎮調查失業率有關問題答記者問 [EB/OL]. [2018-04-17]. http://www.stats.gov.cn/tjsj/sjjd/201804/t20180417_1594334.html.

（一）全國月度勞動力調查的頻率、範圍以及調查方式

勞動力調查的頻率為月度。調查範圍是被抽中的中國大陸地區城鎮和鄉村地域上居住的人口。其中城鎮是按照國務院於 2008 年 7 月 12 日批復的《統計上劃分城鄉的規定》中劃定的城市和鎮，其餘地域為鄉村。目前，抽樣調查是全國勞動力調查的主要調查方式。針對村級單位，根據住房單元數，比例化、多層次、多階段性抽樣，並在抽取的村級單位中使用等距抽樣方法，最終將抽中的所有人員進行登記調查。

（二）全國月度勞動力調查內容及方法

1. 調查內容

根據填報對象單位級別，勞動力調查內容分為按戶填報的項目和按人填報的項目。為了全面且具有針對性地獲取填報對象的信息，對兩類填報項目設置了不同的調查內容。

按戶填報的項目的調查內容包括戶編號、戶別、調查時點居住在本戶的人口數、本戶人口中外出但不滿半年的人口數、現住房來源 5 個方面。

按人填報的項目的調查內容主要包括姓名、與戶主關係、性別、出生年月、戶口登記地、住本戶時間、受教育程度、婚姻狀況、您戶口所在家庭是否有農村土地承包權、您以前是否在其他地區工作過、您來（回）本縣（市、區）多長時間了、您未找工作的主要原因是什麼、您暫時不能開始工作的主要原因是什麼等 29 個項目[①]。

2. 調查方法

勞動力調查採用的主要方式為調查員入戶登記。調查員統一使用手持移動電子終端（PAD）完成調查樣本管理、統計任務分配安排、數據登記錄入等眾多環節工作；同時，借助網絡信息技術，通過聯網直報平臺，直接報送調查數據。

（三）全國月度勞動力調查時點及組織形式

國家統計局將月度勞動調查標準時間定為每月 10 日零時，入戶登記時間

---

① 國家統計局. 國家發展改革委副主任、國家統計局局長寧吉喆就發布城鎮調查失業率有關問題答記者問［EB/OL］.［2018-04-17］. http://www.stats.gov.cn/tjsj/sjjd/201804/t20180417_1594334.html.

段定為每月 10 日~14 日，另根據節假日情況，調整個別月份調查時點。

　　省（區、市）勞動力調查的組織實施由當地的國家統計局各調查總隊全面負責，而在未設國家調查隊的縣（市、旗），統計數據的採集上報工作由當地統計局負責完成，同時需要調查總隊和市級調查隊加強業務指導和監督工作。

二、公布城鎮調查失業率的重要意義

　　公布城鎮調查失業率的重要意義體現在：①從覆蓋範圍、代表性、發布頻率等方面，調查失業率均優於登記失業率，能夠使社會公眾及時瞭解中國就業狀況、更好地做出就業選擇；同時能夠幫助中國各級政府針對即時的就業情況調整和制定更加科學、高效的政策。②將符合條件的農民工就業群體納入城鎮失業率調查範圍，不僅符合客觀就業狀況，而且很大程度上降低了農民工失業後的社會風險。隨著城鄉經濟融合發展，中國進城務工的農民群體愈發龐大。2017 年，中國就有 8000 多萬農業轉移人口成為城鎮居民[①]。③調查失業率數據可以作為相關科研人員及時瞭解中國就業形勢和經濟狀況、分析中國勞動力市場、開展社會學研究等科研項目的基礎數據，促進中國就業統計指標體系建立健全[②]。④中國公布調查失業率既符合國際標準，又能夠在就業狀況、宏觀經濟形勢等方面進行國際性分析比較，從而使中國經濟發展成為既符合國際標準又具有中國特色社會主義的新經濟。

---

① 範美，鄧永輝. 調查失業率對提高公共就業服務質量的作用分析 [J]. 中國就業，2016（10）：120-121.
② 馬永堂. 公布調查失業率是一大歷史性進步 [J]. 中國就業，2014（9）：4-5.

第五節　小結

2012年是中國統計工作發展進程中具有重大意義的一年。「一套表」聯網直報成功實施，並進行了一系列功能的不斷改進和完善，實現了多場景應用，進一步滿足了統計業務和各級統計人員新的需求。聯網直報服務對象和業務範圍逐漸擴大，名錄庫管理、城鄉住戶調查、勞動力調查等統計業務都基於「一套表」制度和依託於聯網直報技術，使服務型統計更進一步。

全面完整的普查單位、極具針對性的調查內容和調查表、方便快捷的現代信息技術手段等，使中國第三次全國經濟普查和中國第三次農業普查邁入了一個全新的時代。通過電子地圖，普查員使用手持移動電子終端（PAD），進行現場採集數據並無線傳送，實現了數據生產過程的現代化，使普查工作變得更加及時、準確、高效。

關注民生、改善民生是新時代的統計制度改革工作的焦點之一。中國的統計工作必須做好基礎性工作，為中國的民生工作提供全面及時準確的民生數據。為了完善中國城鄉調查體系，並與國際統計數據體系接軌，更好地反應中國城鄉問題、民生問題，中國統計工作進行了城鄉住戶調查一體化改革和調查失業率等一些新舉措。城鄉住戶一體化改革中，「四化」是改革的核心，是從統計口徑、抽樣、採集數據到處理程序四個方面規範化。同時城鄉收入反應指標統一為「居民可支配收入」，切實提升了城鄉統計工作的服務質量。調查失業率經歷了提出、試運行到全面實施公布的過程，其間調查範圍不斷擴大、調查頻率變成月度，一系列改革措施的落實使得失業率成了中國重要的民生指標和宏觀經濟調控指標。

第十一章
《中國國民經濟核算體系(2016)》
的發布與實施

第一節　修訂背景

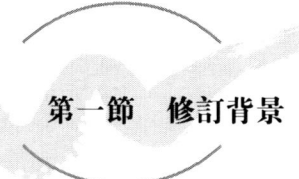

中國現行國民經濟核算體系是在發展中不斷完善的。新中國成立初期，中國國民經濟核算指標來自蘇聯的 MPS 體系中的國民收入。改革開放以後，為了盡快適應管理的需要，中國開始研究由聯合國等國際組織推崇的 SNA 體系，用國內生產總值來反應總體經濟狀況，並在 1985 年首次開展了 GDP 核算，從此中國國民經濟核算逐步從 MPS 體系向 SNA 體系轉化。1993 年，GDP 取代國民收入，成為反應中國宏觀經濟數據的核心指標。為了不斷增強中國宏觀經濟數據服務於宏觀調控的能力，同時與國際標準數據接軌，在社會經濟發展的新時期，中國對國民經濟核算體系進行了系統全面的重新修訂，制定了中國國民經濟核算的新標準，即《中國國民經濟核算體系（2016）》。這一新標準的修訂有其「新」背景：

（1）反應國際新變化。隨著國際經濟形勢變化加快，聯合國等國際組織在 2009 年推出了新修訂的國民經濟核算標準《國民帳戶體系 2008》（簡稱 SNA（2008））。這代表了當前國際上最先進最實用的核算方法與體系。絕大部分發達國家和部分發展中國家均已經參照該體系研究修訂自己的國民經濟核算標準體系。中國作為經濟發展規模最大、最具創新活力的發展中國家，應與國際標準發展水準保持一致，因此中國應順應時代趨勢對國民經濟核算體系做出修訂。

（2）適應和反應新情況。中國社會發展處於重要的戰略機遇期，中國經濟出現了很多新的變化與發展：經濟從高速增長轉為中高速增長，產業結構、經濟結構不斷優化升級，城鄉之間貧富差距不斷縮小，全球市場經濟發展背景下所面臨的複雜國際經濟關係等問題日益突出。面對這些深刻的變化，中國政府緊緊圍繞黨的治國理政方略提出並逐步形成了一系列新的經濟發展政策理念，以創新、協調、綠色、開放和共享為發展核心，以推進供給側領域結構性優化改革工作為發展方向和重要突破口，實施宏觀經濟核算政策，呈

現出一套全新的發展思路。這一系列重大政策變化對加強國民經濟核算提出了一個新的時代要求。

（3）滿足管理新需求和總結新成果。針對中國經濟社會發展初期出現的一系列市場情況，經濟社會管理工作產生了許多新的市場需求。為了盡快適應新市場情況並及時滿足新市場需求，同時反應國際核算標準的新發展變化，國家統計局組織開展了一系列推進國民經濟核算制度改革的課題研究。如結合研發支出核算方法的課題研究、結合計算中國城鎮居民自有成本住房服務價值的核算處理方法優化改革課題研究、結合實際最終消費的核算處理方法優化改革課題研究等。目前，這些改革方法研究的技術成果已逐漸成熟。

（4）體現改革新進展。改革開放以來，中國市場經濟進一步完善，從無到有，從弱到強，讓市場在資源配置中起決定作用是黨在十八屆三中全會上做出的重要決定。國民經濟核算體系作為反應中國經濟運行狀況最直接的指標，必須能深刻展現中國改革的新進展。黨的十八大以來，中國逐步建立了經濟普查制度，創建了企業一套表聯網直報統計調查制度，實施了全國城鄉居民住戶調查一體化制度改革，對「三新」經濟也確立了初步的統計報表制度，國民經濟核算標準應不斷地更新完善以更準確地反應中國改革新成果。

第二節　《中國國民經濟核算體系（2016）》的修訂內容

《中國國民經濟核算體系（2016）》主要從基本框架、基本概念和範圍、基本分類、基本核算指標和核算方法五個方面對《中國國民經濟核算體系（2002）》進行了系統修訂[①]。

---

① 王志平. 從新國民經濟核算體系看中國經濟升級版［EB/OL］.（2017-07-26）［2019-06-12］. http://theory.gmw.cn/2017-07/26/content_25211547. Htm.

一、修訂內容

（1）調整了基本框架。2016年核算體系從內容上分為兩大部分：基本核算部分和擴展核算部分。為更好地適應中國經濟社會發展和滿足核算的新需求，兩大部分核算內容都進行了重新調整、豐富和完善。在基本核算部分，不再獨立設置國民經濟帳戶。由於現有國民經濟帳戶與五大基本核算列表之間可相互轉化，主要國民經濟帳戶的核算內容均已完全體現在這些基本核算表中，故新修訂的國民經濟核算體系不再單獨設置國民經濟帳戶。在豐富和完善核算內容方面，新的核算體系逐步擴大股權核算範圍，補充養老醫療等社會保險基金權益的核算，以適應中國市場經濟社會活動中可能出現的新業務情況和新形勢變化；調整了國際收支平衡表和國際投資頭寸表的內容。在擴展核算部分，將自然資源實物量核算表延伸到資源環境核算，同時調整了人口和勞動力核算，增加了衛生核算、旅遊核算和新興市場核算。

（2）更新了基本概念和核算範圍。2016年核算體系更新了一些概念，使之更好地適應於實際核算工作，同時為了與SNA（2008）協調，也更新了核算的範圍。具體地，引入「經濟所有權」概念，改變了相關交易的記錄方式；引進「知識產權產品」概念，知識產權產品的性質是生產資產；引入「實際最終消費」概念，從而更加客觀地反應中國居民的真實消費水準[1]；修訂了「生產者價格」概念，按照SNA（2008）的標準，生產者價格不包含增值稅；擴展了生產範圍，將一些類型的自給性生產納入生產範圍；擴展了資產範圍等。

（3）調整和細化了基本分類。具體地，為反應當前中國非營利經濟組織的業務發展趨勢和實際變化情況，在機構部門分類中，新增設「為住戶服務的非營利機構」部門[2]；增加了產品分類，2016年核算體系根據《統計用產

---

[1] 統計局．國民經濟核算體系調整人口和勞動力核算［EB/OL］．（2017-07-26）［2019-06-12］．http://theory.gmw.cn/2017-07/26/content_25211547.htm．
[2] 國家統計局．中國自2002年以來首次調整GDP核算體系［EB/OL］．（2017-07-26）［2019-06-12］．http://news.hexun.com/2017-07-14/190044829.html．

品分類目錄》對中國社會經濟活動中的貨物類產品和服務類產品進行了統一分類和編碼，使得以中國貨物類和服務類產品作為核算對象的各類統計調查活動全部納入統一的核算體系中；細化 GDP 支出項目分類，結合中國現行分類目錄標準同時借鑑 SNA（2008）的做法，對支出項目分類進行了細化和調整。

（4）修訂了基本核算指標。2016 年核算體系從實際情況出發，修訂和更新了一些基本的核算指標。具體地，修訂「總產出」指標，總產出的計算過程參考了 SNA（2008）定義的「生產者價格」；修訂「勞動者報酬」指標，新指標規定要按照一定的比例區分勞動者報酬和營業盈餘，且將其雇員股票期權納入勞動者報酬中；修訂了「生產稅淨額」指標，根據 SNA（2008）的標準，將進出口的稅金與補貼都納入此指標的核算範圍內；修訂了「社會保險繳費」和「社會保險福利」指標，重新規定了兩個指標的統計核算口徑；修訂「資本形成總額」指標①，擴大了資本形成總額的範圍。

（5）改進了基本核算方法。為了更加客觀真實地反應中國經濟活動的本質，2016 年核算體系的核算方法基本與 SNA（2008）一致。與 2002 年版本相比，一些具體的修改內容還包括：將研發支出作為固定資本處理，直接計入 GDP，不再像以前一樣記為中間投入②；對於城鎮居民自我住房租賃服務，改用市場租金法去核算其價值；採用參考利率法，改進了金融仲介服務產出的核算方式；根據市場與非市場的服務性質的區別③，改進中央銀行產出的計算方法等。

---

① 統計局. 國民經濟核算體系調整人口和勞動力核算［EB/OL］.（2017-07-26）［2019-06-12］. http://theory.gmw.cn/2017-07/26/content_25211547.htm.
② 地方 GDP 增長要進行多視角比對［EB/OL］.（2017-12-08）. http://news.hexun.com/2017-12-08/191916629.html.
③ 國家統計局. 中國自 2002 年以來首次調整 GDP 核算體系［EB/OL］.（2017-07-14）［2019-06-12］. http://news.hexun.com/2017-07-14/190044829.html.

二、資金流量核算的變化

資金使用流量核算是國民經濟核算中重要的組成部分，主要反應一段時期內各機構和部門的收入來源分配和資金使用、財政資金流量籌集和資源運用等實際情況，其核算內容覆蓋了整個國民經濟社會運行的全過程及其伴隨的各項金融業務活動。根據中國現階段的核算基礎和條件，目前主要通過直接分解各種宏觀經濟流量的方式來編製資金流量表。

《中國國民經濟核算體系（2016）》主要在基本概念、基本分類、基本指標核算上對資金流量核算做出了修訂，使之更好地與 SNA（2008）接軌以達到國際先進水準，為研究者提供更加準確、詳盡的資金流量數據[1]。具體修訂內容包括四個方面：

(1) 引入了「雇員股票期權」概念。21 世紀初，中國還未建立起雇員股票期權制度，所以 2002 年核算體系中並未將這一概念納入。隨著經濟全球化的發展及管理觀念的更新，越來越多的企業將股票期權作為一種新的激勵方式納入日常的管理工作中。為此，SNA（2008）將雇員股票期權作為雇員報酬處理，將其作為勞動者報酬納入核算體系中[2]。

(2) 明確了「實際最終消費」概念。政府為社會提供了大量的轉移支付，如教育、醫療等。這些以實物方式轉移的支付真正的享受者是居民，因此應算作居民實際最終消費。但 2002 年核算體系並沒有明確區分最終消費支出和實際最終消費兩個概念。為此，在 2016 年核算體系中，明確了「實際最終消費」的概念，並增加了相應的核算指標如「實物社會轉移」調整後的可支配收入等。

(3) 細化了非金融資產分類。2002 年核算體系中，非金融資產分為固定資產、存貨、其他物質資產三個類別。而 SNA（2008）將非金融資產劃分為生產與非生產資產兩大類，取消了原來的有形資產和無形資產的分類標準。

---

[1] 羅煜，貝多廣. 資金流量分析方法的最新進展 [J]. 經濟學動態，2015（2）：87-97.
[2] 「SNA 的修訂與中國國民經濟核算體系改革」課題組. SNA 的修訂及對中國國民經濟核算體系改革的啟示 [EB/OL]. [2019-06-12]. http://tjyj.stats.gov.cn/CN/abstract/abstract4133.shtml.

故 2002 年核算體系對非金融資產的分類與 SNA（2008）產生了較大的差異①。在 2016 年核算體系中，中國將非金融資產同樣分為了生產資產和非生產資產，其中對生產資產又進行了進一步細緻翔實的分類。

（4）修訂了金融資產分類。2002 年核算體系與 SNA（2008）對金融資產的分類出入較大。為了充分反應近年來不斷出現的各種金融技術創新和中國金融市場的快速健康發展，2016 年核算體系仍然遵循 SNA（2008）的標準，修訂完善了金融資產的分類，其中一個較大變化是引入了「金融衍生工具和雇員股票期權」的概念②。

第三節　《中國國民經濟核算體系（2016）》實施的意義

2016 年核算體系從內容、概念、範圍、分類、基本指標五大方面進行了修訂，更好地與 SNA（2008）結合，達到國際標準水準，提高了中國經濟核算數據的國際可比性和先進性。這是中國國民經濟核算工作的一次重大改革，具有深刻的意義。

（1）國民經濟核算體系是反應國民經濟運行狀況的有效工具。新核算理論體系的建成實施，更加全面準確地反應了中國現行國民經濟社會運行實際情況，更好地體現了中國國民經濟社會發展的新時代特點。這大大提高了中國現行國民經濟核算體系理論的國際化和可比性，更加有利於不斷提高經濟宏觀決策和經濟宏觀管理理論水準，在國民經濟形勢分析、國民經濟政策管理和國民經濟行政決策中可以發揮更好的指導作用。譬如，有利於促使政府

---

① 國家統計局：關於印發《中國國民經濟核算體系（2016）》的通知 [EB/OL]．（2017-08-23）[2019-06-20]．http://www.stats.gov.cn/tjgz/tzgb/201708/t20170823_1527059.html.
② 謝俊雲. 2008SNA 與 1993SNA 的比較研究 [D]．廣州：廣東商學院，2012.

加大企業研發項目投入支持力度從而推動企業技術創新進步；有利於促進通過雇員股票期權的融資方式激勵企業員工，提高企業的核心競爭能力和勞動者工資報酬等；有利於促使企業加大社會民生消費方面的研發投入力度，提高城鎮居民實際生活消費水準。這些改變能有效促進當前中國國民經濟社會發展行為方式的轉變和社會民生的改善。這是當前推進中國經濟治理機制體系和社會治理服務能力現代化建設的重要理論基礎。

（2）國民經濟核算體系是經濟統計的基本框架。不同統計類型的宏觀經濟數據統計必須創建在統一的概念框架下，這樣彼此之間才能充分表現和突出一致性，充分發揮和突出統計的整體性和功能性作用。國民經濟核算體系對不同經濟類型國民經濟核算統計的主要基本概念、基本資料分類和統計指標公式設置等都提出了統一的功能要求。因此這些經濟核算統計在具備滿足現有國民經濟基本核算統計要求的功能的同時，實現了彼此之間的相互協調銜接，從而使整個國民經濟核算統計體系形成一個統一的功能整體，增強了其實際應用上的功能。

（3）國民經濟核算體系是開展國際比較的重要依據。當今世界互聯互通，中國經濟核算數據必須與世界各國保持一致，不可能是自成一套的孤立系統[1]。2016年核算體系採用SAN（2008）的標準，方便了與世界各國之間的經濟比較，對促進中國經濟發展具有重要意義。大家在同一個基本原則和理論框架下共同開展國民經濟核算，從而使世界各國政府能夠在國民經濟發展規模、國民經濟組織結構、國民需求增長狀況、國民收入公平分配、國民財富資產累積等各個方面及時進行科學的國際比較[2]。

---

[1] 何算.全面實施2016年核算體系 奮力推進核算制度方法改革［J］.中國統計，2017（8）：1.
[2] 國家統計局.中國自2002年以來首次調整GDP核算體系［EB/OL］.（2017-07-14）［2019-06-20］.https://m.hexun.com/news/2017-07-14/190044829.html.

第四節 《中國國民經濟核算體系（2016）》的實施情況

2016年核算體系的實施工作是一個循序漸進的過程，是不斷發展與完善的。其中一些內容已經開始投入實踐，一些內容目前還無法馬上實施，需要時間去滿足其實施的條件。國家統計局正積極籌劃，根據2016年核算體系的基本框架與內容，特別是新辦法修訂後的內容，充分結合實際工作情況，認真研究制定了關於實施2016年國家核算體系的實施時間表和實施路線圖，重點組織開展了三個重要方面的準備工作：

（1）深入實施三大核算改革制度，即推進地區GDP統一核算，編製全國和地方資產負債表，探索編製自然資源資產負債表。2015年11月，國家印發《編製自然資源資產負債表試點方案》，提出在北京市懷柔區、天津市薊縣、河北省等試點地區開展專項試點工作，要在實踐的基礎上不斷完善自然資源資產負債表的編製與管理，充分總結經驗，為後續工作打下堅實基礎。

加快建立統一的經濟核算制度。2017年6月，中央通過了《地區生產總值統一核算改革方案》，指出各地區生產總值數據務必真實有效、公開透明[1]，真實反應地區客觀經濟事實，要不斷提高經濟核算統計數據質量，準確反應本地區實際經濟社會發展情況。按照中央工作部署安排，地區生產總值統一核算制度改革以第四次全國經濟工作普查為歷史契機，在2019年正式啓動展開。

編製全國和地方資產負債表。2017年6月，中央通過了《全國和地方資產負債表編製工作方案》。2017年8月，國務院辦公廳印發該方案。國家統計局按照方案的總體內容及要求，組織相關人員開始編製《全國資產負債表編

---

[1] 國家統計局. 中國將於2019年實施地區生產總值統一核算改革［EB/OL］.（2017-10-13）［2019-06-23］. https://economy.china.com/domestic/11173294/20171030/31615590.html.

製制度》，並將其體現在 2016 年全國資產負債表中[①]。同時，國家統計局也在組織研究並深入推進地方資產負債表編製工作。

（2）研究制定並組織實施《新產業新業態新商業模式統計分類標準（試行）》（簡稱「三新」），為不斷改進和完善國民經濟核算制法，加快實施 2016 年核算制度體系創造條件。

2017 年 6 月 30 日，國家質量監督檢驗檢疫總局、國家標準化管理委員會聯合批准並正式發布《國民經濟行業分類》作為國家標準（GB/T4754—2017），2017 年 10 月 1 日開始正式實施。為確保新行業分類標準順利實施，國家統計局結合「三新」經濟和國家戰略性重點新興產業發展實際特點，在廣泛徵求地方各主管部門各領域專業人士意見的基礎上，對當前行業經濟分類數據註釋標準進行了多次修訂，形成《2017 國民經濟行業分類註釋》。

2018 年 8 月 14 日，為科學合理界定「三新」經濟範圍，充分滿足國家統計上報和監測「三新」社會經濟統計活動發展規模、產業結構和服務質量等基本需要，國家統計局深入梳理地方和部門關於「三新」經濟統計行業分類指導意見，制定了《新產業新業態新商業模式統計分類（2018）》[②]。

（3）利用多種方式開展對新核算體系的宣傳解讀工作。

第五節　小結

國民經濟核算體系是一種科學、全面、系統地反應國民經濟運行過程的經濟核算標準和操作規範。為更加準確地反應中國國民經濟社會運行實際情

[①] 中國社會科學院財政稅收研究中心「中國政府資產負債表」項目組，湯林閩. 中國政府資產負債表 2017 [J]. 財經智庫，2017，2（5）：103-138.
[②] 國家統計局. 關於印發《新產業新業態新商業模式統計分類（2018）》的通知 [EB/OL]. (2018-08-21) [2019-06-25]. http://www.stats.gov.cn/tjgz/tzgb/201808/t20180821_1618222.html.

況和新經濟特點，充分滿足世界經濟發展新常態下國家宏觀經濟決策管理和服務社會公眾的需求，實現與現行國際標準無縫銜接，國家統計局根據中國實際發展情況，同時借鑑聯合國及其他發達國家的先進經驗與做法，對中國國民經濟核算體系進行了系統全面的修訂，形成了《中國國民經濟核算體系（2016）》[①]。新的國民經濟核算體系與國際標準銜接緊密，提升了中國經濟數據的國際可比性，是對中國現行國民經濟核算體系的一次重大修改和完善。與《中國國民經濟核算體系（2002）》版本相比，中國國民經濟核算新標準更好地反應出了國際標準在新形勢下的變化，充分適應中國經濟社會發展新變化情況，充分滿足中國經濟社會的新需求，總結出了核算制度改革問題並研究新經驗成果，取得了長足進步。

《中國國民經濟核算體系（2016）》體現了黨在當代治國理政中對新理念、新思想、新戰略的基本指導，體現了自主創新、科學協調、開放綠色、自由開放、公平共享、和諧發展的基本原則。中國國民經濟核算體系根據社會經濟的實際情況和國際標準的變化不斷做出調整和修訂，使之適應新情況，滿足新標準，符合新時代要求，取得了長久持續的進步。在以習近平同志為核心的黨中央堅強領導下，經過各地區、各部門以及相關人員的共同努力，中國國民經濟核算體系不斷地推動中國國民經濟核算體系工作邁向新的歷史發展階段，為實現中華民族的偉大復興目標提供有力的統計支撐[②]。

[①] 許憲春. 與時俱進 穩步推進國民經濟核算改革［EB/OL］.（2017-03-28）［2019-06-25］. http://www.stats.gov.cn/tjgz/tjdt/201703/ t20170328 _1478299.html.
[②] 何算. 全面實施2016年核算體系 奮力推進核算制度方法改革［J］. 中國統計，2017（8）：1.

第十二章
統計數據的收集與發布

第一節　數據公布通用系統（GDDS）

一、加入 GDDS 的背景

GDDS 與 SDDS 的產生源於 1994 年年末墨西哥金融危機的爆發以及國際金融市場的劇烈震盪。在此次危機之後，國際貨幣基金組織（IMF）經過分析意識到，透明、及時和準確的宏觀經濟統計數據可幫助各國減輕經濟危機所帶來的不利影響。因此，國際貨幣基金組織在充分考慮各成員國之間國情的差異以及發展不平衡的基礎上，為參與國制定了兩套數據公布標準。第一套數據公布標準是 1996 年 3 月份批准的數據公布特殊標準 SDDS（即 Special Data Dissemination Standard，簡稱 SDDS）。但是，由於 SDDS 並不適用於統計基礎不好的發展中國家或欠發達國家。因此，IMF 在制定 SDDS 之後，在 1997 年 12 月份又制定了第二套數據公布標準，即數據公布通用系統 GDDS（General Data Dissemination System，簡稱 GDDS）。

隨著中國國際實力的增強，國際貨幣基金組織日益關注中國作為全球發展中大國所具有的國際化示範帶動效應。因此，國際貨幣基金組織通過各種渠道向中國提出建議，鼓勵中國政府積極加入 GDDS 或採納 SDDS。同時，中國政府對數據公布通用系統也非常重視，為討論中國加入 GDDS 或採納 SDDS 的可行性問題，早在 2000 年 3 月份，國務院就成立了部級「透明度問題專門小組」。

但是，由於中國當時的統計仍存在工作體制尚未完善，統計方法手段相對落後，公眾對統計工作仍然不夠瞭解等問題，因此社會上不少人對我們發布的統計數據仍存在諸多誤解。

二、加入 GDDS 後的發展歷程

國家統計局在深入分析當時國內外時事輿論及相關情況後，認為中國應

先加入 GDDS。因此，在 2001 年 10 月，國家統計局在提交給國務院的請示中強調，在全球化的進程下，加強統計數據的可比性、及時性、透明度對提升中國宏觀經濟決策分析水準、吸引外商投資、推動中國經濟與社會發展建設等方面具有十分重要的作用。此外，為了確保中國加入 GDDS 的工作能夠順利開展並高效完成，中國還專門成立了由中國人民銀行、財政部、國家統計局、教育部等機構組成的中國 GDDS 工作領導小組。小組主要負責中國加入 GDDS 相關工作的組織、協調與落實，並制定了《中國 GDDS 工作規則》。其中，教育、衛生和貧困統計是發展中國家特有的並且亟待改進的，涉及的相關統計數據主要包括 GDP、價格指數、就業、失業和工資以及人口等方面。在後續幾年中，中國人民銀行、國家統計局等機構對中國統計數據的公布制度進行了相應修訂。如 2002 年 12 月，中國人民銀行重新修訂並正式實施了《金融統計管理規定》。2004 年，國家統計局改革了 GDP 發布制度，同時對地區 GDP 核算進行改進；財政部繼續深化綜合預算管理改革，實行全口徑預算管理。同年 5 月，中國人民銀行、財政部和國家統計局在「中國統計合作國際會議」上對加入 GDDS 的統計相關工作進行了專題演講。2005 年 12 月，國務院批准了《政府收支分類改革方案》，國債餘額數據開始對外公布。2006 年，國家統計局修訂並公布了 GDP 歷史數據。2008 年 5 月，國家統計局在其官方網站上對外公開了國家統計數據庫。同年 9 月，《中國統計年鑑》第一次公開不變價 GDP 數據[①]。

三、加入 GDDS 的意義及未來趨勢

加入 GDDS 後的幾年間，在 GDDS 的發展框架下，中國統計不斷深化體制改革、積極對接國際通行準則，取得了較大進步。中國政府統計為廣大人民群眾提供了內容豐富、優質的統計產品，在國內外都贏得了良好的聲譽。

---

① 林京興. 從 GDDS 到 SDDS 的統計發展 [EB/OL]. [2018-10-15]. http://www.zgxxb.com.cn/jqtt/201810150011.shtml.

隨著全球一體化，經濟全球化的進一步提高，中國的經濟發展、社會發展已不可避免地受到其他國家的影響。在此背景下，中國加強統計數據可比性，分析統計數據中的內涵，並由此提升中國宏觀經濟政策有效性，強化各國經濟之間的瞭解程度顯得非常重要。事實上，制定數據公布標準的初衷就是為了規範國際貨幣基金組織成員國統計數據的處理與公布，提升各國統計數據的準確性、公開性、可比性。國際貨幣基金組織並不會強制某個國家加入GDDS，這是各國政府的自主選擇，並且一旦加入GDDS就意味著擁有了衡量一個國家統計數據國際化的標準，確保了一個國家統計數據的公開性和準確性。

加入GDDS促進了中國的對外開放，大大提升了中國在國際社會的地位。公開、透明的統計數據有益於國內外人士瞭解中國經濟發展態勢，進一步招商引資，促進外商投資。更重要的是能夠為中國政府的宏觀經濟分析提供更為準確的數據支持，為決策提供更為可靠的數據支撐。此外，加入GDDS還能促進中國統計基礎工作改革，摒棄舊統計體制中的計劃經濟痕跡，形成一個適應市場經濟發展和經濟全球化需要的新體制，從而推動中國的統計工作邁上新臺階[1]。

此外，從2006年開始，國際貨幣基金組織一直大力勸說中國從GDDS參加國進一步升級成為SDDS採納國。考慮到中國當時的統計制度與SDDS的要求存在差距，有些方面還沒能達到採納SDDS標準的硬性條件。並且根據國內的實際情況，當時存在的差距短期內難以彌補，因此只能對國際基金組織做出表態：採納SDDS標準是大勢所趨，中國會將其作為目標，不斷改進完善統計制度，不斷提高數據質量，不斷增強透明度，提升中國統計水準，盡快採納SDDS。事實上，伴隨著中國在國際政治經濟中的作用日趨加強，採納SDDS不僅有助於深化中國對外開放程度，還有助於提升中國的國際形象。

---

[1] 洪波，王曉梅. 加入GDDS與中國統計工作的改革 [J]. 滁州師專學報，2002 (1)：23-26.

第二節　數據公布特殊標準（SDDS）

2015年10月6日，國務院批准並正式通報了中國採納國際貨幣基金組織數據公布特殊標準（Special Data Dissemination Standards，簡稱SDDS）的決定。這一舉措標誌著中國從採納SDDS這一決定的公布之日起，就已經完成了採納SDDS的全部程序，中國後續公布的統計數據均需符合SDDS數據公布標準。

一、SDDS的起源及發展現狀

採納SDDS是國際貨幣基金組織（IMF）為逐步提高成員國數據的公開度、透明度和開放度而採取的重要措施之一。它的產生源於1994年年末墨西哥金融危機的爆發以及由此引發的國際金融市場的劇烈震盪。在墨西哥金融危機發生之後，人們普遍認識到更及時地傳播可靠的宏觀經濟和金融數據，並改進預警系統以便對金融衝擊做出更迅速的反應是十分必要的。

IMF相繼制定了兩個層次的數據公布標準，即1996年創建的SDDS和1997年創建的GDDS。此外，國際貨幣基金組織執行委員會設立了可持續發展指標，指導國際貨幣基金組織成員國向公眾提供經濟與金融數據。其主要目標之一是不斷提高各國提供及時全面統計數據的能力，從而完善各國宏觀經濟政策並改善金融市場的運作。同時，通過滿足全球資本市場決策者和參與者重要信息的獲取，幫助預防或減輕金融危機。該《可持續發展指標》已於1996年4月向成員國開放。

此外，根據IMF公布的信息，2015年，強化的GDDS（e-GDDS）取代了GDDS。超過97%的成員國參加了e-GDDS、SDDS或SDDS增強版。截至2016年3月，SDDS有66個接受國，e-GDDS有110個參加國，SDDS增強版有8個遵守國[①]。

---

① IMF Factsheet - IMF Standards for Data Dissemination [EB/OL]．[2019-06-28]．http：//www.imf.org/ external/ np/exr/facts/data.htm．．

二、SDDS 的採納背景與意義

(一) 採納背景

自 2014 年 11 月習主席在 G20 布里斯班峰會上承諾中國將採納國際貨幣基金組織數據公布特殊標準（SDDS），中國專門成立了部際 SDDS 工作領導小組及辦公室，該領導小組由國家統計局牽頭，中國人民銀行、財政部、國家海關總署和國家外匯管理局共同參與，專門負責中國採納 SDDS 的相關工作。2015 年，國務院常務會議通過了《關於促進大數據發展的行動綱要》（以下簡稱《綱要》），《綱要》中明確了 2017 年年底需要實現跨部門的數據共享。同時，國家統計局還在不斷更新 SDDS 標準分類的各項數據內容，2018 年 11 月 9 日的部分數據內容如圖 12.1 所示。

China, People's Republic
National Summary Data Page (NSDP)
Economic and Financial Data
[Real Sector | Fiscal Sector | Financial Sector | External Sector | Population]　　　　Date of Last Update: Nov 9, 2018

SDDS Data Category and Component	Unit Description	Date of latest data	Latest data	Data for previous period	More information
	1	2	3	4	
REAL SECTOR					
National Accounts Aggregates					Link
GDP at current prices, by production approach	100 million yuan	Q3/18	231938	220178	
Value-added of the Primary Industry	100 million yuan	Q3/18	20086	13183	
Value-added of the Secondary Industry	100 million yuan	Q3/18	93655	91847	
Value-added of the Tertiary Industry	100 million yuan	Q3/18	118198	115148	
Value-added of Agriculture, Forestry, Animal Husbandry and Fishery industries	100 million yuan	Q3/18	20842	13795	
Value-added of Industry	100 million yuan	Q3/18	77509	76539	
Value-added of Construction	100 million yuan	Q3/18	16421	15586	
Value-added of Wholesale and Retail Trades	100 million yuan	Q3/18	21162	20235	
Value-added of Transport, Storage and Post	100 million yuan	Q3/18	10514	10181	
Value-added of Hotels and Catering Services	100 million yuan	Q3/18	4059	3642	
Value-added of Financial Intermediation	100 million yuan	Q3/18	17384	17056	
Value-added of Real Estate	100 million yuan	Q3/18	14766	14953	
Value-added of Others	100 million yuan	Q3/18	49282	48191	

圖 12.1 「NSDP/SDDS for the People's Republic of China」部分截圖

資料來源：http://www.stats.gov.cn/english/Statisticaldata/nsdp/201508/ t20150819_1232260.html.

(二) 採納意義

採納SDDS這一數據公布標準符合中國進一步改革和擴大對外開放的需要，對提升中國宏觀經濟數據公布的透明度、可靠性、國際可比性具有重要的推動作用，可以為中國宏觀經濟決策提供準確的數據支撐。同時，有利於中國數據與國際數據的對比，促進國內外對中國經濟的深入瞭解，為中國參與全球經濟合作提供便利。採納SDDS是中國在完善統計體系、提高透明度方面所取得的又一重大進展。

目前，中國已經完成採納SDDS的全部程序，並按其標準公布所需數據。從參加GDDS到採納SDDS，標誌著中國在提高統計數據公開性和透明度，並與國際標準接軌的過程中邁出了更具實質性的一大步。

採納SDDS對中國統計工作意義重大，具體體現在以下幾個方面：

（1）統計內容更加完善。比如，國家統計局已將GDP季度數據的核算方法由累計核算改進為分季度核算，並計算了季度間的環比增速，反應的統計內容更加細緻。

（2）數據發布更加全面。中國在採納SDDS後，首次對外發布了大量數據，如官方儲備資產數據、國際儲備與外幣流動性數據模板、全口徑外債數據以及分季度中央政府債務數據。

（3）發布時效明顯提高。採納SDDS後，中國一些部門的相關統計數據均明確了數據發布時間與計劃，並依照計劃按時對外發布。

（4）公開內容更加透明。採納SDDS後，數據的發布不僅要附有相關的法律依據，明確數據的範圍、來源，還要說明數據誠信度，對是否有人提前得到數據做出說明，杜絕存在部分人比公眾更先一步獲得數據的情況，確保公眾同時獲得可靠數據的權利①。

---

① 潘璠. 從參加GDDS到採納SDDS［N］. 中國信息報，2015-10-20（005）.

三、SDDS 對接受國統計數據發布的具體要求

SDDS 是面向公眾公布宏觀經濟統計的全球基準。加入 SDDS 表明一國通過了「良好統計做法」的檢驗。加入 SDDS 的國家需要同意在以下四個方面遵守良好實踐：

（1）數據覆蓋範圍、數據公布週期以及公布及時性。及時公布的經濟和金融財政數據對宏觀經濟表現和政策的透明度至關重要。採納 SDDS 的國家有義務以特定的覆蓋範圍、週期和及時性傳播規定的數據類別。

SDDS 標準關注的重點放在 17 個類型的數據上，這些數據會反應出一國實際部門、金融部門以及對外部門的經濟運行狀況和相關政策。例如，SDDS 標準中，涉及對外部門的信息包括盡可能遵循《國際收支手冊》第五版，按季度公布國際收支平衡表的主要項目，按月份公布國家儲備和貨物貿易，按日公布匯率，根據《國際收支手冊》編製國際投資頭寸狀況等內容。針對及時性的要求，國際收支平衡表主要項目應在所編季度後的一個季度內公布，國家儲備應在所編月份後的一週內公布，貨物貿易數據應在所編月份後的八周內公布，匯率數據應按日盡快公布。對於國際投資頭寸表的內容，應在所編年份後的兩個季度內公布。

（2）公眾可得性。傳播官方統計數字是統計作為一種公共物品的一個基本特徵，也是公眾以及市場參與者的基本要求之一。為了能夠滿足這一要求，SDDS 呼籲為包括市場參與者在內的公眾提供隨時平等訪問數據的渠道。訂立可持續發展目標的國家需要履行如下義務：事先公布數據發布日曆表（ARCs），同時向所有相關方發布數據。

（3）數據的完整性。為了達到向社會公眾提供數據、信息的目的，官方統計必須得到廣大用戶的信任。反過來，對統計數據的信心也終將成為對生產統計數據的機構的統計客觀性和統計專業性的充分信任。因此，公布數據的做法和數據公布程序的透明度是建立這種信心的一個關鍵因素。SDDS 責成各締約國：①傳播產生官方統計數據的條款和條件，包括與個別可識別信息的識別性有關的條款和條件；②在向公眾披露資料前，確定政府內部可取得

的資料；③確定在統計數據發表時的部長評論；④提供方法重大變更的修改情況並事先通知。

（4）數據的質量。一套處理數據的範圍、週期和及時性的標準是數據質量的保證。雖然質量很難判斷，但是 SDDS 標準還是對其進行了一些規定。SDDS 要求締約國：①向公眾公布編製時所採用的方法，鼓勵他們發布數據模塊的報告標準，提供數據合理證明；②公布詳細的數據構成、該數據與相關數據的一致性，支持統計交叉檢查並確保合理性的統計框架。

此外，在成員國成為 SDDS 採納國後，必須承諾遵循該標準的各項規定，並接受 IMF 對其遵守情況的監督。國際貨幣基金組織依據監測到的 SDDS 標準的遵守情況發布遵守情況年度報告。報告會審查接受國遵守 SDDS 要求的情況，還會在相關的時候審查《標準與準則遵守情況報告》的數據模塊連結，並參考基金組織工作人員在最新第四條磋商報告中的數據質量評估情況。對嚴重並長期不遵守 SDDS 的情況，基金組織會採取行動。基金組織執董會批准了在不遵守 SDDS 的情況下擬採取的程序，並於 2012 年 2 月針對這些程序採用了更具結構性的時限。

目前，IMF 官方網站的「數據公布標準布告欄（DSBB）」按國別設立了各 SDDS 接受國的信息發布網頁，網址為 http://dsbb.imf.org，其內容涵蓋了由接受國負責更新的數據詮釋、發布日程以及國家主要數據頁面（National Summary Data Page，簡稱 NSDP，一般由接受國根據 IMF 規定的標準格式在該國統計機構網站上展示）[1]。

四、SDDS 與 GDDS 的聯繫與區別

（一）SDDS 與 GDDS 的聯繫

SDDS 與 GDDS 兩種數據標準在內容方面基本相同，都囊括了實體經濟、

---

[1] 《領導幹部統計知識問答》編寫組. 領導幹部統計知識問答 [M]. 北京：中國統計出版社，2018：206-207.

财政等五大宏觀經濟部門。而在數據發布的具體要求方面，二者的總體要求也基本一致。但 SDDS 對數據公布覆蓋面、公布週期（數據公布頻率）、數據公布及時性、數據的公眾可得性、傳播數據的完整性以及傳播數據的質量等幾個方面要求更高。

在數據覆蓋範圍、數據公布頻率和公布及時性方面，SDDS 與 GDDS 都選定了一些能夠切實反應加入國或採納國經濟運行情況和政策效率的重要指標。並且，兩種標準都需要明確規定這些指標的數據公布頻率。在數據的質量方面，兩種數據標準都要求成員國向公眾公布數據編製方法，並提供支持統計交叉檢查、確保合理性的統計框架。

在數據公布的完整性方面，SDDS 與 GDDS 都要求加入國或採納國提供本國官方統計的法律制度、政府部門在數據公布時的具體評述、數據調整的具體情況。此外，加入國或採納國還需提供在統計方法發生重大變更時的方法修改情況以及重大變更的事先通知。

在公眾可得性方面，都要求成員國事先公布數據發布日曆表，按照同一時間向社會公眾發布統計數據，杜絕部分人先獲得數據的情況。

(二) SDDS 與 GDDS 的區別

SDDS 與 GDDS 兩者雖然具有上述聯繫，但在具體的細節上又各有側重。

（1）數據標準目的不同。GDDS 旨在為統計體系不完善的欠發達成員國提供一個評估數據、改進需求的框架，SDDS 則旨在為已進入或可能尋求進入國際資本市場的機會的成員國提供向公眾公布經濟金融數據的指導[1]。

（2）信息公布標準不同。SDDS 在信息披露的內容和要求方面明顯比 GDDS 更為嚴格。這是因為，GDDS 僅僅是對加入國的數據公布提出了一個簡單的框架。但是，SDDS 不僅要求採納國按規定提供統計數據，還要求採納國披露所公布的統計數據的來源與產生過程並且需要披露核心的貨幣和金融數據。此外，在數據公布、發布的週期性和實效性方面，SDDS 的要求也均比

---

[1] 《領導幹部統計知識問答》編寫組. 領導幹部統計知識問答 [M]. 北京：中國統計出版社，2018：206-207.

GDDS嚴格。

（3）適用的國家不同。加入GDDS的國家大多數是統計基礎相對薄弱、統計體系尚未健全完善的發展中國家。而目前採納SDDS的國家則主要為大部分的發達國家、新興市場經濟國家以及統計基礎較好的發展中國家。

（4）標準側重不同。SDDS相較於GDDS，需要在滿足信息披露內容和質量標準的基礎上，更加重視信息披露的頻率和時效性。

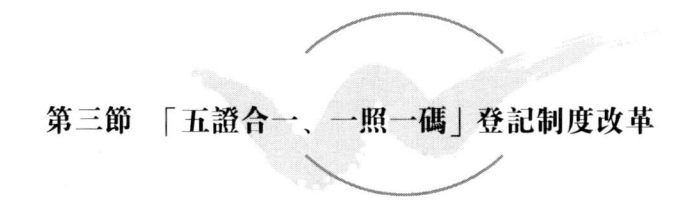

第三節 「五證合一、一照一碼」登記制度改革

「五證合一、一照一碼」登記制度改革中的「五證合一」是指將營業執照、組織機構代碼證、稅務登記證、社會保險登記證和統計登記證這五證進行統一。而「一照一碼」則是指通過「一口受理、並聯審批、信息共享、結果互認」，由工商、質檢、稅務三個部門分別核發不同證照，轉變為由工商部門直接核發加載法人和其他組織統一社會信用代碼的營業執照，並將辦理時限由8天縮短至3天以內。

一、「五證合一、一照一碼」的實施背景

在2016年5月9日的全國推進簡政放權放管結合優化服務改革電視電話會議上，李克強總理明確提出了盡快推行「五證合一、一照一碼」。此後，國家統計局就對統計法律、統計行政法規、統計部門規章以及國家統計局制發的規範性文件開展了全面梳理，並且督促各省（區、市）對地方性統計法規進行梳理。

同年7月15日，國務院辦公廳發布了《關於加快推進「五證合一、一照一碼」登記制度改革的通知》，決定從2016年10月1日起正式實施「五證合

一、一照一碼」。

同年 8 月，國家統計局制定了《推進「五證合一、一照一碼」登記制度改革工作方案》，正式對各地工作進行部署。

二、「五證合一、一照一碼」登記制度改革的總體要求及主要任務

（一）總體要求

「五證合一、一照一碼」登記制度改革的總體要求主要包括以下四個方面：

（1）要求企業登記、數據交換等方面的標準，必須統一規範，公開公正，並嚴格按標準執行。從而確保登記過程中，全流程無縫對接、運轉流暢。

（2）要求實現相關部門間信息的順暢聯通，高效採集、有效歸集以及充分運用企業基礎信息，實現數據共享互認。

（3）要求簡化優化企業辦事流程，強化部門間的協同聯動，從而實現簡約程序、精細管理、明確時限的目標。

（4）要求服務高效便捷，在企業辦事過程中，推行全程電子化登記管理以及線上線下一體化的運行模式。通過創新服務方式解決企業辦事難的困境，使企業辦事更有效率。

（二）主要任務

「五證合一、一照一碼」登記制度改革的主要任務主要為兩大方面：一是要完善一站式服務工作機制，二是推進部門間信息共享互認。

前者主要是以「三證合一」為基礎，按照本次登記制度改革的要求加以完善，全面實行新型工作模式，即「一套材料、一表登記、一窗受理」。後者則是通過制定統一的信息標準和傳輸方案，改造升級各相關業務信息系統和共享平臺，健全信息共享機制，做好數據的導入、整理和轉換工作，確保數據信息落地到工作窗口，並在各相關部門業務系統有效融合使用。

三、現有成果

「五證合一，一照一碼」登記制度改革在現階段取得了顯著成果。這一改革大大緩解了企業辦證難、辦證時間長等問題。在辦證的過程中，企業無須再像過去辦證時那樣東奔西跑，花費大量時間。事實上，「五證合一」登記制度改革的推行目的是想要通過現有的先進信息技術手段，建立一整套部門之間的信息交換和共享機制。在這一改革的推行下，統計部門可以充分瞭解、利用各部門間的行政記錄數據，並獲得工商部門共享的企業登記信息。就現有成果而言，除個別地區以外，大部分的省級工商部門已經開始通過網絡和政府信息共享平臺向統計部門定時傳送企業登記信息。

截至 2016 年 9 月底，中國實行統計登記的地區，均已停止發放統計登記證，其定期驗證和換證的制度也被同步取消，而原有的需要使用統計登記證才能辦理的業務，一律改為使用統一社會信用代碼的營業執照辦理。同時，各省級統計部門與省級「五證合一」信息交換平臺的系統對接也已完成。此外，為推進這一制度改革，國家統計局與工商管理等部門開展密切配合，實施了跨層級、跨區域、跨部門的信息交換傳遞和數據共享機制建設，將統計部門對工商管理部門間的信息接收、存儲、管理以及反饋機制進行完善，梳理比對工商部門登記及企業年報等數據項的對應關係，加快推進信息系統在各地的升級部署①。

由此可見，「五證合一」登記制度改革的推行，不但推進了統計部門對部門行政記錄數據的有效利用，還為進一步完善統計單位管理自動化提供了重要的契機。同時，這一登記制度改革也對中國統計信息化建設提出了更高層面的要求。因此，在此背景下，積極加快推進中國國家層面、省級層面的統計信息化建設，預防「信息孤島」，實現省域間、部門間的信息數據共享刻不容緩。

---

① 共享發展「大服務業」統計改革進行時——賈楠談「五證合一」登記制度與服務業統計改革［N］．中國信息報，2017-04-10．

第四節　小結

近年來，中國對統計數據的收集、整理及發布均積極與國際接軌。同時回應大數據時代的號召，運用新興的統計手段，採用最新的國際標準，實現中國統計數據標準及數據收集的模式更新。

（1）努力與國際標準接軌，先是加入了 GDDS，近年來又實現了數據標準由 GDDS 向 SDDS 的轉變。在中國自 2002 年正式加入 GDDS 到 2015 年正式採納 SDDS 的過程中，中國數據公布制度有了長足的進步。統計內容更加完善，數據發布範圍更加全面，發布時效更加及時，數據公開更加透明。中國統計制度與國際接軌的工作邁出了實質性的一大步。不論是加入 GDDS，還是採納 SDDS，均有利於世界各國人士更好地瞭解中國的經濟發展態勢，提升中國參與國際事務的便利性，樹立中國政府的良好形象。

（2）「五證合一、一照一碼」這一改革的實施使不同部門之間的數據溝通路徑更加便利，保證了單位代碼的唯一性，提高了單位信息的穩定性與精確性，降低了統計資料收集中存在的難度，實現了調查單位覆蓋的全面性。

綜上所述，中國統計數據在收集與發布方面的革新使中國政府統計改革邁出了重要一步。但這僅僅是改革的開始，在未來，中國勢必將更為積極地對外加強國際聯繫，對內深化多部門間的信息互通共享，預防「信息孤島」。同時深入研究政府行政記錄數據在統計工作中的應用，健全完善中國統計數據的維護更新機制，全面提升中國統計信息化水準，以便提供更加全面、準確、及時的統計數據信息。

第十三章
統計法規

第一節　統計監督機構的設立

為適應新時代黨和國家事業發展對統計工作的新要求，必須嚴格貫徹、全面落實統計法，堅持依法統計，建立健全法律完備、普法深入、執法嚴格、懲戒有力的統計法治體系。隨著統計執法監督局的設立，國家對統計工作以及統計工作人員提出了更高的要求，堅決杜絕弄虛作假，營造風清氣正的統計工作環境。近年來，統計行政法規、統計規章、統計規範性文件、統計地方性法規等相關的法律法規也在不斷更新與完善之中。

2016年10月，習近平總書記主持召開中央全面深化改革領導小組第二十八次會議，會議審議通過《關於深化統計管理體制改革提高統計數據真實性的意見》，要求強化監督問責，依紀依法懲處弄虛作假。

2017年2月，中央編辦印發《關於國家統計局內設機構調整等事宜的批復》，同意設立國家統計局統計執法監督局。隨後，國家統計局印發《關於統計執法監督局主要職責內設機構和人員編製規定的通知》，對執法監督局主要職責、內設機構、人員編製等做出明確規定。

2017年3月，國家統計局印發《國家統計局統計執法監督局組建方案》，明確了人員配備、管理體制、辦公條件和經費保障等內容。2017年4月20日，國家統計局統計執法監督局正式成立。

統計執法監督局的主要職責包括：具體組織實施對全國統計工作的監督檢查，依法查處重大統計違法行為，預防和查處統計造假、弄虛作假；組織實施統計執法「雙隨機」抽查制度，受理、辦理、督辦統計違法舉報，建立實施對統計造假、弄虛作假的聯合懲戒機制；建立完善統計信用制度；指導監督各地統計執法檢查工作；起草統計法律法規草案，擬定統計規章和規範性文件，組織開展統計普法宣傳；承辦涉外調查機構資格認定和涉外社會調查項目審批工作，監督管理涉外調查活動與改革的銜接工作，承擔統計改革的相關任務。

國家統計局成立統計執法監督局，進一步加強統計執法監督工作，是深入貫徹落實習近平總書記等中央領導同志重要講話指示批示精神的體現，是深入貫徹落實中央《關於深化統計管理體制改革提高統計數據真實性的意見》的重大措施，是踐行全面依法治國、全面從嚴治黨戰略的重要內容，這也標誌著全面依法治統工作開啟了新的徵程。

第二節　統計法規的健全

一、統計行政法規

《中華人民共和國統計法實施條例》於 2017 年 4 月 12 日由國務院第 168 次常務會議通過，自 2017 年 8 月 1 日起施行。主要包括總則、統計調查項目、統計調查的組織實施、統計資料的管理和公布、統計機構和統計人員、監督檢查、法律責任和附則八大部分。

2018 年 8 月 24 日，國家統計局發布《國務院關於修改〈全國經濟普查條例〉的決定》，修改的內容包括：經濟普查的行業分類標準需按《國民經濟行業分類》執行；針對不同規模的企業應採用適當的調查方法；各級經濟普查機構應認真做好普查數據的採集、審核和上報等工作，並要保密各種國家或商業秘密，履行保密義務；若各級經濟普查機構和經濟普查對象存在編造虛假數據，篡改普查數據等情況，必須依法給予處分。

二、統計規章

中華人民共和國國家統計局令第 18 號《國家統計局關於部分部門規章和規範性文件失效的決定》已經 2016 年 2 月 17 日國家統計局第 2 次常務會議審

議通過。國家統計局對 2015 年 12 月 31 日前制發的部門規章和規範性文件進行了全面清理。經過清理，現決定《統計從業資格認定辦法》（國家統計局令第 10 號）、《關於印發〈統計員崗位專業知識培訓試行辦法〉的通知》（統培字〔1990〕11 號）、《國家統計局關於實施〈統計從業資格認定辦法〉有關問題的批復》（國統函〔2005〕142 號）、《國家統計局辦公室關於統計從業資格考試等有關問題的通知》（國統辦函〔2005〕103 號）、《國家統計局統計科學研究所研究基地管理辦法（試行）》失效。

2017 年 7 月 10 日，國家統計局辦公室發布《統計執法證管理辦法》（中華人民共和國國家統計局令第 20 號），《統計執法證管理辦法》已經 2017 年 6 月 2 日國家統計局第 1 次局務會議討論通過，自 2017 年 10 月 1 日起施行。主要包括總則、證件取得與核發、統計執法培訓和考試、證件管理和使用、監督檢查、法律責任和附則共七章內容。

2017 年 7 月 10 日，國家統計局辦公室發布《統計調查證管理辦法》（中華人民共和國國家統計局令第 19 號），《統計調查證管理辦法》已經 2017 年 6 月 2 日國家統計局第 1 次局務會議討論通過，自 2017 年 9 月 1 日起施行。

2017 年 7 月 31 日，國家統計局辦公室發布《部門統計調查項目管理辦法》。該辦法主要包括總則、部門統計調查項目的制定、部門統計調查項目審批和備案、部門統計調查的組織實施、國家統計局提供的服務、監督檢查、法律責任和附則共八大部分。

2019 年 3 月 11 日，國家統計局辦公室發布《統計執法監督檢查辦法》（中華人民共和國國家統計局令第 24 號，2017 年 7 月 5 日中華人民共和國國家統計局令第 21 號公布，根據 2018 年 11 月 20 日《國家統計局關於修改〈統計執法監督檢查辦法〉的決定》修訂）。主要包括總則、統計執法監督檢查機構和執法檢查人員、統計執法監督檢查、統計違法行為的處罰、法律責任和附則共六章內容。

三、統計規範性文件

2002年1月29日，國家統計局辦公室印發《中國政府統計標誌使用補充規定》（國統辦字〔2002〕6號）。具體補充規定內容包括四個方面：①各級政府統計機構及所屬事業單位在使用「中國政府統計」標誌並與機構名稱組合時，應按編製部門批准的本單位的機構名稱組合使用。事業單位使用「中國政府統計」標誌時，未經本級統計局批准，不得冠以「×××統計局」名稱。②各級政府統計機構所屬的事業單位已有本單位機構標誌的可以繼續使用，但一般不應當與「中國政府統計」標誌同時使用。③各級政府統計機構主管的社團、事業單位所屬的企業和其主辦的報刊不得使用「中國政府統計」標誌。任何單位和個人嚴禁利用「中國政府統計」標誌從事各種經營性活動。④各級政府統計機構及所屬事業單位都應嚴格遵守《中國政府統計標示手冊》的規定，加強對「中國政府統計」標誌使用的監督管理，維護「中國政府統計」標誌的嚴肅性。

統計失信行為時有發生，不僅影響政府統計公信力，而且影響到統計數據質量的提高。加強統計領域信用建設是貫徹落實黨中央、國務院關於加強統計工作的重要舉措，是加強國家社會信用體系建設的重要組成部分，是深化統計管理體制改革的重要內容，對推進依法統計依法治統，營造良好統計生態環境，提高統計運作效率、數據質量和服務水準具有重要意義。

2017年6月26日，國家統計局辦公室發布《企業統計信用管理辦法（試行）》的通知。《企業統計信用管理辦法（試行）》已經1月24日國家統計局第3次常務會議審議通過，自2017年8月1日起施行。

統計是經濟社會發展重要的綜合性基礎性工作，統計數據是宏觀調控和科學決策的重要依據。推進國家治理體系和治理能力現代化，建立「用數據說話、用數據決策、用數據管理、用數據改革」的管理體制機制，需要真實準確、完整及時的統計數據做支撐。2018年1月5日，國家統計局發布《關於加強統計領域信用建設的若干意見》。

為全面貫徹黨的十九大和十九屆二中、三中全會精神和習近平新時代中

國特色社會主義思想，落實《統計法》和《統計法實施條例》等有關要求，加快推進依法統計、誠信統計，積極構建「一處失信、處處受限」的信用聯合懲戒大格局，各部門在 2016 年印發的《關於對統計領域嚴重失信企業及其有關人員開展聯合懲戒的合作備忘錄》的基礎上進行了補充完善，聯合簽署該合作備忘錄的修訂版。2019 年 1 月 6 日，國家統計局發布《關於對統計領域嚴重失信企業及其有關人員開展聯合懲戒的合作備忘錄（修訂版）》。

第三節 小結

　　黨的十八大以來，從統計執法監督局的設立可以看出，國家對統計工作越來越重視，對統計工作人員也提出了更高的要求。堅決拒絕弄虛作假，營造風清氣正的統計工作環境，確保數據的真實性，才能更好地為人民服務。

　　統計行政法規、統計規章以及統計規範性文件也越來越完善，都進一步強調了數據真實性的重要性，且在未來的生活中，統計信用無論是對個人還是企業都至關重要。統計工作更要堅持法治原則，凸顯依法統計，要堅持不懈地開展多種形式的統計普法宣傳活動，全面宣傳統計法律法規，更加注重執法的準確性。用法治精神凝聚統計力量，推進統計改革，堅持法治原則，彰顯統計新高度。

　　總之，黨中央、國務院高度重視統計工作，黨的十八大以來，明確要求探索統計規律、健全統計法律法規、完善統計管理體制、改革統計制度方法，有針對性地補上統計領域「短板」，加快健全新產業、新業態等新動能統計，加強社會領域統計，確保數據真實可靠，為國家各項決策部署提供科學支撐，更好地服務宏觀調控和經濟社會發展，在推動統計現代化上邁出更大的步伐。

第十四章
專業統計制度

　　改革開放以後，中國統計制度不斷改革。農業統計調查體系兼容多種調查方法，以農業普查為基礎，抽樣調查為主要調查方式，重點調查和典型調查為補充。工業統計方面，中國基本建立了適應國情的規模以上和規模以下的工業企業統計調查制度。交通、郵電、電信等專業統計則開始逐步向行業統計過渡。商業統計由過去的部門統計轉變為全社會統計。金融統計逐步與國際接軌，涵蓋的統計內容不斷完善豐富。旅遊統計逐步建立並不斷壯大。

　　當下，物聯網、大數據、移動互聯網、雲計算等新一代信息技術的應用領域逐漸擴大，深度不斷加深，對中國的科技技術應用和產業結構產生了巨大影響。中國的產業形式、生產方式、商業模式等諸多方面開始發生轉變。各種模式的新興經濟如雨後春筍，對中國整體經濟的平穩增長起到了重要推動作用。全面深化統計改革創新是順應時代發展的必然要求，改革統計調查制度和方法，要求統計部門準確定位經濟新常態，充分適應新形勢新要求，將現代信息技術運用於統計工作中，更好地滿足各方面對統計信息的需求。

第一節　主要專業統計制度的發展創新

一、「三新」統計制度的建立

（一）「三新」經濟的內涵

2016年3月5日，中國政府工作報告中提到「加快發展新經濟」。這是「新經濟」這個詞彙第一次出現在政府工作報告中。同年3月16日舉行了十二屆全國人大四次會議的中外記者招待會，李克強總理在會上對「新經濟」進一步闡述和解讀。他指出一、二、三產業中都融入了「新經濟」，三產中的新經濟產業業態主要以應用「互聯網+」、物聯網、雲計算等現代信息技術為核心，而一產中的股份合作制以及二產工業製造中的智能製造等新發展商業模式也屬於「新經濟」的範疇。國家統計局基於經濟活動屬性、服務業載體形式、要素組成方式的角度，用新產業、新業態、新商業模式來描述中國當前的新經濟活動，簡稱「三新」。根據國家統計局發布的《新產業新業態新商業模式統計監測制度（試行）》，對新產業、新業態、新商業模式的相關概念進行了統計界定[1]。

新產業是指結合新的科技成果和新的技術而產生的新經濟活動，並且產業規模達到一定程度。主要表現為由於通過新技術應用直接產生的新產業；將現代信息技術和傳統產業相互融合而形成的新產業；在對新科技成果、信息技術的推廣應用過程中，產業出現分化、升級、融合等情況，從而衍生出新的產業三種形式。

新業態指現有產業和領域在對技術進行創新和應用的過程中，衍生出的新環節、新鏈條、新活動形態，主要是為適應產品和服務需求日趨多元多樣及個性化的要求。具體表現為：①經營活動充分結合互聯網開展；②創新業

---

[1]　寧吉喆. 新產業新業態新模式統計探索與實踐 [M]. 北京：中國統計出版社，2017：6-7.

務流程、服務形式或產品形態；③提供更加靈活、快捷的個性化服務。

新商業模式指重組和整合企業經營的各種要素，建立高效且競爭力獨特的商業運作模式以實現用戶核心價值以及企業連續盈利目標。具體表現為：①將互聯網融入產業，進行創新；②硬件和服務的融合；③形成消費、娛樂、休閒、服務於一體的服務形式①。

（二）「三新」統計的開展

為更加全面、客觀、及時、準確地反應新興經濟的發展狀況，國家統計局針對新經濟統計開展了一系列工作：

（1）組織實施「三新」專項統計工作，制定了「三新」經濟專項統計報表制度，並組織實施開展地區調查試點工作。國家統計局於 2016 年 1 月印發了《國家統計局關於加強和改進「三新」統計工作的通知》，其中指出需要結合現有理論和實踐基礎，加強對「三新」專項統計報表制度的建立和完善，包括綜合報表制度、現行專業調查制度以及新建專業調查制度。另外，需要持續推進和強化基本單位名錄庫的建設和使用，不斷完善「三新」統計調查方法，推進「三新」統計工作的深入開展。

2016 年 4 月 20 日，國家統計局發布了《新產業新業態新商業模式專項統計報表制度（2016）》，以便及時反應以「三新」為核心的新經濟運行情況，組織實施「三新」專項統計調查。該統計調查制度主要涵蓋了新的產品、服務及技術、提質增效轉型升級、工業戰略性新興產業、科技企業孵化器等 11 個新經濟關鍵領域，全面客觀體現了「三新」企業生產規模、經濟效益、產業結構狀況。

（2）制定「三新」統計分類標準。隨著新興經濟的日益繁榮，創新改革方式日趨多樣化，經濟活動方式日新月異，基於《國民經濟行業分類》（GB/T 4754—2011）開展的經濟統計工作已難以全面、準確、及時地反應以「三新」經濟為代表的新經濟發展狀況。為了更好地統籌適應以「三新」經濟為核心的新經濟統計工作的開展，並為實施派生產業分類提供可行的國民經濟

---

① 寧吉喆. 新產業新業態新模式統計探索與實踐 [M]. 北京：中國統計出版社，2017：12-13.

行業分類標準，國家統計局於 2015 年 10 月發布《關於開展國民經濟行業分類修訂工作的通知》。國家統計局將服務以「三新」為核心的新經濟作為修訂原則，以「三新」活動為核心修訂內容，以新興經濟、新特徵為修訂重點，對《國民經濟行業分類》（GB/T 4754—2011）進行了修訂，基於該分類對新經濟統計範圍進行了科學界定，並於 2017 年 6 月 30 日發布《國民經濟行業分類》（GB/T 4754—2017），2017 年 10 月 1 日起正式實施。

在充分調查研究、反覆查閱相關文獻資料並仔細梳理理論後，以《國民經濟行業分類》（GB/T 4754—2011）為基礎，將戰略性新興產業、高技術產業（服務業）等多個產業的統計分類標準作為參照，國家統計局於 2017 年 2 月印發了《新產業新業態新商業模式統計分類（試行）》。該統計分類標準重點詮釋了一系列新經濟活動，包括《中國製造 2025》、「互聯網+」、跨界綜合統籌規劃等，為逐步完善「三新」統計，建立新興經濟統計標準體系奠定了堅實基礎[1]。

2017 年 7 月，國家統計局不斷總結完善「三新」專項統計報表制度和統計分類試行制度等，發布了《新產業新業態新商業模式統計監測制度（試行）》，逐步建立以「三新」統計監測制度為核心的統計調查制度。

為便於「三新」經濟活動規模、結構和質量等方面的統計監測工作，對新經濟發展態勢進行及時把控，健全「三新」統計調查體系，國家統計局將《國民經濟行業分類》（GB/T 4754—2017）作為基礎，制定了《新產業新業態新商業模式統計分類（2018）》，並於 2018 年 8 月 27 日下發實施。該分類主要涵蓋現代農林牧漁業、綜合管理活動、信息技術服務、生產性服務活動、創新創業服務、能源和環保節能活動以及先進製造業等，對「三新」活動範圍進行科學界定[2]。

（3）探索實施「三新」經濟增加值核算。為全面量化「三新」經濟發展成效，反應「三新」經濟的貢獻程度，國家統計局結合中國新興經濟發展的

---

[1] 寧吉喆. 新產業新業態新模式統計探索與實踐［M］. 北京：中國統計出版社，2017：97-105.
[2] 國家統計局. 關於印發《新產業新業態新商業模式統計分類（2018）》的通知［EB/OL］.（2018-08-27）. http://www.stats.gov.cn/tjsj/tjbz/201808/t20180827_1619266.html.

實際情況，在深入調查研究和充分借鑑國際已有研究成果的基礎上，初步研究確定了如何核算「三新」經濟增加值。國家統計局以《國民經濟行業分類》和「三新」統計分類為基礎確定核算範圍，採用生產法和收入法，以不漏不重為原則，確定對工業戰略性新興產業、新服務業、高技術產業、電子商務、互聯網金融、四眾（眾創、眾包、眾扶、眾籌）、城市商業綜合、科技企業孵化器以及開發園區九大領域進行「三新」經濟增加值核算[①]。目前，國家統計局已對 2015—2017 年的「三新」經濟增加值年度數據進行測算並公布。

（4）探索建立經濟發展新動能指數統計指標體系。為全方位、多維度反應新興經濟發展進程，在積極開展以「三新」為核心的新動能新經濟統計專題調研、研究建立「三新」專項統計報表制度的基礎上，國家統計局對國內外現有新經濟統計的相關資料進行充分學習，提出了一套能反應新經濟新動能的統計指標體系，以分析新經濟新動能發展的內涵、潛力、成效等。該指標體系包含了 6 個主要方面，分別是知識能力、創新能力、經濟活躍度、數字經濟、轉型升級以及發展成果；下設 42 個指標，以具體反應經濟發展新動能的組成內容。國家統計局以該新經濟統計指標體系為基礎，採用簡單線性加權的方法，研究提出了經濟新動能發展指數的測算方法[②]。截至 2018 年年底，國家統計局已經公布了 2015、2016、2017 年的經濟發展新動能指數。該指數的發布為推動中國經濟發展，釋放經濟活力潛力提供了數據支撐。

二、服務業調查制度改革

在經濟新常態的環境背景下，中國服務業發展勢頭良好，對中國經濟轉型升級起到了重要的促進協調作用，並成為中國國民經濟中不可或缺的一部分。長期以來，服務業統計數據都是基於全國經濟普查，統計基礎相對薄弱，

---

① 寧吉喆. 新產業新業態新模式統計探索與實踐 [M]. 北京：中國統計出版社，2017：112-119.
② 寧吉喆. 新產業新業態新模式統計探索與實踐 [M]. 北京：中國統計出版社，2017：120-127.

缺少服務業的常規性調查數據。為有效解決上述問題，統計部門需要對常規性服務業統計調查制度方法進行系統性的改革。

(一) 部門服務業財務統計報表制度的建立

服務業統計不同於其他專業統計，一直以來，服務業統計將部門統計作為不可或缺的一部分，中國服務業的統計工作由相關行業的行業主管部門各自負責。2012年2月21日，在服務業統計部際聯席會議第三次全體會議上，為解決各部門統計的標準不一、口徑不同、統計範圍各異等問題，會議研究發布了《部門服務業財務統計報表制度》。2012年4月25日，國家統計局印發《關於印發部門服務業財務統計報表制度（試行）的通知》，並布置國務院40個有關部門執行。2013年8月，服務業統計部際聯席會議第四次全體會議順利召開，並審議通過了《服務業統計部際協調機制工作辦法》。服務業統計部際聯席會議的召開大力推進了部門服務業統計工作。

《部門服務業財務統計報表制度（試行）》的正式實施，統一規範了各部門的財務統計，有效推動了各部門之間的協同合作，是部門服務業統計工作的一個里程碑，為部門服務業統計工作提供了明確的發展方向和可靠的制度保障。

(二) 規模以上服務業統計調查制度的建立

國家統計局自2012年起開始實施企業一套表聯網直報統計調查制度。2013年，聯網直報統計調查制度將規模以上服務業納入其中，建立了《規模以上服務業統計報表制度》。統計調查對象為：①年底從業人數50人及以上，或年營業收入1000萬元及以上的服務業法人單位，包括交通運輸郵政業和倉儲，信息傳輸、軟件和信息技術服務業，租賃和商務服務業，科技研發和技術服務業，水利、環境和公共設施管理業，教育、衛生和社會工作，以及房地產仲介服務、房地產租賃經營、物業管理和其他房地產業等。②年底從業人數50人及以上，或年營業收入500萬元及以上的服務業法人單位，包括居民服務、修理和其他服務業，文化、體育和娛樂業。調查方法採用全數調查。規模以上服務業統計調查制度的建立，為加快建立完善規範的服務業統計，全面準確反應中國服務業發展實際情況，提供了制度保障，為各級政府進行

宏觀管理和調控提供了信息支撐。

2015年起，國家統計局對規模以上服務業企業開展以月為頻率的統計調查。調查範圍涉及的服務業行業門類有10個，企業數目近15萬家。

(三) 服務業小微企業抽樣調查制度的建立

服務業小微企業數量大且增長速度快，在新經濟領域活躍程度高。為了全面反應中國規模以下服務業企業的管理經營現狀以及營商環境，國家統計局制定了《規模以下服務業抽樣調查統計報表制度》。該制度涉及的行業主要包括交通運輸郵政業及倉儲，信息和軟件服務，租賃和商業服務，水利、公共環境和設施管理業，物業管理、房地產仲介服務和租賃經營及其他相關產業，居民服務、維修及其他服務業，文體和娛樂業。調查方法採用目錄抽樣方法。數據採集方面，聯網直報平臺可以允許聯網直報企業的數據報送，而非聯網直報企業的數據需要先由相關工作人員或機構進行數據錄入，然後將數據交由各調查總隊進行核驗查詢後上報國家統計局。

服務業小微企業抽樣調查制度與規模以上服務業統計調查制度相互銜接，整合服務業統計資源，更加全面客觀地反應了中國服務業的發展態勢。

(四) PMI指數體系

中國服務業發展迅速，為盡快建立可全面反應服務業月度發展狀況的指標體系，2013年起，國家統計局開始對如何編製服務業生產指數進行探索研究，並於2015年3月開始在內部對服務業生產指數進行試編。國家統計局借鑑國際上通行的編製方法，根據中國服務業季度增加值測算的相關經驗選取合適的分行業指標。經過不斷的完善和改進，2017年3月，國家統計局首次公布了中國月度服務業生產指數，對每月服務業經濟活動的發展情況進行了及時反應。這使得政府在進行相關決策時有了重要的參考信息，同時便於社會各界深入分析研判服務業發展態勢，對推動中國服務業統計改革具有重要意義[①]。

---

① 國家統計局. 國家統計局服務業統計司負責人就服務業生產指數有關問題答記者問 [EB/OL]. (2017-03-14). http://www.stats.gov.cn/tjsj/sjjd/201703/t20170314_1472616.html.

PMI 指數體系是反應經濟變化趨勢的重要指數，近年來，國家統計局不斷完善豐富 PMI 指數體系。長期以來，製造業和非製造業兩個生產領域的經濟發展狀況通過國家統計局發布的月度製造業採購經理指數和非製造業商務活動指數得以反應。但是，隨著新一代現代信息技術的應用範圍逐漸擴大，已無法再清晰界定傳統意義上的製造業和非製造業。傳統的產業邊界由於跨界產業融合而變得籠統，混合經營變得屢見不鮮，僅依靠製造業採購經理指數和非製造業商務活動指數已無法全面準確地反應宏觀經濟總體形勢的變化。2016 年起，國家統計局從理論及應用實踐等多角度入手，深入研究了中國綜合 PMI 產出指數，開始嘗試編製中國綜合 PMI 產出指數。經過兩年的試算和不斷改進完善，國家統計局於 2018 年 1 月正式發布月度中國綜合 PMI 產出指數。綜合 PMI 產出指數作為 PMI 指標體系中反應國家當前時期各行各業產出變化狀況的綜合性指數，為宏觀經濟監測分析提供了新的參考依據，提高了研判宏觀經濟總體趨勢的精準度，同時進一步完善了 PMI 指數體系[1]。

三、金融統計制度改革

　　近年來，隨著中國市場經濟的發展，中國金融業發生了深刻的變化。金融業不再是單一的銀行業，而是銀行、證券、保險等多業並存；金融市場結構趨向多元化發展，各種金融工具和產品創新層出不窮；金融市場的交易規模和交易方式呈現出形式多樣和複雜化的特點。金融業的一系列變化使得以單一銀行業為基礎的傳統金融統計已無法全面量化反應現代金融發展，傳統的金融統計框架的有效性和全面性受到挑戰。因此，推進傳統金融統計的深化改革是促進現代金融業快速健康發展的必然要求。

　　（一）金融業綜合統計

　　2008 年金融危機以來，中國金融業綜合統計工作得到黨中央和國務院的

---

[1] 國家統計局. 國家統計局服務業調查中心負責人就中國綜合 PMI 產出指數有關問題答記者問 [EB/OL].（2018-01-31）. http://www.stats.gov.cn/tjsj/sjjd/201801/t20180131_1579177.html.

密切關注。中國人民銀行及相關部門在黨中央國務院領導下，組織金融系統研究和探索金融業綜合統計的理論及其應用，組織金融業綜合統計試點工作，開展社會融資規模的統計工作及公布，對宏觀槓桿率進行測算等，開展了一系列金融業綜合統計的基礎性工作。2012 年召開全國金融工作會議，中國人民銀行在會上明確提出要加快建立「統一、全面、共享」的金融業綜合統計體系[1]。2015 年 10 月，習近平總書記在十八屆五中全會指出，「統籌金融業綜合統計，通過金融業全覆蓋的數據收集，加強和改善宏觀調控，維護金融穩定」。2017 年 7 月，習近平總書記在第五次全國金融工作會議上再次要求，「要推進金融業綜合統計和監管信息共享，建立統一的國家金融基礎數據庫，解決數據標準不統一、信息歸集和使用難等問題」。這肯定了金融統計在宏觀調控和金融穩定方面的價值，為全面推動金融業綜合統計工作提供了指導思想，是金融業綜合統計改革發展的指路明燈。

2018 年 4 月，國務院辦公廳發布《關於全面推進金融業綜合統計工作的意見》（以下簡稱《意見》），是中國金融業綜合統計開啓新篇章的標誌性事件。《意見》統籌規劃了金融業綜合統計目標、工作內容以及實施路徑，為推進金融業綜合統計工作提供了制度保障。建立完善金融業綜合統計體系，對防範化解重大系統性金融風險以及推進新時代金融創新改革發展具有重要意義。

全面深入推進金融業綜合統計，首先必須對統計對象、統計業務、統計內容實現全面覆蓋。統計對象的全面，要求對所有金融機構、金融基本設施以及金融活動進行覆蓋；統計業務的全面，要求對整個金融交易鏈進行覆蓋，掌握金融新業態、新產品的相關動態，並在適當的時候對其進行統計監測；統計內容的全面，要求對總體與結構、數量與價格、存量與流量都要做到兼顧並重。同時，建立「統一標準、同步採集、集中校驗、匯總共享」的工作機制[2]。

---

[1] 中國人民銀行. 潘功勝：加快推進金融業綜合統計夯實金融宏觀調控和審慎監管基礎［EB/OL］.（2012-09-18）. http://www.pbc.gov.cn/hanglingdao/128697/128734/128877/2863600/index.html.
[2] 國務院辦公廳. 關於全面推進金融業綜合統計工作的意見［EB/OL］.（2018-04-09）. http://www.gov.cn/zhengce/content/2018-04/09/content_5280995.htm.

《意見》指出，金融業綜合統計工作的總體目標是：加快金融業綜合統計標準和制度體系的建立健全，對管理及運作機制要求做到科學統一，推動國家金融基礎數據庫的建設和運作，建成對金融統計對象全覆蓋的金融業綜合統計，加強金融數據治理，對貨幣政策、宏觀政策以及金融監管的決策、管理和協調等方面提供有效支持，對系統性金融風險進行把控，對金融服務實體經濟的效能進行不斷提升。

　　2018—2019年重點貫徹落實以下任務：①持續推動跨市場金融產品統計，有效實現全業務流程以及全業務鏈條的統計監測；②加快建立對系統重要性金融機構及金融控股公司的統計工作，對系統性金融風險進行有效監測；③開展金融資產負債表的編製工作，對金融資金流量及存量的統計工作進行完善，打好宏觀槓桿率測算的基礎；④強化專項統計，如普惠金融、綠色金融等；⑤建立健全金融市場統計，對市場風險及其傳播方式進行有效甄別；⑥建立金融業綜合統計標準體系，為金融業綜合統計奠定堅實的基礎。

　　2020—2022年，金融業綜合統計工作將進一步建立地方金融機構以及互聯網金融機構統計，並由地方金融管理部門進行監管；將加強完善金融業綜合統計標準體系；將加快推動先進完備的國家金融基礎數據庫的建設工作。

　　金融業綜合統計是國家金融業的現代化建設至關重要的一部分，深入開展金融業綜合統計工作，為金融服務實體經濟效能的有效監測、金融體制的深化改革、現代金融體系的建立完善提供了信息支撐。

　　(二) 金融統計標準化

　　金融統計標準化是做好金融統計工作的核心和關鍵。推進金融統計標準化工作，可以有效降低統計成本，提高金融統計工作的效能，並且有助於提高統計數據的質量，從而增強宏觀部門識別和監測系統性風險的能力。金融危機後，世界各國更加深刻認識到金融統計標準化的重要性，國家宏觀審慎監管要求加快統一金融數據標準，著力於金融體系統性風險的防範和化解。

　　中國人民銀行調查統計部門認真梳理宏觀分析、審慎管理以及金融機構自身經營管理等各類需求，推進金融統計標準的研究、制定、發布和實施，從宏觀層面統一金融部門、金融工具統計分類和編碼。目前，已先後發布了

《金融機構編碼規範》《金融工具統計分類及編碼標準》《貸款統計分類及編碼標準》《存款統計分類及編碼標準》等多項標準，並推廣落地實施。同時，初步建立標準化存貸款綜合抽樣和理財信託統計系統，推進金融統計標準化工作。2017年6月，中國人民銀行聯合銀監會、保監會、證監會、國家標準委共同發布了《金融業標準化體系建設發展規劃（2016—2020年）》，提出統籌規劃建立金融業綜合統計標準體系，為推進金融統計標準化工作指明了具體方向①。

進一步地，金融統計作為央行與國際社會交流的重要橋樑，應與國際標準接軌，提升數據標準化水準，加強統計信息的協調與共享，提升宏觀審慎監管水準，為社會各界提供更高水準的金融統計信息服務。中國分別於2002年和2015年採納了數據公布通用標準（GDDS）和特殊數據發布標準（SDDS）。與GDDS相比，SDDS在數據涵蓋範圍、數據質量、公布的頻率和時效性以及公眾可獲取性等方面有更高的要求。採用SDDS，使中國在完善統計體系工作方面取得了進步，同時也有助於提高中國金融統計數據的透明度、可信度以及國際可比性。

第二節　統計方法的變化

一、互聯網的應用

在新一代信息技術廣泛應用的情況下，互聯網作為新經濟發展的基礎要素和主要技術創新驅動要素，其發展已勢不可擋。為緊跟信息時代發展潮流，推動互聯網與各行業深入融合和實現創新驅動發展，國務院於2015年發布

---

① 李偉. 宏觀審慎管理視角下對金融統計標準化的思考 [J]. 河北金融, 2018 (10)：18-20.

《關於積極推進「互聯網+」行動的指導意見》，為互聯網在各行業充分發揮其規模優勢以及應用優勢，加快推動改革創新提供了指導意見。互聯網的迅速發展，對反應經濟社會發展的統計方法制度和統計數據生產方式產生了巨大的影響，政府統計面臨著新的機遇和挑戰。互聯網、物聯網等現代信息技術產生的數據呈爆炸式增長，以互聯網大數據為核心的非傳統數據在統計工作中的應用深度和廣度不斷擴大。互聯網數據以社交媒體網絡數據和搜索引擎數據為主，數據量龐大，涉及面廣。對其加以篩選利用，能夠對統計調查數據起到補充作用，為統計工作提供更為全面的數據，進一步加強統計分析，為社會公眾瞭解社會經濟發展狀況以及政府宏觀調控提供更堅實的信息支撐。目前，政府統計多個領域對互聯網數據加以利用，統計工作順應時代發展趨勢，更具科學性。

（一）人口與就業統計

人口是一個國家重要的戰略資源，一個國家科學治國並制定合理的宏觀決策要求準確把握人口的數量、素質、結構以及分佈等情況。目前，中國開展的人口調查包括每十年開展一次的人口普查、兩次人口普查間的1%人口抽樣調查（簡稱小普查）以及在1%人口抽樣調查以外年份進行的年度人口變動情況抽樣調查[①]。2015年的全國1%人口抽樣調查以當年11月1日零時為標準時點正式開啓。2015年小普查在數據採集方法方面進行了改革和創新，結束了由調查員使用紙質問捲入戶登記的傳統調查方式，積極應用現代信息技術，除了採取調查員借助PDA（移動手持終端）入戶登記的方式，還採用了在互聯網上進行登記填報的方式。以調查員使用PDA入戶登記以及互聯網填報的方式進行數據採集，一定程度上節省了時間成本，減輕了調查員攜帶紙質調查表入戶和核查調查表質量的工作負擔，對數據的保密性以及準確性有了更好的保障，還可以隨時掌握調查進度並進行即時監控。同時，互聯網填報也

---

① 國家統計局. 國家統計局人口和就業統計司專家馮乃林就2015年全國1%人口抽樣調查答記者問［EB/OL］．（2014-07-07）．http://www.stats.gov.cn/tjgz/tjdt/201407/t20140707_577433.html.

解決了調查人員入戶難的問題並保護了被調查者的隱私①。

傳統的人口統計在人力、物力、財力方面消耗巨大，成本高，並有統計效率較低、數據質量參差不齊等問題。僅依靠人口普查以及抽樣調查，數據來源較為單一。在人口統計過程中，通過互聯網可以快速獲取網民所在區域以及性別等基本數據。充分利用互聯網數據，減少了人為干擾的因素，數據來源更加原始化，同時豐富了人口統計調查的數據來源，可以進一步提高人口統計調查數據的質量，讓其更準確、完整、及時，便於提供更加全面的統計分析。

傳統的就業統計通過畢業生人數變化以及勞動力需求狀況變化等分析就業形勢，局限性較大。而基於互聯網數據，可以分析畢業生的就業需求以及市場供需狀況，為社會公眾分析研判就業形勢以及國家進行宏觀調控，制定相關的就業政策提供數據支撐。

(二) 旅遊統計

隨著社會經濟的快速發展，人民消費結構轉型升級，旅遊業發展迅速。旅遊統計需要不斷深化改革，適應新的發展趨勢。長期以來，中國旅遊統計以《旅遊統計調查制度》為基礎，在旅遊結束後，對旅遊人數和旅遊收入等總量進行統計。國家旅遊局於2000年引入了旅遊衛星帳戶核算方式，採用傳統統計填報以及抽樣調查，計算旅遊產業的規模和貢獻。傳統的旅遊統計內容以及數據來源較為單一，隨著現代信息技術在行業中的應用，混業經營越來越普遍，傳統的旅遊統計已無法全面準確地反應中國旅遊業的發展情況。

互聯網大數據在各個領域的應用逐漸深入，將旅遊統計與之結合成為必然的發展趨勢。通過互聯網搜索引擎數據，獲取網民在出遊路線和旅遊地點等方面的搜索數據，能夠對未來旅遊景點趨勢進行一定程度的統計分析，預測旅客數量，以此協助旅遊管理部門在各景點的疏導工作，制定更加完善的突發事件應對方案。除此之外，統計網絡支付、App記帳以及網絡上發布的

---

① 胡英，李睿. 2020年中國人口普查方法探討——基於2015年小普查思考 [J]. 調研世界，2017 (7)：51-54.

旅遊攻略等數據，豐富了旅遊收入的數據源，有利於進行更加全面客觀的旅遊統計，使統計分析具有多重性，為社會公眾瞭解旅遊業發展趨勢以及國家制定相關的政策提供信息支撐。

二、空間信息技術的應用

中國對空間信息技術的探索在20世紀70年代中期後開始加快步伐，空間信息技術得到了大力發展。空間信息技術以遙感（RS）、地理信息系統（GIS）以及全球定位系統（GPS）為核心，同時結合現代計算機技術和信息通信技術等，通過獲取準確的地理信息，對空間地理變化進行及時的檢測，獲取有效的空間數據，對其進行合理的存儲、整合處理、分析並加以應用，對經濟社會產生了巨大影響。空間信息技術應用於統計工作中，進一步拓寬了空間信息技術的應用領域，同時也是推進統計現代化的必然要求。

（一）遙感技術的應用

如何從遠離地面的操作平臺實現對地球表面的勘探工作，並採集相關地球資源以及環境信息，這是遙感技術的關鍵。「十一五」期間，國家統計局開展了「國家統計遙感業務系統關鍵技術研究與應用」項目（簡稱統計遙感項目）。該項目充分應用以遙感技術為核心的空間信息技術，對統計生產方式的變革產生了深刻的影響。該項目將人口普查與抽查、農業統計、固定資產投資統計等業務領域作為重點，實現遙感技術在統計工作中的應用[1]。「全國農業土地資源遙感調查」項目由國家統計局和中國科學院遙感研究所合作完成，該項目使得分省、分縣、分類別的耕地面積的自動生成可通過新建立的計算機軟件支持系統實現，進一步推動了遙感技術在農業統計中的應用。

遙感技術應用於農業統計調查中，仍以對地調查為主，遙感測量為輔助。基於地塊空間數據，結合具有高分辨率的遙感影像數據，利用對地方法對地塊和農作物進行統計調查。2009年，北京市建立了農作物遙感測量統計調查

---

[1] 馬建堂. 加快空間信息技術應用全面提高統計現代化水準 [J]. 統計研究，2011, 28 (6): 3-6.

制度，同時將遙感技術應用於對主要農作物播種面積、設施農業占地面積、地表凍土建設工程、主要農作物產量以及生態資源等方面的遙感監測，實現了調查方法的革命性轉變。2017年1月1日，第三次全國農業普查正式開啟。不同於1996年、2006年全國農業普查，在第三次全國農業普查中，國家統計局在普查方式上積極應用新技術，充分利用非傳統數據。以往對糧食主產省農作物調查和產糧大縣糧食的抽樣調查以入戶調查為主，現在則利用遙感技術對主要農作物的播種面積進行測量，準確及時獲取中國重點地區主要農作物的時空分佈，實現了對地遙感測量調查[①]。

遙感測量作為一種高效的農業統計輔助手段，可以實現動態監測，使得數據更具完整性、精確性和客觀性，為政府部門制定相關政策並進行調控提供了數據保障。

(二) 地理信息系統的應用

地理信息系統技術主要應用於管理和分析空間數據。基於地理空間數據，結合具體行業，對空間數據進行相應的處理、分析和建模，可以有效解決高難度的規劃和營運管理問題。將統計數據信息與地理信息系統進行緊密結合，可以從不同區域、不同地理位置展示其經濟社會的運行發展情況，為經濟普查、人口普查等統計調查提供完整豐富的經濟地理信息以及空間區域信息。通過地理信息系統，可以對統計結果數據進行信息化管理，以便統一維護以及對數據即時更新，保證數據的有效性。2001年，國家統計局開展了以基本單位普查為基礎的國家社會經濟統計地理信息系統建設工作，著手將地理信息系統應用於統計工作中。此後，將地理信息系統應用於第二次、第三次全國經濟普查以及第五次、第六次全國人口普查中，進一步加強了地理信息系統在政府統計中的應用。

地理信息系統應用於普查中，實現了普查區管理電子化，解決了傳統模式下普查區劃分無法重複利用的問題。基於地理信息系統，與基本單位名錄

---

① 新華社. 10年等一回，第三次全國農業普查來了 [EB/OL]. (2016-12-15). http://www.stats.gov.cn/ztjc/zdtjgz/zgnypc/d3cnypc/npyw/201612/t20161216_1442310.html.

庫實現動態關聯，利用衛星圖、導航圖等電子地圖，能夠準確劃分普查區域，確保調查範圍的精準性以及調查樣本的合理性。進一步將海量數據整合進地理信息系統，並進行空間分析，提高統計數據分析的廣度和深度。除此之外，在地理信息系統中，可通過集成空間分析模型實現海量數據集成以及空間建模，利用不同模型可提供多樣化的決策支持信息，支撐政府制定相關政策。

在人口普查中，基於地理信息系統對普查數據進行深度分析，實現人口普查數據與地理空間位置的高度匹配，提高普查數據的實用性。同時，基於地理信息系統建立的人口空間信息系統，為城鄉住戶調查提供完備科學的樣本框，為確定進一步推進城鄉住戶調查一體化的調查樣本提供信息支撐。經濟普查過程中，地理信息系統提供了基於空間位置的基本單位的各類查詢、檢索、分析等功能，能夠快速獲取調查區域地圖，把握調查單位分佈[①]。

(三) 全球定位系統的應用

全球定位系統 (GPS) 可以實現在全球範圍內的即時定位以及衛星導航。通過全球定位系統可以獲得任何人在全球任何時間、地點的準確位置，便於瞭解調查對象的即時動態分佈，獲取更加快捷、精確、即時的統計數據。

全球定位系統在專業統計中的應用程度不斷加深。以人口統計為例，傳統的人口統計數據來自人口普查以及人口抽樣調查，有一定時間間隔且調查範圍具有局限性，公布頻率較低，無法及時更新相關數據。在中國經濟社會轉型的背景下，人口社會流動現象不斷加劇，傳統的人口統計體系、數據更新速度、數據採集可行性等具有一定的滯後性。因此，全球定位系統應用於人口統計中，能夠獲取更為精準的即時統計數據，並在一定程度上減輕人口統計的工作負擔。2014年，百度公司推出「百度大遷徙」項目，通過定位系統以及大數據分析技術，成功實現了全國範圍春運期間的人口遷移軌跡及活動特徵的即時展現。百度大數據通過定位系統統計全國人口的即時動態分佈，從時間和區域兩個維度提供了更為精確的人口統計，觀察當前以及過去時間段中，全國總體以及各省、市地區的人口遷徙情況，可以更為清晰地展示人

---

① 馬建堂. 加快空間信息技術應用全面提高統計現代化水準 [J]. 統計研究, 2011, 28 (6): 3-6.

口遷徙的來源去向。進一步地，通過人工智能技術可以挖掘各個區域的居住及工作人口，在獲得基本人口數量對比的基礎上，還可以較為準確地獲取人口數據對比的空間分佈差異。基於全球定位系統的人口統計，是對傳統人口統計數據的輔助，彌補了人口普查中存在的人口流動現象嚴重、群眾配合度下降等缺陷，進一步提高了準確性、全面性、即時性，有利於對人口的精準性研究。

除此之外，全球定位系統在數據採集過程中起到了輔助作用，提高了統計數據的真實性和可靠性。聯網直報和 PDA 在數據採集過程中，分別通過 IP 地址和全球定位系統功能即時監控源頭數據的採集工作，確保了源頭數據的真實性。實割實測全球定位系統專用工具的地畝數測量，盡可能減小對新經濟下的個體戶數據進行直接採集時的統計誤差，同時提高了統計數據的質量和時效性[①]。

三、物聯網的應用

物聯網技術是現代傳感器技術的代表，以互聯網為核心和基礎，延伸至互聯網與物品的相連，即物物相連的互聯網。物聯網技術物質的狀態信息通過各類傳感器形成數據，並經過互聯網進行傳輸，使物質像信息一樣在互聯網中自由傳遞，通過互聯網實現對物質狀態的監控。

在企業統計方面，利用物聯網技術可以準確把握企業生產過程中生產設備、生產狀況、產品產量等情況，瞭解企業生產經營管理情況，為企業統計數據的核實和評估提供完整真實的依據。同時，通過物聯網技術監測工業企業的污染物排放數據，結合能源消耗數據以及產量數據等，可以為能源消費監測、污染物排放以及節能減排等統計監測提供更為全面準確的數據支撐。

在交通運輸統計方面，通過飛機、船舶、汽車以及檢測監測設備等附帶

---

① 吉立爽. 經濟發展新常態下統計數據採集過程的探討［J］. 統計與管理，2017（6）：11-12.

的傳感器或追蹤器獲取的數據，和通過 GPS 標籤以及交通路口的電子攝像頭等獲取的數據，可用於水陸空交通流量統計。因此可以實現對城市交通擁堵程度以及城市軌道交通客流組織的即時監測，使交通運輸統計變得更為便捷。目前北京地鐵、廣州地鐵、上海地鐵等已將物聯網技術運用到地鐵客流即時監控中，使地鐵營運管理更趨自動化、智能化，為車站客流組織及大客流應急準備提供參考。

在人口統計方面，人口統計流動性大、被調查者的配合程度不一等特點，對人口統計準確性的影響較大。利用公交 IC 卡數據等物聯網數據，結合 GPS 數據及其他基礎信息，進行數據挖掘和分析，可以獲得居民公交出行客流信息，進一步對城市流動人口統計進行估計。

除此之外，統計數據聯網直報系統可以通過物聯網技術進行優化。建立統一規範的數據採集流程和統計標準，進一步將物聯網技術與統計數據的採集、管理和查詢結合，開發出專業的統計信息管理軟件平臺，推進實現統計數據聯網採集業務工作的自動化進程，為統計調查對象提供更高質量的服務，同時也有助於政府統計工作者開展統計工作。

物聯網技術應用於政府統計工作中，進一步增強了統計信息的採集、傳輸、加工、處理、管理和統計的快速調查及決策能力。但是由於物聯網中包含各種類型、性能的傳感器，採集的數據結構可能存在較大的差異，噪聲數據的佔比增大，在利用物聯網數據進行預測時，需要對這些數據進行矯正。同時，海量的物聯網數據冗餘度較高，無法長時間保存，需要在數據採集過程中對重複、冗餘的數據進行壓縮，重點保留特殊唯一的數據，保證物聯網數據處理系統的運行效率[①]。

---

① 何強. 物聯網助力政府統計大數據戰略建設［J］. 中國統計, 2015（4）: 14-15.

第三節　統計標準的變化

為適應經濟體制改革以及經濟結構轉型升級的發展要求，統計工作必須不斷建立健全統計標準體系。形成統一規範完善的統計分類標準，是提高統計工作效率，提升統計數據質量的重要前提和堅實基礎。經過長期不懈努力，中國統計標準體系建設取得的成效顯著，目前，中國已經構建了較為完整的統計標準體系，在符合中國實際的國民經濟實情的基礎上，逐步與國際標準接軌。隨著新經濟的不斷發展，各類新興產業應運而生，跨界融合突破產業界限，統計標準體系也在不斷改進完善。

一、三次產業劃分規定

1985年，國家統計局首次在《關於建立第三產業統計的報告》中提出如何劃分中國三次產業，以適應建立國民生產總值統計的需求。

2003年，以《國民經濟行業分類》（GB/T 4754—2002）為基礎，國家統計局調整修訂了原三次產業劃分，制定了《三次產業劃分規定（2003）》。2012年，根據《國民經濟行業分類》（GB/T 4754—2011），國家統計局再次對《三次產業劃分規定（2003）》進行了修訂，制定了《三次產業劃分規定（2012）》。2017年，《國民經濟行業分類》（GB/T 4754—2017）正式頒布。以新頒布的《國民經濟行業分類》（GB/T 4754—2017）為基礎，國家統計局對《三次產業劃分規定（2012）》進行了相應的調整，制定了《三次產業劃分規定（2018）》。具體的類別更名以及類別調整見表14.1。

表 14.1 《三次產業劃分（2018）》的修訂內容

	《三次產業劃分規定(2012)》	《三次產業劃分規定(2018)》
基礎	《國民經濟行業分類》（GB/T 4754—2011）	《國民經濟行業分類》（GB/T 4754—2017）
第二產業調整情況	石油加工、煉焦和核燃料加工業	《國民經濟行業分類》（GB/T 4754—2011）4500 中部分內容和 4120 全部內容調到此類
	建築裝飾和其他建築業	建築裝飾、裝修和其他建築業
第三產業調整情況	農、林、牧、漁服務業	農、林、牧、漁專業及輔助性活動
	開採輔助活動	開採專業及輔助性活動
	裝卸搬運和運輸代理業	多式聯運和運輸代理業 《國民經濟行業分類》（GB/T 4754—2011）5810 調出此類
	倉儲業	裝卸搬運和倉儲業 《國民經濟行業分類》（GB/T 4754—2011）5810 調至此類
	房地產業	《國民經濟行業分類》（GB/T 4754—2011）7090 部分內容調出
		新增：土地管理業 《國民經濟行業分類》（GB/T 4754—2011）7090 部分內容至此類
	廣播、電視、電影和影視錄音製作業	廣播、電視、電影和錄音製作業
	基層群眾自治組織	基層群眾自治組織及其他組織

資料來源：國家統計局. 國家統計局關於修訂《三次產業劃分規定（2012）》的通知 [EB/OL]. (2018-03-27). http://www.stats.gov.cn/tjsj/tjbz/201804/t20180402_1591379.html.

二、產業分類標準

（一）高技術產業（製造業）分類

為了準確反應高技術製造業的發展情況，推進高技術產業（製造業）的統計調查工作開展，2013 年，國家統計局以《國民經濟行業分類》（GB/T

4754—2011）為基礎，保持《高技術產業統計分類目錄（2002）》的基本結構框架不變，與當前國際發展需要相適應，參考經濟合作與發展組織（OECD）在高技術產業方面的分類依據，根據R&D投入強度為劃分標準，對高技術製造業行業進行分類細化，最終形成《高技術產業（製造業）分類（2013）》。該分類包含航空航天相關設備、醫藥、醫療相關設施設備、電子通信設備、計算機及辦公設備、信息化學品等方面的製造，共分為6個大類。其下包括29個中類，42個小類，對高技術產業（製造業）的統計範圍有了科學界定。

2017年，《國民經濟行業分類》（GB/T 4754—2017）正式頒布，意味著原有的各產業分類標準已經不再適應當前統計工作需要，因此需要配合新的國民經濟行業分類進行修訂。根據《高技術產業（製造業）分類（2013）》以及《國民經濟行業分類》（GB/T 4754—2017），保持原有分類原則、方法以及框架不變，對原分類進行修訂調整，主要包括更名、內容變更、新增合併等調整。調整後的《高技術產業（製造業）分類（2017）》的行業大類與原分類相同，仍為6個，行業中類較原分類增加至34個，行業小類增加至85個[①]。

（二）高技術產業（服務業）分類

服務業是國民經濟的重要組成部分，同時也是促進經濟結構轉型升級的重要推動力。隨著科學技術發展水準和自主研發創新能力的不斷提升，中國高新技術產業迅速發展，傳統服務業也在不斷發生變革，服務業開始結合高技術手段為社會提供服務活動。

2011年，國務院辦公廳發布《關於加快發展高技術服務業的指導意見》，指出應建立健全高技術服務業統計體系，完善服務行業分類，為國家加強對高技術服務業的宏觀調控提供參考信息。2013年，國家統計局制定了《高技術產業（服務業）分類（2013）》。該分類以《國民經濟行業分類》（GB/T

---

① 國家統計局.高技術產業（製造業）分類（2017）[EB/OL].（2018-01-04）. http://www.stats.gov.cn/tjsj/tjbz/201812/t20181218_1640081.html.

4754—2011）為基礎，以《中華人民共和國國民經濟和社會發展第十二個五年規劃綱要》和《國務院辦公廳關於加快發展高技術服務業的指導意見》為主要指導意見，參考借鑑了國際組織對「知識密集型服務業」的定義，並充分結合了國內外相關研究成果，將滿足相關部門對高技術服務業管理的需求和統計工作中的可操作性作為基本要求。該分類統計範圍涵蓋信息、電子商務、質檢服務、高技術專業技術服務、開發設計、科技成果的實現、知識產權相關服務、環境監測與治理以及其他高技術服務等服務內容，一共分為9個大類，25個中類，63個小類。

基於《國民經濟行業分類》（GB/T 4754—2017），採用2013年版的高技術產業（服務業）分類的基本框架結構，對其進行修訂。修訂後的《高技術產業（服務業）分類（2018）》保持原有的9個行業大類，行業中類為25個，行業小類增加至97個。其中行業中類主要進行了以下調整：原分類中的「生物技術研發」中類調整為「農業科學研究和試驗發展」，同時移除該中類中的「醫學研究和試驗發展」小類；原分類中的「電子商務平臺服務」「質量檢驗服務」「測繪服務」以及「其他科技推廣和應用服務業」分別更名為「互聯網平臺」「質檢技術服務」「測繪地理信息服務」「其他科技推廣服務業」。行業小類則根據《國民經濟行業分類》（GB/T 4754—2017）對其進行了進一步細化和拆分，契合「三新」統計，以準確全面反應當前高技術服務業的發展情況[①]。

（三）國家科技服務業統計分類

近年來，中國科技創新發展勢頭良好，由其引領的產業升級日新月異。科技服務業作為現代服務業中不可或缺的一部分，隨著創新驅動發展戰略的不斷深入開展，服務內容日趨多樣化，服務創新模式不斷增多，科技服務業加速發展，新興科技服務組織和服務業態源源不斷地湧現。為了明確科技服務業的統計範圍，更好地契合科技服務業的統計工作，加快科技服務業發展

[①] 國家統計局. 關於印發《高技術產業（服務業）分類（2018）》的通知［EB/OL］.（2018-05-08）. http://www.stats.gov.cn/tjgz/tzgb/201805/t20180508_1598025.html.

進程，國家統計局以《國民經濟行業分類》（GB/T 4754—2011）為基礎，將《國務院關於加快科技服務業發展的若干意見》提出的重點任務作為指導，制定了《國家科技服務業統計分類（2015）》。該分類包含7個大類，主要涵蓋科技研發、推廣、普及和宣傳教育，科技信息和金融，專業化技術以及綜合科技等內容。此外，劃分了24個行業中類，69個行業小類。

2018年，國家統計局以《國民經濟行業分類》（GB/T 4754—2017）為標準，依照原有的分類原則、方法、基本框架以及新舊國民經濟行業的對應關係，對《國家科技服務業統計分類（2015）》進行了結構和對應行業編碼的調整。《國家科技服務業統計分類（2018）》仍保持與原分類相同的7個行業大類以及24個行業中類，行業小類則進行了拆分、更名、內容變更、行業代碼變更等一系列調整，最終行業小類增加至88個[①]。

（四）國家旅遊及相關產業統計分類

根據《國務院關於促進旅遊業改革發展的若干意見》，國家統計局需要推進旅遊統計工作的開展，建立完善的統計指標體系以及科學合理的調查方法。為此，以《國民經濟行業分類》（GB/T 4754—2011）為基礎，2015年國家統計局制定了《國家旅遊及相關產業統計分類（2015）》，為旅遊業統計工作提供了分類標準，有助於完善旅遊業統計工作。該分類涵蓋旅遊業和旅遊相關產業兩大部分：①在遊客的「吃住行」以及休閒娛樂等方面提供服務的旅遊業；②為遊客提供旅遊協助服務以及政府旅遊統籌規劃服務等活動的旅遊相關產業。主要包括出行、住宿、餐飲、遊覽、購物、娛樂、綜合服務在內的7個旅遊業大類，以及旅遊輔助服務、政府旅遊管理服務2個旅遊相關產業大類，共9個行業大類，27個中類以及67個小類[②]。

2018年，頒布了修訂後的《國家旅遊及相關產業統計分類（2018）》。新分類保持了9個行業大類和27個行業中類。結合《國民經濟行業分類》

---

① 國家統計局.關於印發《國家科技服務業統計分類（2018）》的通知[EB/OL].(2018-12-14). http://www.stats.gov.cn/tjgz/tzgb/201812/t20181218_1640075.html.
② 國家統計局.國家旅遊及相關產業統計分類（2015）[EB/OL].(2015-08-21). http://www.stats.gov.cn/tjsj/tjbz/01508/t20150821_1233792.html.

(GB/T 4754—2017)，行業小類進行了相應的合併和拆分，最終減少為65個，部分行業小類進行了更名、內容變更以及代碼變更。

（五）戰略性新興產業分類

戰略性新興產業在未來經濟發展中佔有舉足輕重的地位，加快其發展可以有效推進中國現代化建設，使中國走在新一輪經濟及科技發展隊伍的前列。根據《國務院關於加快培育和發展戰略性新興產業的決定》，為滿足統計上對戰略性新興產業相關信息的測算需求，為國家制定戰略性新興產業的相關政策，進行宏觀監測和管理提供信息支撐，國家統計局制定了《戰略性新興產業分類（2012試行）》。該分類對從事戰略性新興產業活動的法人單位，按照其經濟活動性質進行劃分。該分類一共包括三層，第一層包含七個大類，主要是高端設備的製造、環保節能、新一代信息技術、生物、新型能源、新型材料以及新能源汽車產業，依據《「十二五」國家戰略性新興產業發展規劃》及《戰略性新興產業重點產品和服務指導目錄》對第一層的七個大類進行進一步劃分，第二、三層分別包含30個和100個類別，並在第三層建立與行業和產品（服務）的對應關係[①]。

為準確反應「十三五」國家戰略性新興產業發展規劃情況，與現行《國民經濟行業分類》（GB/T 4754—2017）相對應，國家統計局以《「十三五」國家戰略性新興產業發展規劃》等國家戰略性新興產業發展政策為指導意見，在堅持實際可操作性的基礎上制定了《戰略性新興產業分類（2018）》。該分類第一層包含9大產業，除了《戰略性新興產業分類（2012試行）》中的7個產業大類外，另新增數字創意以及相關服務業兩個大類。第二、三層分別包含40個和189個類別，除此之外，對新材料產業進行了細化，增加至第四層，包含166個類別。該分類在內容上增加了貼合現代戰略性新興產業特點的類別，包括「互聯網與雲計算、大數據服務」「人工智能」「數字創意產

[①] 國家統計局. 戰略性新興產業分類（2012試行）[EB/OL].（2018-01-14）. http://www.stats.gov.cn/tjsj/tjbz/ 201301/U020131021375903103360.pdf.

業」「機器人與增材設備製造」「智能製造相關服務」「新能源汽車充電及維修服務」等，更加符合經濟發展的新形勢。《戰略性新興產業分類（2018）》清晰界定了戰略性新興產業的概念、範圍、重點產品和服務，有助於評價分析戰略性新興產業的發展狀況，推動其快速發展[①]。

(六) 文化及相關產業分類

為進一步深化文化體制改革，推動社會主義文化建設，同時為加強文化宏觀調控提供統計保障，國家統計局以《國民經濟行業分類》（GB/T4754—2011）為基礎，部門需要和可操作性兼顧，與國際分類標準接軌，制定了《文化及相關產業分類（2012）》，該分類將文化及相關產業分為五層。第一層包含兩部分，即文化產品以及文化相關產品的生產，第二層包含10個大類，主要覆蓋新聞信息服務及廣播電視電影、文化的信息傳輸、創意和設計、藝術、休閒娛樂、工藝美術品的生產、文化產品生產的輔助生產、文化用品以及文化專用設備的生產等方面，第三層設置了50個中類，第四層涉及文化及相關產業的具體活動類別，共有120個小類，第五層為部分小類的延伸層。文化及相關產業分類標準的制定，使文化產業統計工作能全面反應中國文化產業發展的新態勢，為推動文化產業發展和文化產業宏觀決策提供了信息基礎。

當下，現代信息技術給社會帶來巨大變革，而文化新業態不斷湧現且發展迅速，原有的分類無法再適應這些新業態的統計工作。因此，國家統計局以《國民經濟行業分類》（GB/T 4754—2017）為基礎，以《國家「十三五」時期文化發展改革規劃綱要》為指導，對《文化及相關產業分類（2012）》進行了修訂調整，形成了《文化及相關產業分類（2018）》。新分類將文化及相關產業劃分為三層，包含新聞信息服務、內容創作生產、創意設計服務、文化傳播渠道、文化投資營運、文化娛樂休閒服務、文化輔助生產和仲介服

---

① 國家統計局. 戰略性新興產業分類（2018）[EB/OL]. (2018-11-26). http://www.stats.gov.cn/tjgz/tzgb/201811/t20181126_1635848.html.

務、文化裝備生產、文化消費終端生產9個大類，43個中類，以及146個小類。新分類標準的修訂完善，使得中國文化產業統計工作和文化體制的深化改革得到不斷推進，為文化產業的持續發展奠定了堅實的基礎[1]。

第四節 小結

當前，中國經濟結構轉型升級，現代信息技術對社會產生深遠影響，中國經濟呈現新的發展態勢，新興經濟快速崛起。各種模式的新興經濟對中國政府統計提出了新的要求，同時，現代信息技術的廣泛應用為中國政府統計提供了新的改革思路。中國政府統計改革面臨著新的挑戰和機遇，要求統計部門準確把握經濟發展態勢，適應新形勢新要求，全面推進統計改革創新。

以「三新」為核心的新經濟發展迅速，為了使統計工作適應中國目前新興經濟的發展狀況，國家統計局建立了「三新」統計制度，開展了一系列工作，包括「三新」經濟專項統計報表制度以及統計分類標準的制定，探索開展「三新」經濟增加值核算工作，研究建立新經濟發展新動能指數統計指標體系等，為全面、客觀、及時、準確地反應以「三新」為核心的新經濟發展情況奠定了基礎。

中國服務業發展迅速，推動了新時期中國經濟結構的轉型升級。為解決過去的服務業統計都是基於全國經濟普查獲取統計數據，統計基礎相對薄弱，缺少常規性調查數據的問題，服務業統計調查制度進行了系統改革。部門服務業財務統計報表制度、規模以上服務業統計調查制度、服務業小微企業抽

---

[1] 國家統計局. 文化及相關產業分類（2018）［EB/OL］.（2018-05-09）. http://www.stats.gov.cn/tjsj/tjbz/ 201805/ t20180509_1598314.html.

樣調查制度的建立，PMI 指數體系的不斷豐富完善，使得服務業統計工作不斷完善。

隨著現代金融業快速發展，傳統金融統計的改革勢不可擋。全面推進金融業綜合統計工作成為當下金融統計工作的改革重點，完善金融統計標準是做好金融統計工作的核心和關鍵。

在統計方法方面，將互聯網、空間信息技術、物聯網等新一代信息技術與專業統計相結合，推進統計信息化進程。包括互聯網在人口就業和旅遊統計等方面的應用；以遙感技術、地理信息系統、全球定位系統為代表的空間信息技術在農業統計、人口統計等方面的應用；物聯網技術在能源統計監測、交通運輸統計、人口統計以及優化聯網直報系統等方面的應用。以傳統專業統計為基礎，將現代信息技術與專業統計相結合，為統計工作的改革創新提供了更多的思路。

在統計標準方面，為準確把握經濟新常態，努力適應經濟體制改革以及經濟增長方式轉變的要求，統計工作必須不斷建立健全統計標準體系。以《國民經濟行業分類》為基礎，隨之對三次產業劃分、高技術產業（製造業）、高技術產業（服務業）、科技服務業、戰略性新興產業、旅遊及相關產業、文化及相關產業等產業分類標準進行了修訂完善，適應中國新經濟的不斷發展，為提升統計數據質量打下堅實的基礎。

第十五章
展望

　　習近平總書記在黨的十九大報告中做出「中國經濟已由高速增長階段轉向高質量發展階段」的重大判斷,並明確指出要不斷「完善統計體制」,突出了統計工作的重要性和完善統計體制的必要性。2017年12月中央經濟工作會議上,習近平總書記進一步指出以推動高質量發展作為當前和今後一個時期確定發展思路、制定經濟政策、實施宏觀調控的根本要求。面對中國發展的新形勢,統計工作的綜合性、基礎性作用日益凸顯,同時統計工作反應監測經濟社會發展的廣度、深度、難度的作用日益提升,加快構建高質量統計體系成為統計部門當前和今後一段時間工作的重點。由於現行的統計體系仍然存在短板弱項,不足以適應新形勢新要求,為此,統計工作必須貫徹落實新發展理念,全面深化統計改革創新,不斷完善統計機制,進一步提高統計數據質量,並加強統計服務和數據分析解讀,加快構建新時代現代化統計調查體系,為更好地服務經濟發展新常態,更加及時、全面、準確地反應經濟社會發展現況提供有力的統計保障。

下篇　新時代統計制度的發展與展望

隨著物聯網、移動互聯網和雲計算等新一代信息技術日臻成熟和廣泛應用，信息技術已經與中國經濟社會發展深度融合，由此也帶來了數據的爆發性增長，以大數據為主體的非傳統數據在生產經營、商務活動、行政管理、科學研究等眾多領域得到廣泛應用，由數據的產生、累積、應用和發展引起的數據革命正在悄聲無息地改變著我們的生活。由大數據引領的信息產業高速發展，為推動大數據產業深入發展，國務院於2015年9月5日發布《國務院關於印發促進大數據發展行動綱要的通知》，在全社會引起廣泛關注。由此可見，數據已經成為國家重要戰略資源，數據處理正成為新一代信息技術融合應用的結點。為積極適應非傳統數據大量湧現、應用不斷擴大的新變化，拓展非傳統數據在政府統計中的應用深度和廣度，國家統計局、國家發展和改革委員會於2017年11月聯合印發《非傳統數據統計應用指導意見》，致力於打造「中國政府統計數據來源第二軌」，加快推進以大數據為主體的非傳統數據與政府統計工作的融合。

第一節　「三新」統計未來的發展與挑戰

統計部門正在穩步推進「三新」統計的相關工作，並取得了一定的成果。但目前「三新」統計調查體系仍有待完善，在建立健全「三新」統計調查體系的過程中尚有一些問題亟待解決。

目前，「三新」統計調查主要存在以下難點：

（1）新興經濟發展變化快，「三新」統計調查範圍難以清晰界定。要對新興經濟的規模、結構、速度、效益等方面做出統計上的界定，準確反應新興經濟的發展情況，必須準確把握其內涵、特徵等內容。但由於「新興經濟」是一個動態的概念，且隨著經濟的持續發展，「三新」的內涵也隨之不斷變更

與完善,因此「三新」統計調查的對象和範圍也在不斷更新與完善。新興經濟的高速發展,造成了「三新」統計調查難以統全、統實、統準,從而無法及時、全面、準確地反應新經濟發展情況的問題。因此,統計部門需要不斷探索和實踐去完善「三新」經濟活動內容,增加反應「三新」特點的調查指標,從而完善「三新」統計工作。

(2) 新興經濟與傳統經濟交匯融合,行業分類界定難。新興經濟所涉及的內容極其廣泛,它涉及第一、第二、第三產業,不僅包括新興產業和業態,也包括對傳統產業所作的一些創新。隨著「三新」的進一步發展,跨界融合突破了產業界限,混合經營成為一種新常態,企業經營模式貫穿第一、第二、第三產業。新興經濟與傳統經濟相互滲透、密不可分,企業經營模式也在逐漸趨向多元化,但一些業務邊界還較為模糊,這給在統計上進行產業劃分、行業界定帶來很大困難。

(3)「三新」企業分佈廣、規模小、變化快,給統計監測帶來困難。「三新」經濟除了在規模以上法人單位融合發展外,還不斷催生出大量中小微企業,具有分佈廣、數量大、規模小、變化快的特徵,這也導致名錄庫管理難以及時跟進。同時,由於新產生的中小微企業多屬於規模以下企業,現有的統計調查制度對規模以下法人單位的統計調查力度不夠,加之從事新興經濟活動的企業本身具有不穩定性,因此容易造成統不全、統不實,無法及時客觀地反應企業的發展情況的問題。

(4) 新興經濟與傳統經濟數據難以區分。目前,不少企業集團(總部)通過各種方式建立了大量跨地區的新興經濟分支機構以適應市場發展需求。按照「法人在地」的統計原則,這些分支機構的經濟活動需要統計在其所屬總部所在地的經濟數據中,這也會進一步導致其總部所在地區的經濟總量與新興經濟規模容易被放大,且由於企業各地區分支機構較多,總部企業也要花費大量精力收集分散於各地的下屬單位數據,這也容易出現統計遺漏問題。除此之外,現行以主營業務活動為依據進行分專業統計的模式,難以全面、系統、準確地採集企業的全部經營活動數據,一些作為企業非主營活動的新

經濟內容容易漏統或錯統①。

（5）信息搜集難。由於新興經濟涉及的市場主體多且變化快，加之互聯網技術與傳統產業不斷深入融合，而「三新」統計尚未納入國家統計聯網直報平臺，因此僅靠現有獲得統計資料的方式難以捕獲到通過互聯網平臺發生的大量經濟活動。目前，不少地區「三新」統計仍採用傳統的全面統計調查獲取數據，但由於「三新」企業數量大且多為小規模企業，使用這一數據採集手段所需的人力、物力、財力以及時間成本過高。一些地區雖然採用了抽樣調查，但是調查方案的科學性和可行性等仍然需要改進。因此，統計部門需要推進現代信息技術在「三新」統計中的應用，創新數據採集方式，解決信息採集困難的問題②。

為進一步完善「三新」統計調查和監測制度，健全統計標準體系，改進新興經濟核算，未來應著重開展以下幾個方面的工作：

（1）建立健全「三新」經濟統計標準。完善「三新」統計調查體系，建立健全「三新」經濟統計分類標準是首要任務。目前，國家統計局已經修訂了《國民經濟行業分類》，並制定了「三新」統計分類標準。隨著各個領域實施「互聯網+」，層出不窮的新業態發展起來，新興服務方式也大量湧現，《新產業、新業態、新商業模式專項統計報表制度（2016）》所包括的11個重點領域，已經不能覆蓋新經濟發展的全部。為盡可能全面地反應「三新」經濟發展的真實情況，確保統計對象不重不漏，統計部門需要加大調研力度，深入研究新興經濟發展變化情況，不斷完善新興經濟領域的統計分類標準，創新統計調查指標體系，增加「三新」經濟增加值核算內容，突出反應「三新」經濟的核心內容，為更好開展「三新」統計工作奠定基礎。

（2）完善和創新「三新」經濟統計方法。新興經濟日新月異，創新改革層出不窮，為科學反應「三新」發展，統計方法需要與時俱進，加強改革創新。①要更加靈活地使用各種統計調查方法，多採用重點調查、典型調查等

---

① 寧吉喆. 新產業新業態新模式統計探索與實踐［M］. 北京：中國統計出版社，2017：105-106.
② 虞華，朱蓓，陳光亞. 中國「三新」經濟統計體系建設的難點及思考［J］. 統計與決策，2017（18）：189.

快捷的方式,以便及時掌握新興經濟活動的最新態勢。②研究改進跨界融合產業活動的統計調查方法。由於不少新興經濟活動是跨界融合的,由現行國民經濟行業分類中派生,在中國規模以上企業法人經濟單位行業統計中,新興國民經濟和其他傳統國民經濟活動數據區分困難,因此,需要加快研究科學可行的調查方法,將新經濟活動剝離出來,以便更客觀地反應其發展情況。③不斷改進對規模以下經濟單位的企業統計調查分析方法。為全面、及時、準確地反應中國規模以下企業的新一輪經濟建設活動發展全貌,我們需要不斷改進中小微民營企業抽樣調查工作方法,不斷提高問卷調查結果樣本對「三新」中小微民營企業的代表性。

(3) 推動部門信息共享,打破「信息孤島」。新興經濟具有的跨界、共生、滲透、融合的特點,使統計調查工作面臨新的挑戰,增大了統計核算的難度。目前,各部門在實施新興經濟發展的相關政策的過程中,獲取了大量涉及新興經濟企業的信息和數據,統計部門需要加強與各部門的溝通協調,充分利用各部門相關信息,建設全面、及時、準確的基本單位名庫,夯實部門登記信息與統計調查相結合的基本單位名錄庫更新維護機制,這是開展「三新」經濟統計調查的基本前提。同時,牢牢抓住「五證合一,一照一碼」登記制度的改革契機,充分利用現代化手段整合各部門的統計資料,以統計的數據標準和互聯的數據存放接口為基礎,建立部門間數據分享機制,保證統計部門更加準確、高效、全面地完成「三新」統計工作①。

(4) 改革調查方式,創新數據採集方法。眾多新興經濟企業依託互聯網蓬勃發展,並借助大數據、雲計算、物聯網等新一代信息技術開展生產經營活動,這為「三新」統計提供了新的數據來源。因此,統計部門需要積極探索以互聯網為代表的現代信息技術在「三新」統計調查工作中的應用,充分利用部門行政記錄數據、互聯網數據、商業記錄數據、電子設備感應數據,加快推進非傳統數據與政府統計的融合,擴大數據來源,改革統計生產流程,

---

① 寧吉喆. 新產業新業態新模式統計探索與實踐 [M]. 北京:中國統計出版社,2017:109-111,119.

形成以傳統數據和非傳統數據為基礎資料來源的「三新」統計調查，以此提高新興經濟統計數據的整合效率，加快實現「三新」統計調查的現代化進程。

第二節　統計技術改革

一、變革統計生產方式，推進統計信息化建設

　　隨著信息技術的不斷發展，現代社會進入了信息化時代，經濟社會生產生活方式的變革和經濟發展方式的轉變受到深刻影響，政府統計工作作為經濟社會信息搜集、生產和利用的主體，面臨新的挑戰和機遇。

　　為順應「互聯網+」發展趨勢，推動互聯網與各領域深入融合和創新發展，國務院於2015年發布《關於積極推進「互聯網+」行動的指導意見》，為各領域充分發揮互聯網的規模優勢和應用優勢，加快改革創新提供了指導意見。近年來，為適應統計改革發展和現代信息技術發展的新形勢，統計部門致力於統計制度方法改革創新，推進統計信息化建設。2016年10月，中央全面深化改革領導小組第二十八次會議通過了《關於深化統計管理體制改革提高統計數據真實性的意見》，對統計信息化提出了更高的要求。2017年，國家統計局以《「十三五」時期統計改革發展規劃綱要》為基礎，制定了《「十三五」統計信息化建設規劃綱要》，為加快統計方式的變革，進一步夯實統計工作基礎，提高統計工作效率，豐富統計數據資源，加快建立現代統計信息化體系提供了綱領性文件。在堅持貫徹落實《關於深化統計管理體制改革提高統計數據真實性的意見》的基礎上，國家統計局和國家發展和改革委員會於2017年11月制定《非傳統數據統計應用指導意見》，以適應非傳統數據呈爆發式增長、應用不斷擴大的新變化，並拓展非傳統數據在政府統計中的應用深度和廣度，加快構建現代統計調查體系。

「十二五」期間，統計信息化建設不斷取得重要突破。統計信息化應用水準不斷提高，依託統計聯網直報系統實現了從企業、住戶和基層統計調查人員直接向國家統計局數據中心報送統計數據的數據採集模式，在常規調查和普查任務中開始大規模使用移動智能終端數據採集，不斷加強空間信息技術在統計工作中的應用，使統計數據生產方式發生了深刻變革，提升了統計數據生產的信息化水準；數據中心體系化建設、系統資源建設等基礎設施建設不斷加強；數據資源體系在逐步完善；統計信息化標準體系框架基本形成。但是，隨著統計改革的不斷深化，統計應用範圍的不斷擴大，我們需要繼續推動統計數據生產方式的變革，加強統計信息化建設。

加強非傳統數據在政府統計中的應用力度，形成傳統數據和非傳統數據相結合的數據採集方式，變革統計數據生產方式。

加大行政記錄軟件開發力度，充分利用行政記錄數據。行政記錄數據來源於各政府部門行使行政管理職能的過程中，合理地將行政記錄數據應用到政府統計的各個層面，對減輕政府統計負擔、提高政府統計精度具有重要意義。現階段，行政記錄數據主要應用於替代傳統統計數據，包括人口普查、經濟普查、國民經濟核算、就業統計等多方面；校正現存統計數據，解決因被調查者不配合或隨意應付等現象導致的數據質量難以保證的問題；建立政府統計名錄庫，加強行政記錄數據在統計工作中的應用。

加強統計調查與企業和個人生產經營管理過程的有效銜接，充分利用商業記錄數據。商業記錄數據主要包括交易數據、企業生產管理數據和信息諮詢報告數據，具有數據即時產生、數據量龐大、涉及領域廣、多採用企業標準等特點。加大商業記錄數據的應用力度，可以有效擴大政府統計的數據來源，提升政府統計數據質量，解決企業一套表涵蓋範圍不全的問題；同時，有利於降低政府統計的成本，並減輕統計報表填報制度給被調查對象帶來的負擔。

提升直接搜集或通過第三方獲取大數據的能力，積極利用互聯網數據。隨著互聯網的蓬勃發展，基於互聯網產生了大量數據，包括社交網絡數據、媒體數據、搜索引擎數據等。互聯網數據數據量巨大且信息龐雜，較容易獲

取，但同時也具有安全性差、不穩定、非標準化等特點，給政府統計工作帶來了新的挑戰和機遇。統計部門需要順應時代發展趨勢，制定科學合理的方案來加強互聯網數據的應用，以豐富統計調查的數據來源，提高工作效率，加強數據質量監控。

大力推進電子感應設備數據的應用，豐富統計數據來源。拓展家庭、個人通過移動智能終端直接報送社會經濟生活原始記錄數據的統計調查方式；充分利用衛星定位數據和地理空間數據，通過地理信息系統和全球定位系統進行城鄉劃分、調查區劃分、調查地圖繪製和調查單位定位；有效利用遙感數據以開展農作物對地調查和農作物播種面積調查等。

以建設統一完備的數據採集報送平臺為基礎，進一步打造安全高效的數據交換和處理系統、標準完備的數據資源管理系統、嚴謹規範的統計行政管理系統，變革統計生產方式，加快統計信息化建設。

二、改進統計調查方法

近年來，中國逐步建立起一套較為全面的政府統計調查體系，以週期性普查為基礎、經常性抽樣調查為主體，以全面報表、重點調查、科學推算等多種方法綜合應用為輔助。調查方法採用抽樣調查與統計報表制度相結合的方法，現階段，國家統計局的調查工作仍以全面報表制度為主，但同時也在逐步擴大抽樣調查和行政記錄等方法的使用範圍[1]。為加快構建現代化統計調查體系，需要改進現有的統計調查方法。

（1）以週期性普查為基礎，不斷改進完善普查制度。精簡普查內容，對人口普查、農業普查和經濟普查方案統籌佈局，以提高普查質量和效率；保證普查內容和數據處理程序相契合，提升普查信息技術保障力度；保證普查為各類常規統計調查提供基準數據和基本抽樣框；加大普查成果的開發利用

---

[1] 陳光慧. 大數據時代中國政府統計調查體系改革研究［J］. 商業經濟與管理, 2016 (6)：92-97.

程度①。

（2）優化抽樣調查設計，對前沿的抽樣技術方法加以應用，更加有效地發揮經常性抽樣調查的主體作用。不斷擴大抽樣調查的適用範圍，切實做好全國月度勞動力調查和「四下」企業抽樣調查等工作，減少統計報表制度的使用，強化經常性抽樣調查的主體地位。研究應用連續性的縱向統計調查設計及其估計方法、模型輔助抽樣估計方法、網絡數據庫抽樣、基於多個數據來源和多重抽樣框的抽樣等前沿的抽樣技術方法，加強抽樣調查理論方法的研究，以提高統計調查效率，提升調查數據的質量。

（3）採取綜合統計調查方法，針對已經定型的社會經濟現象進行統計調查，保證普查的快速性，準確性，並利用抽樣調查等方法，確定經濟生活中不規範的現象，科學合理地設計各項指標，避免出現重複交叉的問題。如果某個社會經濟現象在國民經濟發展當中占據重要的地位，就要利用重點調查的方法，保證數據統計的及時性和準確性。綜合統計調查方法需要利用網絡技術的優勢，發展網上調查。

（4）網絡技術可以創新傳統的生產方式和營銷渠道等，也可以改革統計報表制度和統計調查方法以及信息傳輸手段等。中國已經推行工業企業網上直報制度，但是數據信息量的各種需求仍然無法滿足。因此需要盡快進行國家統計信息網絡建設，不斷擴大網上調查的範圍和內容，充分發揮網絡快捷和準確等特徵，保證統計調查工作的順利開展。各級統計局還需要做到因地制宜，使地方統計個性化，這樣可以滿足綜合統計調查方法改革的需要，不斷提高統計的社會地位。中國統計改革的實踐者就是各市縣統計局，他們需要明確統計改革的進展以及改革過程中發現的相關問題，他們積極改革綜合統計調查方法制度，制定統計制度服務地方經濟發展，保證統計調查體系為社會公眾提供更多的服務，實現個性化服務。綜合統計調查方法改革需要為統計基礎提供保障，因此需要明確統計渠道，落實各種基本工作，設置統計臺帳，保證報送渠道的暢通性，同時還要保證統計人員熟悉相關業務，提高

---

① 《統計制度方法改革規劃（2017—2020年）》，國統字〔2017〕100號。

統計人員的素質。使用抽樣調查、典型性調查等方法，對於統計基礎提出了較高的要求，例如要求企業統計設置健全的統計臺帳，規範計算指標，更加準確的上報數字，同時還要詳細地介紹相關情況，因此需要統計人員及時掌握統計的相關知識，能熟練應用計算機技術，同時還要培養統計人員的愛崗敬業精神和創新精神。

（5）加強現代信息技術在統計調查中的應用，研究解決大數據與傳統調查方法的融合問題。積極使用互聯網、雲計算、物聯網等現代信息技術，加大重點調查的應用力度。加強以大數據為主體的非傳統數據在傳統調查方法中的應用，積極發揮非傳統數據作為輔助信息的作用，加快非傳統數據與傳統數據的融合，提高推斷估計的水準，有效解決現行統計調查體系中存在的諸多問題[①]。

統計部門需要不斷改進和完善統計調查方法，推動調查方法現代化，更好地順應時代發展趨勢，構建現代化統計調查體系。

三、物聯網背景下統計信息化的發展趨勢

物聯網也就是「物物相連的互聯網」，它通過智能射頻生物識別、紅外圖像感應器、智能全球衛星定位系統、智能激光圖像掃描器等各種信息傳感器和設備，按合同約定的網絡協議，把任何一種物品與人類互聯網連接起來，同時進行各種信息數據交換和即時通信，以利於實現物品智能化安全監控和高效管理的一種信息網絡。簡單來說，對於物聯網我們可以把它理解成一種利用最新型的信息網絡技術將物與人互聯互通的新一代信息網絡。中國內網統計行業信息化快速發展30年以來，中國省、直轄市、區和縣（自治區）的各級統計主管部門已基本創建了統計信息行業內網統計網站，已基本構成了中國統計行業信息網絡的基本結構框架。物聯網這一概念在其提出時的基本

---

① 陳光慧，劉建平. 構建新時代現代化統計調查體系的問題研究［J］. 統計研究，2018，35（6）：11-17.

意義就是對互聯網絡中幾乎所有物（包括數據處理以及相關電子設備和信息介質）的信息進行資源共享。而對於移動計算電子設備具有計算處理能力的資源共享方式就是利用雲計算，對於信息設備資料存儲相關數據的資源共享及其管理方式就是利用大數據，這兩者才是當前物聯網技術研究的基本核心。因此，在當前物聯網背景下，對統計信息化進行研究時也應該對這兩種技術有充分的認識和理解，才能為統計信息化未來的發展構建具有可發展性的模型。

　　雲計算出現的前提是計算能力的提高，自雲計算技術產生以來，一些機構、部門和企業已經先行一步，投入到了雲計算技術的升級中。目前關於大型雲計算系統的建設工作，國家已經發文要求對其建設需要報批。當今雲計算系統的建設重點是基於現有信息化系統進行區域性、模塊化技術改造，以分佈式計算、存儲為建設先導，將現有的計算資源充分利用，直到現有的計算資源已經不能滿足計算需要，再有序建設集中的大型計算系統。但需注意，這個論述不是現在中心計算系統的搭建，而是緊密圍繞雲計算提高設備綜合利用的核心理念進行建設，改變傳統的自上而下的建設模式。總之，先分散後集中，以資源綜合利用為主線，以應用整合為目標，融合小應用逐漸提升計算能力，並適時建設綜合性計算節點才是統計信息化系統建設發展的正確道路。

　　隨著物聯網時代的到來，當更多的具有物聯能力的設施、系統接入後，將會有更龐大的數據融入系統，融合所有設施觸及的範圍，或者說隨著信息技術的發展，物聯網大數據將會觸及社會的各個方面，這就會對未來社會帶來巨大的變革。①從樣本數據的管理到全體數據的管理。未來大數據一定是覆蓋社會的各個方面，就統計業務來說，目前還是很有限的一些部門和行業數據，而現有的統計業務體系是不能覆蓋全部領域的統計體系，這就要求統計部門轉變建設思路，從原先主動建設的思路轉變為整合、借用的思路。②從直接計算推測到全面數據驗證。當有足夠數據量和計算能力的時候，對事物的判斷維度就會豐富很多，能從更多角度去判斷事物，並且這種判斷是一種模糊的狀態，不像傳統的精確性計算，需對事物給出一個確切的、有限

維度的值進行描述。這符合實踐環境特徵，大數據需要我們接受這種更接近實踐的多維度相關性描述。③量化能力的提升。物聯設施的發展將進一步提升記錄和計量能力，這是數據化的前提。隨著人們對各種應用環境的信息化管理，可量化的能力將得到跨越式提升，也就是說數據可描述的範圍將得到擴展。④全域展現的數據價值。大數據概念下，數據對事務的描述將是全方位的，這就為不同的應用提供了更多的切入點，其他應用沒有價值的數據可能會對另外一個應用具有價值，大數據會是一個巨大的，能夠反覆挖掘的資源池，這是其最核心的價值所在。通過對上述核心技術的分析，我們可以深刻認識到物聯網對統計行業信息化發展的重要作用，並以之指導我們未來做好統計信息化的建設規劃工作[①]。

第三節 提升統計服務能力

在新時代發展背景下，統計部門應緊抓統計改革機遇，直面挑戰，不斷推進統計改革的創新。統計服務是統計工作的出發點和歸宿，統計部門需要更新服務理念，強化服務意識，創新服務方式，拓展服務領域，提高服務水準以滿足全社會日益增長、持續升級的統計需求。

打造信息發布共享平臺，加大統計信息公開力度。統計調查來源於社會，最終也要迴歸社會。統計部門應秉持公開為常態、不公開為例外的原則，通過優化國家統計數據庫，規範各級地方政府機關統計信息網站的組織建設、監督管理和統計信息公布，完善國家統計局網上資料館建設等，強化《中國統計年鑒》、中國統計信息網、《中國信息報》等一系列政府統計數據傳播渠道的作用，進而打造以數據庫為主體兼容各種方式的信息發布共享平臺，為

---

① 薛潔，趙志飛. 物聯網背景下統計信息化的發展趨勢 [J]. 統計與決策，2016 (9)：75-78.

社會公眾獲取統計數據提供更為便捷的方式。建立規範的統計數據發布機制，及時向全社會公布包括統計標準、統計調查制度方法的主要內容、調查組織方式、統計調查項目、調查數據等相關信息，全面公布數據修訂、口徑調整等變動情況，不斷豐富數據公布內容，提高統計數據生產過程的透明度，使全社會更全面地瞭解政府統計工作的內容，使政府統計更好地服務於社會。

加強統計數據分析解讀。為了使統計數據更好地應用於全社會，國家統計管理部門需要通過深度研究並挖掘出各項重要統計資料，進一步強化中國宏觀經濟、國家重點統計行業和宏觀社會經濟領域的統計數據監測和行業深度數據分析，為指導國家開展宏觀調控和進行經濟決策提供更加紮實可靠的依據。注重搜集挖掘大量具有國際先行借鑑意義的宏觀統計數據，不斷加強對中國經濟發展形勢的宏觀預測分析判斷，為國家準確判斷中國經濟發展形勢和制定科學決策提供參考價值較高的政策建議。根據黨和國家發展戰略部署和中央重點工作任務，有針對性地進行研究分析，不斷探索和揭示中國經濟社會科學發展的客觀規律和基本特徵。加強利用統計數據對經濟社會的微觀層面進行分析，從多個角度反應經濟社會的發展情況。同時，要不斷提升數據解讀能力，重點關注於公眾所關注的焦點，加強對統計制度方法的宣傳解讀力度，幫助社會各界熟悉統計數據生產過程的各個環節，向社會公眾普及統計制度方法。深入詮釋重要統計數據，清楚描述結構變化，仔細解讀數據背後的邏輯關係和發展趨勢，認真做好數據釋疑解惑工作，增強社會各界對經濟發展前景的預期。

一、大數據對政府統計的影響與挑戰

政府統計數據採集方式面臨新的技術挑戰與發展機遇。大數據的特點決定了政府統計面臨的大數據採集方法的困難以及新一代信息技術的新挑戰：①面對大數據如何採集到對一定時期內整個社會經濟發展有促進、指導作用的數據。②在充分保留中國原有一些傳統的大數據採集應用技術手段和管理方法的基礎同時，如何逐步進行過渡並最終逐步創建出一套以傳統大數據採

集為技術基礎的新的現代數據採集應用技術、管理方法以及與之配套的管理制度，這就需要從頂層規劃設計開始進行一些戰略性的謀劃。③政府統計能力的有限性與整個社會所產生的數據的極大豐富性形成了新的矛盾。

進入信息化時代，政府統計能力大為提升，特別是統計「四大工程」建設使統計能力發生了質的變化。但傳統的調查模式和大數據挖掘模式雙軌並行對政府統計能力是一個巨大的挑戰。

政府統計數據的權威性受到挑戰。隨著大數據時代的來臨，大數據的概念也得到更加廣泛的傳播，同時它也帶來了一系列的衍生效應，這些使政府統計數據的權威性面臨更加嚴峻的挑戰：①政府統計的數據資源不再得天獨厚，中國一些著名的互聯網企業如阿里巴巴、百度、360和騰訊等所擁有的海量統計數據資源使其獲得了中國大數據統計領域的發言權；②政府統計部門也不再是有關數據的唯一發布者，比如淘寶就會定期發布一些與群眾消費行為有關的統計指數；③政府統計在對某些新興領域的業態活動方面尚在初步探索階段，使得社會公眾想瞭解這方面情況的意願無法得到及時滿足。

政府統計職能的轉換與統計理念的革新是大勢所趨。大數據背景下，政府統計機構必須由單純的數據生產者與使用者，向數據管理、數據分析者角色進行轉換。面對各專業領域不斷產生的海量大數據，各級政府統計部門必須盡快轉變過去傳統的專業統計分析理念。傳統的抽樣統計理論認為通過使用抽樣調查的方法可以大大降低調查工作的成本，從而提高效率並保證數據採集質量。但使用大數據獲得源頭數據，首先使得全面調查成為一種常態，其次不再因為需要針對傳統調查統計中所必需的專業調查員選擇及統計相關專業培訓等環節進行設置，再者它還可有效減少因調查環節設置較多和統計主觀性意識較強等而帶來的各種統計結果誤差。

二、「互聯網+」形勢下政府大數據開放與共享

近年來，國際學術界、產業界和政府機構對大數據的研究和應用進行得如火如荼。相關部門通過進行數據挖掘來掌握用戶需求，有助於政府信息服

務中個性信息服務的實現，為以用戶為中心的政府信息服務提供可靠的實現路徑。《中國互聯網發展狀況統計報告》顯示，截至2018年6月，中國網民規模達8.02億，這使「互聯網+」形勢下政府大數據開放與分享研究具有重要的社會意義。

政府數據開放始於美國。2009年1月，美國前總統奧巴馬簽署的《開放透明政府備忘錄》是政府數據開放的標誌。截至2014年4月，全球已有63個國家制訂了開放政府數據計劃。中國開放政府數據起步較晚，但發展較快。2016年，中共中央辦公廳、國務院辦公廳印發《關於全面推進政府公開工作的意見》。

政府是最大的公共數據資源擁有者，應當充分利用大數據更好地為社會公眾提供更加優質全面的統計服務。加強大數據資源集成，鼓勵聯合多元化的數據資源供給市場主體來開展共建「全數據」。首要的是加強部門間數據整合。當前，各級政府統計部門已著手建立基於自身生產的統計數據以及部門統計數據資源為一體的信息共享平臺。但就全國範圍來看，類似的政府統計平臺建設還處於初始階段。其次是平臺公司數據整合，打破了公司間涉及商業機密的數據壁壘，變當前各個公司分別掌握的大數據為全領域、全覆蓋的「全數據」，健全了經濟社會各方面大數據的網狀供給鏈。提高技術手段，通過大數據挖掘延展統計服務鏈條。大數據所包含的大量非結構化數據對於統計調查具有不可低估的作用。同時，借助雲計算技術網格計算、分佈式計算、並行計算、效用計算、網絡存儲、虛擬化、負載均衡等將計算機技術與現代網絡技術融合起來，加強統計信息化體系建設。同時要加大信息網絡系統的技術防護力度，確保網絡的安全，切實保障各類主體隱私安全。

重塑與大數據時代相適應的政府統計的治理體系。①在大數據的客觀條件下，政府統計要加快向集數據生產、數據使用及數據大統籌、全領域管理功能於一身的新角色轉換。需要加快大數據統計複合人才的培養力度，使一批具備計算機技能，大數據採集、管理、分析、決策的統計人才脫穎而出。②加快建設與公眾需求相適應的數據發布和供給機制。面對社會公眾對數據的及時性、全面性、準確性需求以及微觀、個性需求等，政府統計需進一步

加大數據開放力度，對接公眾需求進行數據加工整合。首先是建設開放式數據庫，應在完善現有數據庫的基礎上，賦予公眾更多查詢權限。其次是整合各類發布平臺開放數據。與百度、中國搜索等大數據公司深度合作，開發新型發布載體和優質整合內容。最後是滿足定制加工需求，在不洩露個體數據信息的前提下，可適當根據公眾的需求訂單，承接一些微觀數據加工任務，提供傳統數據發布未能涉及的整合類數據信息。

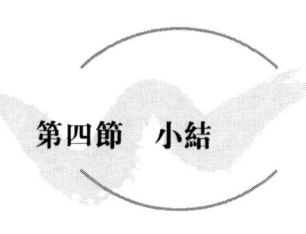

第四節　小結

統計部門正在穩步推進「三新」統計的相關工作，當今「三新」統計主要面臨調查範圍難以清晰界定、行業分類界定難以及信息搜集難等問題。因此未來應著重建立「三新」統計經濟標準，進一步完善三新統計調查體系；對各行各業分類標準進一步規範，推動部門信息共享，打破信息孤島，在搜集數據方面可以結合當今大數據、互聯網以及雲計算等方法，進一步保證數據的真實有效性。

隨著當今科學技術的快速發展，物聯網、大數據以及雲計算等新一代信息技術對當今統計工作的影響也越來越明顯。未來是一個數據爆炸的時代，傳統的數據收集以及核算方法面臨的挑戰也越來越大，切實應用大數據技術，才能在數據的收集、分析以及使用方面越來越高效。

總之，對於統計工作，這既是一個最好的時代，也是一個最具有挑戰性的時代。只有把握好機遇，跟上時代前進的步伐，切實把「互聯網+」、大數據與人工智能等方法運用於現實的統計工作中，以為人民服務為宗旨，多種技術相結合，才能提供一個快速且高效的統計服務。未來是一個挑戰與機遇並存的時代，統計工作的發展也會邁入一個更高的臺階，應順應時代的發展趨勢，結合當今先進的互聯網技術，統計工作的效率才會得到最大化的體現。

數據的產生、累積與挖掘也正在慢慢影響著我們的生活，只有真正的掌握好大數據的使用才會對人們的生活提供更為有效的幫助。且未來大數據將在政府統計中發揮越來越大的作用。目前政府統計部門也在研究怎樣開發利用大數據來彌補傳統統計數據資源來源的不足，評估傳統數據存在的問題。下一步要在進一步完善傳統統計數據的基礎上，切實加強對這些統計數據的開發應用，產生具有影響力的成果，對政府和企業的決策產生積極的影響。

參考文獻

［1］「國家統計機構比較研究」課題組，黃朗輝，楊京英，等. 國家統計機構比較研究［J］. 統計研究，2008（2）：3-11.

［2］《當代中國的統計事業》編輯委員會. 當代中國的統計事業［M］. 北京：當代中國出版社，2009.

［3］《非傳統數據統計應用指導意見》（國統字〔2017〕160號）.

［4］《領導幹部統計知識問答》編寫組. 領導幹部統計知識問答［M］. 北京：中國統計出版社，2018.

［5］《統計制度方法改革規劃（2017—2020年）》（國統字〔2017〕100號）.

［6］1956—1957年全國統計工作綱要（中央各部及各省、市應根據本綱要結合本部門、本地區的具體情況，制定部門和地區的工作規劃）［J］. 統計工作通訊，1956（11）：3-5.

［7］1957年物資技術供應定期統計報表制度的幾個重大改革［J］. 統計工作通訊，1956（22）：19-20.

［8］1958年基本建設定期統計報表問題解答［J］. 統計工作，1958（1）：24.

［9］1998年統計年報和1999年定期統計報表制度的修訂［J］. 中國統計，1998（11）：9.

［10］2000年統計年報和2001年定期統計報表制度變動情況［J］. 統計

與諮詢, 2000 (6): 20-21.

[11] 2001年統計年報和2002年定期統計報表制度變動情況 [J]. 統計與諮詢, 2001 (6): 18-19.

[12] 2003年統計年報和2004年定期統計報表制度修訂的主要內容 [J]. 統計與諮詢, 2003 (6): 27-29.

[13] 2004年統計年報和2005年定期統計報表制度修訂的主要內容 [J]. 統計與諮詢, 2004 (6): 37-39.

[14] 2007年統計年報和2008年定期統計報表制度修訂的主要內容 [J]. 統計與諮詢, 2007 (6): 38-39.

[15] 2010年統計年報和2011年定期統計報表制度修訂的主要內容 [J]. 統計與諮詢, 2010 (6): 10-13.

[16] 2012年統計年報和2013年定期統計報表制度修訂的主要內容 [J]. 統計與諮詢, 2012 (6): 22-25.

[17] 2018年將開展第四次全國經濟普查 [J]. 內蒙古宣傳思想文化工作, 2017 (12): 44.

[18] IMF Factsheet-IMF Standards for Data Dissemination [EB/OL]. 2016-03. http://www.imf.org/external/np/exr/facts/data.htm.

[19] International Monetary Fund, Financial Derivatives: A Supplement to the Fifth Edition (1993) of the Balance of Payments Manual, Washington, D. C., 2000: 50.

[20] International Monetary Fund, Revision of the Balance of Payments Manual, Fifth Edition (Annotated Outlines), Washington, D. C., USA, April 2004.

[21] LVD中國領導決策信息中心大數據戰略重點實驗室. 從第三次全國農業普查看家底 [J]. 領導決策信息, 2018 (12): 30-31.

[22] Г. B. 阿爾曼德-特卡欽科, 葉蒸. 以林帶為例說明統計方法在分析自然界相互關係的應用 [J]. 地理學報, 1958 (1): 24-32.

[23] 阿·斯·諾維柯夫, 曾濟生. 工業生產過程中產品質量檢查的統計方法 [J]. 中南財經政法大學學報, 1958 (2): 50-58.

[24] 安徽省地方志編纂委員會辦公室. 安徽省志 統計志 1986—2005 [M]. 北京：方志出版社，2015.

[25] 安徽省屯溪市稅務局. 我們是怎樣編好會計統計報表的 [J]. 財政，1962（11）：16-17.

[26] 安陽. 現行物資技術供應定期統計報表制度各表的經濟意義 [J]. 統計工作通訊，1956（3）：13-14.

[27] 鞍鋼工程計劃處統計科. 鞍鋼承包企業的統計部門和業務、會計部門的工作關係 [J]. 統計工作通訊，1954（5）：15-18，39.

[28] 鞍鋼工業築爐工程公司. 我們怎樣推行快速統計制度的 [J]. 統計工作通訊，1955（5）：27-29.

[29] 敖芬芬. 國民經濟核算指標的發展演變與應用研究 [D]. 廣州：廣東財經大學，2017.

[30] 白玉鳳. 中國城鎮調查失業率預警研究 [D]. 成都：西南財經大學，2012.

[31] 鮑志倫. 實行調查失業率是經濟社會發展的必然選擇 [J]. 商場現代化，2010（23）：142-143.

[32] 北京市統計局. 關於1999年年報及2000年定期統計報表制度修訂說明 [J]. 北京統計，1999（10）：5-6.

[33] 北京市統計局物資分配統計科. 北京市把物資統計報表報送期限提前了一半 [J]. 統計工作通訊，1956（8）：16-17.

[34] 本報評論員. 全力迎接「五證合一」改革 [N]. 中國信息報，2016-09-30（1）.

[35] 本刊編輯部. 徹底解放思想 猛燒教條主義——國家統計局反教條主義大會紀要 [J]. 統計工作，1958（9）：6-15.

[36] 本刊編輯部. 統計工作重中之重：全力推進四大工程建設 [J]. 調研世界，2011（1）：3-4.

[37] 財會研究. 新統計報表制度的特點 [J] //經濟日報. 北京：經濟日報社，1994：2-22.

[38] 蔡興有.「五證合一」下基本單位名錄庫建設研究 [J]. 改革與開放, 2018 (8): 88-89.

[39] 蔡玉蓉, 牛勝強.「互聯網+」背景下中國企業統計改革路徑探索 [J]. 財會研究, 2017 (11): 69-72.

[40] 蔡長春. 司法部、國家統計局負責人就《國務院關於修改〈全國經濟普查條例〉的決定》有關問題答記者問 [N]. 法制日報, 2018-08-25 (3).

[41] 曹鳳岐, 張蘭, 李華. 建立適合中國國情的資金流量核算體系 [J]. 經濟科學, 1992 (5): 1-5.

[42] 曹立村, 黃冠群. 發展觀演變與國民經濟核算體系歷史變遷 [J]. 求索, 2010 (10): 85-86, 62.

[43] 曹立村. 基於科學發展觀的國民經濟核算體系改革研究 [J]. 統計與決策, 2011 (17): 11-14.

[44] 曹馬陵. 認真落實新統計報表制度 [J]. 工商行政管理, 1999 (3): 36-37.

[45] 曹秀平. 如何提高「城鄉住戶一體化」調查質量 [N]. 中國信息報, 2014-05-08 (7).

[46] 曾曲宏. 改革統計制度是經濟社會發展的客觀要求 [J]. 改革與戰略, 2002 (12): 20-21.

[47] 曾軼雄. 探索「互聯網+統計」新思路 [J]. 中國統計, 2016 (3): 29-31.

[48] 陳碧容. 中國「三新」經濟統計體系建設的難點及思考 [J]. 山西農經, 2018 (22): 25, 27.

[49] 陳方婕. 對第四次全國經濟普查工作的幾點思考 [J]. 智庫時代, 2019 (1): 161, 170.

[50] 陳耕, 劉建武, 李曉培. 論完善中國國際收支統計體系建設 [J]. 福建金融, 2009 (8): 21-24.

[51] 陳光慧, 劉建平. 構建新時代現代化統計調查體系的問題研究

[J]. 統計研究, 2018, 35（6）: 11-17.

［52］陳光慧. 大數據時代中國政府統計調查體系改革研究［J］. 商業經濟與管理, 2016（6）: 92-97.

［53］陳泓, 譚鵬成.「五證合一」下部門數據共享與質量控制［J］. 統計科學與實踐, 2017（4）: 44-46.

［54］陳泓, 譚鵬成.「五證合一」下統計工作變革的思考［J］. 統計與決策, 2017（17）: 2, 189.

［55］陳江寧, 盧君. 城鄉一體化住戶調查方法制度改進建議［J］. 統計科學與實踐, 2015（3）: 54-57.

［56］陳杰. 國家統計局物資分配統計司——邀請中央各主要部門研究物資報表提前報送問題［J］. 統計工作通訊, 1956（7）: 6.

［57］陳金鳳. 中國宏觀經濟監測與預警體系的構建［D］. 濟南: 山東大學, 2007.

［58］陳麗瓊. 對如何切實做好鄉鎮農業普查工作的思考［J］. 統計與管理, 2017（2）: 30-31.

［59］陳龍淵, 劉文蔚. 縣區如何做好農業生產互助合作統計報表的審核匯總工作［J］. 統計工作通訊, 1955（6）: 41-42.

［60］陳明. 構建統一、協調、有序的統計機構——基於構建北京市統計體系的思考［A］// 北京市統計學會. 北京市第十四次統計科學討論會獲獎論文集［C］. 北京市統計學會: 北京市統計學會, 2008: 7.

［61］陳鵬. 城鄉住戶調查一體化開展的四點建言［N］. 中國信息報, 2012-09-13（7）.

［62］陳梧英. 商業定期統計報表需要有一個統一的必報商品目錄［J］. 統計工作, 1957（22）: 16-17.

［63］陳梧英. 在反浪費、反保守中想到的［J］. 統計工作, 1958（6）: 24.

［64］陳小龍. 中國農業普查與農村統計的改善［J］. 統計研究, 1999（3）: 28-32.

341

[65] 陳新光.「三新」統計要適應經濟發展新常態 [N]. 中國信息報, 2016-06-28 (7).

[66] 陳曜. 可持續發展條件下國民經濟核算的拓展研究 [D]. 長沙：湖南大學, 2002.

[67] 陳友卿, 謝禮翼, 程璞, 等. 談談我們對一九五六年國家糧食機構統計制度中幾個指標的理解 [J]. 統計工作通訊, 1956 (1)：20-22.

[68] 陳震. 建立縣統計工作會議制度的幾點經驗 [J]. 統計工作通訊, 1954 (5)：33.

[69] 陳竹君. 略論南京國民政府的戶口統計調查制度 [J]. 湖北警官學院學報, 2002 (2)：74-77.

[70] 程名. 孫冶方：半個世紀的統計情結 [EB/OL]. (2017-10-12) [2019-10-30]. http://www.cdmcrs.com/html/tjwh_4625.201710t20171012_374524.html.

[71] 程名. 十四個人的國家統計 [J]. 中國統計, 2018 (3)：73-75.

[72] 程睿, 劉聰, 周杰. 調查失業率與登記失業率的比較分析 [J]. 商業經濟, 2017 (3)：151-152, 186.

[73] 程顯明. 建立地區能源綜合平衡統計的初步探討 [J]. 統計, 1981 (4)：21-24.

[74] 程仲新. 我們初步建立了地方工業投資的中心運動統計制度 [J]. 統計工作, 1958 (11)：24.

[75] 初廣香. 中國服務業統計存在的問題及對策 [J]. 商場現代化, 2015 (14)：244.

[76] 褚可邑. 對 MPS 與 SNA 核算體系的比較分析 [J]. 深圳大學學報 (人文社會科學版), 1996 (2)：17-23.

[77] 褚可邑. 完善適應市場經濟發展的國民經濟核算體系 [J]. 中山大學學報 (社會科學版), 1999 (3)：51-56, 112.

[78] 褚一波, 王建霞. 構建服務業統計框架 完善服務業統計制度 [J]. 江蘇統計, 2003 (4)：39-41.

［79］創新舉措 創優服務 著力提升統計工作水準——訪蘇州市統計局局長黃正棟［J］.統計科學與實踐，2010（5）：31-33.

［80］叢海志.完善地方服務業統計制度的思考［J］.統計與諮詢，2017（3）：60-61.

［81］崔國利.試析城鄉一體化住戶調查電子記帳新方式的推廣策略［J］.中外企業家，2018（24）：214.

［82］崔旭東.淺談「一照一碼」登記制度改革對稅務登記工作的影響［J］.天津經濟，2016（4）：65-66.

［83］大力精簡統計報表［J］.統計工作通訊，1956（24）：11-12.

［84］大力開展綜合平衡統計工作 更好地為社會主義建設事業服務［J］.中國統計，1960（4）：41-42，33.

［85］戴文濤.淺談中國統計制度結構性調整的必要性［J］.江蘇統計，2002（2）：25-26.

［86］戴雪梅.科學發展觀、GDP與國民經濟核算體系——中美比較的視角［J］.統計與決策，2010（1）：35-37.

［87］黨中一.我們要做黨的紅旗手［J］.統計工作，1958（15）：23-25.

［88］鄧晟昊.關注民生 城鄉住戶調查一體化揚帆啓航［N］.中國信息報，2012-09-20（4）.

［89］鄧豔青.銳意探索創新 提高核算水準［N］.中國信息報，2012-12-31（6）.

［90］鄧擇文.物聯網在節能減排中的應用［J］.科技資訊，2011（21）：24.

［91］第六屆全國統計工作會議的任務［J］.統計工作，1957（18）：3-4.

［92］第三次全國農業普查結果「新鮮出爐」［J］.農村牧區機械化，2017（6）：7.

［93］第三次全國農業普查已全面啓動［J］.農村百事通，2017（3）：13.

［94］第四次全國經濟普查問題解答［J］.四川省情，2018（12）：

343

26-27.

[95] 第四次全國經濟普查知識問答 [J]. 統計與管理, 2018 (11): 124-128.

[96] 第一個五年計劃期間中國統計工作的初步經驗和今後任務——國家統計局薛暮橋局長在第六屆全國統計工作會議上的報告 [J]. 統計工作, 1957 (21): 3-23.

[97] 丁劍. 攝影測量和遙感技術發展探究 [J]. 建材與裝飾, 2019 (16): 233-234.

[98] 丁俊, 邱晨. 完善服務業統計制度方法研究 [J]. 統計科學與實踐, 2015 (6): 12-16, 38.

[99] 丁同健. 實施新統計報表制度應注意兩個關係 [J]. 山西統計, 1994 (8): 14-15.

[100] 丁幼文. 同心社的統計數字為什麼那樣混亂? [J]. 統計工作, 1958 (4): 10-11.

[101] 董文喜. 慢性痢疾各種治療方法的評價及遠期效果的統計 [J]. 人民軍醫, 1958 (5): 428-429.

[102] 董秀翰. 典型調查與統計學 [J]. 商業研究, 1980 (2): 18-22.

[103] 竇強. 建立新產業、新業態、新商業模式統計制度的思考 [J]. 中國商論, 2017 (27): 172-173.

[104] 杜林. 論農業保險統計制度的改革與發展 [J]. 保險研究, 2008 (3): 45-48.

[105] 杜淑. 談統計制度與方法的改革 [J]. 改革與開放, 2010 (4): 118.

[106] 杜子芳. 新時代旅遊統計要有新視角 [N]. 中國旅遊報, 2018-01-23 (A5).

[107] 杜祖德. 從購買力調查談典型推算在經濟統計中的應用 [J]. 中南財經政法大學學報, 1978 (1): 34-35.

[108] 對煤礦勘察設計機構如何開展統計分析的初步意見 [J]. 煤礦設

計，1957（2）：2-4.

[109] 耳東. 為統計而統計之一例 [J]. 統計工作，1958（6）：25.

[110] 範金，包振強，沈潔，等. 可持續發展條件下的國民經濟核算 [J]. 數學的實踐與認識，2001（2）：190-195.

[111] 範美，鄧永輝. 調查失業率對提高公共就業服務質量的作用分析 [J]. 林區教學，2016（10）：120-121.

[112] 方秉鑄，王琥生. 對全國統計工作領導上的幾點意見 [J]. 統計工作，1957（15）：16-18.

[113] 方秉鑄. 發展第三產業與國民經濟核算體系——關於建立有中國特色的統計核算體系問題 [J]. 統計研究，1986（4）：11-16.

[114] 方秉鑄. 試論地區國民收入統計的作用和地區綜合平衡的一些問題 [J]. 經濟研究，1963（4）：1-15.

[115] 方世昌. 認真貫徹統計法規維護統計數據的真實性 [J]. 統計與諮詢，1998（6）：9.

[116] 方志剛. 評「對全國統計工作領導上的幾點意見」[J]. 統計工作，1957（18）：5-7.

[117] 馮曉霞.「一照一碼」登記模式全面推行 [J]. 光彩，2015（7）：22-23.

[118] 福建省霞浦縣統計科. 霞浦縣統一管理農村統計報表的經驗 [J]. 統計工作，1957（15）：29，33.

[119] 撫順市是如何全面貫徹國營商業統計制度和開展綜合分析研究工作的 [J]. 統計工作通訊，1954（8）：33-35.

[120] 改革統計報表制度完善統計指標體系——北京市統計制度方法改革研討綜述（二）[J]. 北京統計，1999（5）：12-13.

[121] 甘肅省第五次統計工作會議收穫很大 [J]. 統計工作，1958（1）：20.

[122] 高柳根. 檢查計劃是統計分析主要內容之一 [J]. 統計工作，1957（22）：18-19.

[123] 高贇. 中國政府統計制度改革研究 [D]. 上海：上海交通大學, 2009.

[124] 葛玉好, 曾湘泉. 調查失業率計算方法存在的問題及改進建議 [J]. 中國人口科學, 2010 (6)：89-96, 112.

[125] 各部門、各地區分別召開會議貫徹第三屆全國統計工作會議精神 [J]. 統計工作通訊, 1954 (2)：33.

[126] 各地貫徹國營商業統計制度情況報導 [J]. 統計工作通訊, 1955 (1)：53.

[127] 工業定期統計報表問題解答 [J]. 統計工作通訊, 1954 (5)：40.

[128] 工業統計報表問題解答 [J]. 統計工作通訊, 1956 (4)：39-40.

[129] 龔蜀津. 對外貿易部統計部門在整風運動中將著重解決做統計和用統計之間的矛盾 [J]. 統計工作, 1957 (12)：35.

[130] 共享發展「大服務業」統計改革進行時——賈楠談「五證合一」登記制度與服務業統計改革 [N]. 中國信息報, 2017-04-10 (001).

[131] 谷彬. 互聯網大數據與統計創新驅動 [J]. 中國統計, 2016 (3)：21-22.

[132] 關淑平. 國民經濟核算體系的演變與黨的科學發展觀 [J]. 洛陽工業高等專科學校學報, 2006 (1)：92-94.

[133] 關於「制訂及審批調查統計報表的暫行辦法」若干問題的解釋 [J]. 統計工作通訊, 1953 (5)：8.

[134] 關於合作化地區統計工作的初步意見——河北省統計局關於內丘縣金店鄉農業統計工作情況的報告摘要 [J]. 統計工作通訊, 1955 (11)：32-33.

[135] 關於新的統計報表制度有關問題的解答 [J]. 江蘇統計, 1994 (6)：37.

[136] 廣東省地方史志編纂委員會. 廣東省志 統計志 [M]. 廣州：廣東人民出版社, 2004.

[137] 廣西地情局. 廣西通志·統計志 [EB/OL]. (1995-11-05) [2019-

10-31］．http：//lib.gxdqw.com/view-a36-115.html.

［138］郭芬芳．論現代服務業統計指標體系及調查方法的改進［J］．環渤海經濟瞭望，2017（7）：119.

［139］郭靜君．國家統計局召開了十五個省市統計局局長座談會［J］．統計工作通訊，1955（10）：11.

［140］郭驪．國民經濟核算發展的歷史沿革及未來趨勢［J］．統計教育，1997（6）：34-36.

［141］郭任宏．衛星遙感技術在固廢循環經濟生態產業園區規劃中的應用——以福州市為例［A］//《環境工程》編委會，工業建築雜誌社有限公司．《環境工程》2019年全國學術年會論文集．北京：《環境工程》編輯部，2019：4.

［142］郭文茹．健全國民收入統計，開展綜合平衡分析——國家統計局召開綜合統計會議［J］．統計，1980（1）：38-39.

［143］郭子誠．國民經濟綜合平衡理論問題討論會情況簡介［J］．計劃經濟研究，1981（7）：29-40.

［144］國家統計局，中國人民銀行．中國正式採納國際貨幣基金組織數據公布特殊標準［EB/OL］．（2015-10-07）［2019-10-31］．http：//www.stats.gov.cn/tjgz/tjdt/201510/t20151007_1252755.html.

［145］國家統計局．關於建立全國基本單位名錄更新制度的通知［EB］．2008-04-10.

［146］國家統計局．關於印發《國家科技服務業統計分類（2018）》的通知［EB/OL］．（2018-12-14）［2019-10-31］．http：//www.stats.gov.cn/tjgz/tzgb/201812/t20181218_1640075.html.

［147］國家統計局．關於印發《中國國民經濟核算體系（2016）》的通知［EB/OL］．（2017-08-23）［2019-10-31］．http：//www.stats.gov.cn/tjgz/tzgb/201708/t20170823_1527059.html.

［148］國家統計局．國家發展改革委副主任、國家統計局局長寧吉喆就發布城鎮調查失業率有關問題答記者問［EB/OL］．（2018-04-17）［2019-10-

31］．http：//www.stats.gov.cn/tjsj/sjjd/201804/t20180417_1594334.html．

［149］國家統計局．國家統計局國務院第四次全國經濟普查領導小組辦公室關於印發《第四次全國經濟普查方案》的通知．［EB/OL］．（2018-08-09）［2019-10-31］．http：//lztj.liuzhou.gov.cn/xxgk/jcxxgk/tjwj/201811/t20181113_1205509.html．

［150］國家統計局．全國城鄉住戶調查一體化改革總體方案［EB］．2017-05-25．

［151］國家統計局．一套表統計調查制度［EB/OL］．（2017-01-09）［2019-10-31］．http：//www.stats.gov.cn/tjsj/tizd/gjtjzd/201701/t20170109-1451481.html．

［152］國家統計局．《統計工作重要文件匯編》第一輯［M］．北京：統計出版社，1955：41．

［153］國家統計局．1992：《國內生產總值、國民收入指標解釋及測算方案》．

［154］國家統計局．1993：《國內生產總值指標解釋及測算方案》．

［155］國家統計局．1994：《國家統計調查制度》．

［156］國家統計局．2002年統計年報和2003年定期統計報表制度修訂的主要內容［J］．四川省情，2002（11）：34-35．

［157］國家統計局．2003年統計年報和2004年定期統計報表制度修訂情況介紹［J］．統計與諮詢，2003（5）：30-31．

［158］國家統計局．關於1994年年報和1995年定期報表統計制度的基本要求［J］．統計與諮詢，1994（5）：29-30．

［159］國家統計局．關於印發《高技術產業（服務業）分類（2018）》的通知［EB/OL］．（2018-05-08）［2019-10-31］．http：//www.stats.gov.cn/tjgz/tzgb/201805/t20180508_1598025.html．

［160］國家統計局．關於印發《新產業新業態新商業模式統計分類（2018）》的通知［EB/OL］．（2018-08-27）［2019-10-31］．http：//www.stats.gov.cn/tjsj/tjbz/201808/t20180827_1619266.html．

[161] 國家統計局. 國家旅遊及相關產業統計分類（2015）［S/OL］. （2015-08-21）［2019-10-31］. http://www.stats.gov.cn/tjsj/tjbz/201508/t20150821_1233792.html.

[162] 國家統計局. 國家統計局服務業調查中心負責人就中國綜合PMI產出指數有關問題答記者問［EB/OL］. (2018-01-31)［2019-10-31］. http://www.stats.gov.cn/tjsj/sjjd/201801/t20180131_1579177.html.

[163] 國家統計局. 國家統計局服務業統計司負責人就服務業生產指數有關問題答記者問［EB/OL］.（2017-03-14）［2019-10-31］. http://www.stats.gov.cn/tjsj/sjjd/201703/t20170314_1472616.html.

[164] 國家統計局. 國家統計局副局長鮮祖德就修訂《國民經濟行業分類》答記者［EB/OL］. (2017-09-29)［2019-10-31］. http://www.stats.gov.cn/tjsj/sjjd/201709/t20170929_1539276.html.

[165] 國家統計局. 國家統計局副局長鮮祖德就修訂《國民經濟行業分類》答記者問［EB/OL］. (2017-09-29)［2019-10-31］. http://www.stats.gov.cn/tjsj/sjjd/201709/t20170929_1539276.html.

[166] 國家統計局. 國家統計局人口和就業統計司專家馮乃林就2015年全國1%人口抽樣調查答記者問［EB/OL］. (2014-07-07)［2019-10-31］. http://www.stats.gov.cn/tjgz/tjdt/201407/t20140707_577433.html.

[167] 國家統計局. 國家統計局設管司司長鮮祖德就《統計用產品分類目錄》答記者問［EB/OL］. (2010-02-11)［2019-10-31］. http://www.stats.gov.cn/tjgz/tjdt/201202/t20100211_17250.html.

[168] 國家統計局. 積極精簡報表進一步研究改進報表制度［J］. 統計工作，1958（7）：27.

[169] 國家統計局. 基本建設統計處召開對重點工程單位建立定期檢查制度的座談會［J］. 統計工作通訊，1955（4）：32.

[170] 國家統計局. 將頒布新的國家統計報表制度［J］. 中國統計，1993（7）：9-11.

[171] 國家統計局. 劉春聲：我與統計共成長的60年. 國家統計局［EB/

［172］國家統計局. 全國統計法制工作大事記［M］. 北京：中國統計出版社，2013.

［173］國家統計局. 文化及相關產業分類（2018）［EB/OL］.（2018-05-09）［2019-10-31］. http://www.stats.gov.cn/tjsj/tjbz/201805/t20180509_1598314.html.

［174］國家統計局. 戰略性新興產業分類（2012試行）［S/OL］.（2013-01-14）［2019-10-31］. http://www.stats.gov.cn/tjsj/tjbz/201301/U020131021,375903103360.pdf.

［175］國家統計局. 召開國務院各部門統計工作座談會——薛暮橋局長就今年統計工作情況和明年統計工作安排做了發言［J］. 統計工作通訊，1955（11）：5-7.

［176］國家統計局工作組. 關於河北省縣統計部門統一組織農村中心工作統計情況的報告（摘要）［J］. 統計工作，1958（7）：13-16.

［177］國家統計局國民經濟核算司. 中國年度國內生產總值計算方法［M］. 北京：中國統計出版社，1997.

［178］國家統計局基本建設統計處. 關於貫徹一九五四年基本建設定期統計報表的幾點初步意見［J］. 統計工作通訊，1954（1）：30-32.

［179］國家統計局基本建設統計處. 關於一九五四年承包企業定期統計報表中若干問題的解答［J］. 統計工作通訊，1954（2）：35-38.

［180］國家統計局基本建設統計處. 關於一九五五年城市公用事業定期統計報表的幾點說明［J］. 統計工作通訊，1955（3）：20-21.

［181］國家統計局基本建設統計處. 關於一九五五年基本建設定期統計報表中的幾個問題的說明［J］. 統計工作通訊，1955（3）：39-41.

［182］國家統計局基本建設統計處. 關於一九五五年投資年報和一九五六年投資定期報表的幾點說明［J］. 統計工作通訊，1955（11）：18-20.

［183］國家統計局基本建設統計處. 貫徹勘察設計定期統計報表提高勘

察設計統計工作［J］.統計工作通訊，1956（7）：11-13.

［184］國家統計局基本建設統計局.關於承包企業的一九五五年年報和一九五六年定期報表的幾點說明［J］.統計工作通訊，1955（11）：21-23.

［185］國家統計局基本建設統計司.關於1956年地質勘探定期統計報表的幾點說明［J］.統計工作通訊，1956（6）：12-14.

［186］國家統計局交通統計處.長江航運管理局統計工作目前存在的問題——檢查長江航運管理局統計工作報告之一［J］.統計工作通訊，1953（4）：21-22.

［187］國家統計局貿易統計處.貿易統計問題解答［J］.統計工作通訊，1953（3）：15-17.

［188］國家統計局貿易統計處.問題解答——一九五五年國家糧食機構統計制度問題解答［J］.統計工作通訊，1954（9）：44-48.

［189］國家統計局貿易統計司.關於修訂一九五六年國營商業統計制度的幾點說明［J］.統計工作通訊，1955（11）：24-26.

［190］國家統計局貿易統計司.關於一九五六年供銷合作社統計制度的修訂說明［J］.統計工作通訊，1955（12）：29-31.

［191］國家統計局貿易統計司工作組.大大提前貿易統計報表的上報時間［J］.統計工作通訊，1956（13）：6-9.

［192］國家統計局農業普查辦公室.第二次全國農業普查的內容、重點和難點［J］中國統計，2006，（6）：54-55.

［193］國家統計局普查中心.一證一碼呼之欲出，統計改革風好揚帆［N］.中國信息報，2016-09-20（1）.

［194］國家統計局清理報表辦公室.中央各部清理統計報表情況報導［J］.統計工作通訊，1953（10）：22-24.

［195］國家統計局設管司.三次產業劃分規定［S/OL］.（2013-01-14）［2019-10-31］.http://www.stats.gov.cn/tjsj/tjbz/201301/t20130114_8675.html.

［196］國家統計局設計管理司.國家統計報表制度修訂的主要內容［J］.中國統計，2003（1）：16-17.

［197］國家統計局時政部.關於會計與統計不一致的若干問題的統一答復［J］.統計工作通訊，1956（2）：28-29.

［198］國家統計局統計設計管理司.《三次產業劃分規定》簡介［J］.統計方略，2003.

［199］國家統計局統計設計管理司.立足當前 穩步前進——1997—1998年統計報表制度修訂方案［J］.中國統計，1997（11）：5-7.

［200］國家統計局物資分配統計處.物資供應定期統計報表問題解答［J］.統計工作通訊，1954（2）：38.

［201］國家統計局制度方法司.關於1989年年報和1990年定期統計報表制度修訂的主要內容［J］.中國統計，1989（11）：6-8.

［202］國家統計局綜合統計處.「關於制訂及審批調查統計報表的暫行辦法」問題解答［J］.統計工作通訊，1954（4）：43-46，33.

［203］國家統計局綜合統計司.關於國家統計局這次精簡統計報表的幾點說明［J］.統計工作，1958（9）：20-21.

［204］國務院.關於加強統計工作的決定［J］.統計，1984（3）：4-6.

［205］國務院.國務院關於開展第三次全國農業普查的通知［R］.國發［2015］34號.

［206］國務院第三次全國農業普查領導小組辦公室，中華人民共和國國家統計局.第三次全國農業普查主要數據公報［N］.中國信息報，2017-12-18（1）.

［207］國營及合作社.商業統計報表為什麼要分列購進來源和銷售對象［J］.統計工作，1957（18）：23-25.

［208］國營農場管理總局計劃財務處.關於一九五四年國營機械農場定期統計報表填報的情況和意見［J］.中國農墾，1955（8）：14.

［209］國營農場管理總局計劃財務處.一九五五年國營機械農場定期統計報表執行情況［J］.中國農墾，1955（12）：13-14.

［210］韓廣富.陳雲與建國初期對蘇基本建設項目引進工作［J］.理論學刊，2008（2）：30-34.

［211］韓嘉. 城鄉一體化住戶調查中如何填準「折標準數量」［N］. 中國信息報, 2013-10-10（7）.

［212］韓晉榕. 基於GIS地理信息系統的智能城市規劃設計研究［J］. 科技與創新, 2019（10）：50-51.

［213］何強. 物聯網助力政府統計大數據戰略建設［J］. 中國統計, 2015（4）：14-15.

［214］河北省第三次全國農業普查領導小組辦公室. 解讀第三次全國農業普查［J］. 統計與管理, 2016（12）：69-72.

［215］河北省各縣進行農村中心工作就統計的一些方法［J］. 統計工作, 1958（7）：16-18.

［216］河北省利川縣計劃統計科. 我們是怎樣做到農業統計報表及時上報的［J］. 統計工作通訊, 1956（8）：25.

［217］河北省任縣計劃統計科. 我縣1955年的農業統計報表為什麼能夠及時上報［J］. 統計工作通訊, 1956（8）：23-24.

［218］河南省人民政府統計局. 關於清理現行調查統計報表的工作報告［J］. 統計工作通訊, 1953（10）：28-31.

［219］賀建風, 劉建平. 改革開放以來中國統計調查體系發展的回顧與思考［J］. 統計研究, 2010, 27（4）：3-8.

［220］黑龍江省統計局. 開展地區綜合平衡統計工作的幾點體會［J］. 中國統計, 1960（5）：30-32.

［221］黑龍江省統計局. 提升統計分析信息服務質量 構建現代化服務型統計工作新格局［J］. 統計與諮詢, 2015（1）：7-9.

［222］侯磐石. 深化城鄉住戶一體化調查改革 服務城鄉統籌發展［N］. 錫林郭勒日報（漢）, 2012-10-11（1）.

［223］侯小維. 2000年統計年報和2001年定期統計報表制度的特點［J］. 北京統計, 2000（11）：8.

［224］胡朝霞. 基層農業普查存在的問題與對策分析［J］. 農村經濟與科技, 2017, 28（14）：195, 197.

[225] 胡畔.「五證合一」凸顯三大利好［N］.中國經濟時報,2016-10-20(2).

[226] 胡畔.調查失業率將成中國失業率統計趨勢［N］.中國經濟時報,2014-09-24(2).

[227] 胡睿.基於物聯網的工業園區節能減排即時監測系統研究與實現［D］.昆明:昆明理工大學,2014.

[228] 胡小俊.可持續發展與綠色國民經濟核算研究［J］.商場現代化,2009(30):97.

[229] 胡雪梅.中國國民經濟核算體系發展現狀及改進建議［J］.首都經濟貿易大學學報,2015,17(5):94-98.

[230] 胡印斌.「一照一碼」改革破除權力密碼［N］.太原日報,2015-06-09(10).

[231] 胡英,李睿.2020年中國人口普查方法探討——基於2015年小普查思考［J］.調研世界,2017(7):51-54.

[232] 湖北省人民委員會發出通報——批評保康縣長期拖延不報統計報表［J］.統計工作通訊,1955(11):48.

[233] 華東行政委員會統計局.關於華東級機關統計報表整理工作的報告［J］.統計工作通訊,1953(5):17-18.

[234] 華雲蕾.「三新」經濟統計工作的思考與建議［J］.環渤海經濟瞭望,2019(2):11.

[235] 黃海.關於工業定期統計報表的幾個問題［J］.統計工作通訊,1954(1):25-29.

[236] 黃海陽.全域旅遊統計指標體系構建與評價研究［A］//中國旅遊研究院.2018中國旅遊科學年會論文集.北京:中國旅遊研究院,2018:15.

[237] 黃小隼.國民經濟核算發展中物聯網技術的應用［J］.商,2016(23):219.

[238] 黃暄.國民經濟核算新指標:真實發展指標［J］.世界環境,2014(3):66-67.

[239] 黃元起.「武訓歷史調查記」所提示的治史方法 [J]. 新史學通訊, 1951 (6)：1-3.

[240] 黃雁星. 認真執行全國學校定期統計報表制度 [J]. 人民教育, 1953 (9)：38-39.

[241] 積極地在全國範圍內開展抽樣調查, 廣泛地搜集統計資料 [J]. 統計工作, 1957 (6)：8-9.

[242] 積極推進統計報表制度的改革——現行統計報表制度修訂情況綜述 [J]. 中國統計, 1992 (11)：8-9.

[243] 姬愛玲. 經濟普查的幾點思考 [J]. 市場研究, 2018 (9)：27-28.

[244] 基本建設定期統計報表問題解答 [J]. 統計工作通訊, 1954 (1)：42-45.

[245] 基本建設統計報表審查匯總注意事項 [J]. 統計工作通訊, 1955 (1)：37.

[246] 吉林省百貨公司系統統計報表報送辦法 [J]. 統計工作通訊, 1955 (7)：18-19.

[247] 吉林省統計局. 德惠縣糧食局是如何做到統計報表及時正確的 [J]. 統計工作通訊, 1954 (7)：36-37.

[248] 吉林省統計局. 貫徹執行貿易統計制度的幾點體會 [J]. 計劃與統計, 1959 (8)：36-37.

[249] 吉林省統計局貿易科. 我們是怎樣布置和貫徹公私合營商業及合作商店定期統計報表的 [J]. 統計工作通訊, 1956 (9)：26-27.

[250] 集之. 第一期省市區統計局長研究班勝利結束 [J]. 統計, 1980 (3)：35-37.

[251] 集中統一進行統計工作改進黨政領導作風——河北省孟村縣統計部門承擔中心工作統計的情況 [J]. 統計工作, 1958 (4)：9.

[252] 季康. 城鄉住戶一體化調查電子記帳工作實踐與思考 [J]. 內蒙古統計, 2014 (5)：17-19.

[253] 冀毅. 政府統計機構和統計體制改革研究 [A] //北京市統計學會. 北京市第十四次統計科學討論會獲獎論文集. 北京: 北京市統計學會, 2008: 5.

[254] 加強報表管理, 克服報表多亂現象 [J]. 計劃與統計, 1959 (9): 3-4.

[255] 賈啓允. 當前統計工作改革運動中的幾個問題 [J]. 統計工作, 1958 (15): 7-12.

[256] 賈曉光. 紮實推進城鄉住戶調查一體化改革 [N]. 中國信息報, 2012-12-28 (5).

[257] 建立農村統計工作的統一管理制度是縣統計工作都要走的道路——薛暮橋局長1958年4月4日在東光縣的講話 [J]. 統計工作, 1958 (8): 3-6.

[258] 建築安裝企業定期統計報表審查匯總注意事項 [J]. 統計工作通訊, 1956 (15): 19-20.

[259] 建築工程部對統計工作的規章制度做了檢查 [J]. 統計工作, 1958 (10): 24.

[260] 江岸機車車輛修理工廠如何建立和健全統計工作制度 [J]. 統計工作通訊, 1954 (9): 21-25.

[261] 江川. 開創手機記帳服務新模式 助推城鄉住戶調查一體化 [J]. 中關村, 2012 (6): 76.

[262] 江蘇省統計局交通廳. 關於改進地方交通貨運量統計方法的初步意見 [J]. 統計工作, 1958 (23): 27-28.

[263] 江西省輕工業廳綜合業務處.「巡迴輔導」是提高基層統計工作的有效方法 [J]. 統計工作, 1957 (22): 29-30.

[264] 姜海榮. 可持續發展與綠色國民經濟核算淺談 [J]. 財經界 (學術版), 2012 (2): 21, 23.

[265] 姜濤. 建立與科學發展觀相適應的國民經濟核算體系 [J]. 宏觀經濟管理, 2010 (6): 42-43, 61.

［266］姜秀永.完善「三新」統計的思考與建議［J］.現代經濟信息，2017（17）：37，39.

［267］蔣萍，王勇.中國國民經濟核算體系的建立與發展——寫於中國國民經濟核算方案實施20年［J］.經濟統計學（季刊），2013（1）：14-26.

［268］蔣文恬.國際旅遊統計對中國全域旅遊統計的啟示［J］.中國統計，2018（11）：64-66.

［269］焦瑞進.「一照一碼」配套改革：盡快清理帳戶［N］.中國稅務報，2016-01-20（B3）.

［270］結合精簡機構 清理和精簡統計報表［J］.統計工作通訊，1955（7）：6-7.

［271］解讀第四次全國經濟普查［J］.統計與管理，2018（9）：105-109.

［272］介紹蘇聯國民經濟平衡統計工作——摘自國家統計局孫冶方副局長在第六屆全國統計工作會議上所做的「考察蘇聯統計工作報告」［J］.統計工作，1957（20）：15-17.

［273］介紹提高基本建設勞動統計報表及時性的一些經驗［J］.統計工作通訊，1956（22）：21-23.

［274］金菊緗，黃中.加快職能轉變 開創統計新路——論縣級政府統計機構職能轉變及發展空間［J］.浙江統計，2004（7）：27-28.

［275］金敏求.怎樣利用建築安裝企業定期統計報表發現勞動計劃執行中的問題［J］.統計工作通訊，1956（17）：16-17，20.

［276］進一步貫徹執行黨的群眾路線——國家統計局賈啓允副局長1958年11月23日在河北省年報工作會議上的講話記要［J］.統計工作，1958（23）：3-6.

［277］荊會雲.新的經濟發展背景下國民經濟核算體系研究［J］.現代商業，2012（10）：209.

［278］克服保守思想，採取有效措施，大力提高統計報表的及時性［J］.統計工作通訊，1956（8）：3-4.

[279] 孔微巍，程睿. 調查失業方法助推就業公共服務質量 [J]. 繼續教育研究，2018（2）：65-68.

[280] 孔微巍. 勞動經濟學 [M]. 北京：科學出版社，2011：180-181

[281] 藍慶華.「三農」發展成就輝煌 鄉村振興前程光明 [N]. 重慶日報，2018-01-25（21）.

[282] 黎潔. 旅遊衛星帳戶與旅遊統計制度研究 [M]. 北京：中國旅遊出版社，2007.

[283] 李冰玉. 認真學習貫徹法律法規 努力提高統計數據公信力 [N]. 中國信息報，2011-06-21（7）.

[284] 李國榮. 中國統計制度創新研究 [D]. 長春：吉林大學，2012.

[285] 李厚斐，吳舜珪. 拖拉機發動機曲柄連杆機構結構參數的統計和分析 [J]. 農業機械學報，1965（2）：226-227.

[286] 李華，孫鴻儒，苑子紀. 東北有色金屬管理局關於健全礦山統計報告制度的通知 [J]. 有色金屬，1950（2）：13.

[287] 李恢宏. 十年來統計調查制度的改革與發展 [J]. 統計研究，1989（5）：16-19.

[288] 李恢宏. 制止濫發調查統計報表 加強調查統計報表的管理工作 [J]. 統計工作通訊，1954（7）：17-19.

[289] 李金昌. 政府統計方興未艾——紀念新中國政府統計機構成立60週年 [J]. 統計研究，2012，29（8）：33-37.

[290] 李金華. 國際收支統計核算體系的演進脈絡及歷史貢獻 [J]. 國外社會科學，2017（5）：34-44.

[291] 李金華. 聯合國國民經濟核算體系的源生、發展及學理價值 [J]. 國外社會科學，2016（4）：77-86.

[292] 李力. 對國民經濟核算體系發展的回顧 [J]. 內蒙古統計，2003（3）：6-7.

[293] 李林書. 建設兩支堅強的調查隊伍 [J]. 統計，1984（5）：12-14.

[294] 李沛珂. 為「五證合一」點讚 [N]. 蘭州日報, 2016-09-12 (4).

[295] 李倩倩, 王亞芬. 大數據推動「三新」經濟企業統計分類變革 [J]. 中國統計, 2018 (9): 16-17.

[296] 李強, 許憲春. 關於國民經濟核算統計報表制度的修訂 [J]. 中國統計, 1997 (8): 8-11.

[297] 李強. 圍繞中心 服務大局 全力推進統計調查制度的科學規範 [J]. 中國統計, 2012 (11): 4-7.

[298] 李強. 中國服務業統計與服務業發展 [M]. 北京: 中國統計出版社, 2014.

[299] 李瓊. 試析物聯網技術對國民經濟核算發展的影響 [J]. 現代經濟信息, 2016 (19): 15.

[300] 李少英, 陶惠清. 天津市國營商業局舉辦短期訓練班學習國營商業統計制度 [J]. 統計工作通訊, 1955 (4): 28.

[301] 李書言. 我們對制訂一九五九年貿易統計制度的幾點意見 [J]. 計劃與統計, 1959 (2): 36-37.

[302] 李濤. 面向節能減排與環境保護的物聯網發展探討 [J]. 資源節約與環保, 2014 (9): 25.

[303] 李曉翼. 總產值·國民收入·GDP——國民經濟核算指標的發展演變 [J]. 文史博覽, 2005 (6): 74-75.

[304] 李蔭培. 經受挫折 繼續前進——「大躍進」和調整時期的市統計局 [J]. 北京統計, 2002 (6): 32-34.

[305] 李玉芹. 探索「互聯網+」統計工作 滿足政府社會新需要 [N]. 中國信息報, 2016-01-06 (3).

[306] 李月, 步亞軍. 國民經濟核算的發展及缺陷 [J]. 東方企業文化, 2013 (11): 233.

[307] 李長安.「五證合一」為「雙創」再添動力 [N]. 深圳特區報, 2016-08-24 (A2).

[308] 李柘. 完善服務業統計調查制度體系的思考 [J]. 南方企業家, 2018 (2): 71.

[309] 李崢. 關於做好服務業統計調查的思考 [J]. 現代經濟信息, 2018 (9): 28-29.

[310] 李芷萱, 李娟. 試論互聯網金融統計中的問題與相關建議 [J]. 西部皮革, 2017, 39 (2): 86.

[311] 力平. 正逢例假與節日時怎樣報送統計表 [J]. 統計工作通訊, 1955 (6): 17.

[312] 聯合國. 2008 國民帳戶體系 [M]. 北京: 中國統計出版社, 2012.

[313] 梁普明. 第二次全國人口普查 人口普查情況介紹 [J] 浙江統計, 2000 (4): 37.

[314] 梁普明. 第三次全國人口普查 人口普查情況介紹 [J] 浙江統計, 2000 (5): 38.

[315] 梁友娥. 綜合統計調查方法的改進分析 [J]. 科技經濟導刊, 2018, 26 (27): 237.

[316] 糧食部計劃局統計科. 一九五六年度糧食統計制度中的新指標 [J]. 統計工作通訊, 1955 (11): 26-27.

[317] 遼寧省統計局. 綏中縣工業統計報表的及時性、正確性是怎樣堅持下來的 [J]. 統計工作通訊, 1953 (11): 32-33.

[318] 遼寧省統計局工業處. 鞍山鋼鐵公司月後 6 日提出成本統計報表 [J]. 統計工作通訊, 1956 (13): 23-24.

[319] 廖海容. 試論中國政府統計現狀及其制度改革 [D]. 上海: 復旦大學, 2011.

[320] 林朝華. 經濟普查模式的實踐與探索 [J]. 輕工科技, 2018, 34 (1): 120-121, 164.

[321] 林子文. 把數據質量作為經濟普查生命線 [N]. 經濟日報, 2018-09-21 (11).

[322] 凌亢. 堅持與發展馬克思主義生產勞動理論 建立有中國特色的國

民經濟核算體系［J］.雲南財貿學院學報,1994（3）：46-49.

［323］劉冰.官方統計機構的統計分析工作［J］.統計研究,2000（8）：47-52.

［324］劉丹丹.中國國民經濟核算體系的發展及SNA相關研究回顧［J］.經濟統計學（季刊）,2015（1）：1-11.

［325］劉丁榕.大數據對旅遊統計數據質量優化的影響［J］.度假旅遊,2018（7）：21,26.

［326］劉東來.淺談基層城鄉一體化住戶調查存在的問題及建議［J］.統計與諮詢,2015（5）：58-59.

［327］劉鳳英.完善服務業統計 推動社會經濟發展［J］.統計與管理,2016（6）：177.

［328］劉剛我.中國對外貿易運輸公司建立了統計數字的管理制度［J］.統計工作通訊,1955（9）：28.

［329］劉光慧.提高經濟普查數據質量的方法探析［J］.現代商業,2017（30）：184-185.

［330］劉國珍.怎樣提高統計報表的及時性和正確性［J］.新黃河,1955（11）：81-83.

［331］劉紅.建「智能」數據資源庫 促「三新」統計大發展［N］.中國信息報,2015-12-29（7）.

［332］劉鴻熙.中國投入產出統計開展簡況［J］.統計,1985（5）：47.

［333］劉建東.城鎮登記失業率與調查失業率差異分析［J］.中國統計,2016（10）：58-59.

［334］劉靜.探索城鄉一體化住戶調查工作的發展方向［J］.新經濟,2016（3）：21-22.

［335］劉軍.貫徹科學發展觀,推動國民經濟核算學科建設［J］.山東經濟,2008（1）：21.

［336］劉俊海.推行「一照一碼」 助力新常態下經濟轉型升級［J］.中國工商管理研究,2015（5）：43-44.

[337] 劉蘭英.「五證合一」背景下基本單位名錄庫管理新探 [J]. 中國統計, 2016 (12): 55-56.

[338] 劉鵬鳳, 李曉瀾. 淺談國民經濟核算體系的產生與發展 [J]. 冶金財會, 2000 (6): 20-21.

[339] 劉喬楠.「五證合一」登記制度改革存在的問題及對策 [J]. 法制博覽, 2017 (26): 211.

[340] 劉青松. 淺談健全和完善「三新」統計 [N]. 中國信息報, 2016-05-03 (7).

[341] 劉世忠. 四川省統計局試行人民公社統計報表 [J]. 計劃與統計, 1959 (4): 24.

[342] 劉樹成. 中國國民經濟核算體系的完善與改革——國民經濟核算體系理論與方法論討論會紀實 [J]. 數量經濟技術經濟研究, 1987 (4): 10-16.

[343] 劉孝新. 政府統計機構與部門統計機構職能分工 [J]. 統計與決策, 1989 (1): 21-23.

[344] 劉藝. 國家統計局制定新的國家統計報表制度 [J]. 經濟改革與發展, 1994 (5): 64.

[345] 劉月. 國際數據公布標準的比較及對中國的啟示 [D]. 大連: 東北財經大學, 2016.

[346] 劉長新, 蒼開極. 試論國民經濟綜合平衡——國民經濟核算的一種形式, 經濟計劃管理的系統工程 [J]. 財經問題研究, 1980 (2): 21-27.

[347] 劉振坤, 盧川川. 大數據背景下提升政府統計公眾服務水準之道 [J]. 中國統計, 2017 (9): 18-19.

[348] 劉洲. 新產業新業態新商業模式統計工作的思考與建議 [J]. 統計與諮詢, 2017 (4): 57-59.

[349] 龍華, 王朝科. SNA 的新發展與中國國民經濟核算體系的改革——國民經濟核算學術研討會紀要 [J]. 統計研究, 1997 (2): 21-27.

[350] 龍華, 許憲春. 1993 年 SNA 的基本結構及修訂的主要內容 [J]. 統計研究, 1993 (5): 32-42.

[351] 盧建軍. 杭州地區 PMI 指數體系開發研究 [D]. 杭州：浙江大學，2006.

[352] 盧曙天. 堅決克服右傾保守思想，把物資統計報表的報送期限提前一半 [J]. 統計工作通訊，1956（12）：12-14.

[353] 盧曙天. 認真改進核算方法 為提高物資統計資料質量而努力 [J]. 統計工作，1957（16）：30-32.

[354] 蘆穎. 調查失業率與登記失業率比較分析 [J]. 產業與科技論壇，2014，13（13）：97，253.

[355] 陸昌富. 副食品自由市場統計的幾種方法 [J]. 統計工作，1957（22）：28.

[356] 陸豐縣供銷社計劃股. 我們是怎樣貫徹報表制度和開展工作的 [J]. 統計工作通訊，1956（6）：26-27.

[357] 陸守曾. 如何選用統計方法 [J]. 吉林醫藥，1975（1）：52-57.

[358] 潞安縣推行河北經驗收到顯著效果 [J]. 統計工作，1958（9）：30-31.

[359] 欒岩.「多證合一」全國統一「一照一碼」制度正式確立 [N]. 財會信報，2018-03-12（A2）.

[360] 羅良清，胡曉琳. 中國採納數據公布特殊標準的相關問題研究 [J]. 統計與決策，2016（3）：38-43.

[361] 羅湘林. 從試點看人民公社定期統計報表制度的實施 [J]. 計劃與統計，1959（6）：26-27.

[362] 羅珍. 服務業統計工作的不足及改進建議 [J]. 南方農機，2017，48（18）：135.

[363] 呂德潤. 對於運用投資統計報表檢查計劃的認識 [J]. 統計工作通訊，1956（10）：16-17.

[364] 呂峰. 國民經濟核算體系在改革發展中日益完善 [N]. 中國信息報，2018-09-28（1）.

[365] 呂國泉. 公布城鎮調查失業率的重要意義 [J]. 中國黨政幹部論

壇，2018（5）：69-70.

［366］呂瑞林. 淺析如何完善地方服務業統計制度［J］. 環渤海經濟瞭望，2018（3）：86-87.

［367］呂小寧. 統計信息質量與統計制度改革［J］. 山西統計，2000（12）：7-8.

［368］旅大市統計局. 金縣石河鎮供銷合作社提前報送統計報表的經驗［J］. 統計工作通訊，1956（18）：34-35.

［369］馬惠珍. 對改革統計制度和加強統計文化建設的幾點認識［J］. 中山大學學報論叢，2007（8）：150-152.

［370］馬建堂. 大力推進城鄉住戶調查一體化改革［J］. 中國統計，2012（3）：1.

［371］馬建堂. 加快空間信息技術應用全面提高統計現代化水準［J］. 統計研究，2011，28（6）：3-6

［372］馬俊賢. 求真務實全力推進城鄉住戶一體化調查［N］. 中國信息報，2012-12-28（5）.

［373］馬麗. 淺談大數據時代政府統計面臨的挑戰與機遇［J］. 統計科學與實踐，2014（4）：59-60.

［374］馬素紅. 城鄉住戶一體化調查改革工作存在問題分析［J］. 中國管理信息化，2015，18（12）：231.

［375］馬永堂. 公布調查失業率是一大歷史性進步［J］. 中國就業，2014（9）：4-5.

［376］毛鳳藻. 在學習中著力提升統計服務發展的能力［J］. 學習月刊，2010（17）：105-106.

［377］毛化夫. 「論虛」12天，吉林省國、合商業商品流傳統計報表煥然一新［J］. 統計工作，1958（10）：17-19.

［378］毛健. 關於城鄉住戶一體化調查的幾點思考［A］//中國武漢決策信息研究開發中心，決策與信息雜誌社，科技與企業雜誌社，等. 軟科學論壇——公共管理體制改革與發展研討會論文集. 武漢：中國武漢決策信息研究

開發中心，2014：1.

[379] 茅國平. 建立中國資金流量核算模式初探 [J]. 財經研究，1988 (7)：60-63.

[380] 茂名市統計局. 我們怎樣改革統計調查制度 [J]. 統計與預測，1996 (3)：52.

[381] 蒙智睦. 中國國際收支統計的發展歷程、問題與建議 [J]. 財經界，2009 (11)：96-97.

[382] 孟墨玉. 對人民公社建立商業定期統計報表制度的意見 [J]. 計劃與統計，1959 (5)：22-24.

[383] 閔慶全，許憲春. 1993 年 SNA 的發展與中國新國民經濟核算體系的進一步改革 [J]. 財經問題研究，1997 (7)：60-65.

[384] 繆德剛. 國民經濟核算在近代中國的發展——以 20 世紀 40 年代巫寶三對「國民所得」的估算為中心 [J]. 安徽師範大學學報 (人文社會科學版)，2018，46 (6)：19-27.

[385] 那琳. 基於統計制度的中國統計數據質量研究 [D]. 呼和浩特：內蒙古大學，2011.

[386] 南京市稅務局. 提高稅源統計報表質量的幾點做法 [J]. 財政，1962 (Z2)：31-32.

[387] 薛暮橋. 統計工作的創業過程 [M] // 薛暮橋文集. 北京：中國金融出版社，2011：178-181.

[388] 寧吉喆. 新產業新業態新模式統計探索與實踐 [M]. 北京：中國統計出版社，2017.

[389] 農村司. 開拓創新 見證農村經濟社會巨大變遷 [N]. 中國信息報，2010-10-27 (1).

[390] 潘璠. 採納 SDDS 僅僅是開始 [N]. 經濟日報，2015-10-24 (6).

[391] 潘璠. 從參加 GDDS 到採納 SDDS [N]. 中國信息報，2015-10-20 (5).

[392] 潘強敏. 國民經濟行業分類標準問題研究 [J]. 統計科學與實踐，

2012（6）：16-18.

[393] 潘雙慶. 國內發展指數（MDP）對中國國民經濟核算的啟示 [J]. 統計與決策，2006（23）：52-53.

[394] 潘章鳳，費小麗. 探究地理信息系統及其在地質礦產勘查中的應用 [J/OL]. 世界有色金屬，2019（8）：235-236 [2019-07-02].

[395] 龐皓. 地區國民收入流出流入總量統計 [J]. 財經科學，1981（2）：57-62.

[396] 龐雲璇. 談高光譜遙感技術的應用、發展與展望 [J]. 中國新通信，2019（11）：73-74.

[397] 配合增產節約運動為提高統計報表質量而努力 [J]. 統計工作通訊，1953（12）：10.

[398] 彭道賓. 新統計報表制度運行問題淺析 [J]. 統計研究，1995（1）：18-22.

[399] 彭道賓. 中央蘇區調查統計機構的建立和發展——中央蘇區調查統計工作的光輝實踐與有益啟示（一）[J]. 統計研究，2010，27（12）：99-105.

[400] 彭上升. 推進城鄉一體化住戶調查工作的實踐探索 [J]. 統計科學與實踐，2015（9）：54-55.

[401] 亓占國.「五證合一」影響下的基本單位名錄庫建設的思考 [J]. 中國統計，2017（7）：48-49.

[402] 亓占國. 對第四次全國經濟普查工作的幾點思考 [J]. 中國統計，2018（1）：37-39.

[403] 齊瑞霖，高峻，劉占春. 河北省雄縣蠐螬為害小麥情況及群眾防治方法調查 [J]. 農業科學通訊，1953（12）：511-513.

[404] 企青. 供銷合作社統計分析的幾種方法 [J]. 統計工作，1958（4）：13-14，9.

[405] 邱東. 國民經濟核算史論 [J]. 統計研究，1997（4）：65-72.

[406] 權賢佐. 試論國家統計報表制度改革的目標和原則 [J]. 統計研

究，1995（6）：8-12.

［407］全國各地清理統計報表工作報導［J］.統計工作通訊，1953（5）：12-13.

［408］全國經濟普查條例［J］.統計科學與實踐，2019（2）：60-62.

［409］全國農業普查——我為農業經濟繪藍圖（16）（下）［J］.中國統計，2017（12）：68-72.

［410］人民網——人民日報.2018第四次全國經濟普查範圍、普查方法流程及工作要點［EB/OL］.（2018-07-11）［2019-10-31］.http://www.mnw.cn/news/cj/2028138.html.

［411］認真貫徹執行1956年各種農業統計報表制度［J］.統計工作通訊，1956（6）：7-8.

［412］認真貫徹執行1990年統計年報和1991年定期統計報表制度［J］.中國統計，1990（11）：5-6.

［413］認真貫徹執行工商稅收計劃會計統計工作制度［J］.財政，1963（16）：14-17.

［414］認真貫徹執行稅收會計、統計工作制度［J］.財政，1961（6）：15-16.

［415］認真貫徹執行修訂後的國家統計報表制度［J］.中國統計，1994（11）：8-9.

［416］任琛.從統計數字看糧食部門精簡之必要——兼論糧食購銷企業勞動效率的計算方法［J］.統計工作，1957（8）：11-14.

［417］任紅梅.中國國民經濟核算的改革與發展探討［J］.中外企業家，2016（31）：58，63.

［418］任耘.全域旅遊背景下旅遊統計體系優化策略［J］.中國統計，2018（12）：59-61.

［419］任志香.論政府統計制度的改革［J］.現代經濟信息，2009（23）：293.

［420］山東河務局是怎樣編寫統計報表文字說明的［J］.新黃河，1955

367

(7): 43-46.

[421] 山東省地方史志編纂委員會. 山東省志統計志(1992—2005)[M]. 濟南: 山東人民出版社, 2015. 12.

[422] 山西省中國特色社會主義研究會. 論中國式的社會主義現代化[C]. 山西省中國特色社會主義研究會, 2002.

[423] 陝西省商業廳發出關於進一步加強統計機構和統計幹部的指示[J]. 統計工作通訊, 1955 (4): 24.

[424] 商改求索之「一照一碼」登記制度改革[J]. 工商行政管理, 2015 (14): 13.

[425] 商業部做出關於加強中央站、省市級公司及基層企業單位統計機構及統計幹部的決定[J]. 統計工作通訊, 1955 (2): 39.

[426] 上官宇星. 經濟發展方式轉變與國民經濟核算考核指標改進[J]. 中國市場, 2014 (33): 28-30.

[427] 上海市人民政府統計局關於清理統計報表情況的報告[J]. 統計工作通訊, 1953 (5): 19-20.

[428] 佘穎. 「五證合一」不是改革的終點[N]. 經濟日報, 2016-11-08 (9).

[429] 深化改革 完善制度 認真貫徹新的國家統計報表制度[J]. 浙江統計, 1995 (10): 1.

[430] 沈光輝. 區域性製造業PMI編製關鍵問題研究[D]. 合肥: 合肥工業大學, 2016.

[431] 沈華新. 堅持依法、科學、創新普查 高質高效完成經濟普查任務[N]. 深圳商報, 2019-02-14 (A4).

[432] 沈經普. 經濟普查是一件利國利民的大事[J]. 廣東經濟, 2018 (9): 54-55.

[433] 盛蕾. 從統計執法中看統計法律法規的統一性和可操作性[J]. 上海統計, 2003 (7): 34-35.

[434] 盛允一. 國家統計局和中央各部開展了統計報表的清理和精簡工

作［J］．統計工作通訊，1955（7）：7-8．

［435］十年安全記帳三十五萬筆——中國人民銀行應城縣陳河區營業所會計員彭方建同志的先進事跡［J］．中國金融，1964（8）：10-11．

［436］史寶平．調查制度創新：市場經濟條件下統計發展的基點選擇［J］．當代經濟科學，1996，18（6）：96-97．

［437］史東紅．農產量抽樣調查方法研究［J］．遼寧師專學報（自然科學版），2017，19（2）：98-101．

［438］史象逵，陳鵬程．當前統計報表制度存在的問題與改革探討［J］．北京統計，2002（7）：10-12．

［439］稅務總局計劃會計處．關於稅收會計、統計工作制度的幾個問題解答［J］．財政，1962（3）：22-25．

［440］四川省統計局．當前我省統計工作的幾個主要問題［J］．統計工作，1957（3）：25-27，20．

［441］四川省統計局．四川省統計志［M］．成都：西南財經大學出版社，1993．

［442］松江省糧食部門統計分析工作——松江省糧食廳王慶中同志在第二屆全國糧食統計會議上的發言摘要［J］．統計工作通訊，1953（10）：20-21．

［443］宋晨．中國現行居民消費價格指數編製方法的改進研究［D］．青島：中國石油大學，2009．

［444］宋達泉．關於東北的土壤問題與土壤調查工作方法［J］．科學通報，1953（1）：24-94．

［445］宋旭光，周遠翔．分享經濟對國民經濟核算發展的影響［J］．統計研究，2019，36（2）：3-10．

［446］宋旭光．物聯網技術對國民經濟核算發展的影響［J］．統計研究，2014，31（10）：3-8．

［447］蘇平．關於工業勞動統計報表中的幾個問題［J］．統計工作通訊，1955（4）：35-37．

［448］孫杰賢．「一照一碼」邁出政務信息共享關鍵一步［J］．中國信息

化，2015（7）：37-41.

[449] 孫潔. 第三次全國農業普查 [J]. 中國農村科技，2017（12）：28-29.

[450] 孫兢新. 中華人民共和國四次人口普查之回顧及第五次人口普查的主要特點和成就 [J]. 市場與人口分析，2001，7（4）：43-48.

[451] 孫世錚. 對《抽樣調查法在社會主義社會經濟統計中的意義及具體運用的條件和方法》一文的一些意見 [J]. 中國經濟問題，1964（Z2）：54-58.

[452] 孫書振. 學習貫徹新統計法規要著力抓好「三個環節」 [J]. 數據，2009（8）：26.

[453] 孫偉. 完善中國政府統計機構行政效能監察思考 [J]. 現代商貿工業，2016，37（17）：132.

[454] 孫希有. 農業普查：城鄉協調發展的重要一環 [N]. 中國信息報，2017-02-07（7）.

[455] 孫希有. 農業普查：為城鄉協調發展系統工程提供原材料 [J]. 中國統計，2017（3）：4-6.

[456] 孫憲華. 論經濟統計中的制度安排 [J]. 統計研究，2000（6）：28-34.

[457] 孫亞超. 中國城鎮失業率水準的調控目標區間研究 [D]. 成都：西南財經大學，2013.

[458] 孫耀清. 我對一九五四年國營農場定期統計報表的一些認識 [J]. 統計工作通訊，1954（4）：36-37.

[459] 孫冶方. 談談搞好綜合平衡的幾個前提條件——在國民經濟綜合平衡理論問題討論會上的發言 [J]. 經濟研究，1981（2）：14-18.

[460]《孫冶方全集》編輯出版委員會. 孫冶方全集 [M]. 太原：山西經濟出版社，1998.

[461] 孫中震. 美國國民經濟核算的發展歷程 [J]. 上海統計，1999（11）：36-37.

[462] 孫紫葳, 趙志超. 互聯網時代金融統計新路徑分析 [J]. 現代經濟信息, 2018 (2): 306, 308.

[463] 談國光. 縮短編製、匯總和運轉統計報表的時間 [J]. 中國金融, 1957 (4): 16.

[464] 譚小燕. 做好全域旅遊統計工作探討 [J]. 中國統計, 2017 (10): 47-49.

[465] 滕嘉娣.「五證合一」 激發市場活力 考驗政府能力 [N]. 黑龍江日報, 2016-09-21 (10).

[466] 提升統計能力 服務科學發展——訪金華市統計局局長鄭迪元 [J]. 統計科學與實踐, 2011 (12): 36-38.

[467] 天津市革新物資統計報表匯總工作 實行一單一料 取消轉錄工作 [J]. 中國統計, 1960 (2): 32.

[468] 佟喬. 國家統計局加強在職幹部的教育工作 [J]. 統計, 1981 (2): 46.

[469] 佟新宇. 漫談 SDDS 與 GDDS [J]. 中國統計, 2015 (3): 39.

[470] 統計工作如何躍進 [J]. 統計工作, 1958 (5): 3-7.

[471] 汪賢進. 正確認識抽樣調查 [J]. 杭州商學院學報, 1981 (1): 18-22.

[472] 王春英. 完善國際收支統計制度框架 [J]. 中國金融, 2019 (2): 29-30.

[473] 王登高. 統計法規在貫徹執行中的「四個不到位」[J]. 統計與決策, 2001 (6): 20.

[474] 王冬梅.「互聯網+」背景下政府統計網站發展思路 [J]. 中國統計, 2017 (5): 7-9.

[475] 王棟杉. 服務業統計制度方法的完善措施 [J]. 科技風, 2018 (6): 240.

[476] 王芳, 時培迪. 改革和發展現行的國民經濟核算體系 [J]. 經濟研究導刊, 2011 (35): 1-2.

[477] 王海燕. 政府統計機構建設中的問題及對策 [J]. 企業改革與管理, 2014 (20)：199.

[478] 王濟來. 中央各部的基本建設統計部門展開對投資完成額計算方法問題的研究 [J]. 統計工作, 1957 (10)：10.

[479] 王京萌, 儲召雲, 文化和旅遊部信息中心. 淺談地理信息系統在旅遊領域的應用 [N]. 中國旅遊報, 2019-07-02 (3).

[480] 王經贄. 移動互聯網時代下在線旅遊行業用戶體驗的統計分析 [J]. 農村經濟與科技, 2018, 29 (15)：102-104.

[481] 王娟. SDDS 對一個國家的統計體系意味著什麼——《數據公布特殊標準指導手冊》簡介 [J]. 中國統計, 2015 (5)：26-28.

[482] 王立元. 部門統計的歷史發展與新的選擇 [J]. 統計研究, 2002 (11)：10-14.

[483] 王玲, 李莉. 新國民經濟核算體系 (93SNA) 的最新發展簡介 (上) [J]. 北京統計, 2002 (3)：38-39.

[484] 王玲, 李莉. 新國民經濟核算體系 (93SNA) 的最新發展簡介 (下) [J]. 北京統計, 2002 (4)：39-44.

[485] 王凌霄. 關於農村統計工作的意見 [J]. 統計工作通訊, 1956 (7)：26-27.

[486] 王楠. 完善「三新」經濟統計工作的思考 [J]. 統計科學與實踐, 2017 (7)：53-54.

[487] 王平. 應改進一照一碼登記制度改革中出現的問題 [N]. 江蘇經濟報, 2015-11-10 (B3).

[488] 王善義. 一九五〇年張孟德、徐景芬棉花豐產戶耕作管理方法的調查報告 [J]. 中國農業科學, 1951 (8)：3-4.

[489] 王世瓊. 淺析城鄉一體化住戶調查中存在的問題 [J]. 現代經濟信息, 2019 (4)：134.

[490] 王濤. 國民經濟核算及其發展趨勢 [J]. 統計與諮詢, 2013 (1)：27-29.

［491］王維周. 貿易統計方法制度改革話題二則［J］. 中國統計，2009（7）：46-47.

［492］王偉程. 推動「互聯網+就業統計」工作更快更好地發展［N］. 中國勞動保障報，2016-11-26（3）.

［493］王文鵬.「互聯網+統計大數據」推動城市治理［J］. 統計與諮詢，2017（5）：59-61.

［494］王秀玲. 大數據在旅遊統計中的應用研究［J］. 產業與科技論壇，2018，17（23）：47-48.

［495］王旭明. 學習借鑑國外住戶調查方法 加快城鄉住戶調查一體化改革［N］. 中國信息報，2012-02-23（7）.

［496］王義華，原琳. 論改革統計制度加強信息化建設［J］. 科技信息，2006（S5）：213.

［497］王永. 整合社保登記 推進「五證合一」［N］. 中國勞動保障報，2016-10-14（3）.

［498］王勇. 中國投入產出核算：回顧與展望［J］. 統計研究，2012，29（8）：65-73.

［499］王樟雲，吳國飛. 城鄉住戶一體化調查輔助調查員隊伍科學化管理探析［J］. 統計科學與實踐，2012（8）：49-50.

［500］王正豔，蔡月祥. 城鄉一體化與現行住戶調查統計指標差異對比研究［J］. 北方經濟，2013（19）：60-62.

［501］王直. 研究統計方法、制度必須從實際出發，走群眾路線［J］. 計劃與統計，1959（3）：21-22.

［502］王志平. 切莫輕視「調查失業率」的複雜性［N］. 文匯報，2014-08-08（5）.

［503］王志霞. 新常態下如何進行基本單位名錄庫維護更新［A］// 黑龍江省統計學會. 黑龍江省統計學會第十二次統計科學討論會論文集. 哈爾濱：黑龍江省統計學會，2016：2.

［504］王子航. 水工環地質勘查及遙感技術在地質工作中的應用［J/OL］.

世界有色金屬, 2019 (7): 287, 289 [2019-07-02].

[505] 章捷. 互聯網大數據在醫院信息統計管理中的應用探索 [J]. 市場論壇, 2017 (11): 64-66, 69.

[506] 章世良. 從政府統計機構現行的職能配置看中國政府統計體制的改革 [J]. 上海統計, 2001 (9): 8-11.

[507] 為了幫助國統計局整風薛暮梧局長邀請京津部分經濟學、統計學教授舉行座談會 [J]. 統計工作, 1957 (12): 3-12.

[508] 為要「大躍進」, 必須反保守 [J]. 統計工作, 1958 (6): 3-6.

[509] 衛生部統計科. 為實現衛生統計工作的全面「大躍進」而努力 [J]. 統計工作, 1958 (22): 15-16.

[510] 蔚曉玲. 國民經濟核算中的可持續發展問題研究 [J]. 內蒙古科技與經濟, 2006 (18): 73-74.

[511] 魏琳. 與時俱進 穩步推進國民經濟核算改革 [N]. 中國信息報, 2017-03-28 (1).

[512] 文化和旅遊部財務司. 中華人民共和國文化和旅遊部2017年文化發展統計公報 [N]. 中國文化報, 2018-05-31 (4).

[513] 翁禮馨. 關於農村集市貿易價格統計方法的若干問題 [J]. 中國經濟問題, 1964 (11): 20-29, 41.

[514] 翁雪琴. 淺析中國調查失業率與登記失業率 [J]. 蘇州市職業大學學報, 2003 (2): 64-65, 96.

[515] 佚名. 中國城鄉一體化住戶調查實施 [J]. 城市規劃通訊, 2012 (23): 13.

[516] 佚名. 中國明年將實施調查失業率 [J]. 城市規劃通訊, 2010 (5): 13.

[517] 佚名. 中國新國民經濟核算體系 [J]. 湖南商學院學報, 1995 (2): 42.

[518] 吳波. 堅持依法統計 護航經濟普查 [N]. 昆明日報, 2018-12-08 (3).

［519］吳慧.商業部系統基層銷售單位會計統計結合的方法［J］.統計工作，1957（12）：19-23.

［520］吳建華.實施「五證合一」 力推大眾創業（上）［N］.財會信報，2016-07-11（B6）.

［521］吳澗生，吳漢洪.新SNA與中國國民經濟核算體系的未來發展［J］.中國人民大學學報，1998（5）：15-20.

［522］吳澗生.國民經濟核算體系中的幾個基本概念［J］.統計研究，1993（1）：7-11.

［523］吳巧琴.「三新」統計工作的研究［J］.山西農經，2018（23）：97，123.

［524］吳青.談談供銷社統計報表文字說明的寫法［J］.統計工作，1958（17）：22-23.

［525］吳學安.「五證合一」大大改善營商環境［N］.中國審計報，2016-10-17（5）.

［526］吳招芝.提高農業普查數據質量之我見［J］.農村經濟與科技，2017，28（14）：269-270.

［527］吳至琴，王豔杰.中國扶貧統計監測的發展與思考［J］.經濟視角（中旬），2012（3）：93-95.

［528］五部委發文：全面推行「五證合一」，2018年1月1日後原證書將失效［J］.建築設計管理，2016，33（9）：35.

［529］武加波.哈爾濱市：統計法規體系建設的回顧與探索［J］.統計與諮詢，2011（2）：44-45.

［530］武訊.一張統計報表的改革記［J］.中國金融，1965（16）：18.

［531］西北行政委員會.關於檢查臨潼縣統計報表工作報告［J］.統計工作通訊，1953（1）：18-19.

［532］西北蘭州工程總公司.建立在職統計幹部業務學習制度［J］.統計工作通訊，1955（8）：13.

［533］夏國正.提高企業「三新」統計數據質量的思考［J］.中國統計，

2018（7）：48-49.

［534］夏遠洋.中國失業統計的歷史、現狀及改革［D］.北京：對外經濟貿易大學，2002.

［535］鮮祖德，王萍萍，吳偉.中國農村貧困標準與貧困監測［J］.統計研究，2016：3-12.

［536］鮮祖德.做好「三新」和新經濟統計這篇大文章［J］.中國統計，2016（12）：4-5.

［537］向蓉美，黎春.國民經濟統計學［M］.成都：西南財經大學出版社，2014.

［538］肖車.上海市統計分析報告和綜合平衡統計工作開展情況及體會［J］.計劃與統計，1959（14）：30-33.

［539］肖意，何泳.精準採寫出精品——採寫《全國首張「多證合一一照一碼」營業執照誕生》體會［J］.新聞研究導刊，2016，7（14）：261.

［540］肖薈.物聯網技術對國民經濟核算發展的影響分析［J］.現代經濟信息，2019（5）：8.

［541］肖灼基.重讀馬寅初先生的《綜合平衡論》——兼論當前國民經濟調整工作［J］.北京大學學報（哲學社會科學版），1980（1）：2-11.

［542］謝俊貴.城鄉信息分化的新態勢及其因應策略——基於 CNNIC 互聯網普及率統計數據［J］.學海，2018（1）：169-176.

［543］謝雅楠.避免就業數據失真調查失業率是趨勢［N］.中國經濟時報，2013-09-12（2）.

［544］謝永賜.加快統計制度創新促進統計事業發展［J］.改革與戰略，2003（8）：90-92.

［545］辛金國，沙培鋒.「三新」統計數據質量影響因素及對策探索［J］.統計科學與實踐，2017（9）：19-22.

［546］辛金國.大數據背景下影響「三新」企業統計數據質量因素探索［J］.統計與決策，2017（16）：2，189.

［547］新的國家統計報表制度中的指標解釋［J］.統計與諮詢，1994

（1）：28-30.

[548] 新華社. 10年等一回，第三次全國農業普查來了［EB/OL］.（2016-12-16）［2019-10-31］. http://www.stats.gov.cn/ztjc/zdtjgz/zgnypc/d3cnypc/npyw/201612/t20161216_1442310.html.

[549] 新華社. 李克強聽取第三次全國農業普查情況匯報［J］. 中國應急管理，2017（12）：11.

[550] 新華網. 中國將全面實行「五證合一」登記制度改革［J］. 農村百事通，2016（20）：10.

[551] 邢毓靜. 國際貨幣基金組織SDDS標準的制訂及借鑒［J］. 現代國際關係，1997（4）：25-29.

[552] 熊玉柏. 談談綜合平衡統計［J］. 統計，1979（2）：39-43.

[553] 徐國祥，王德發. 新中國統計思想史［M］. 上海：上海財經大學出版社，1999.

[554] 徐慧燕. 十八屆三中全會對中國國民經濟核算體系的新發展——農地流轉收入列為財產收入［J］. 市場經濟與價格，2014（7）：44-46.

[555] 徐昆英.「五證合一」登記制度改革中存在的問題［N］. 中國稅務報，2016-08-10（B4）.

[556] 徐前. 經濟統計學講話「第十三講」其他物質生產部門產量統計和社會總產品總量的計算［J］. 統計工作通訊，1956（14）：32-34，23.

[557] 徐燕，張怡軒. 關於如何做好新產業、新業態、新商業模式統計工作的思考［J］. 勞動保障世界，2016（8）：37.

[558] 許滌新. 國民經濟綜合平衡理論問題討論會開幕詞［J］. 經濟研究，1981（2）：3-7.

[559] 許海燕，宋光輝，許滌龍. GDDS與SDDS的比較研究［J］. 統計與預測，2003（5）：25-28.

[560] 許憲春，呂峰. 改革開放40年來中國國內生產總值核算的建立、改革和發展研究［J］. 經濟研究，2018，53（8）：4-19.

[561] 許憲春. 國際上國民經濟核算新發展［J］. 統計研究，2002（6）：

45-47.

[562] 許憲春. 盤點、評判、思量——關於中國的國民經濟核算 [J]. 中國統計, 2004（1）：13-15.

[563] 許憲春. 統籌推進「五位一體」總體佈局實施國民經濟核算新標準 [J]. 國家行政學院學報, 2017（5）：8-14, 144.

[564] 許憲春. 中國國民經濟核算的進一步改革和發展 [J]. 中國統計, 2007（1）：8-9.

[565] 許憲春. 中國國民經濟核算工作的發展與展望 [J]. 中國統計, 2002（8）：17-18.

[566] 許憲春. 中國國民經濟核算：發展・改革・挑戰 [J]. 統計研究, 2008（7）：3-15.

[567] 許憲春. 中國國民經濟核算的發展方向 [J]. 經濟學動態, 1996（12）：23-26.

[568] 許憲春. 中國國民經濟核算的改革與發展 [J]. 宏觀經濟研究, 2006（3）：18-22, 35.

[569] 許憲春. 中國國民經濟核算的歷史、現狀及其發展方向 [J]. 經濟科學, 1997（2）：37-43.

[570] 許憲春. 中國國民經濟核算的新發展和 SNA 修訂的挑戰 [J]. 統計與信息論壇, 2007（1）：14-18.

[571] 許憲春. 中國國民經濟核算體系的建立、改革和發展 [J]. 中國社會科學, 2009（6）：41-59, 205.

[572] 許憲春. 中國國民經濟核算體系的修訂與經濟發展方式轉變和民生改善 [J]. 新金融評論, 2015（1）：80-95.

[573] 許憲春. 中國國民經濟核算體系改革和發展的理論基礎 [J]. 統計研究, 1999（9）：23-27.

[574] 許憲春. 中國國民經濟核算新的規範 [J]. 中國信息報, 2003（3）：8.

[575] 許憲春. 中國兩次 GDP 歷史數據修訂的比較 [J]. 經濟科學,

2006（3）：5-9.

［576］許憲春. 中國政府統計重點領域改革［J］. 世界經濟，2017，40（2）：179-192.

［577］許躍波. 淺談「一照一碼」對統計名錄庫的影響［J］. 時代金融，2016（20）：223，227.

［578］薛高. 國際貨幣基金組織數據公布標準綜述及對中國的影響［J］. 西部金融，2015（12）：49-51，88.

［579］薛英. 基層商業企業是否需要填報現行定期統計報表［J］. 統計工作通訊，1956（24）：24-25.

［580］薛仲三. 學習教範，試行教範——衛生統計指標的意義及其計算方法［J］. 人民軍醫，1957（9）：49-51.

［581］學好用好統計法規強化統計行政執法［J］. 統計與諮詢，1997（3）：8-9，3.

［582］學習蘇聯先進經驗，改進了出納計劃執行情況的統計制度［J］. 中國金融，1954（20）：8-9.

［583］學習業務知識、幫助業務部門開展統計工作［J］. 統計工作，1958（11）：25.

［584］閆宇豪. 發展循環經濟是中國歷史性抉擇——由《中國綠色國民經濟核算研究報告2004》引發的思考［J］. 農村經濟與科技，2007（3）：36-37.

［585］楊帆. 對「企業一套表」統計調查制度實施後統計工作的幾點思考［J］. 時代金融，2012（27）：248.

［586］楊耿業.「三新」經濟統計工作的思考與建議［J］. 統計科學與實踐，2016（6）：7-8，13.

［587］楊海霞，張藝海. 互聯網大數據在政府統計中的應用研究［J］. 化工管理，2018（33）：6-7.

［588］楊火煌. 淺談大數據對旅遊統計數據質量優化的影響［J］. 度假旅遊，2019（2）：117.

[589] 楊健民，李正純，蔣德成. 合川縣第四區供銷合作社的「分類統一計銷法」[J]. 統計工作通訊, 1955（12）：41.

[590] 楊立勛. 對中國現行統計調查制度的反思 [J]. 江蘇統計, 2001（5）：18.

[591] 楊莉. 安徽阜陽穎泉區頒發第一個「三證合一、一照一碼」營業執照 [J]. 光彩, 2016（2）：63.

[592] 楊娜. 中國農業統計體制及運行機制研究 [D]. 北京：中國農業科學院, 2012.

[593] 楊全明.「互聯網+」時代的統計數據生產方式探索 [J]. 調研世界, 2016（8）：3-5, 25.

[594] 楊群剛. 碧江區推行「一二三四」硬舉措構築旅遊統計防護網 [N]. 中國旅遊報, 2018-09-04（A9）.

[595] 楊小國. 城鄉一體化下的鄉級住戶調查數據處理 [N]. 中國信息報, 2016-02-25（7）.

[596] 楊秀娟. 深化住戶調查改革服務城鄉統籌發展 [N]. 嘉興日報, 2012-04-06（10）.

[597] 楊雪.「互聯網+」時代下的統計數據質量管控研究 [J]. 財經界（學術版）, 2017（7）：126.

[598] 楊於澤. 調查失業率體現政府責任 [J]. 浙江經濟, 2010（5）：63.

[599] 姚巨寰. 精簡商業統計報表工作中的兩個問題 [J]. 統計工作, 1957（13）：25-26.

[600] 葉德荷. 城鄉住戶一體化調查工作探索 [J]. 統計科學與實踐, 2013（6）：59-60.

[601] 葉少波. 政府統計數據質量評估方法及其應用研究 [D]. 長沙：湖南大學, 2011.

[602] 葉長林. 中國統計法制建設的發展過程及主要成果 [J]. 統計與決策, 1994（6）：10-12.

[603] 依·斯捷潘諾夫, 韓澤群. 設計機構各設計階段投資預算價值的

統計［J］．煤礦設計，1955（8）：26-27．

［604］佚名．1988年中國國際收支平衡表［J］．中國金融，1989（10）：48．

［605］佚名．把基本建設投資統計發展為固定資產投資統計［J］．統計，1981（5）：19-20．

［606］佚名．中國國民經濟核算從MPS到SNA的歷史性轉變［J］．中國統計，2008（8）：7-8．

［607］佚名．一項光榮而艱鉅的政治任務——湖北省統計部門根據省委指示統一組織了以鋼鐵為中心的工業進度統計［J］．統計工作，1958（19）：19-20．

［608］佚名．迎接第二個五年計劃，進一步加強和提高中國的社會主義統計工作［J］．統計工作，1957（19）：3-7．

［609］佚名．昭盟座談人民公社統計制度［J］．計劃與統計，1959（4）：21．

［610］佚名．遵守統計制度搞好金融統計［J］．中國金融，1987（2）：36．

［611］於冬梅．淺析城鄉一體化住戶調查中存在的一些問題［J］．財經界（學術版），2015（24）：397．

［612］於萌萌．互聯網大數據在醫院信息統計管理中的應用研究［J］．中國管理信息化，2019，22（8）：186-187．

［613］餘高潮．第一次全國經濟普查數據解讀［J］．數據，2006（6）：24-25．

［614］餘皓．中國統計調查制度的發展歷程與現行統計調查體系分析［J］．中國高新技術企業，2008（12）：55，59．

［615］虞華，陳光亞．中國「三新」經濟統計體系建設路徑研究［J］．北京財貿職業學院學報，2018，34（4）：10-15．

［616］虞華，朱蓓，陳光亞．中國「三新」經濟統計體系建設的難點及思考［J］．統計與決策，2017（18）：2，189．

[617] 袁渤. 精簡報表，緊縮機構，轉變領導作風，改進統計工作 [J]. 統計工作，1958（1）：11-12.

[618] 袁東學. 官方統計的運作和組織——《統計組織手冊（第三版）：統計機構的運作和組織》解讀 [J]. 中國統計，2012（2）：21-22.

[619] 岳巍. 當代中國的統計事業 [M]. 北京：中國科學出版社，1989：38.

[620] 岳巍. 地區綜合平衡統計的任務、特點和初步經驗——記東北地區各省綜合平衡統計工作座談會 [J]. 計劃與統計，1959（11）：20-22.

[621] 雲南省南華縣計劃統計科. 五年多來的幾點體會 [J]. 統計工作，1958（5）：9-11.

[622] 在人民公社內應建立怎樣的統計機構？[J]. 統計工作，1958（19）：23.

[623] 詹輝東. 貫徹地方統計法規推進統計基礎建設 [J]. 統計與預測，1994（3）：21-24.

[624] 張超群. 建築安裝企業統計工作機構問題 [J]. 統計工作通訊，1956（24）：26-28.

[625] 張鳳，朱勝. 試論中國統計數據發布與SDDS的銜接狀況 [J]. 中國統計，2013（5）：46-48.

[626] 張海帆. 地理信息系統在城市規劃中的應用 [J]. 中國住宅設施，2019（5）：82-83.

[627] 張繼娥. 探索城鄉一體化住戶調查工作的發展方向 [J]. 現代經濟信息，2017（23）：28，30.

[628] 張景約. 介紹幾種農民貿易的統計方法 [J]. 統計工作，1957（15）：30，35.

[629] 張黎. 漫談城鄉一體化住戶調查 [N]. 中國信息報，2015-08-18（7）.

[630] 張日忠. 淺議完善人口統計調查制度 [J]. 現代經濟信息，2010（13）：196.

[631] 張塞. 關於設計中國式投入產出表的問題 [J]. 統計研究，1987

（6）：1-5.

［632］張塞. 建立健全新國民經濟核算體系 為國民經濟的持續穩定協調發展服務［J］. 統計研究，1992（3）：1-7.

［633］張偉琴. 對中國新經濟統計的思考［J］. 中國統計，2017（2）：51-52.

［634］張雯婷. 城鄉一體化住戶調查電子記帳新方式推廣對策探討［J］. 統計科學與實踐，2017（11）：60-62.

［635］張曉婷. 政府統計機構建設中的問題及對策［D］. 濟南：山東大學，2013.

［636］張辛. 統一和改革商業定期統計報表制度的商榷［J］. 統計工作，1958（5）：14-15.

［637］張雪玲. 中國普查制度改革的回顧與建議［J］. 中國統計，2010（5）：46-47.

［638］章鐘基. 中國政府統計機構的統計分析活動［J］. 統計與諮詢，1995（1）：7-9，1.

［639］趙彬竹，張嘉純，郝園園. 中國國民經濟核算體系優化和發展研究［J］. 合作經濟與科技，2019（14）：36-37.

［640］趙鳳華. 試論企業「一照一碼」登記制度改革的社會意義［J］. 河北企業，2015（10）：38.

［641］趙廣鳳，吳繼英，黎小蘭. 統計雲服務平臺的構建與統計服務能力提升策略［J］. 統計與決策，2017（20）：39-43.

［642］趙華荃. 檢查第一個五年運輸計劃時貨物運輸量統計指標的換算方法［J］. 統計工作，1957（10）：21-23.

［643］趙樂東. 中國統計制度中幾個需要改進的問題研究［J］. 經濟經緯，2008（6）：83-86.

［644］趙勝忠. 中國統計制度的轉型與現代國家成長［J］. 江蘇社會科學，2011（4）：217-223.

［645］趙淑華. 淺談農業普查宣傳工作［J］. 財經界（學術版），2017

（5）：135-136.

［646］趙順招. 關於做好「三新」統計的思考［N］. 中國信息報，2016-06-14（7）.

［647］趙小明. 淺議統計指數體系計算方法的改進［J］. 統計與決策，1988（4）：50-52，47.

［648］趙學民. 美國國民經濟核算的最新發展與啟示［J］. 商業時代，2014（4）：26-28.

［649］趙言. 什麼是綜合平衡統計［J］. 統計，1981（3）：40-42.

［650］趙彥雲. 互聯網統計與大數據［N］. 中國社會科學報，2017-03-01（4）.

［651］趙彥雲. 世界國民經濟核算的新發展［J］. 經濟學動態，1997（5）：61-64.

［652］浙江紅劍集團有限公司. 物聯網中節能減排［J］. 企業管理，2015（11）：40-43.

［653］爭取把基本建設統計報表制度基本上穩定下來［J］. 統計工作，1958（3）：10-12.

［654］鄭京平. 中國國家統計體系簡介（一）——概況及統計法律體系［J］. 中國統計，2002（2）：17-18，33.

［655］鄭菊生. 勞動力綜合平衡統計初探［J］. 財經研究，1980（4）：82-87.

［656］鄭石瑛. 實施調查失業率是經濟社會發展的必然選擇［J］. 產業與科技論壇，2010，9（10）：129-131.

［657］鄭文杰. 完善部門服務業統計工作的策略分析［J］. 中外企業家，2016（5）：32-33.

［658］鄭州大學學報（醫學版），主要統計方法［J］//金正均. 醫學試驗設計原理. 上海：上海科技出版社，1964：96-97.

［659］中國經濟問題研究所城門調查隊. 對人民公社計劃統計機構、任務及計統幹部培養的意見——城門人民公社計劃統計調查的一點體會［J］.

中國經濟問題, 1959（3）：4-7.

[660] 中國政府網. 10月1日起中國將實施「五證合一、一照一碼」改革 [J]. 衡器, 2016, 45（8）：8-8.

[661] 中華人民共和國國家統計局, 國務院第三次全國農業普查領導小組辦公室. 第三次全國農業普查方案 [M] 北京：中國統計出版社, 2016.

[662] 中華人民共和國國家統計局. 中國國民經濟核算體系：2002 [M]. 北京：中國統計出版社, 2003.

[663] 中華人民共和國國家統計局. 中國主要統計指標詮釋 [M]. 2版. 北京：中國統計出版社, 2013.

[664] 中央及地方各專業部門積極進行清理表格工作——濫發統計表格現象已開始克服 [J]. 統計工作通訊, 1953（7）：6.

[665] 中央人民政府國家統計局頒發《關於改進全國工業企業定期統計報表辦法》的指示 [J]. 統計工作通訊, 1953（4）：6-8.

[666] 中央人民政府國家統計局關於頒發「物資供應定期統計報表制度」的決定 [J]. 統計工作通訊, 1953（11）：23.

[667] 中央人民政府國家統計局關於改進現行基本建設定期統計報表的辦法的決定 [J]. 統計工作通訊, 1953（3）：8-10.

[668] 中央人民政府國家統計局關於各省市公路運輸定期統計報表執行情況的通報 [J]. 統計工作通訊, 1953（4）：19-20.

[669] 中央人民政府國家統計局關於貫徹一九五四年工業定期統計報表的指示 [J]. 統計工作通訊, 1953（11）：25.

[670] 中央人民政府國家統計局關於制訂及審批調查統計報表的暫行辦法 [J]. 統計工作通訊, 1953（5）：6-7.

[671] 國家統計局薛局長關於清理統計報表的講話記錄稿——在中央各財經、文教、政法部門及人民團體清理統計報表會議上的講話 [J]. 統計工作通訊, 1953（5）：9-11.

[672] 中央人民政府燃料工業部關於加強統計機構充實統計人員的決定（摘要）[J]. 統計工作通訊, 1953（2）：4.

[673] 鐵道部審查原始記錄和統計報表的初步情況 [J]. 統計工作通訊, 1953 (5): 23-26.

[674] 衛生部關於檢查統計工作的簡要報告 [J]. 統計工作通訊, 1953 (3): 11.

[675] 重工業部貫徹《關於加強統計工作充實統計機構決定》的通報（摘要） [J]. 統計工作通訊, 1953 (2): 3.

[676] 鐘兆修. 國民經濟綜合平衡統計需要大力加強 [J]. 統計, 1980 (4): 3-5, 9.

[677] 鐘兆修. 中國國民經濟核算的歷史考察與展望 [M]. 北京: 中國環境科學出版社, 2009: 63.

[678] 重慶市統計局, 國家統計局重慶調查總隊. 重慶市志統計志 (1986—2005) [M]. 重慶: 西南師範大學出版社, 2015.

[679] 周建彬.「五證合一」下統計工作變革的思考 [J]. 現代經濟信息, 2017 (22): 100.

[680] 周琳. 關於建立「三新」統計制度的思考 [N]. 中國信息報, 2016-05-12 (7).

[681] 周學文. 新中國的工業統計 [J]. 中國統計, 2002 (11): 17-18.

[682] 周硯軍. 關於提高農業普查工作質量的分析 [J]. 中小企業管理與科技（中旬刊）, 2018 (1): 98-99.

[683] 周澤民. 用毛澤東思想指導統計報表工作的點滴體會 [J]. 公路, 1965 (7): 7.

[684] 朱海明. 適應新時代新要求提升統計服務經濟社會發展的水準 [J]. 內蒙古統計, 2018 (4): 9-10.

[685] 朱紅玲. 第三次經濟普查的新特點與工作方法研究 [J]. 全國商情, 2016 (4): 64-65.

[686] 朱鴻恩. 印度高善必教授和中國統計工作者談統計 [J]. 統計工作, 1957 (11): 34.

[687] 朱啟貴. 國民經濟核算體系構建的理念與變革——基於發展觀演

進歷程的分析［J］．人民論壇・學術前沿，2013（1）：68-73，95.

［688］朱啓貴．科學發展觀與國民經濟核算創新［J］．上海交通大學學報（哲學社會科學版），2008（1）：5-14.

［689］朱啓貴．全面小康指標體系與國民經濟核算發展［A］//上海市社會科學界聯合會．人文社會科學與當代中國——上海市社會科學界2003年度學術年會文集．上海市社會科學界聯合會，2003.

［690］朱啓貴．完善國民經濟核算體系 促進可持續發展（上）［J］．經濟導刊，1998（4）：74-77.

［691］朱啓貴．中國國民經濟核算體系改革發展三十年回顧與展望［J］．商業經濟與管理，2009（1）：5-13.

［692］朱勝，劉錦揚．構建大旅遊統計體系［J］．中國統計，2017（11）：4-6.

［693］朱言訓．山東省德州專區實行了農業生產定期報表送審制［J］．統計工作通訊，1955（11）：36.

［694］朱一林．鞏固統計改革成果完善統計報表制度加速向新國民經濟核算體系轉軌的步伐——年報制度改革回顧與前瞻［J］．北京統計，1995（11）：9-11.

［695］朱應銘．加強基層統計機構建設努力改革農村統計工作［J］．統計，1987（10）：16-18.

［696］朱元淦．國家統計局召開講習會學習基本建設統計報表［J］．統計工作通訊，1955（12）：28.

［697］朱之鑫．中國國民經濟核算面臨的挑戰和未來的發展［J］．經濟科學，2003（2）：5-7.

［698］逐步使「一照一碼」營業執照成為企業走天下的唯一「身分證」［J］．行政管理改革，2017（5）：1.

［699］莊德明．對現行物價指數統計制度的幾點看法［J］．江蘇統計，1995（10）：35-36.

［700］卓精華．長沙「多證合一、一照一碼」改革實踐與思考［J］．中

國工商管理研究, 2015 (11): 45-47.

[701] 卓尚進. 做好調查失業率統計工作意義深遠 [N]. 金融時報, 2018-04-18 (2).

[702] 鄒依仁, 馬家善. 抽樣調查法在社會主義社會經濟統計中的意義及具體運用的條件和方法 [J]. 經濟研究, 1963 (10): 37-41, 26.

[703] 祖學亮, 朱宇飛. 加強統計服務創新提升統計信息價值 [J]. 中國醫院統計, 2005 (3): 273-274.

國家圖書館出版品預行編目（CIP）資料

1949年後中國統計制度變遷 / 郭建軍 編著. -- 第一版.
-- 臺北市：財經錢線文化, 2020.06
　面；　公分
POD版

ISBN 978-957-680-447-2(平裝)

1.政府 2.統計制度 3.中國

514.2　　　　　　　　　　　　　　　109007584

書　　名：1949年後中國統計制度變遷
作　　者：郭建軍 編著
發 行 人：黃振庭
出 版 者：財經錢線文化事業有限公司
發 行 者：財經錢線文化事業有限公司
E - m a i l：sonbookservice@gmail.com
粉 絲 頁：　　　　　　網　址：
地　　址：台北市中正區重慶南路一段六十一號八樓815室
8F.-815, No.61, Sec. 1, Chongqing S. Rd., Zhongzheng Dist., Taipei City 100, Taiwan (R.O.C.)
電　　話：(02)2370-3310　傳　真：(02) 2388-1990
總 經 銷：紅螞蟻圖書有限公司
地　　址：台北市內湖區舊宗路二段121巷19號
電　　話：02-2795-3656　傳真:02-2795-4100　網址：
印　　刷：京峯彩色印刷有限公司（京峰數位）

　本書版權為西南財經大學出版社所有授權崧博出版事業股份有限公司獨家發行電子書及繁體書繁體字版。若有其他相關權利及授權需求請與本公司聯繫。

定　　價：780元
發行日期：2020年06月第一版
◎ 本書以POD印製發行